土器編年にみる西日本の縄文社会

矢野健一 著

同成社

目 次

序　章　西日本縄文研究の課題と本書の展望 — 1
- 第1節　縄文研究の現状と課題　1
- 第2節　西日本縄文研究の特質　2
- 第3節　本論の視点　3

第1部　縄文土器編年研究の特質 — 5

第1章　縄文土器編年研究の方法 — 7
- 第1節　縄文土器編年研究の本質　7
- 第2節　縄文土器編年研究の方法　10
- 第3節　縄文土器編年の現状と課題　25

第2章　山内清男の「型式」と小林行雄の「様式」 — 34
- 第1節　時代区分としての「様式」　35
- 第2節　地域的側面における相違点　41

第2部　土器編年研究からみた縄文時代の地域性変化 — 49

第3章　前半期押型文土器の編年 — 51
- 第1節　研究史と前半期押型文土器の概略　51
- 第2節　押型文土器の起源と変遷　66

第4章　押型文手法 — 102
- 第1節　回転手法としての押型文　102
- 第2節　押型文手法の起源　104

第3節　押型文原体の各種　107
　　第4節　押型文手法の大局的理解　119

第5章　後半期押型文土器の編年 …………………………………… 123
　　第1節　北部九州地方における押型文土器出現の時期　124
　　第2節　高山寺式・穂谷式土器の編年　132

第6章　押型文土器遺跡数の変化 …………………………………… 145
　　第1節　押型文土器各型式の炭素年代　146
　　第2節　遺跡数変化の傾向　152

第7章　九州南部における縄文時代中期前葉の土器編年 ……… 164
　　第1節　九州南部における船元式と深浦式との編年的関係　165
　　第2節　九州南部における深浦式から船元式への型式変遷　181

第8章　中期末から後期にかけての土器型式の変化 …………… 206
　　第1節　北白川C式併行期の瀬戸内地方の土器　206
　　第2節　縄文後期における土器の器種構成の変化　223

第3部　土器型式圏の広域性と流動性 ——— 239

第9章　土器型式圏の統合と分化 …………………………………… 241
　　第1節　土器型式圏の広域化　241
　　第2節　九州縄文中期土器の系統論的理解に対する批判　253

第10章　地域主義的縄文文化論批判 ……………………………… 264
　　第1節　縄文文化の東と西　264
　　第2節　繰り返されるミネルヴァ論争　281

第4部　縄文集落の小規模性 ——— 297

第11章　縄文集落の定住性と定着性 ……………………………… 299
　　第1節　用語の定義と縄文集落の移動　299

第2節　定住の指標　312

第12章　西日本縄文集落の構成と規模 ……………………………… 332
　第1節　西日本縄文集落研究の現状　332
　第2節　住居群の構成と規模　335
　第3節　集落、住居の偏在性　343
　第4節　移動論と単位領域限定論　353

第13章　住居址数からみた西日本縄文社会の人口増減 ………… 358
　第1節　遺跡数・住居址数と人口との相関　358
　第2節　関西地方の住居址数の増減　360
　第3節　中四国・九州地方の状況　366
　第4節　西日本の住居址数および遺跡数増加に関する解釈　368

第14章　遺構から推定する集落の人口規模 ……………………… 373
　第1節　貯蔵穴の貯蔵量からみた集落の人口規模　373
　第2節　墓からみた集落の人口規模　393

終　章　小規模集落の長期定着性 ………………………………… 409
　第1節　縄文集落論の動向と課題　409
　第2節　集落の小規模性　413
　第3節　西日本縄文後期における集落定着性の強化　415
　第4節　小規模集落が継続する論理　417
　第5節　縄文集落から弥生集落へ　420

参考文献　423

後　記　451

図版目次

図1	大鼻式からの押型文文様の変化	59
図2	大鼻・大川・神宮寺式の分布	60
図3	大鼻・大川・神宮寺式土器編年図	61
図4	大阪府神並遺跡の層位と出土土器	69
図5	大鼻式（1～8）と縄文・撚糸文施文土器（9～11）	71
図6	大川式の細分	72
図7	神宮寺式の細分	76
図8	松田真一の「葛籠尾崎1式」	77
図9	神宮寺式から神並上層式への移行期の土器	77
図10	山芦屋遺跡S4地点下層出土土器	79
図11	静岡県若宮遺跡における編年案	81
図12	静岡県大平C遺跡出土土器	83
図13	静岡県広合遺跡（b・c・d区）出土土器	85
図14	静岡県若宮遺跡出土押型文土器の文様の共通性	86
図15	立野式の細分	93
図16	立野式の文様の共通性	94
図17	岐阜県宮ノ下遺跡出土押型文土器の文様の共通性	95
図18	押圧・半回転手法にもとづく文様の観察例（片岡1978）	103
図19	ウルシの枝回転文	105
図20	大鼻式とクリの枝回転文	106
図21	市松文の変異	109
図22	萩平型の文様	111
図23	立野式の格子目文	113
図24	格子目文の変異	114

図25	端部加工の共通する文様	116
図26	楕円文と格子目文との類似	118
図27	手向山式の撚糸文と山形文	119
図28	帝釈峡弘法滝洞窟遺跡の層位	126
図29	帝釈峡弘法滝洞窟遺跡出土土器	126
図30	帝釈峡弘法滝洞窟遺跡出土の神宮寺式	127
図31	交点が広くなる格子目文土器	128
図32	高山寺式・穂谷式土器編年図	138
図33	高山寺式・穂谷式土器の分布	143
図34	押型文土器存続年代幅の推定	148
図35	関西東部の100年間あたり遺跡数推移	156
図36	関西西部の100年間あたり遺跡数推移	156
図37	関西の100年間あたり遺跡数推移	158
図38	山陰の100年間あたり遺跡数推移	158
図39	四国の100年間あたり遺跡数推移	158
図40	本州西部の遺跡数推移	160
図41	長野県の100年間あたり縄文中期遺跡数推移	162
図42	長野県の100年間あたり縄文中期住居数推移	162
図43	相美伊久雄による深浦式の細分	168
図44	鹿児島県上水流遺跡の層位	169
図45	深浦式に後続する条痕文土器（1〜11・13）と深浦式鞍谷段階（14）	170
図46	九州南部における縄文施文土器	172
図47	大歳山式から船元Ⅰ式にかけての爪形文の変化	173
図48	宮崎県天神河内第1遺跡の土器出土状況	174
図49	熊本県北部出土のA類縄文土器	178
図50	鹿児島県桐木耳取遺跡出土土器の分類	185
図51	鹿児島県桐木耳取遺跡の土器型式分布	186

図52	上水流式	189
図53	桐木耳取式の類例	191
図54	深浦式・上水流式と本州系土器との併行関係	196
図55	深浦式・上水流式と本州系土器との共通性	198
図56	長崎県の深浦式石峰段階	200
図57	A1・A2類	209
図58	A3・B1・B2・C類	210
図59	H類	211
図60	b種モチーフの変形	213
図61	中津式成立期の土器	216
図62	大阪府星田遺跡出土土器	217
図63	篠原A段階	219
図64	兵庫県熊野部遺跡の里木Ⅱ・Ⅲ式中段階	220
図65	岡山県矢部奥田遺跡の里木Ⅱ・Ⅲ式新段階	220
図66	瀬戸内地方の中期末の深鉢2種	224
図67	兵庫県丁・柳ヶ瀬遺跡の深鉢各種	226
図68	中津式成立期の器種構成	228
図69	福田KⅡ式古段階の深鉢	231
図70	小林達雄による縄文時代の領域（小林達1984）	291
図71	向坂鋼二による縄文時代の地域圏（向坂1970を一部改変）	292
図72	兵庫県八木川上・中流域の縄文遺跡分布	302
図73	兵庫県八木川上・中流域の縄文遺跡の標高分布	302
図74	縄文早期の遺跡分布の変化	303
図75	山間部の遺跡数増減の傾向（兵庫県八木川上・中流域）	306
図76	低地部の遺跡数増減の傾向（京都盆地）	307
図77	遺跡数をもとにした人口変化の推定	308
図78	遺跡数変動と石囲炉の波及	308
図79	福岡県アミダ遺跡の縄文住居の配置（3・4期）	337

図80　熊本県中堂遺跡の縄文住居の配置（2〜5期）……………………… 338
図81　宮崎県平畑遺跡の縄文住居の配置（晩期前葉）…………………… 341
図82　滋賀県湖東・湖南地域の遺跡分布の変化…………………………… 345
図83　京都盆地における遺跡分布の変化…………………………………… 350
図84　中部高地における100年間あたりの住居址数の推移……………… 359
図85　関西地方における100年間あたりの住居址数の推移……………… 362
図86　滋賀県における100年間あたりの住居址数と遺跡数……………… 364
図87　岡山県における遺跡数の推移………………………………………… 367
図88　九州地方と関西地方の住居址数の推移……………………………… 367
図89　福岡・熊本両県における100年間あたりの住居址数の推移……… 368
図90　奈良県本郷大田下遺跡の貯蔵穴群の区分…………………………… 382
図91　向出遺跡の大阪府分発掘調査区270…………………………………… 399
図92　木柱痕のある土坑（上）とその分布（下）………………………… 400
図93　焼土のある土坑………………………………………………………… 401
図94　配石墓…………………………………………………………………… 401
図95　宮滝2式期の土坑の分布……………………………………………… 403
図96　宮滝2式期の向出遺跡の集落構造の推定…………………………… 404
図97　奈良県曲川遺跡の集落構造と他遺跡との比較……………………… 406

表目次

表1　山内清男の土器編年…………………………………………………… 36
表2　小林行雄の土器編年…………………………………………………… 37
表3　東海地方東部の文様組成……………………………………………… 83
表4　立野式の文様組成……………………………………………………… 91
表5　各地域の併行関係……………………………………………………… 96

表6	押型文土器年代幅推定に利用した炭素年代値	147
表7	押型文土器年代値の推定	151
表8	遺跡数集計	153
表9	100年間あたりの遺跡数集計	154
表10	九州と本州との併行関係	201
表11	縄文中期後葉の九州と本州との併行関係	207
表12	岡山県矢部奥田遺跡の地点別出土状況	211
表13	矢部奥田式と周辺地域との併行関係	218
表14	中期末の器種構成比	226
表15	京都府裏陰遺跡の文様比率	227
表16	山口県月崎遺跡（上層1）の文様比率	232
表17	春日式の無文の比率	233
表18	愛知県林ノ峰貝塚における文様比率	234
表19	兵庫県八木川上・中流域の縄文遺跡の継続性	304
表20	縄文早期の器種別石器出土点数	323
表21	貯蔵穴出土遺跡の磨石類の数	326
表22	縄文早期の磨石類の数	327
表23	貯蔵穴出土遺跡と貯蔵穴数の推移	329
表24	関西地方における住居址数の増減	361
表25	n基の貯蔵穴小（500ℓ）で維持できる住居数	381
表26	n基の貯蔵穴大（2000ℓ）で維持できる住居数	381
表27	24基の貯蔵穴（小）で維持できる住居数（本郷大田下）	382
表28	佃遺跡の推定住居数	384
表29	本庄町遺跡の推定住居数	385
表30	布留遺跡の推定住居数	386
表31	岡田憲一（2000）による土坑の分類とその数	402

土器編年にみる西日本の縄文社会

序章　西日本縄文研究の課題と本書の展望

第1節　縄文研究の現状と課題

　縄文研究という言葉は、縄文時代、縄文文化、縄文社会といった個々の特定された範疇の研究を省略したような言葉であるが、ここではそれらを広く包括するような研究と考えていただきたい。縄文研究の課題とは、一言でいえば、文明以前の時代、文化、社会を知ることである。現在のわれわれは、文明以前を正確には知らないし、われわれの文明を正しく理解する上でも文明以前の社会を知る必要がある。縄文研究はその一端を担っているのであるが、そこには二つの関心の持ち方がある。一つは、日本の歴史、文化、社会への関心からその根源を求めて縄文研究に進む場合である。おそらく、日本人研究者だけではなく、外国人研究者もこのような関心から縄文に興味を持つ人は少なくないのではないか。いま一つは、世界的視野から事例研究として縄文研究に進む場合である。日本人研究者もこのような関心を強くいだく場合も多い。

　この二つの関心の持ち方が入り混じった形で存在するのが縄文研究の特色である。これはどのような分野でも多少なりともあてはまるが、縄文研究の場合、この両者の混淆、ないしは対比がかなり顕著に見られる。これは、日本の縄文研究がモースによってはじめられたことよりも、坪井正五郎などが縄文時代の遺物を日本人以外の人間が残したものとみなしたことに強く影響を受けていると考える。現在でも、われわれ縄文研究者は、縄文文化をわれわれの祖先が残したものだと理屈では受け入れるが、かなり異質なもので、不可解な部分も多いと考えている。

　すなわち、日本の歴史の中における縄文時代の位置づけは、まだ不安定であ

る。その理由の一つは明確で、1万年間以上継続した縄文時代の歴史の意味をわれわれが把握していないからである。つまり、縄文時代のはじめと終わりで何が違っていたのか、はっきりと説明できないからである。現象面ではさまざまな違いがあるが、主に、土偶や石棒、あるいは装身具が発達したり、墓が発達したり、といった生産手段と直接かかわらない要素が充実した、と考える場合が多い。この中には祖霊観念の発達も含まれる。しかしながら、このような変化を日本の歴史の中にどのように位置づけるか、という問題はあまり論じられていない。

　最近では、東日本を中心に階層化の進行が言及されている。しかし、そのような現象に対して、縄文社会の階層化は日本の歴史にとってはたして意味のあるほど本質的な現象なのか、という疑問が出されている（今村 2010）。つまり、縄文時代の諸現象に変化があることはさまざまに指摘できるのであるが、どこに意味を見出してよいのかはっきりしないのである。

　さらに、本質的な社会の変化がない状態こそが縄文社会の本質であるという見解もある。また、環境をできるだけ改変せずに、環境に適応していたのが、文明以前の社会の姿であり、そこに知恵を用いたという考え方もある。この種の考え方は、縄文人はまさしくそのように考えていたかもしれないと思わせるので、本質をついているようにも思える。

　しかしながら、筆者は、土器型式圏の推移はかなり論理的な展開をたどっており、縄文社会から弥生社会への変化や農耕の本格的導入を説明する根拠になると考える。本書では、土器型式圏の地域性変化の推移と、人口推移や集落の規模との関係を論じるが、この問題は縄文社会の歴史を描写する一つの鍵になる、と考える。また、この観点は日本の歴史にせよ、他地域の歴史にせよ、縄文時代以外の歴史を描くときに導入可能だと考える。

第2節　西日本縄文研究の特質

　西日本は東日本に比べて縄文遺跡が少なく、研究に向かないという考えがあ

る。たしかに、土偶や石棒あるいは装身具などを研究しようとすれば、東日本の資料に頼らざるをえない。それらは資料的に圧倒的な差があるからである。しかしながら、他の分野では研究に支障のない程度の量は存在する。東日本の場合、資料数が多すぎて、遺跡の数や住居の数などは、ごく狭い地域を対象にしなければ集成できない場合も少なくない。逆に、西日本は、関西、中四国、九州それぞれの地域で遺構や遺物の集成が進んでおり、西日本全体を見通すのがむずかしくない。ただし、この問題は、研究の便宜上の問題で、本質的な問題ではない。

　筆者が西日本の縄文研究が非常に重要だと思うのは、まず弥生社会に移行したのは西日本縄文社会であるからである。なぜ弥生社会に移行したか、いかに弥生社会に移行したかを研究しようとするならば、九州地方を含めた西日本を研究対象とするのは自然なことである。また、西日本の縄文研究の課題はここにあるといっても過言ではない。先に土器型式の地域性変化の推移が人口規模や集落の推移と照らし合わせて論理的な変化をたどったとみることができる、と述べたが、本論は、西日本の縄文研究を通じて、弥生社会への移行をそのような視点から説明することができることを示す。

　いま一つ、西日本縄文研究の特質と考えられるのは、本書で論じるように、後半期に人口が比較的安定的に推移している点である。これは前段にあげた弥生社会への移行の研究のしやすさと関係するが、東日本では晩期終末には遺跡が激減し、この問題について、考察を加えることが非常にむずかしい。

　ようするに、西日本縄文研究の特質は、弥生社会へいたる道筋を描くための前提が用意され、実際に資料が整っている、という点にある。その点で、縄文社会の歴史を描くだけではなく、その歴史を日本の歴史の中に位置づけることが東日本よりもむずかしくない、といえよう。

第3節　本論の視点

　本書は、西日本の縄文社会について、特に土器編年研究からみた土器型式の

地域性変化が広域的で流動的であることを、縄文集落が小規模であることと関連づけて考察しようとするものである。その結果、当該社会が生業面では集落単位で完結するような自立的な性格が強かった反面、婚姻関係を基礎とする社会関係においては狭い地域で完結することなく、広域的な関係を維持していることを明らかにする。

　また、このような地域性は、縄文時代中期までと後期以降では様相が異なる。共通する土器型式の広がりは、人口規模が少ない縄文時代中期までは広域的に統合と分化を繰り返す点で流動性が顕著に見られる一方で、西日本全体で人口が飛躍的に増加する後期以降においては、流動性が減少し、比較的安定的に変化するようになる。

　このように、縄文時代の社会は大局的に見れば、人口規模の変化に応じて社会関係の安定性が増し、本格的な農耕の導入によって人口規模がさらに大きく増加する弥生時代の社会に向けて漸移的に変化していることがわかる。しかしながら、最初期の弥生時代の環濠集落が数棟からなる小規模なものであることを考えると、縄文時代の小規模な集落が地域的な連携を成熟させていることは考えにくく、縄文社会における近隣集落間の地域的連携は未成熟であったと考えてよい。

　本書では、縄文社会における地域的系統の固有性や地域的連携など、地域を重視する縄文社会観をこの点から批判し、個々の自立的な集落に基礎をおく広域的な社会関係の持続こそが西日本の縄文社会の特色であることを主張する。縄文時代の西日本は東日本に比べて人口規模が小さい場合が多いため、このような性格が顕著に表れるが、地域的固有性よりも広域的な一体性が強いという点では、程度の差はあれ、本質的には東日本の縄文社会も同様であると考える。

第1部
縄文土器編年研究の特質

　第1部では、筆者の縄文土器編年の方法について、要点を述べる。第1章は縄文土器編年に関する総論的基礎的叙述を行う。周知のとおり、縄文土器編年の骨格は山内清男によって築かれ、土器編年の単位として、「型式」という用語が用いられている。これに対して、弥生土器編年の方法を体系化した小林行雄は「様式」という用語を用いており、土器編年研究において両者が比較され議論されることが多い。ここでは、縄文土器編年研究の性格を示したうえで、まず、この「型式」「様式」の問題に関して議論し、筆者の立場を述べる。そのうえで、縄文土器編年研究の今日的課題について一般的に述べる。

　第2章では、第1章で述べられた「型式」「様式」の問題について、さらに深く考察する。用語や方法の問題は、普遍的な用語や方法だけでは不十分で、研究対象の特質によって最適なものがあるはずだ、と筆者は考える。この考えに沿って、縄文土器の研究には縄文土器の用語や方法が準備されるべきで、弥生土器の研究方法を無批判に取り入れるのは好ましくないという筆者の考えを詳説する。特に、弥生土器の「様式」は全体を見通せる立場から全体を大別するために設定され、縄文土器の「型式」は全体を見通せない複雑で多様な土器の実態を把握するために、細別を先行させた研究方法にもとづく、という点がこの問題に対する筆者の結論の要点であり、現在でもなお、その特質が研究に影響を与えていると考える。

第1章　縄文土器編年研究の方法

第1節　縄文土器編年研究の本質

（1）時間のものさし？

　土器は可塑性に富み、器形や文様に細かい変化が表れやすいうえに、破損しやすい実用品なので、頻繁に代替わりする。また、土器が使用されている時代には、たいていの遺跡で最も普通的に出土する遺物である。したがって、土器そのものだけではなく、遺物や遺構、あるいは遺跡の年代を特定するために、土器が使用されることが多い。

　縄文土器も例外ではなく、土器が年代の特定に利用されている。もちろん、この年代は絶対年代ではなく、相対年代であり、今から何年前か、という暦年代を知るためには、縄文土器の場合、放射性炭素年代法など、自然科学的な年代決定法を必要とする。最近では、AMS法を利用した精度の高い放射性炭素年代法が普及し、また放射性炭素年代を暦年代に較正する手法も発達して、数十年間以内の時間差も判別できるようになりつつある。放射性炭素年代法などの自然科学的年代決定法の精度は、土器型式による時間のものさしに刻まれた目盛りよりも、かなり大まかだと考えられてきたが、今では必ずしもそうはいえなくなっている。

　仮に、自然科学的年代決定法の発展により、すべての土器の製作年代を1年単位で精密に決定できるようになったとしよう。あわせて、土器の付着物などからすべての土器の最終使用時の年代も1年単位で精密に決定できるようになったとしよう。こうなると、土器編年による年代決定の意義は消失し、編年研究は終結するのであろうか？

筆者は、仮にそのような事態が到来したとしても、現在編年研究で主要な論点となっている問題の多く、たとえば、分布の変化、時期差か系統差かに関する判断、型式変化の漸移性をめぐる判断、型式変化の要因など多くの論点は、局限された時間幅のなかで、現在と共通した問題意識のもとに論じられるだろう、と考える。もちろん、土器の編年研究から時間的変化を明らかにする意義も継続する。他の年代決定法との比較から、型式変化の詳細な様相や型式変化の速度の問題など、新しい課題が浮上するはずである。

　土器の編年研究とは、単に土器に年代のラベルを貼っていくことではなく、土器を年代順に秩序立てて体系化することである。この体系化に際しては、なんらかの形で土器を分類する必要がある。自然科学的年代決定法との根本的な違いは、この分類という作業の有無にほかならない。分類の基準となりうる属性は無数にあるが、編年研究の場合、少なくとも時間的変化を示す属性を明らかにしなければならない。対象資料すべてを同時期とみなす場合も、その同時性を示さなければならない。その時間的秩序のもとに、対象資料を分類すること、つまり個々の属性や個体相互の関係を体系化し、その分類あるいは関係を解釈することが、土器の編年研究の目的であり、意義である。もちろん、このような目的や意義は、土器に限らず、すべての考古資料の編年研究で共有しうる。

　土器編年研究を時間のものさしの作成であると表現することがあるのは、対象資料の時間的秩序を明確にする必要があり、その秩序を土器以外に広く応用できる、という側面を表現したものである。実際は、土器の時間的秩序が確立すると同時に、その地理的分布の変化の大略が決定し、さらに型式変化における異系統土器の影響や、器形のバラエティの変化など、付随するさまざまな問題が一挙に解決に向かったり、また逆に新たな問題として浮上したりするのが常である。したがって、土器の分類にもとづく土器型式の時間的秩序の確立こそが、編年研究で最も精力が注がれてきたし、今後もそうであると思う。

（2）他分野の土器編年研究との相違

　縄文土器編年の体系は周知のとおり、山内清男によって基礎が築かれた。山内の編年の方法に関しては、特に小林行雄の弥生土器編年との比較において、問題にすべき点が多々ある。これについては次章で専門的に記述するが、ここでは、より一般的な問題を指摘したい。

　まず、須恵器や陶磁器の編年と大きく異なるのは、縄文土器製作の跡が明確な形で特定されていない点である[1]。須恵器や陶磁器の場合、生産地における窯跡出土資料を基準として編年を行うのが通例である。これに対して、縄文土器編年の対象資料は、いわば消費地での資料といえるもので、しかもこの消費地でかなりの割合で土器の製作も行っていたと考えるのが通例であるから、生産地と消費地を分離しがたい状態で編年を行っている、ということになる。

　この点に生産者と消費者という観点を加味すると、縄文土器編年の問題の一端が明確になる。つまり、ある遺跡で出土した土器の多くはその遺跡もしくは近隣の地域で製作されたものであろうが、一部は他地域で製作されたり、他地域からの移住者が製作したものを含んでいる可能性があり、そのことを念頭において土器を分析する必要がある。胎土分析によって製作地を類推する手法があるが、胎土（もしくは混和材としての特定鉱物）がもち込まれる可能性は十分に考えられるので、この点の判断は実際は非常にむずかしい。窯跡出土の須恵器や陶磁器の場合、他の生産地からの移住者による製品を含むこともあろうが、そこで製作されたものであることに疑いをはさむ余地はほとんどない。

　したがって、須恵器や陶磁器の場合、生産物としての製品の単位を意味ある形で抽出しやすいが、縄文土器の場合、遺跡から抽出された単位が消費の単位であっても、生産の単位を復元するにあたって、生産者の移動を含めて、解釈する余地がかなり大きい、ということになる。

　つまり、須恵器や陶磁器は生産と消費とが離れており、その離れ方が明確にわかっているので、消費地での土器の組み合わせを消費の多様性として解釈可能である。これに対して、縄文土器の場合、生産と消費の分離がきわめて不明瞭であり、土器の多様性の解釈が前提から問われなければならなくなる。そこ

で、ある場合には生産者の属する土器製作伝統の問題として解釈し、ある場合には製品の搬入や模倣の問題として解釈する。

　この判断が、土器型式や土器様式とよばれる分類単位をつくるときに問題となる。通常は搬入品と判断するものは除外する。模倣品は模倣した製作者がどのような土器製作伝統に属するか、という判断によって、帰属が決まるだろうし、もちろん、折衷品として独立した系列を設定する場合もある。結局、通常、われわれが土器型式や土器様式とよぶものは、大きくみて共通する土器製作伝統に属する生産者が製作した生産の単位である、と判断されるわけだが、たとえば、他の模倣をその土器製作伝統の一要素として組み込んでいるような状況も想定しうるので、ここでいう共通性とは伝統の純粋さを意味するわけではない。しかしながら、共通の土器製作伝統下にある製作者が製作した土器の分類単位を重視し、異なる土器製作伝統の複合の実態については、土器型式や土器様式相互の関係の問題として議論する場合が多い。

　生産と消費の場が離れている須恵器や陶磁器のような場合、生産地の編年が基本であり、生産に即した編年にもとづき、消費の多様性を認識するのが原則である。縄文土器の場合、生産と消費の分離がきわめて困難で、しかも、生産者と生産地を区別することがむずかしいので、問題が複雑になるが、共通の土器製作伝統という生産上の局面の把握が編年研究の基本である点は共通するはずである。

第2節　縄文土器編年研究の方法

（1）編年の表現

編年一般に必要な表現要素　層位学的方法や型式学的方法について問題にすべき点は多いが、ここでは、土器編年の成果の表現を整理しておきたい。実際の土器編年は、その成果をいかに表現するか、という点をつねに意識しながら行うものだからである。

　土器に限らず、すべての遺物あるいは遺構に適用できる編年の表現は、基本

的には非常に簡単な構造をもつ。その構造は、

　Ⅰ．同時期の種類の関係

　Ⅱ．種類ごとの時間的系列

　Ⅲ．種類ごとの各時間的系列内での単位

の三要素から構成される。同時期の種類の関係は、種類の組み合わせとして表現することができる。

　まず問題となるのは、Ⅰの種類とは何の種類か、という点である。土器の分類は、まず、土器の形に注目する場合が多い。縄文土器であれば、浅い器形（浅鉢）もあれば、深い器形（深鉢）もあるし、その中間的形態もある。そのような器形を整然と種類ごとに分類するのは意外とむずかしいのであるが、ここで問題としたいのは、そのむずかしさではない。土器の分類は器形とは別の基準、たとえば文様の違いや器面調整の差を基準として行うことができる、ということである。ほとんどの場合、基準が違えば、分類の結果が異なることになるので、何を基準に分類するか、という点がまず問題なのである。

　通常は、土器の器形を分類基準の上位におき、同一の器形Ａのなかには異なる文様ａと文様ｂがある、という表現方法をとる場合が多いが、同一の文様Ａのなかには異なる器形ａと器形ｂがある、という表現方法をとっても一向に差し支えないし、縄文土器の場合、このような分類の方がうまく整理できる場合も非常に多いのである。

　いったん器形を上位の分類基準におけば、器形Ａのカテゴリーのなかで、時間的系列が形成され、器形を超えて看取される文様の共通性は表現できないわけではないが、わかりづらいものになる。したがって、どのような表現方法をとっても結局、同じことを説明することは可能であるとはいえ、分類の基準をいかに階層的に構成するかという問題は非常に重要で、分類とは分類基準の階層の作成作業といってもよいほどである。

　分類基準の階層構造が妥当かどうかを判断する手がかりは、①その分類に沿って時間的系列をうまく作成できるかどうか（実用性）、②その分類の研究上の重要性を説明できるかどうか（重要性）、③その分類が当時の製作者や使

用者にとって重要な分類であったかどうか（本来性）、といった点に求められるだろう。これらが矛盾する関係にあることも十分想定できるのではあるが（つまり、実用的ではあるが、本来的な意味に乏しいなど）、実用性に乏しい分類は避けるべきで、製作時や使用時の本来の分類は、実用的な分類を基盤として、それを超えた遺物の関係性の問題として研究するのが効率的であろう。何が本来的な分類基準かを決定するのは当時の製作者や使用者にとっても不可能かもしれないのである。

系統という分類　縄文土器にせよ、弥生土器にせよ、あるいは他の遺物にせよ、系統の差がしばしば問題となる。ここでいう系統とは、土器製作伝統の継承関係によって維持された時間的系列である。先に述べた「系列」は土器製作伝統の有無を問わずに設定しうる形式的なシリーズである。つまり、系列は純粋に型式学的な分類で、系統は人間集団による技術の伝承によって支えられた系列の一種のことである。系統とは、在地のものか、他地域の製作物、もしくは他地域からきた製作者の手による製作物、すなわち、異系統土器か、という問題として取り上げられることが多い。一方、一地域内の細かな土器製作伝統の差として小さな系統が問題になる場合もある。この概念は、一見、先に述べた編年の表現要素3種類のなかには含まれないように思えるが、じつは、Ⅱの種類ごとの時間的系列の1種類にすぎない。

　この系統による分類を優先した場合、器形の分類は系統それぞれの分類のなかの細分として組み込まれるので、系統Aには器形aと器形bがある、といった表現方法をとることになる。逆に、器形を上位の分類として、器形Aには系統aと系統bがある、といった表現方法も可能である。

　ようするに、系統を編年のなかにどう組み込むかという問題は、分類において器形を優先するか文様を優先するかという問題と、同じ性格の問題である。したがって、Ⅰの種類の組み合わせにおいて、この種類を系統の種類とすれば、系統の組み合わせとして最上位の分類が定義され、器形の種類とすれば、器形の組み合わせとして最上位の分類が定義される。

　この最上位の分類の定義が重大な問題をはらむ場合がある。系統の組み合わ

せで最上位の分類を定義した場合、最上位の分類単位の分布する地域のなかに分布範囲が限定される系統の組み合わせである場合は、重大な問題は生じない。この場合、この系統を「小さな」系統とよぶ。しかし、諸系統の分布範囲が最上位の分類単位の分布範囲を超えて大きな広がりを見せる場合、たとえば、愛知県の土器を西日本の系統と東日本の系統の組み合わせで定義するような場合が想定できる。この場合の系統を「大きな」系統とよぶ。この大きな系統の組み合わせとして最上位の分類単位が把握される場合、その最上位の分類単位がはたして最上位たりうる資格を有するか、という疑問が浮上するのである。先ほど述べたように、共通の土器製作伝統を最上位の分類単位の根拠とするならば、そのような大きな系統こそが最上位の分類単位であり、その組み合わせの問題は地域の様相の問題として論じる場合が生じうる。この場合、その地域設定の根拠があらためて問われなければならなくなる。

　なお、系統を最上位の概念とした場合、複数の器形を含むことになり、系統ごとの時間的変化の単位は、複数の器形の組み合わせになる。この点についての考え方も、器形を最上位の概念としてもまったく同じで、Ⅲの種類ごとの時間的変化の単位は、同一器形のなかでの複数の系統もしくは文様の組み合わせなど、組み合わせによって表現される。

　分類の名称　すでに気づかれているはずだが、ここに述べている三つの分類の構造は、小林行雄の様式論（小林行 1933・1938a・1959）と同じである。小林行雄の様式論ではⅠの種類の組み合わせが「様式」、Ⅱの種類の時間的系列が「形式」、Ⅲの各種類の時間的系列の単位が「型式」に相当する。しかし、編年の普遍的な構造の用語としては、この名称では不都合が生じる場合がある。

　たとえば、Ⅲの時間的系列の単位も別の基準にもとづく種類の組み合わせ（たとえば、同一器形Ａにさまざまな文様が含まれる場合）である場合がある。組み合わせとして認識されるのであれば、最上位の「様式」に準じた名称、たとえば、「形式内様式」あるいは「系統内様式」といった名称を使用した方がよい。上原真人が瓦の様式について述べるように（上原 1997）、本来

は、小林が意図した組み合わせの単位としての「様式」は重層的構造をとるのである(2)。

また、Ⅱの種類の時間的系列に相当する「形式」とは、小林も機能差には限らない形態差による分類が生じることも想定してはいるが、多くの場合、機能差を念頭においた器形の時間的系列として認識されている。しかし、この時間的系列は、じつは、系統、文様、その他無数の系列を設定することができ、器形だけを重視する必然性はないので、おのおのの系列の内実に即した名称をそのつど与えるのが最も実際的であろう。さまざまな時間的系列一般を総括する名称を設定するのであれば、「系列」あるいは「器種」というようなより抽象的な名称がふさわしい(3)。そして、もちろん、この「系列」も重層的であるわけで、同一系統の系列のなかに、器形Aの「系列」があったり、文様Bの「系列」が存在することになる。

Ⅰの「様式」に相当する用語は、縄文土器の場合、山内のように「型式」と呼称する場合、Ⅲの単位の名称を工夫する必要がある。小林達雄の「様式」という用語は、大別に特化した意味あい（小林達 1989）があり、山内の「型式」に相当する分類概念も重層的に「様式」に含めれば、小林達雄にならって「様式」と呼称するのに不都合はない(4)。

ここでの最上位の単位は、あくまで編年研究上の仮設的単位であって、各単位の関係は、つねに研究されるべき課題である。

小林達雄の「様式」　小林達雄は、小林行雄と同様に「様式」「形式」「型式」という用語を土器編年に用いている。小林自身は「型式」「形式」については小林行雄と同じである、と述べる（小林達 1989・1994）。小林達雄の「型式」は各時期、各地域に存在する「範型」の具体的製作物としての分類単位である。

「範型」とは製作者があらかじめ抱く製作物のイメージである。このイメージは具体的には製作物の集合体の最小単位として認識される。「形式」については、機能差としての実質性を小林行雄以上に重視しているので、機能差を想定できない細かな形態差については「形式」の細分をひかえる傾向がある。し

たがって、小林達雄の考えを踏襲する山本典幸（山本 1999）は、深鉢を「形式」ではなく「型式」に分割し、「型式」の時間的系列について、「型式系統」「系列」という別の用語を用いている。そして、その細かな形態差が集団の系統差に由来すると解釈している。

「様式」については、岡本勇の「型式群」（岡本勇 1982）と同一で、山内清男の細別「型式」を大別した概念である。したがって、この「様式」の設定根拠は山内の「型式」と共通し、小林行雄とは異なる。大別に重点をおきすぎると、山内の「型式」概念を欠く恐れがあるので、この点は重層的に把握する必要がある。

山内清男の「型式」 山内清男の「型式」と小林行雄の「様式」との共通性は再三指摘されてきたが（田中琢 1978、横山 1985）、相違点を強調する見解もある（小杉 1995、大塚 2000a）。次章でも述べるが、筆者は次の2点から後者の見解に賛成し（矢野 2003b）、①小林の「様式」概念は、少なくとも初期においては、山内の細別「型式」ではなく、大別に近いこと、②小林の「様式」概念は空間上において漸移的に変化する地域色を時間軸に平行に「縦に」区切る形で設定されているのに対して、山内の「型式」は同型式の分布域を「水平的に」追っていく、という点に違いがある、と考えている[5]。

この山内の考え方は、ある地域に異なる複数の「型式」が併存すると述べる佐藤達夫（佐藤達 1974）の説明の仕方にも表れている[6]。小林行雄であれば、そこに独自の「様式」を設定するはずである。

石黒立人の「系統」 弥生時代の東海地方には、まさに佐藤が指摘している現象と同じ現象が出現する。遠賀川式、条痕文土器（水神平式）などの複数「型式」が併存するのである。ここでそれぞれを「型式」とよんだのは、山内の用語法に則った佐藤達夫であれば、そうよんだはずだからである。しかし、石黒立人は弥生土器の研究者なので、小林行雄の用語法にしたがって、それぞれを「型式」とよばず、小林の用語法にはない「系統」という用語を使用した（石黒 2002）。

この遠賀川式や条痕文土器という「系統」は諸「系統」の同時に存在する地

域を越えて広く分布する「大きな」系統である。この大きな系統の組み合わせを重視する場合、その系統の組み合わせの概念をその地域で設定できるので、それを小林行雄の「様式」として把握しても差し支えないのであるが、ここで問題になるのは、先に述べたように、その「様式」の分布範囲を諸「系統」の分布範囲は超えているという点で、この場合、「様式」と「系統」のどちらを上位として把握すべきかという判断が、研究課題として残ることになる。

（2）弥生土器編年と比較した縄文土器編年の特質

小林行雄の弥生土器編年には「形式」分類が確立しているのに対し、山内清男の縄文土器編年にはこれが確立していない、という点が強調されてきた。そして、この不備を補う形で、現在の縄文土器編年では、一見、「形式」が付加されたように見える表現方法が多用され、弥生土器編年の表現に近づいている。

しかし、極端にいえば、「形式」に沿って把握するのがむずかしい点こそ、縄文土器編年の特質であり、「形式」に沿った理解の容易さは弥生土器編年の特質にすぎない。すでに指摘したように、弥生土器編年の「様式・形式・型式」の構造自体は、普遍的な土器編年の構造として応用することは合理的であるし、また可能であるのだが、構造を構成する個々の内容が狭く限定されている点に問題があるのである。特に、「形式」に相当する時間的系列は、土器の器形とは無関係に文様であったり、胎土であったり、あるいは「系統」であったり、無数に設定可能である。そこから、器形のみを重視し、これを「形式」とすることで、「様式・形式・型式」は普遍性を低下させ、縄文土器の編年や東海地方の弥生土器の編年にそのままでは適応しがたくなっている。

縄文土器の編年では、「形式」に代えて「器種」という言葉を用いることが多いが、この「器種」は単なる形態差だけではなく系統差などさまざまな意味を含む、便宜的な分類基準として使用される場合が多い。しかも、「器種」相互の関係が複雑で、文様の共有の状況などが時期ごとに変化し、しかもその変化の過程で他地域の土器や他の器種の影響が水平的に現れる、といった複雑な

現象を整理する必要がある。したがって、器形を上位の基準とすることが必ずしも有効ではない場合が多い。一言でいえば、「形式」間の関係が弥生土器より緊密で、しかも一律ではない(7)。

いま一つ、小林行雄にならった弥生土器編年の特徴は、１地域１様式という原則をくずしていない、ということにある。もちろん、この地域の広さは重層的に変化させうる。この原則に対して、石黒は地域を越えた「系統」概念の設定で対応し、現在、弥生土器研究で一般化している大和「型」甕といった地域を越えた表現もこの原則に対する対応である。山内の「型式」を継承した佐藤達夫は、複数「型式」の同一地域内での併存を指摘したが、複数「様式」の併存が弥生土器研究で一般化していれば、石黒が提起する問題は解決ずみであったはずである(8)。

「畿内第一様式」「河内第一様式」など、地域を固定して「様式」を設定する方法は縄文土器では一般的ではなく、縄文土器の型式や様式の境界はそのつど変化すると理解されているし、一般的にはいかなる資料を対象としても、地域境界の変化を前提とした表現方法をとるのが一般的であるはずである。その点、小林達雄の様式の設定は縄文土器の実態によくあてはまるのみならず、より一般的な手法である。

つまり、実質的には、弥生土器編年における様式区分は斉一性の高い土器群内部の時期区分として機能しているのである。弥生土器編年と同じ方法を適用しやすいのは、たとえば、亀ケ岡式や突帯文土器といった高い斉一性がみられる土器群を対象とする場合に限られ、異質なものが混在する状況を整理する場合は、縄文土器のように地域内の型式や系統をまず区分し、各地域内でのそれぞれの共伴状況を分析し、その共伴状況の分析から、その地域を独立した地域単位とみなしうるかを判断するという手続きに頼らざるをえない。

（３）時間差の認識

先に、土器編年の研究において基礎となり、また最も重要であるのは、時間差に関する認識であると述べた。現状の土器編年研究の論点の多くは、この点

と関わる。

層位学と型式学　再三、いわれていることだが、層位学的手法と型式学的手法は同時に併用される性格のものである。二つの層位を認識しても、両者に含まれる土器の型式学的相違を認識できない限り、土器の時間差は認識できない。逆に土器の型式学的相違を認識しえても、この相違を層位学的事例によって裏づけることができない限り、型式学的相違が時間差に起因することを確定できない。

属性分析　個体において属性を複数抽出し、各属性を型式学的に分類したうえで、それぞれの分類の個体における共伴の状況を分析するのが属性分析である。この場合、たとえば口縁の屈曲度の強弱が文様の変異と対応し、それぞれの属性の変異が関係を保った時間的変化であることを確認することによって整合的に説明できる場合、時間的推移を認めることができる。その時間的推移を確定するためには、対象とする資料よりも古いことが確実な資料や新しいことが確実な資料との関係において、推移を証明する必要がある。

頻度のセリエーション　土器の型式学的特徴の時間的変化を十分に抽出できない場合でも、たとえば単純な時間的変化では説明できない文様Aと文様Bが、比率を違えて異なる地点や層位から出土する場合、その比率の差が時間的変化に起因する場合は多い。したがって、このような比率の差が存在する複数の資料体を、比率の差が徐々に変化するという前提のもとに序列を作成する手法を「頻度のセリエーション」とよぶ。しかし、ここで明らかになる時間差は、あくまでその資料体のいわば中心部分の時間差であって、資料体に含まれる個々の土器の時間差ではないことに留意する必要がある。

細別の問題　山内清男は細別は究極まで進むべきであると述べたが（山内1937）、究極といえども、山内自身、層位学的出土状況を非常に重視していた。理論的に考えれば、土器は製作から廃棄までに個体ごとに異なる時間を要し、現実の層位学的事例は廃棄の単位として認識されるわけであるから、層位（地点等を含む）ごとの資料の「引き算」を駆使しても、製作された時間の異なる遺物が混在した一括資料として認識される。そうであれば、製作時から廃

棄時までに要した平均的時間より短い時間差を有する資料体を比較した場合、そこに時間差を認識することは非常にむずかしくなるはずである。したがって、現行の方法にもとづく限り、認識の問題として、細別には限度があることになる。

しかし、そこまで突き詰める以前の問題として、細別が進むほど、細別しうる個体や属性の数は減少し、有効性が低下する。この有効性の低下は信頼性の低下を招く。実用化している現状の編年がある程度の限度を維持しているのは、このことに起因している[10]。

境界の設定　細別とは大きな区別を細かく区切る場合だけではなく、既存の区別の境界に新たな区別を挿入する形で行われる場合がある。その新たな区別に含まれる土器は既存の区別にも散見されることが多いが、既存の区別の中心的な特徴とは認識されていない場合、新たな区別を挿入することで、区別を増やし、時間的序列の再編が行われる。

このような場合だけには限らないが、個体としての土器や属性の時間的序列に関する認識に差がなくても、いかなる特徴をもって境界を区切るかが問題となることがある。これは、区分の根拠となる層位学的事例として何を選ぶかという問題と、型式学的特徴のなかで何を重視するかという問題とが関係している。この問題の本質は大別的観点にたつ時期区分の問題である。

時期区分とは、本質的には、土器の型式変化のいかなる部分を重視するかで判断が分かれる研究課題である。

大　別　山内清男は「自然な大別」（山内 1937）を行いえなかったが、学史を重視して、縄文土器を当初5期（山内 1936）、その後6期（山内 1969）に区分した。学史は大きな区別の認識が優先し、その後、小さな区別にいたる過程であるから、この区別は「自然な」認識が反映されている。ただし、関東・東北地方での土器の認識にもとづいた区別であるから、他地域では異なる区別の方が都合のよい場合がある。そもそも、地域差の激しい縄文土器全体を同じ区別で区切ろうとするのは無理がある。しかしながら、草創期と早期の境界認識や縄文土器の出現や終末をめぐる境界認識に異論は出されているものの、こ

の大別を基本とした区分が一般化しているのは、各地域を同じ時期区分で把握することに根本的な支障が生じないほどには各地域が関係を保っている、と見てよいだろう。

その後、「型式群」(岡本勇 1982)、「様式」(小林達 1989) という大別的区分が用語の問題は別にして定着しているのは、これらも同じく、細別が進行する以前に認識された区別を基本としているからで、その意味では後世の人間が観察した場合は自然な区別たりえているからである。これらは時期区分に加えて、地域的境界の認識もともなうもので、本来、山内が目指した「自然な大別」に近いはずである。しかし、これを最上位の区別とすることは、煩雑にすぎるので、現状の6期区分も必要とする。

このような考古学的な区別にいかなる意味を付与するかは研究課題としてありつづける。社会的あるいは文化的変化として重視する基準によって、大別内部に境界線を引いたり、大別をさらに大きくまとめることは、土器の分析のみからも可能である。

(4) 地域差と系統差の認識

地域の境界決定の難易度は土器型式もしくは土器様式の分布状態と変異の様相によって変化する。たとえば、突帯文土器全体の分布を境界線で示すことは簡単である。ところが、そのなかの地域差を明確に指摘することはむずかしい。これは突帯文土器の定義すなわち境界が明確であるのに対して、その内部では地域差が漸移的に現れるからである。突帯文の刻みの形状、器形、端部の形状などの型式学的変異そのものが漸移的であるし、おのおのの特徴の個体内での共伴状況も漸移的に変化する。また、個体どうしの共伴状況も同様である。しかも、深鉢と浅鉢の地域性は異なるので、この現象への対応の仕方によっても地域の境界は異なる。

このような地域境界の問題は時間差の認識においても生じる境界認識の問題と本質的に同じである。つまり、何を重視して境界を設定するか、という価値判断の問題であり、研究の目的によっても違いが生じる。

地域差を把握するときは、その地域内の複数の土器製作伝統の組み合わせを把握し、その組み合わせの差から地域差を抽出する場合がある。この場合、地域は複数の土器製作伝統の受け皿として認識される。
　土器製作伝統の差が同時期の系統差か地域差かが問題になる場合、通常は地域的重複の程度によって判断される。ただし、この地域的重複の程度は時期によって変化する。ようするに、この場合、系統か地域かという問題は呼称の問題にすぎない。
　さきほど、突帯文土器全体の分布の境界を設定するのは簡単だと述べたが、それは、あくまで突帯文で特徴づけられる土器の分布を知ることが簡単だということである。突帯文で特徴づけられる土器の分布に重大な意味があるかどうかは、そのなかの地域を区切るときと同じような価値判断を必要とする。たとえば北部九州地方（特に福岡・早良平野）の突帯文土器の深鉢は本州地方に比べて小さい（佐藤由 1999）。後続する弥生土器の深鉢（「甕」と呼称される）の大きさは突帯文土器に比べて小さいので、この差には突帯文土器全体の分布の境界にまさるとも劣らない非常に大きな意味がある。もちろん、両者は質的に異なる境界認識にもとづいている。
　このように、地域差の境界をめぐる問題は時期の境界認識と同じように、本質的に高度な研究を要する課題である。

（5）地域編年と広域編年

　時間差を認識するにはあらかじめ同一の地域色を維持していることが判明している地域内の編年を行う必要がある。突帯文土器なら突帯文土器の分布地域の編年を行い、大洞式なら大洞式の分布地域の編年を行い、後に両者の併行関係を確定し、広域編年にいたる。突帯文土器の分布地域内での地域性が問題になる場合、同一の地域性が維持されているさらに狭い地域での編年を行い、突帯文土器分布地域内の地域編年相互の併行関係を確定し、突帯文土器の広域編年にいたる。
　つまり、地域編年か広域編年かは、異質の地域相互の併行関係を確認する作

業が必要かどうかという問題であり、地域の広さの問題ではない。したがって、たとえば、草創期における隆起線文・爪形文・多縄文という序列の形成は、広い地域を対象としたものであったが（山内 1969）、各地域における類似土器の分布の抽出に重点がおかれており、各地域を同質と判断しているので、この意味での広域編年とはいいがたい。その後、地域性の認識とともに、より狭い地域での編年の必要性が生じ、併行関係の確認を必要とする広域編年が論じられるようになったわけである。

したがって、地域編年の基準が各地域で等しいような広域編年を行うならば、それは単一の基準で広域を編年することと同じであるから、この意味での広域編年とはよべないのではないか。地域編年相互の併行関係を確認する作業において搬入品を用いることができない場合、時期ごとに型式学的特徴を比較して併行関係を決定する場合があるが、この場合、地域編年とは異なる基準で併行関係を確認しなければ、地域編年を行う意味がないことはいうまでもない。第3章で行う押型文土器の広域編年は、この点に留意して、地域編年を実践した後に組み立てたものである。

（6）型式変化の漸移性

通常、型式変化は個体としての土器の特徴そのものが質的に変化する過程として理解されるが、関東地方の撚糸文土器などのように、同じ特徴を有する土器の比率の増減として把握されるような場合がある。この手法は、通常、個体ごとの型式変化が微妙な場合、時期差の描出手法として用いられる傾向が強いが、土器型式変化一般についての認識の問題として、大井晴男はこの点を問題にしている（大井 1982）。大井は層位事例の解釈として、新しい型式に古い型式が共伴し、型式変化は新旧型式の比率の問題として把握できる、と述べている。

大井が述べるように、この問題は二つの論点をはらんでいる。一つは、ある層位で新旧の型式が共伴した場合、単なる混在とどのように区別できるのかという問題、いま一つは新旧の型式の同時性が確実な場合でも、それは新旧の型

式の廃棄（または埋没）時の同時性であって、製作時には時期差が存在するのではないか、という問題である。

　第一の問題については、新型式だけで構成される層位と旧型式と新型式が混在する層位が存在し、後者における新型式は旧型式と同時につくられた比較的古い新型式であり、前者の新型式は比較的新しい新型式であると認識したと仮定しよう。その場合、新型式と旧型式の共伴が単なる混在ではないことを否定するためには、比較的古い新型式と比較的新しい新型式には型式学的な特徴において質的な差があることを認識する必要がある。これが認識できない限り、層位の堆積そのものの時期差が認められても、堆積時において新旧の土器型式が混在した疑いはぬぐえない。この点については、同一個体や接合関係の分析も必要とされるはずである。

　第二の問題は、土器型式の細別が進むほど大きな問題になるはずである。土器の耐用年数が数年間であったとしても、なんらかの理由によって、数十年間以上、古くつくられた土器と新しくつくられた土器とが生活の場で併存することは十分ありうる。実際に、弥生時代の合わせ口甕棺には新旧型式の組み合わせが少数確認されており、これは製作年代の違う土器が同時に使われたと理解されている。しかし、土器型式の年代は製作時の年代で決定されるべきであり、新旧の型式の土器がある生活の場で共存していたとしても、この状態を一般化して、年代決定の指標とするのは混乱をもたらす。製作時における新旧の型式が実際に共存する現象は十分に予想できるが、その問題は、各事例の検討によって個別的に理解を深めていくべき問題である。

　一般に土器は徐々に変化すると考えられている。ある特徴はそれ以前の特徴との関係から理解できる場合が多いのであるが、たとえば施文原体の材質の変化は、以前の文様を別の材質の原体で表現した場合であっても、漸移的な変化ではない。このような質的な変化は時期区分の指標となるような土器製作伝統の重要な節目であることが多い。他地域、他系統、他器種からの影響によってこのような変化が生じる場合も多く、その影響の分析によって、土器製作伝統の変化の詳細を知ることができる。そして、他地域や他系統からの影響なの

か、その土器製作伝統内部での変化なのかは、その手法で代表される土器の分布の広がりの解釈にとって、きわめて重要な問題である。

(7) 時期差か系統差か

　山内清男は、ミネルヴァ論争において、縄文時代の終末が全国一律であることを編年研究の成果から主張するが（山内 1936）、これは東北地方の縄文文化と以西の弥生以降の文化とが、時期差なのか、同時期の系統差におかれるのか、という論争である。現在でも、異なる型式の土器が時期差か系統差かを詮じる論争は多く、その意味でミネルヴァ論争はローカルな規模でくり返されている、といってよい。[11]この問題については第3部で論じる。

　たとえば第7章で論じるように、九州地方では、船元式（本州系）と並木式（九州系）とが同時期に併存するという編年観が一般的であったが、現在、この編年観は否定された。ところが、船元式（本州系）は深浦式（南九州系）という別の土器型式と共伴し、南九州において、複数系統が併存するという見方が一般的になっており、これに対する反論も提起され、現在、論争が生じている（相美 2000、矢野 2005a）。

　この種の議論は、一般論としてどちらが正しいという問題ではなく、個別に検討を重ねる必要があることはいうまでもないが、以下の点に注意しておきたい。

　問題となる土器群は明らかに地域を違えて同時期に分布することが明白なわけではなく、両土器群を時期差として解釈する余地があるわけだが、複数系統の併存を認めなければ、遺跡数の極端な減少が想定されるため、その地域における居住の断絶を想定する必要が生じ、それは不自然だという考えが主張されたり、主張されずとも前提とされている場合が目につく。しかし、これは編年の結果の問題であって、編年の理由にはならない。

　層位学的には、問題となる型式相互の共伴によって同時性が主張される場合が多いが、遺構や地点、あるいは遺跡ごとの出土土器の差によって、時期差を証明しうる事例があるにもかかわらず、共伴事例によって同時性を主張するの

は非常に困難なはずである。一般論として、時期差の証明は良好な層位学的根拠が一つあれば十分であるが、共伴による同時性の証明は多数の層位学的根拠を必要とする点で、本質的にむずかしいのである[12]。したがって、共伴例の解釈には慎重な態度をとるべきだろう。個体内で複数型式の特徴が共伴する事例についても、型式変化の過渡期的様相を示すにすぎない場合も多い。

　時期差か同時期の系統差かという問題が最も重大な問題として取り上げられている例は、関西地方の突帯文土器と弥生前期土器との関係である。従来、主張されてきた「住み分け論」（中西 1984）や「共生論」（秋山 1999）は、いずれも共伴事例のみに着目し、単独出土例については時期差と判断していない。異系統（この場合、弥生）集団の移動とその併存を前提にする理解が適合しやすい事例ではあるが、縄文時代においても弥生時代においても集団の移動は頻繁に生じており、この場合のみ集団の移動という現象を別格視する必要はないので、共通する編年研究の原則が適用されるべきだと考える。

　ただし、型式学的連続性を十分に説明できない限り、年代を精密化したときには、大枠で時期差と判断された複数の土器群の移行期において、短い期間における併存の問題がくり返し議論の対象となる。また、問題となる資料が時期的前後関係におかれることが確定しても、他地域、他系統の影響に関する議論は継続する。したがって、この問題の本質は、型式変化において系統性の変化をどのように解釈するかという点にあり、単なる土器の時間的位置づけの問題では終わらない。

第3節　縄文土器編年の現状と課題

（1）雑誌掲載論文の現状

　縄文土器編年研究の現状の一端を雑誌掲載論文からみてみたい[13]。縄文時代研究の論文中で土器編年研究の論文が占める比率はどの程度なのか。代表的な学会誌である『考古学雑誌』（1950年代以後）では127本中55本で43％、『考古学研究』では77本中20本で26％、『日本考古学』では17本中5本で29％となる。

全国誌において土器編年研究が占める程度は約3割から4割である。
　年代別にみると、『考古学雑誌』では70年代で60％、80年代で53％で、この頃がピークであるが、現在はやや比率が落ちている。一方、『考古学研究』は50年代以降、現在にいたるまでほぼ同じ比率で推移している。
　この比率は、弥生時代研究の論文に占める弥生土器編年研究の論文の比率に比べると、かなり高い。弥生土器編年研究は『考古学雑誌』（1950年代以後）では152本中22本で14％、『考古学研究』では252本中18本で7％、『日本考古学』では44本中8本で18％にとどまる。編年研究以外の土器研究の論文も弥生時代よりも縄文時代の方が比率が高いので、縄文時代研究は編年研究を含めた土器研究の占める比率が高い。
　地方誌ではどうか。縄文研究論文に占める編年研究の比率は『神奈川考古』では50本中22本で44％、『土曜考古』では56本中26本で46％、『古代吉備』では24本中11本で46％、『古文化談叢』では42本中20本で48％となり、同様に半数程度を占める。編年研究の比率は地域研究のなかで高いのである。弥生研究では、『神奈川考古』では31本中9本で29％、『土曜考古』では37本中13本で35％、『古代吉備』では140本中5本で4％、『古文化談叢』では284本中35本で12％、となり、東日本では縄文研究と同様に地域研究における土器編年研究の比率が高いが、西日本では同様に低い。
　土器編年研究の比率が全国誌よりも地域誌において高いというのは、資料の多さが地域を越えた研究を困難にしているという側面と、地域編年の課題が全国的に共有されるような性格を有していない場合が多いという側面があるように思う。もちろん、ここにあげた雑誌すべてが全国の研究者の目にふれやすいものであるから、実質的には全国的に研究成果が共有されるのではあるが、少なくとも縄文研究の他分野に比べて、土器編年研究は地域色が形成されやすいという点を指摘しておきたい。地域を越えた研究が縄文土器編年研究にはいっそう必要であると思う。

（2）土器編年研究の方向性

細別と暦年代　近年、集落研究において注目を集めている黒尾和久らの『縄文中期集落研究の新地平』では、関東地方中期の細別編年を発表している（黒尾ほか 1995）。この細別は集落の様相変化を把握する必要から生じたもので、集落研究でも大きな成果をあげているわけだが、これとは別に、小林謙一は放射性炭素年代との比較を論じている（小林謙 2004）。ここで細別された時期は、各時期が20〜80年間で、20〜30年間の時間幅の時期が最も多い。畿内の須恵器編年と同じ程度の幅である。

小林は、細別された時期の幅に長短がある理由として、文様の複雑さや集落の安定度を問題としている。その解釈についてはともかく、型式変化の速度を暦年代との対比において問題にし、そこから土器製作伝統の継続性あるいは保守性といった問題を本格的に議論できる基盤が整いつつあるわけである。一般的にいって、古い時期の土器製作伝統は継続期間が長く、新しい時期では継続期間が短いだろう。また、同じ時期でも文様の複雑なものは単純なものに比べて継続期間が短いはずである。[14]

さらに、100年間当りの住居数を暦年代に換算してその量の推移を調べることは行われているが、土器の量に関しても、同様の研究が可能である（谷口 2004）。土器量の推移については、ほとんど未知数であるが、型式変化の速度との関係においてもなんらかの関係があるはずである。この場合、土器量の推移を人口の推移（住居数や遺跡数）との関係で把握できるかどうかが鍵となる。

系　統　異系統の土器が同一地域に共存したり、異系統の土器の特徴が同一個体内で共存する現象は佐藤達夫が注意して以来、多くの事例が指摘されている。戸田哲也は系統相互の関係について類型化している（戸田 2006）。系統相互の関係は同一地域内でも時期に応じて変化し、当初は相互に影響を与えなかった系統間での折衷土器が増えて相互の関係が緊密になる場合もある。このような系統間の関係について、集団の移動という観点から説明する場合と、異なる系統間の社会的関係という観点から説明する場合がある。

今村啓爾は、前者の観点から縄文後期初頭における西日本の集団の南関東への移動（今村 1977）や、縄文前期末における北陸地方の集団の東北地方への北上を論じている（今村 2006）。縄文後期初頭における西日本の中津式の影響については、集団の移動にとどまらず、詳細な土器の影響関係の分布にもとづいて、異系統間の社会的関係にまで言及する研究もある（鈴木德 1993）。これは、ある系統の分布の拡大が他地域に及ぼす影響の解釈によって、移動の様相を論じる事例であるが、第3章で述べるように、縄文早期の押型文土器の分布が拡大するにつれて地域分化が生じる場合がある（矢野 1993b・2005b）。このように、ある系統の内部の変化を分析すれば、人口の移動（および増加）によって生じた社会的関係の変化を説明できる。いずれも遺跡の増減（ひいては人口増減）が土器型式圏の変化の解釈に重要な意味を有することを論じている。

　異系統間の社会的関係を説明する場合、相互に影響を与えない形で同一地域内で共存する場合（戸田のいう「水と油型」）、それぞれの分布圏のなかで土器製作伝統が共有される状況が想定できる。一方、折衷土器の存在などから土器製作伝統の融合が確認できれば、その地域内での土器製作伝統の共有を想定できる。

　この土器製作伝統の共有は、基本的には土器製作者の移動範囲と関わる。つまり、それぞれの土器製作者がその地域のなかよりもその地域を越えて各系統圏内を頻繁に移動すれば、それぞれの純粋な土器製作の伝統が維持されて異なる系統が影響を及ぼさずに同一地域に併存するだろう。逆に、それぞれの土器製作者がその地域内での移動にとどまれば、相互の土器製作伝統に影響関係が生じるはずである。土器製作者をすべての女性におきかえれば、これを通婚圏の問題として解釈可能であるが、通婚に起因しなくとも、このような状況は社会的関係を示す。

　一方、同一土器型式（もしくは土器様式）分布圏内に分布がおさまる小さな系統（系列とよばれる場合も多い）が複数指摘できる場合も多い。このような小さな系統の分析は、小林達雄の撚糸文土器の分析（小林達 1966）で先駆的

に示されているが、山本典幸は五領ケ台式土器様式の深鉢を細かな「型式系統」に分け、それらを二つの「系列」に束ねる（山本 1999）。この「型式系統」の分布は土器製作伝統が最も親しい関係で共有される範囲を示し、それぞれは小地域性をおびつつ、その小地域を越えて分布が重複する傾向が強い。これも、原則的には土器製作者の移動範囲と関係づけられるはずである。[15]

　通常は、人口が増えた時期や地域にこのような現象が顕著になる。また、器種によっても違いがあり、通常、精製土器は共通の土器製作伝統が広く共有される傾向が強い。このような点からみて、われわれが認識しているのは、あくまで土器製作伝統の一局面であることにつねに留意する必要がある。

　器種構造と地域構造　前述の系統に着目した研究は土器製作者の系統、すなわち縦の時間的系列の抽出を前提とするものの、系統間の横の関係の変化が社会的変化を示すことになり、構造として把握できる。そして、この構造は、機能的な側面を含む器種一般の構造のなかに位置づけることができる。たとえば、深鉢と浅鉢の関係一つをとっても一定ではなく、時期や地域によって、文様や器面調整の手法、あるいは胎土が共通する場合とそうではない場合がある（鈴木公 1964）。その関係は、土器製作上の約束あるいは拘束によって変化し、そのような構造（関係）にこそ、土器製作伝統の特質が表れる。

　縄文土器は大きくみて、深鉢単独の器種構造に浅鉢が加わり、さらに注口土器などが加わるとともに、有文・無文や精粗の差などが加わるという形で、器種構造は時間とともに複雑化する。大局的にみれば、この構造変化は土器の機能分化に対応しているだけではなく、土器製作のあり方にも影響を及ぼしているはずである。たとえば、縄文後期の北白川上層式のように、深鉢と浅鉢とでは、文様に差があるだけではなく、胎土も異なる場合が多いが（千葉 1993）、宮滝式になると、文様が共通し、胎土も共通する傾向がある。そして、このような器種構造の転換が生じるときには、第7章で述べる北白川C式から中津式にかけての変化にみられるように、ある器種が他の器種と同じ手法をとるという一方的な変化ではなく、器種すべての関係に変化が生じるような構造的な変化を示す場合もある[16]（矢野 1994a）。

そして、各器種にはそれぞれ特有の地域性があり、器種ごとの分布の構造から地域構造というべきものが明らかになる。一般に粗製土器は狭い地域性、精製土器は広い地域性を有することが多いが（鈴木公 1969、田中・松永 1984、佐藤広 1985、千葉 1989、泉 1990）、突帯文土器のように、精製浅鉢が粗製深鉢に影響を与える場合もあり（家根 1984、宮地 2004）、器種構造の変化と地域構造の変化は表裏一体の関係にある。[17]

ようするに、縄文土器は器形を越えて相互に関係しあうものであるから、ある器形における土器製作伝統の細かな系列間の関係の変化も、その器形の変化だけにとどまらず器種構造全体に影響を及ぼす可能性があり、そのためにも1器種にとどまらない構造的な視点からの分析が有効である。

比較の重要性　縄文土器の編年研究は当然のことながら、縄文時代の研究の一環として行われているのであるが、ここで取り上げたような研究の課題、すなわち、型式変化の速度、異系統土器の問題や地域内の複数の細かな系列の意義づけ、あるいは器種構造や地域構造の解釈などから文化的社会的意義を探る場合、現象面の論理的考察や民族例の参照以外に、異なる地域や異なる時期にどのような現象が現れるかという点を比較することから有効な示唆が得られるはずである。

これまでの編年研究は、大別的な区分内の資料の編年の構築とその編年に沿った現象の解釈に終始し、大別的な区分相互の関係に関する研究は盛んだが、相互を全体的に比較する研究に乏しい。押型文土器と突帯文土器、あるいは加曽利E式と曽利式との編年研究の成果を比較し、全体としての異同を考察すれば、時期的地域的特質をより鮮明に把握できる。加曽利E式と曽利式、あるいは諸磯式と北白川下層式との関係についての研究成果に、このような比較としての観点を導入すれば、当該期の社会を全体的に描出しうるであろう。[18]

さらに、縄文土器についての個別的研究成果を意義づけるためには、弥生時代や古墳時代など、異なる時代の編年研究の成果と比較することも必要である。たとえば亀ヶ岡式の器種相互の関係や地域構造は弥生土器と共通する点と相違する点があるはずで、そこを把握することで、亀ヶ岡式の特質をより鮮明

に把握できるだろう。
　そして、朝鮮半島や中国、あるいは欧米の土器編年研究の成果と比較して、現象面の異同を分析したうえで、縄文土器の特質とは何か、といった点は詳細にはほとんど把握されていないのではないだろうか。このような比較研究によって、縄文土器編年研究の現象的理解の解釈は飛躍的に進むはずである。
　このような比較研究の前提として、それぞれの編年研究における方法や概念を検討し整理しておく必要がある。統一的な方法ですべての土器を研究することが可能であるとしても、効率的とは思えない。その意味でも、自らの研究の方法や概念の性格をよく自覚しておく必要がある。本書ではここで論じたことをふまえ、第2部において、早期と中期という異なる時期の土器型式の地域的変化を比較し、その中から縄文土器の特質の一端を明らかにしようと試みる。

注
（1）長崎県有明町大野原遺跡は焼土群や粘土貯蔵穴の存在から縄文後期の土器製作址であると報告されている（有明町教育委員会 2001）。
（2）ただし、瓦の編年研究における「様式」概念は、研究者によって異なり、弥生土器とは異なる場合がある。また、瓦における「型式」とは笵を同一とする個体群である。このような目に見える単位の抽出は縄文土器ではむずかしい場合がある。
（3）縄文土器研究では、同一型式内の小さな系統を「系列」と称する場合がある（鈴木正 1980、山本 1999）。
（4）小林達雄の「様式」は「共通した雰囲気」という漠然とした説明が与えられているが、要は土器製作伝統の共通性に基礎をおいた大別的概念である。しかし、「様式」を細別したり大別したりすることは可能である点を強調した方がよいと思う。
（5）小杉（小杉 1995）のいう異系統土器の問題は②と関係し、大塚（大塚 2000a）のいう単位の等価性の問題は①と関係する。
（6）ただし、佐藤は複数「型式」が安定して組み合う場合は、その特徴をもって独立した「型式」として設定できるか否か判断すべきと述べている。その場合、「型式」の関係の安定性は、量比よりも質的な関係、つまり折衷品の安定した存在などを基準にして考察すべきだと思う。
（7）小杉は、山内が「形式」の使用に積極的ではなかった理由として、器形を越え

て系譜を追える文様帯を重視した点をあげている（小杉 1995）。縄文土器の前半期には、深鉢1種類の場合が多いことも理由の一つだろうか。また、小林行雄は、弥生土器で「形式」を重視する理由として、器形による手法の差が激しい点をあげている（小林行 1959）。ただし、弥生土器研究でも、櫛描文の有無で器形を大別する視点もある（桑原 1989）。

（8）1地域1様式という方針は、大塚達朗の言葉では、併行様式群の「異所的布置」という表現になる（大塚 2000a）。大塚は、このような性質が山内清男の縄文土器「型式」の特質であると述べるが、むしろ、弥生土器編年にこそ、より厳格に適用されてきた。

（9）もちろん、ここでいう層位は住居址床面一括資料など、平面的な分布として確認できるものも含む。

（10）大塚が「細別主義」に反対する理由の一つに、型式変化の漸移性の強調によって境界認識が曖昧になる、という点をあげている（大塚 2000a）。しかし、境界認識は大別的観点と同じ時期区分（あるいは地域、系統区分）における分類単位相互の関係把握の問題であって、分類単位の精密化の問題とは別である。現象を正確に把握するためには、細別は不可欠とまではいえないまでも、非常に有効な手段である。

（11）称名寺式と堀ノ内式、諸磯c式と十三菩提式、福田K2式と縁帯文土器、平栫式と塞ノ神式など、この種の論争は枚挙にいとまがない。

（12）もちろん、型式学的分析が併用されねばならないが、ある論者が双方を同時期の系統差と判断するほど似ていない型式相互の関係を、その時点で型式学的判断のみで決着させることはむずかしく、その意味でも層位学的根拠が重要である。

（13）集計は千羨幸に負うところが大きい。集計した号数は以下のとおり。『考古学雑誌』は第36巻第1号（1950年3月）から第90巻第2号（2006年2月）まで、『考古学研究』は第1巻第1号（1954年6月）から第53巻第2号（2006年秋）まで、『日本考古学』は第1号（1994年11月）から第21号（2006年5月）まで、『神奈川考古』は第1号（1976年5月）から第42号（2006年5月）まで、『土曜考古』は第1号（1979年12月）から第30号（2006年5月）まで、『古代吉備』は第1号（1958年4月）から第23号（2001年4月）まで、『古文化談叢』は第1集（1974年5月）から第40集（1998年3月）まで。集計の対象は「論文」で「研究ノート」等は除外している。

（14）土器型式の存続時間とは時間的指標とする型式学的特徴の存続時間であり、何を時間的指標とするかという観察者の認識に左右される。したがって、20～30年間という時間は土器製作者の世代交代とは無関係である。須恵器などと同じ程度の型式変化の速さが観察できるという点は認識の問題として興味深いが、須恵器の型式変化の方が縄文土器よりも微妙であり、型式変化の速度は型式変化の内実

とともに論じるべき問題である。
(15) 山本は女性を土器製作者とみなして、二つの系列をそれぞれ別の妻方居住の集団に対応させている。このように女性が移動しないと考えれば、それぞれの系列内部の共通性は時間の経過とともに低下するはずである。系列が一貫して維持されている場合、通常は土器製作者の移動、つまり女性の移動を想定する（都出 1983）。
(16) 旧石器時代の石器製作において、早くから技術の構造的変化が説かれている（稲田 1969）。
(17) 器種構造の変化には系統性の変化がともなう場合も多く、その点に注目した研究もある（秋田 2006）。
(18) 諸磯式と北白川下層式には浅鉢の交換関係があったという見方があるが（小杉 2003）、各地域の浅鉢が占める比率や他器種との関係の比較に興味がもたれる。また、東海地方では深鉢を含めて両型式が存在するのが一般的であるが、たとえば地域内で共伴することの多い加曽利E式と曽利式との関係と比べて、どのような異同があるかについても、研究を深める意義は大きい。

第2章　山内清男の「型式」と小林行雄の「様式」

　本章では、第1章で指摘した「型式」と「様式」について、その相違点の本質を論じると同時に、その相違の由来を論じる。筆者は自らの縄文土器編年において、山内清男の「型式」概念を用いるが、その理由は両者の優劣の問題として論じられるべきではなく、研究対象との適合性の問題に求めるべきであると考える。本章ではその点を明らかにする。

　日本考古学において、山内清男の「型式」と小林行雄の「様式」は土器編年の基本的な分類用語とされてきた。山内のそれは縄文土器、小林のそれは弥生土器を編年するうえでの基礎的な概念である。一般に、山内の型式には形態差の指摘はあるもののそれが分類として確立しておらず、小林の様式にはそれが「形式」という分類として確立していることが、両者の重要な相違として認識されてきた。そして、それ以外の点では実質的には同じものだという理解が一般的であった（田中琢1978、横山1985）。現在、形式あるいは器種などこれに準ずる分類用語を導入した縄文土器編年は一般化しており、現行の研究では両者の差は不明確になっている。

　しかし、本来の様式と型式の概念の相違は、形式概念の有無にとどまらない本質的なものであることが指摘されている。たとえば、縄文土器の型式が製作面を重視したものであって、弥生土器の様式は製作・使用の両方に着目したものであること、型式は異系統の土器を含めないのに対し、様式はそれを含めることが多いこと、型式が等価的な単位としての分類であるのに対して、様式は各々の時間幅が異なるように考えられていたこと、などである。

　このような差は、土器編年の方法的問題以外に、土器編年に対して何を求めたかという目的の違いや土器編年の対象の本来的な差、あるいは対象に対する認識の相違から生じていると考える。たとえば、小林行雄の様式は、土器だけ

にとどまらず石器なども含めた文化的な区分が当初は念頭にあり、これが変質して土器に限定されるにいたったと考えられている（伊藤1992）。この指摘によれば、様式は文化的な時代区分論を視野に入れた区分であった。一方、山内はそのような区分よりも、年代的な尺度を準備するための分類という意識が強く、実年代の決定を最終的目標と考えた（山内1966）。

山内の型式と小林の様式は、このように、本質的な点で相違が認められると考える。両者の相違を時間的側面と地域的側面に分けて、それらの初期の理念にたちかえって論じたい。

第1節　時代区分としての「様式」

弥生土器の現在の様式は、五つに大別されており、それぞれがさらに細別されている。小林が当初設定した様式は、現在の大別様式に相当する。小林は、当初、それを大別とは認識していなかったが、後に、小林自身、それを大別として扱うようになる。一方、山内の型式は基本的に細別型式であり、現在にいたるまで、細別が重ねられてきた。当初の様式と型式の違いの根幹は、この点にあるといってよい。

小林が土器以外の文化要素も含めた上での様式区分を試みようとしたことは、土器のみから様式を区分するにいたっても、時代区分としての性格を色濃く残す背景となったと考える。大塚達朗（大塚2000a：67）が様式が非等価であるというのは、この点と関係すると考える。小林の「弥生式土器一覧表」（表2）を見ながら、この点を検討したい。この表で「1、2、3…」あるいは「A、B、C…」と符号が打たれた各様式の時間の長短が地域によって異なるのは、各地域の時間全体が異なる形で区切られていることに理由の一つがある。時間全体を区切ることにより、各様式の前後は連続する。つまり、この様式区分は連続した一体のものを分けるという考えにもとづいている。

この時点で小林らは弥生土器全体の変遷を、①遠賀川式土器の伝播、②地域色の発現、③地域色の消失（統合）、といった図式で把握していた。したがっ

表1　山内清男の土器編年

繩紋土器型式の年代的組織（假製）
（山内清男）

	北海道	陸奥	陸前	関東	信濃	畿内	吉備	四国	九州	
早期	住吉町	( )	椴木1	三戸・田戸下 子母口・田上	(曽根?)		廻館押型紋		小蒸島	轟ヶ谷	早期
			椴木2	茅山	( )	粕畑					
前期	(石川町)	(円筒土器下層式以上)	室浜 大木1 大木2 大木3/5 大木6	花積下 花輪台 黒浜 諸磯a/b 十三坊台	( ) ( ) ( ) ( ) (瓣塔)	鉾ノ木	国府 北川1 大歳山	磯ノ森 里木1	轟?	前期
中期	( ) ( )	円筒土器上a 円筒土器上b ( ) ( )	大木7a 大木7b 大木8a/b 大木9.10	御領台 阿玉台勝坂 加曽利E 加曽利E			里木2	出水・等々曽畑・阿高?	中期
後期	(青柳町)	( ) ( ) ( ) ( )	( ) ( ) ( ) ( )	堀之内 加曽利B 加曽利B 安行1.2	西尾 三輪	北白川2	津雲上層 黒崎	御手洗 西平	後期	(ミネルヴア第一巻第四号附表)
晩期		亀ヶ岡式	大洞B 大洞BC 大洞C1/C2 大洞A/A'	安行2.3 安行3	庄ノ畑式 佐野	吉胡 吉胡 保美	宮滝 日下・竹ノ内 宮滝?	津雲下層	御領	晩期

( )　相當する型式があるが名の付いて居ないもの。

第 2 章　山内清男の「型式」と小林行雄の「様式」　37

表 2　小林行雄の土器編年

南九州	北九州	東九州	西部瀬戸内	中部瀬戸内	畿内	伊勢湾	中部高地	駿河湾	南関東
遠賀川式	1		A	1	1	1	1	1	1
A / B	2		B	2	2	2	2	2	2
D		>Ⅱ	C	2	3	3	3	3	
C	3	>	>	3	4	4	4		3
				4	5	5			
E	4	B	D	6	6	6			4

>Ｘ 寺野ロ絵台　● 石器合　▼ 銅器合併用　Ⅱ 華合　♪ 打製石土器

第二十九圖　彌生式土器一覧表

て、最低三つの様式、多い場合は五つの様式で区分され、それぞれの様式は時代を象徴する様式として意味が付された（小林行 1938b）。土器の伝播や地域色発現のあり方を考慮したことが、各様式の時間幅が異なるものとして認識されたもう一つの理由である。

　一方、山内の編年表（表１）では、「円筒土器下層式（４型式以上）」という記述があったり、「安行１、２」というように時間差のある型式が横に並んでいたりするので、厳密には各型式がまったく同じ時間幅を持つと認識されていたわけではないが、この編年表の目的は早期から後期までは関東を規準に、晩期については陸前を規準に型式を配列し、他地域との併行関係を示すことにあった、とみるべきだろう。時間幅がおおむね等しく見えるのは、他地域における型式が規準となる地域の型式と平行するように配列されているからである。西日本は空白期がほとんどだが、すべての型式は大きなまとまりとして把握されているのではなく、短時間の型式として関東や陸前と同列に扱われている。

この点は縄文土器と弥生土器の発見量に対する認識の相違が明らかに影響している。山内は関東、東北でも型式の増加の余地を意識しており、西日本などその他の地域については、今後の発見に待つところが大きいと述べ、型式網の完成には時間がかかることを強調している（山内 1932）。小林は当時の資料の不足については言及していない。小林は細部の充実を待たずに、全体を把握するために、様式を設定したわけである。
　両者とも、各々の方針の原則的な認識を明らかにしている。小林は「文化は静止せる現象ではなくして運動する現象である」（小林行 1932：161）と述べる。そして、様式Aが型式a、b、cという時間の変化を内包することを明示している。小林は様式を区分する実際の方法が遺跡での出土状況にもとづく「引き算」によって算出されるものであることを説明するとき、「様式検出の成否の分岐は……型式の設定に、計算以前の準備工作の成績如何によることが多い」（小林行 1938a： 9・10）と述べる。これは、様式の区分以前に、全体の変化、すなわち型式の組列が組みあがっていなければならないことを示唆しているわけで、様式の抽出とは型式の組列という作業以後に行われることになる。
　小林にとって、型式は形式を時間的に細分したものだから、各形式（すなわち、壺や甕など）の型式変化の詳細をあらかじめ把握した上で、様式が区分されることになる。つまり、変化の方向を把握した全体の中で、「様式差がとりあげられるのも、様式と様式との境界を明らかにする」（小林行 1938a： 8）ための手段なのである。こうしてみると、様式とは、①それ自体の内部に変化があるもので、②変化するものとしての対象全体の中で、価値判断を伴う境界線によって区切られた変化の単位、ということになる。このあり方は、時代区分そのものである。
　一方、山内は「文化の変遷は進行中の状態では観察できない」（山内 1937：45）と述べる。この言葉は、小林のような文化を運動する現象としてとらえる見方を批判していることは明らかだろう。山内の型式は「先ず個々の短い時代の文物」（山内 1937：46）を確認することによって抽出される。年代順はその

第2章　山内清男の「型式」と小林行雄の「様式」　39

後に決める。したがって、型式どうしが連続するかしないかは型式の年代順が定まらない限り、わからない。場合によっては中間型式の欠落が予想されよう。つまり、型式は縄文土器全体の変化の流れを把握した上での細別ではない。相互にあらかじめ切り離された単位であり、それゆえ空白の多い編年表の作成が可能になった。山内の型式における時間とは、相互に切り離されたもので、その都度発見され、積み重ねられたり、挿入されたり、横に並べられる時間である。

　以上の点から、形式の問題を除外して考えるならば、山内の型式とは、小林が設定した様式に含まれる様式設定以前の型式に近いのである。小林の作業でいえば、山内は様式設定以前の準備工作に相当する「型式の組列」を、実際の出土資料をもとに説得力をもって示すことに専念したのである。

　山内は型式の上位概念として「大別」を提起しているが、本来ならば、大別は型式細分の作業完了を待って、自然な区分にいたるのがよいと述べている（山内 1937）。しかし、関東地方においては、ほぼ年代的連続がよく認められ、大別が困難であるとも述べている。また、山内は型式の細別を徹底する前に、まず「大別」を示すのは「研究者の身勝手」（山内 1937：47）であるとも述べている。つまり、当時、型式どうしを枠でくくるのは時機尚早でもあり、また恣意性を伴うので、避けたのである。そのかわりに、便宜的に、研究史に依拠した「大別」を提起した。

　この大別は、当時の縄文土器全体を区分したものであり、しかも一部地域において「年代的連続がよく認められる」（山内 1937：47）という認識のもとに行われたので、各大別は相互に連続したものであり、その意味で便宜的にせよ時代区分である。その点において、この大別こそが、小林の様式と、あくまで形式的にではあるが、同じような意味を有することになる。

　つまり、山内の型式と小林の様式は、時間的側面において、その設定原理が異なるということになる。小林の様式は、前後関係が密接に関連している全体の変化の把握を基礎とした価値判断を伴う時代区分である。山内が前述の理由で避けた「自然な大別」こそ、小林の様式に近いのである。

若干、補足しておくべき点がある。第1点は弥生土器研究の前中後の3時期区分についてである。小林は当初はこの区分を使用していないが、先に述べた全体の把握における三つの区分に相当するわけだから、当初からこの区分に沿った理解をしていたはずである。五つの様式のうち、様式2～4は当初から関係が強いと把握されていた。したがって、厳密にいえば様式1、5は様式2～4とはレベルが異なる。3期区分はこの理解を明確化したことになる。

　第2点は、山内における型式の細別も全体の変化の把握が先行しており、前後関係も密接に関係するものとして把握されているのではないか、という疑問についてである。まさにある部分、つまり晩期の亀ケ岡式の細別（山内 1930）などは、全体的な変化の把握が、細別と密接に関係してなされていると考える。つまり、縄文土器編年も部分的には全体的な変化の把握があり、その境界を求めるという形で細別が進行したのが実態かもしれない。しかし、これが常態であったとしても、この細別はあくまで部分的全体に対する細別にすぎない。部分的全体相互の比較は不問に付されているので、たとえば、亀ケ岡式の細別型式と、円筒下層式の細別型式は本来、異なる時間幅や意味を有するはずである。山内の方法にとって重要な点は、それにもかかわらず、両者を同列とみなした点で、部分的全体はあくまで仮設にすぎないことになり、実際、山内はそう考えていた。亀ヶ岡式は部分的全体であるが、山内はこれを自然な大別と断定しなかったのである。山内はこのように部分的全体の細別を積み重ねることによって、全体がほぼ切れ目なく連続しているという全体的変化の把握にいたったのである。現在の縄文土器研究における細別は、山内よりも、細別の対象としての部分をより徹底的に細別する傾向が強く、細別された時間幅相互の関係は、当然、細別の対象が異なれば異なる時間幅を有する単位であることが明らかになっている。

　第3点は、小林の様式の細別についてである。後年、小林は第5様式に二つの亜式を設け（小林行 1943）、戦後、「西ノ辻式（西ノ辻Ⅰ地点式）」（小林行 1958）など、当初の様式よりも細かな区分の様式を認定している。この時点で、当初の様式は「大別」であるという認識が生じている。この細別された様

式は、「比較的短期間に作られたものの集合」(小林行 1958：11) という一括資料の時間幅の狭さに対する認識が先行しており、当初の様式が大別であるという認識を基礎にした追加的措置である。これは、小林の当初の様式と同じ意味での様式区分ではなく、実質的には山内の細別型式に近い。小林以降の様式の細別も、細別された形式の出現や比率、交代で表現する点、山内の型式よりも漸移性が強いが、「同時性」「短期間」という点が強調されている。この点が意識されると、結果として同一様式内の時間幅は山内の型式と同様、それぞれが似た時間幅を有するものになっていくはずである。

以上より、小林の様式区分は全体の時代区分であり、その意味で山内の「大別」に近い。また、小林が細別した様式は山内の細別型式と近い。横山浩一(横山 1985)や田中琢(田中琢 1978)が様式と型式が実質的に近いものとみなすのは、このような様式の細別を念頭に置いた認識であったと考える。

第2節　地域的側面における相違点

次に、山内の型式と小林の様式の地域的側面に関する相違について述べたい。筆者は、地域的側面は時間的側面に比べて問題がやや複雑であると考える。

山内、小林とも、表(表1、表2)の地域区分は、「型式」「様式」ともに対象とする全地域をくまなく覆う形で設定されていない。土器が発見され、編年が可能と想定される地域が選ばれているわけである。その地域のまとまりは、編年を行うのに十分と思われる規模(型式でいえば「陸前」「関東」など、様式でいえば「畿内」「北九州」など)によって選ばれているはずで、その意味では両者とも仮設的な地域区分である意味あいが強い。

しかし、小林の様式には、山内の型式よりも地域に実質的な意味が付与されていることは明らかである。まず、表2において明らかなように、様式の地域幅は地域によって異なる。これは地域の空間的広さというよりも、文化の規模が反映されたものである。小林の地域区分は「九州島」「瀬戸内地区」「中部以

東地区」という三つの大きな「地区」の中の地域差を表現したものである（小林行 1938b）。小林は、この三つの地区には文様からみた三つの「系統」（「型」とも表現している）がそれぞれ分布すると認識した。したがって、細分された地域も地区の地域差として実体を有することになる。

　小林の表では、先に述べたように、地域は選ばれている。たとえば、「中部瀬戸内」と「畿内」との間に「東部瀬戸内」はないし、「山陰」もない。しかし、理念的には様式の境界はおそらく常に接していたはずである。注意すべきは小林が中間的特徴を有するものをある様式の特徴としてあげていることである。小林にとって様式とは「２つの型の中間の地域にあって２つの型が混合して見られる場合のあるのも、自然なこと」（小林行 1938b：110）であった。つまり、型の混合のあり方が様式の地域の境界を決定するわけである。

　したがって、小林にとっての様式の地域的側面とは、漸移的に推移する弥生土器全体を地域的に区分する境界を見出すことにあったはずである。すなわち、「或は地域的なものとして、或は時間的なものとして、様式差がとりあげられるのも、様式と様式との境界を明らかにするが為の手段であって、その間における様式の在り方に変化はないのである」（小林行 1938a：８）。

　この言葉は様式の区分は時間的区分も地域的区分も区分の原理に差はない、という意味である。すなわち、漸移的に推移する全体を時間的、地域的に区分することが様式の抽出であった。時期区分が先験的とはいえないわけだから、地域区分も仮設的な意味合いが強いとはいえ、小林が実質的な地域区分を求めたことは確かである。

　山内は型式に人間集団のまとまりを見出していたとする見解が一般的だが、これは少なくとも表面的には後年、強調された認識である。また、山内にその認識があったとしても、小林も同じく地域の同一性に人間集団の同一性を重ねあわせたはずなので、この点に本質的な差はないはずである。両者の差は、端的にいえば、山内が中間地域であるがゆえの型式を設定しなかった点にある。

　山内が、たとえば堀之内式に近似した型式は関東地方以外にも広く分布すると述べたり（山内 1940）、北関東の諸磯式には地方差があるので、新型式の設

定を要する（山内 1939）、と述べている点を考慮しつつ、地域的側面からみると、山内の型式は時間的側面に比して大別的観点があらかじめ考慮される割合が強かったように思う。どこまでを型式内の地域差とみるか、型式差とみるか、山内は明言していないが、型式の細分を究極まで推し進めるべきというときに（山内 1937）、地域的側面においてはこの基準があいまいであったと思う。遺跡間の「引き算」や層位的出土例を利用できる時間的細別と異なり、地域的細別は客観的根拠を「層位学的」に求めることはできないからである。つまり、土器の地域的な区分は本質的に「大別」なのである。

　山内が型式の分布図の必要を考慮していたのに、それが果たせなかったのは、時間的側面での「自然な大別」が果たせなかったのと共通する理由にもとづくことがわかる。山内は、時間的側面では、遺跡間の「引き算」、あるいは一括資料の抽出、という形で、研究上の便宜だけのために（すなわち、「自然」な区分を排除した形で）「人工」的型式を設定することができた。しかし、土器の地域色は、そのような客観的な根拠は、地理的区分以外にはない。土器そのものを型式学的特徴のみから区分するか、地理的区分に頼る以外に方法がないのである。したがって、研究上の人工的な区分が通用しない地域の認識に必然的につきまとう「困難」さが、山内の認識には重荷になった結果、地域色の境界認識に厳密を期すことができなかったのではないか。型式の広がりを認識する時には大別的観点に依拠せざるを得ないのである。

　ただし、大別的観点というのはあくまで似た型式の広がりを把握するという意味においてである。似ていない型式も含めて、全体を区分するという意味ではない。この点、小林の様式とは異なっている。小林は全体の地域を把握した上で、これを地域区分した。山内は個別の型式の抽出を先行させ、その広がりを探った。したがって、似ていない型式相互の関係は小林の様式ほど密接ではない。つまり、様式の地域的変異は漸移的であるが、型式はその意味では漸移的ではない。

　型式は異系統土器を排除するが、様式は異系統土器を含める傾向があることが、型式と様式の重要な相違点であることが指摘されているのはこの点と関連

する。山内は他地域の搬入土器を在地土器に伴う少数土器として把握した（大塚 2000a：84・85）。これは少数の異系統土器が多数の在地土器に伴うという理解である。したがって、異系統土器が発見されるのは常に型式の内側である。そしてその外側には異系統土器の本拠地である別の型式の内側があることになる。つまり、山内にとって、地域には固有の型式は一つしかない。実は一つであっても二つ以上であっても、それらがその地域に固有の型式でありさえすれば問題の本質は変わらないのであるが、わかりやすく表現するために、型式と地域は1対1の関係にあると表現する（大塚達朗のいう「並行型式群の異所的布置」［大塚 2000a：84］）。

これに対して、佐藤達夫は、複数の型式が共存する地域や、複数の型式の特徴が混在する個体の存在を指摘した（佐藤達 1974）。これは中間地域特有の現象にほかならないわけだが、中間地域固有の型式を設定したわけではない。あくまで山内の型式理解に沿って、複数型式の存在を見出したのである。このように、中間地域に別の型式を設定しないことが、山内の型式の特徴であると考える。[1]

小林の様式はこの点、まったく異なり、先に述べたように中間地域は中間地域として様式を設定する。「中部瀬戸内様式」と「西部瀬戸内様式」が混在する地域がもしあれば、それは中間的な様相を示す様式を新たに設定すればよいことになる。そもそも、様式に地域名を冠してよぶこと自体、山内の型式にはない発想である。

小林は様式が他地域からの影響を常に受けていることを述べているが、そのたびに地域区分を再考する必要があるとはまったく深刻に考えていない。小林が地域の枠を変更しているのは南九州に1カ所あるから（表2）、地域の枠を変更する必要が生じることは念頭にあったはずである。しかし、実際は、時代をつらぬく地域の特徴を強調する。

小林は地域に複数の「型」が存在する場合があると述べる。「型」とは先に述べた三つの系統に相当する。では、「型」をもって様式としないのはなぜか。小林にとって「型」が「物」すなわち文化的所産だからである。「物を生

むのは人である」「様式は物として実在しない、それは物を通して現れる」ので、われわれは「様式そのもの」である「描かれざる設計図」を把握しなければならないと小林は考えた（小林行 1938a：11）。「描かれざる設計図」はあくまで人の側にある。この、「物」と「人」の分離は様式概念においては、独特の意味を有している。すなわち、物と、物の作り手、すなわち、「人」、地域集団、地域、を分離しうる理由になるからである。「描かれざる設計図」とは即物的な意味を離れて、集団の共通意識のようなものへと発展しうる。もっとも、小林は、あくまで1個の土器製作を念頭において述べているだけであるが。

　ようするに、「物」と「人」の分離を徹底すれば、「人」が住む地域は変わらずに、その中にさまざまな「物」が他地域の影響を受けて作られるようになる、という理解を生むことになる。では、「物」は地域と無関係かというと、そうではなくて、中間地域なら中間地域なりのあり方が生じる。このあり方が独自の様式として把握できる、というのが小林の理解である。

　しかし、物と人の分離を徹底しなくても、地域集団としての枠と、その地域集団の構成員の出自を分離すれば、小林のような様式区分が可能になる。都出比呂志が示した弥生土器の小地域色の問題（都出 1983）は、この点を具体化したものである。氏は文様の比率で小地域色を表現した。このとき問題となるのは、文様という属性が示すものが何なのか、ということである。このとき都出は通婚による人間の移動を反映するものと解釈した。都出は、小林が「物」として切り離した土器の変化を「人」の側に引き付けて解釈した場合においても、小林のような様式区分の理解が可能であることを示したことになる。都出はさまざまな文様の比率こそが、小地域色の特色であると論じている。これは、集団の構成員の出自に差がありこそすれ、地域は集団構成員の居住地としての一体性を維持していると考えているわけである。都出による地域的な小様式の区分は、小林の地域的な様式区分と原理的には差がないといってよい。

　山内の型式概念では「物」と「人」すなわち「地域」との分離がなされていない。山内は土器の変化を生物との類比で把握していたと論じられており（大

塚 2000a：72)、少なくとも小林が強調するようには、「物は人が作る」という問題には触れていない。逆に、「分類学者が種名を決定する場合の如く」（山内 1937：46)、土器型式を鑑定すべきだと考えていた。後年、土器型式の分布は「部族」の分布を示すかのようだと述べるにいたる（山内 1969：196)。型式は型式の製作者と一致するという認識にいたるのである。

　山内の型式区分は、弥生土器編年との対比で述べれば、土器型式製作者の出自を重視した区分といえる。中間地域においても、その出自の複数性が強調されるわけである。小林の様式区分はその時点での土器製作者でもあり使用者でもあった地域集団の構成のあり方を土器使用時に焦点をあてて区分したものである。地域的側面においてもこのように本質的な差が生じた理由は、小林においては人と物の分離を念頭においたことに起因するが、仮にこの分離を徹底しなくても、各地域の土器の構成に注目すれば、出自の問題とは切り離して、小林と同様の原理にもとづく地域の設定が可能となる。この点、山内、佐藤は、あくまで地域の構成要素としての型式に注目して、地域枠を設定せずに型式を把握したことになる。

　この差は、弥生土器の場合、時期区分と同様、地域区分も全体の境界区分の問題として認識されていたのに対し、縄文土器の場合、1片の土器の鑑定の問題が弥生土器よりも大きな意味を有したことに起因するのではないか。山内が生物学者が種を識別する場合のように土器を鑑定するというとき、このことが強く意識されているように思う。個体（あるいはあるまとまりを代表するような個体群）の種への帰属の問題として、型式設定が問題とされるとき、型式相互の違いは量的な問題よりも質的把握が優先されるはずである。

　弥生土器は全体を見通せる程度の量があると認識されていたので、全体の推移を見通した上でその境界を区分していくことを目的として、様式区分がなされた。縄文土器は全体の推移を見通すために、個体（群）の把握を徹底した、といえると思う。これは縄文土器に未定の部分が多いと認識していた山内にとって、避けることのできない手段であったと思う。現在から見れば、実際に時代の長さが大きく異なり、時代差、地域差が激しいことが明らかな縄文土器

と、縄文土器に比べればはるかに単純な様相を示す弥生土器との本質的な差でもあったと思う。

　以上、小林、山内の土器編年の基本的分類の相違を初期にたちかえって論じてきた。本論の意図は、各分類の正否を論じることではもちろんない。縄文土器編年と弥生土器編年の基盤は対象とする資料が異なり、研究史的背景が異なるために、相違が生じたのである。山内に「形式」が確立しなかった理由も、このような歴史的な背景にも一因があると思う。山内の意図した型式設定は代表的な文様などの一部の属性によって可能であったはずだし、弥生土器のように少数の形式の組列で全体を概観できるわけでもなく、また、縄文土器の形式の区分は型式によっても異なるはずである。

　時代や地域によって差が激しく、また全体を見通すには長期の研究を必要とすると認識した山内と、比較的全体が均一で、当時の資料から全体を概観できると認識した小林が、その認識をもとに異なる分類や方法を用いたのは当然のことである。現在の縄文土器研究、弥生土器研究は、全体や細部を当時とは比較にならないほど見通すことが可能になっており、意識するにせよ、しないにせよ、両者の分類や方法が個々の研究において混在している。

　山内以外の縄文土器編年、小林以外の弥生土器編年については触れることができなかった。特に、縄文土器研究における「型式群」あるいは小林達雄による様式区分について論じることができなかったが、第1章で言及しているので、参照していただきたい。端的にいえば、小林達雄の様式は地域的側面については小林行雄の様式とは設定原理がまったく異なる。この点は再認識されるべきだと思う。本章で述べた縄文土器と弥生土器との実態の違いが、この点にあらわれている。弥生土器は縄文土器よりも地域色が安定的なので、地域を固定した土器分類が可能なのである。逆に地域色が流動的な縄文土器は地域を固定した分類がむずかしい場合が多い。この点の縄文土器の特質に対する注意は本論の基礎となるものであり、第3部で結論的に論じる。また、たとえば弥生土器研究における「大和型甕」というときの「型」すなわち系統の問題は、山内、小林ともに欠落している概念で、縄文土器研究における「器種」「系列」

(あるいは小林達雄の「型式」）と比較して論じるべき問題である。この点も第1章で論じている。

　本章は、従来の土器編年に関する概説や論考で特別に強調されることのない点を強調したつもりであるが、漠然と認識されてはいた問題であると思う。時間的側面においても、地域的側面においても、つきつめれば決定的ともいってよい相違が、初期において生じており、実際の土器編年の進展にともない、その相違が変質してはいるものの、原理的にはいまなおふりかえる価値があるのではないかと考える。

注
（1）現在までの縄文土器研究における型式の設定は便宜的になされている場合も多い。共通する型式特徴を有する別地域の土器を同じ型式名でよぶ場合と、別の型式名でよぶ場合がある。同様に、複数型式の存在を理由に中間地域特有の型式が設定される場合があっても不思議ではないが、型式設定の方針としては十分に一般的とはいいがたいと思う。
（2）縄文土器研究において、弥生土器研究と同じように、地域の枠を固定的に把握する見方は泉拓良（泉 1982）によってなされている。氏の論考は縄文土器研究としては異例だが、弥生土器研究者は違和感なく理解するはずだと思う。

第2部
土器編年研究からみた縄文時代の地域性変化

　第2部では、第1部で示した考えにもとづいて、土器編年の事例研究を述べる。筆者の土器編年研究は、縄文早期と縄文中期を中心としている。第3〜6章では縄文早期、第7・8章では縄文中期の事例研究について論じる。いうまでもなく、編年研究の結果いかんによって、地域性変化の認識は大きく異なることになる。本論で論じる筆者の事例研究は、縄文早期においても中期においても、編年研究の通説的理解を批判し、新たな編年観を提示する。この編年研究の独自の成果こそが、筆者の地域性変化の認識を形成しているので、必然的に、筆者の地域性の認識は、通説的な地域性認識への批判、という形をとる。

　また、事例研究の目的は、縄文土器の地域性の変化を通史的に叙述することではなく、地域性変化の局面を法則的に理解することにある。この認識にのっとり、筆者は、縄文土器の地域性のあり方を固定的に考える論者に反論を提示する。地域性を固定的に考える論者は、基本的には、地域固有の土器型式の特色が系統的に長く維持されていることを主張する。これに対して、筆者の反論は、土器型式の諸系統は統合と分化を繰り返している点を強調する。

　筆者は、土器型式圏が常に流動的に変化していると考えているが、統合と分化が際立ってよくわかる局面が、縄文時代には、しばしばある、と考えている。この点が見落とされがちであり、筆者は「縄文文化は多様な環

境に適応した地域色豊かな文化」というイメージに陥りがちな縄文文化観に抗し、縄文社会の歴史的な推移を地域性変化の特質から描出したいのである。

　しかしながら、通説への反論の基礎は純粋な土器編年の分析にある。筆者の事例研究の多くは、その分析に費やされている。その中には、土器文様の分析上、注意すべき新しい発見も含んでいるので、その点も示す。なお、地域性変化の局面の法則的理解に重点をおくため、日本列島を包括する総合的地域性変化の理解を概説するものではなく、重要な局面を断片的に述べるにとどまることをことわっておく。将来的には、データを補強してより包括的な地域性変化の状況を可視化するのが課題である。

　なお、通説的な縄文文化観に対する筆者の批判については、第3部で結論的に述べる。特に、縄文中期の事例研究は、後期はじめに東日本の文化（土偶、土器棺、打製石斧など）が九州地方を含む西日本に伝播した、とみなす伝播論への批判と深く関係する。この伝播論が、実は、地域伝統の固有性を強調する見解と一体といってもよい関係にあることは、認識されていないが、この点も第3部で論じる。

第3章　前半期押型文土器の編年

　本章では、前半期の押型文土器の編年について述べる。前半期というのは、一般的な楕円文が普及する以前の押型文土器をさす。前半期の押型文土器の編年は数十年間にわたって論争が続いた問題である。筆者は近畿地方の編年の再検討を行い、中部地方も含めて、各地域の編年とその併行関係を考察したが、その編年観が今では広く受け入れられている。土器型式の地域性変化は、この編年研究を基礎としたもので、大川式から神宮寺式にかけて、土器の分布が西に広がるにつれ、遺跡数が増え、地域色が顕著になることを指摘した。この編年研究と地域色の発現は、押型文土器の施文手法の起源や変遷とも関係するものであるが、その点については第4章で論じる。

　ここでは第1節で研究史と編年の概要について述べる。第2節はこの章の核となるもので、大川式から神宮寺式にかけての編年と、その期間の地域性変化について詳論する。

第1節　研究史と前半期押型文土器の概略

（1）研究史

　1957年、奈良県山添村大川遺跡と大阪府交野市神宮寺遺跡が相次いで調査され、まとまった量の押型文土器が出土した。近畿地方では、戦前、和歌山県高山寺貝塚が発掘され、押型文土器の貝塚として知られていたが、これに次ぐ押型文土器の遺跡の調査であった。この年、長野県の立野遺跡の概要も報告され、今日、比較的古く位置づけられている大川式・神宮寺式・立野式は、1957年ごろ、相前後して注目を集めることになる。

　大川遺跡や神宮寺遺跡で出土した押型文土器は楕円文をともなっていない点

と、爪形文に似た文様がともなっている点が注目された。楕円文をともなっていない点については、大川遺跡の報告で指摘され（酒詰・岡田 1957）、爪形文に似た文様についてはこの報告では問題にされていないが、芹沢長介や江坂輝弥が注目しており（芹沢 1962、江坂 1964）、草創期の爪形文土器との関連においてこれらの押型文土器を古く位置づける見方が発掘後間もないころから根強くあった。

　これらを大川式・神宮寺式とよび、両者の前後関係を含めて体系的な考察を加えたのは岡田茂弘である（岡田茂 1965）。岡田は、神宮寺式に「爪形文に似た連続刺突文」および「ネガティブな楕円文ともみえる特殊菱形押型文」が多く、山形文や格子目文が少ないが、大川式では刺突文が減少し、市松文・山形文・格子目文の比率が増す点からみて、神宮寺式を大川式より古く位置づけた。岡田は神宮寺式と大川式を普門寺式や樋沢式と並んで、最古の押型文土器に位置づけており、しかも爪形文に似た連続刺突文を回転施文手法で表現したのが神宮寺式や大川式の特殊菱形押型文であると考えたので、実質的には、押型文の起源は神宮寺式に求めうると考えていた。

　この特殊菱形押型文を「ネガティブな楕円文」とよんだのは神村（松島）透である。神村は中部地方の立野式が樋沢式よりも古いことを立野遺跡などの層位例を根拠に積極的に主張し、立野式は神宮寺式や大川式と共通する点があるので、同じく、樋沢式より古いと説いた（神村 1968・1969）。

　岡田と神村によって示された神宮寺式や大川式を押型文土器の中で古く位置づける視点を継承し、立野式を含めて体系的な研究を行ったのが片岡肇である（片岡 1972・1978b・1979）。片岡は、ソロバン玉を重ねたような棒状原体を押圧・半回転手法で施文する文様の存在を認め、これが存在する段階を刺突手法の爪形文土器と一般的な回転手法の押型文土器との中間段階に位置づけた。

　これらの考え方はいずれも、神宮寺式や大川式および立野式は、爪形文土器に似た特殊な文様を有する点で、樋沢式や細久保式などの一般的な押型文土器とは異なると考えるだけではなく、一般的な押型文土器より古く位置づけられるという点で共通する。古く位置づけられる理由の中で重視されたのが爪形文

土器との文様の類似であった。
　しかしながら、神宮寺式・大川式・立野式は、たとえば山形文を共有する点で一般的な押型文も使用されている。この点を重視すれば、層位学的事例が十分とはいえない状況では、神宮寺式などは山形文主体の樋沢式などと同時期で、起源の異なる別系統のものだという考えも無理ではない（大野・佐藤1967）。立野式には楕円文が存在するから樋沢式より細久保式に近いという理解も、このような異系統併存説に有利である。しかし、この場合、爪形文土器に近い刺突手法をいかに理解するかという問題がある。
　この点に関し、岡本東三は、爪形文土器に近い刺突手法、あるいは片岡のいう押圧・半回転手法で施文されたと理解されてきた文様がすべて、回転押型文手法で理解できることを示した（岡本東 1980）。その結果、神宮寺式と爪形文土器との手法上の関連が否定され、したがって、神宮寺式などを爪形文土器との関連から一般的な押型文土器よりも古く位置づける根拠がなくなった。
　また、神宮寺式が大川式よりも古く位置づけられてきたのは爪形文土器との関係以外の理由はないといってよいので、器形上の変化などを理由に、大川式を古く位置づける編年案が示された（矢野 1984）。その後、この編年案に沿うと大川式よりも古く位置づけることが可能な土器がまとまって出土し、大鼻式と呼称され、大鼻式→大川式→神宮寺式という型式変遷の過程が示された（山田猛 1988）。また、大川遺跡の再発掘調査の報告書が刊行され、松田真一は文様・器形などの属性分析の結果、大川式が古いことを型式学的に確認した（松田 1988・1989）。
　さらに、神宮寺式と後続型式との関係を層位学的に裏づける大阪府神並遺跡の報告書が刊行され（東大阪市教育委員会 1987）、近畿地方の編年の改訂は短期間で定説化した。しかし、この編年観の変更は、大川式・神宮寺式・立野式という土器型式群と、樋沢式・細久保式などの土器型式群との関係を時期差として理解するか、同時期の系統差として理解するか、という問題を解決するというよりも、より限定された時間幅の中で厳密に論じることを可能にした点に意義があった。この点に関する議論は、近畿地方の地域編年の再構築の後に、

広域的な併行関係の問題として、本格化する。

　佐藤達夫の異系統説に立つのは岡本東三である（岡本東 1989）。岡本は、近畿地方の新しい編年観に沿いつつ、佐藤と同様に、大川式・神宮寺式における帯状構成を有する山形文の存在（61頁、図3の14）を問題にし、これが樋沢式に由来することを主張するとともに、立野式の楕円文の存在は、これが新しい時期のものであることを傍証していると主張した。後者の観点は中島宏などから、繰り返し主張された点で、中島はほかにも、細久保式と大川式にみられる頸部の刺突という特徴の共有は、両者の同時性を示すと主張した（中島 1990・1991）。

　これに対して、筆者は大川式などの山形文は樋沢式の山形文に比べて大ぶりである点、両者に差があること、立野式の楕円文は細久保式の楕円文とは別の契機で成立したことが想定できるので、両者は別の文様であること、頸部の刺突は中部地方の立野式には存在しないので、細久保式と立野式は別時期であること、というように、佐藤や岡本らが想定した異系統説に立つ型式学的根拠は、大川式などを古く樋沢式などを新しく位置づける根拠として解釈できることを示した（矢野 1993b）。この筆者の編年観は本章の第2節に詳述しているので、参照いただきたい。筆者は近畿・東海・中部高地の3地域の地域編年を行い、各地域の独自の型式変遷を説き、押型文土器の母体となる土器群についてもそれぞれ起源が異なることを主張した。合わせて、関東地方の撚糸文土器の諸型式との併行関係を示した。時間的序列については神村・片岡の立場を踏襲するとはいえ、地域的系統を考慮する点では佐藤・岡本の影響がある。

　この間、層位学的事例についても、長野県栃原岩陰遺跡などで、立野式が樋沢式より古いということが明らかにされていたが、栃原例が層位区分ではなく深度のみによる事例であることなど、層位学的事例が万全ではなかったことも、論争が長引いた大きな要因である。しかし、近畿地方の大川式・神宮寺式と中部地方の立野式を十分区別せず、しかも山形文・楕円文といった総括的な文様区分に実質的な意味を求めようとした点は、型式学的側面における認識の不足があり、議論が観念的になりがちである点も、指摘しておきたい。

なお、大川式・神宮寺式の編年的位置づけに関して、中四国地方や九州地方の研究者からも問題にされたことがある。坂本嘉弘は九州東北部の押型文土器である稲荷山式にネガティブな楕円文が存在することを指摘し、大川式や神宮寺式が稲荷山式併行（細久保式併行）ではないのか、という疑問を表明した（坂本 1994）。中越利夫は、帝釈峡遺跡群における同種文様の層位例から、似た見解を表明した（中越 1995）。筆者は、坂本と中越の指摘する文様はネガティブな楕円文との技法上の共通性はあるが、大川式や神宮寺式には存在しない文様で、稲荷山式特有の別文様であるから、併行関係の根拠とはならないことを指摘した（矢野 2003a）。合わせて、中越が刺突文土器として草創期の爪形文土器類似のものと見なした帝釈峡弘法滝出土土器がじつは神宮寺式であって、これが稲荷山式併行の土器より古いことが帝釈峡で層位学的に確実に証明されていることを指摘した。

　1993年、三重県での押型文土器研究会で、筆者は近畿地方押型文土器の最古型式である大鼻式の施文原体に、木の枝を簡単に加工した「枝回転文」が数多く存在することを明らかにした（矢野 1993a）。この点は第4章で述べる。この研究会では松澤修が同じ文様を刺突文と解釈し、かつての片岡肇と同じ立場の議論を展開したが（松澤 1993）、関東地方の撚糸文土器との併行関係についての合意が得られつつあるときに、爪形文土器との関係を想定する松澤の議論を支持する者はいなかった。押型文の手法としての起源の一つはこの「枝回転文」に求めることで説明できるが、ほかの格子目文や山形文などをここからの展開と考えるのか、それとも別種の手法としての起源を有すると考えるかは未解決である。宮崎朝雄・金子直行は、多縄文土器の縄文の施文効果から格子目文などの別種の押型文が出現したことを想定している（宮崎・金子 1995）。ただし、この問題は、多縄文土器と押型文土器の間に文様の連続的関係を認めることができるかどうか、という点に左右される問題であり、この点についてはなお議論の余地が大きいと考える。

　なお、押型文の手法として格子目文が古いという考え方は可児通宏（可児 1989）、馬場保之などが示しており（馬場 1995）、宮崎・金子と同じく、中部

地方における多縄文土器から押型文土器への漸移的変化を想定する考えにもとづくものと思われる。しかしながら、第2節で述べるように、筆者の立野式の細別にもとづけば、格子目文は立野式の最古段階には少なく、その次の段階で増える（矢野 1993b）。立野式最古段階では、大川式と共通する市松文やネガティブな楕円文の比率が高いのである。この点について、山田猛は大川式の影響を主張する（山田猛 1988）。影響の方向はともかく、多縄文土器が徐々に押型文手法を増やしていったというような漸移的変化を裏づける資料はなく、しかもそのときに格子目文から増加したことを裏づけることも困難である。

近畿地方最古の押型文土器である大鼻式の前型式については、多縄文土器の一群であることが想定できるものの、その具体的様相については未解明である。東海地方と共通する縄文土器や撚糸文土器が三重県大鼻遺跡や滋賀県粟津湖底遺跡で出土しているものの、これが大鼻式と同時なのか、より古いのかという点については、筆者は古いと想定しているものの、未確定である。これは、結局のところ、押型文土器直前の出土資料が近畿・東海地方で僅少であることに原因がある。そして、このような現出土資料の偏りは、多縄文土器と押型文土器とでは、分布状況に大きな差があったことを示唆しており、中部地方も含めて、両者の漸移的変化を想定することに疑いをもたせる原因となりうる。

一方、大鼻式・大川式・神宮寺式という同一系統の一連の序列の型式学的連続性は非常に漸移的であり、時期が下がるにつれて分布が西に拡大するとともに、地域差が顕著になることがわかっている。神宮寺式直後の型式である神並上層式（矢野 1993b）との関係も漸移的な変化で説明できる。ただし、その後の楕円文の出現については、十分に解明されていない。

このように、大川式・神宮寺式土器は、その編年的位置づけをめぐる議論は根強い反対意見があるものの[1]大方の同意が得られているが、多縄文土器との関係については、今後検討を重ねる必要がある。

なお、編年的位置づけをめぐって議論が紛糾した要因の一つは、文様が刺突か回転かを見極めにくいという点にあった。ネガティブな楕円文の多くは回転

手法であるが、たしかに少数、例外的に刺突手法も存在しているのに加え、土器の小片から回転か刺突かを判断するのは非常にむずかしい。そして、回転手法であることが観念的に理解できたとしても、それを具体的に再現できるかどうかは別問題である。市松文の原体をまず作成し、これを加工すれば簡単にネガティブな楕円文が再現できることに気づくには時間がかかった（矢野2004a）。この点については、第4章で詳述するので、参照いただきたい。

（2）土器型式の様相

形態と製作技術　器形は深鉢1種類しかない。大鼻式や大川式は口縁部が大きく外反し、口縁端部に縄文や押型文を施文したり、端部を刻んだりする。神宮寺式は逆円錐状の器形をとり、頸部の屈曲が弱くなる。通常は、胴部は縦位に押型文を施文し、口縁部は横位に押型文や縄文を施文する。大川式では頸部に刺突を有するものがある。底部は尖底だが、底部先端まで押型文が施文される。1点、神戸市熊内遺跡で完全な平底の大川式を確認している（安田2003）。

　大きさは高さ30cm程度、口径もほぼ同じ程度で、5〜7mm程度の器壁のものが多い。ただし、神宮寺式に至ると、3〜5mm程度と器壁が薄くなる。大川式に比べて神宮寺式の文様や文様構成は単純であるが、器壁の薄い土器の方が製作は困難であろうから、文様よりも、薄い土器を作ることに労力が集中しているのである。

　大鼻式では内面に指痕の残るものもあるが、大川式や神宮寺式では内面の調整は非常に丁寧に行っている。非常に細かい条痕が観察される場合もあり、約1cm幅の何らかの工具を使用していたと推定している。

　押型文を施文する外面はいったん押型文を施文した後に表面をなでている。施文後、ある程度表面が乾いてから、なでている例が多いように思う。これはなでるというより、余分な凸部を除去することが目的かもしれない。表面は非常に平滑な場合が多い。

　胎土で特徴的な点は、大川式新段階から神宮寺式さらには神並上層式まで、角閃石を混入する土器の比率が近畿地方一円で高いことである。大鼻式や大川

式古段階にはこの種の胎土は非常に少ない。これは、分布圏が大阪湾周辺など西へ拡大して大阪湾周辺の生駒山西麓地域への居住が進んだことよりも、土器が薄くなるという製作技術上の問題と関係があるのではないかと考えている（矢野・関戸ほか 2010）。大阪湾周辺では、特に角閃石含有土器の比率が高く、100％である。ただし、ほかの地域でも5割から7割程度なので、生駒山西麓の胎土が流通したというわけではない。角閃石自体は一般的に存在するので、生駒山西麓の胎土が各地で模倣されたか、他の理由を考えるべきである。

大鼻式には多孔質の胎土を有するものがあり、繊維を混入しているのではないかと思えるものもあるが、少なくとも早期後半の繊維土器ほど顕著ではないので、繊維混入の有無については判断がむずかしい。大川式や神宮寺式については、繊維混入の証拠はない。

形式と使用法　尖底の深鉢1種類しか存在しない。精製・粗製の差は存在しない。また、波状口縁は神宮寺式には存在せず、その直後の神並上層式で一般化していく。

内外面に炭化物が付着していることが確認できるものもあるので、煮炊きに使われたことは間違いない。尖底部分を炉穴の開口部分に差し込んで煮炊きに使う方法が提案されたこともあるが、基本的には一般の尖底土器と同じ使用法とみてよいだろう。

施文具　施文具は縄文原体と押型文原体の2種類で、ほかに棒状・ヘラ状の工具が使用された。押型文原体の端部で刺突文を施していると判断できるものは多い。押型文手法については第4章で詳述する。

縄文は大鼻式から大川式にかけて多用されている。2段のLRとRLが多いが、3段のLRLやRLRも用いられている。1段の縄も少数ある。この縄は回転させるだけではなく、側面圧痕としても使用された。

押型文は、①半月形の「枝回転文」（図1の1、図3の1～3）、②市松文（図1の2・3・11、図3の8・9・11・13）、③ネガティブな楕円文（図1の7・12・15・17、図3の14・15・22・24～27）が主要な文様で、この順に新しくなる。枝回転文は大鼻式特有の文様で、太さ10mm程度、長さ20mmから

第 3 章　前半期押型文土器の編年　59

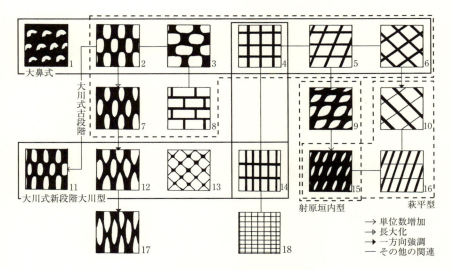

図 1　大鼻式からの押型文文様の変化

　30mm 程度で 1 周に 2 単位の繰り返しのある原体を回転させたものである。枝回転文の原体そのものではないが、これと同じ文様効果を生じる枝の破片が滋賀県粟津湖底遺跡から出土している（滋賀県教育委員会ほか 1999）。この樹種は不明だが、芽の出る枝の先端部近くである。詳細は第 4 章第 2 節（104～107頁）を参照いただきたい。この種の原体が多用されるということは、土器製作の季節が春季に限定されていたことを示す可能性がある。

　この枝回転文がどこから派生したかという点は、未解決である。棒状の原体を併用する撚糸文手法との関連で理解するのが理解しやすいのであるが、直接的な関係を証明しがたい。粟津湖底遺跡には縄文の端部を胴部に幅広く押圧する手法があり、これが枝回転文ともっとも文様効果が近いように思うが、この手法が大鼻式以前に一般化していた証拠はない。

　市松文とネガティブな楕円文は大川式で多用される。いずれも太さ 7～8 mm 程度、長さ20mm 程度で、1 周に 2 単位もしくは 3 単位の繰り返しのある原体を回転させたものである。原体がやや細くなっているのは、枝回転文よ

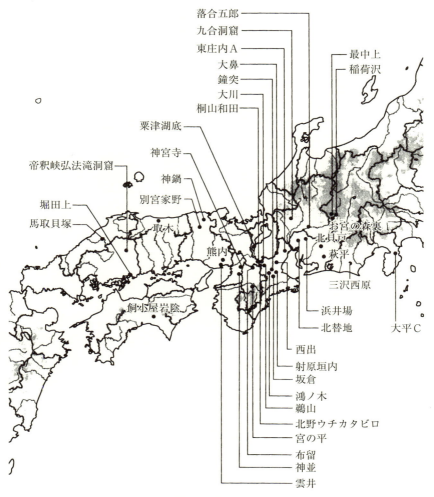

図2　大鼻・大川・神宮寺式の分布

りも複雑な加工を必要とするからであろう。市松文からネガティブな楕円文への変化は漸移的で、市松文の原体にさらに加工を加えればネガティブな楕円文の原体を容易に製作できる。ネガティブな楕円文は神宮寺式になると単位文様が縦長になる。また、神宮寺式の特に新段階には、ネガティブな楕円文を刺突

第3章 前半期押型文土器の編年 61

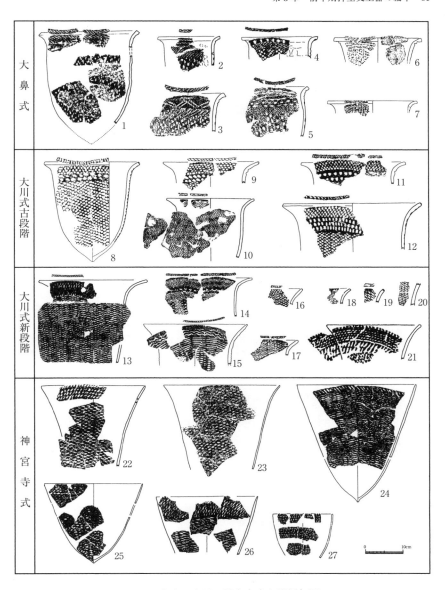

図3 大鼻・大川・神宮寺式土器編年図

で表現した文様が出現する。これはネガティブな楕円文の原体の作成自体が終焉を迎えつつあることを示唆している。

　格子目文は大鼻式の段階に少数存在する。この原体も市松文の原体から派生したと理解しうるものがある（矢野 2004a）。初期には、格子目文の格子の交点が幅広で、格子が整然とした直線ではないものが散見されるのである。しかしながら、山形文の原体は、これらの系列では理解できず、出現期も大川式に下がる。

　大鼻式の押型文に地域性はみられないが、大川式古段階になると、東海地方では比較的小さな市松文が多用される傾向にあり、新段階になると、東海地方では原体の軸に対して斜めに傾くネガティブな楕円文や格子目文が多用されるようになり、地域差が明確になる（図1の9・15、図3の18～21）。

　大川式には口縁部や頸部に棒状工具で刺突しているものがある（図3の8・9・11・14）。これは、大鼻式における縄の端部の刺突を棒状工具に置き換えたもので、おそらく押型文原体の端部で刺突している。ただし、三重県には幅広の櫛状工具で頸部を刺突しているものがある（図3の21）。

　枝回転文の原体が木質であることは確実であるから、押型文の原体も木質であろう。大川式の強く外反した口縁部に木質の原体を回転させることはむずかしいように思えるが、水分を含んだ生木の場合、縄文原体とあまり変わらない程度の柔らかさがあるので、実際はこれで回転施文することはそれほどむずかしくはない。しかしながら、口縁部の外反が特にきつい大鼻式の場合、口縁部は縄文の押圧もしくは回転に限られ、枝回転文が施文されていないのは、縄文原体が木質原体より柔らかいという材質の差に理由の一端があると思う。外反が比較的緩やかになる大川式に至って、木質原体が口縁部施文にも一般化するのである。

　文　様　口縁部横位・胴部縦位に文様を施文するものが多いが、大川式新段階以後、口縁部以下全面を縦位に施文する比率が2～3割の比率で存在する。この比率は、特に東海地方において高くなる。しかしながら、神宮寺式新段階では、特に近畿地方西部で口縁部横位施文の幅が拡大する傾向がある。

大鼻式では、口縁部横位に施文する文様は縄文の回転施文もしくは縄文の刺突や側面圧痕に限られ、胴部は枝回転文もしくは市松文を縦位に施文する。大川式になると、口縁部と胴部の施文部位を区別する場合でも、市松文もしくはネガティブな楕円文で統一させる場合が多い。山形文を併用する場合、山形文は口縁部の横位施文にのみ用いるものがほとんどである。市松文が消失する神宮寺式でもこの傾向は変わらない。

　山形文を口縁部に横位、胴部に間隔をあけて縦位に施文する構成（図3の14）は、樋沢式（沢式）との併行関係を示す根拠として注目されたこともあるが、これは口縁部横位に山形文を施文する構成のバリエーションであって、樋沢式の影響と見なす必要はない。しいていえば、全面山形文を施文する土器の比率が高い立野式の影響を想定すべきである。山形文の施文については、このような整然としたものだけではなく、いくつかのバリエーションがあり、基本は口縁部に異種文様を施文するという点にある。

　大川式における刺突の部位は頸部の場合が多いが、口縁部全面に刺突するものもある。これは、大鼻式でも同様で、縄の刺突や側面圧痕は頸部もしくは口縁部全面に限られる。頸部に刺突が多用されるのは、その部分が屈曲し、回転施文がむずかしいことが一因であろう。口縁部も強く外反している場合、回転施文が避けられる傾向があり、このような手法が多用されたのであろう。そして、頸部の屈曲が非常に緩やかになる神宮寺式に至って、この種の刺突や押圧は消失する。大川式において口縁部に文様が集中する傾向のある山形文も、市松文や格子目文よりも、生木に施文された山形文原体が湾曲しやすいという性質と関係があると考えている。

（3）型式変化

　大鼻式・大川式・神宮寺式について、各型式の特徴は比較的明確に把握できる。大鼻式と大川式との境界、および東海地方の型式変遷に関する大川式と神宮寺式との境界に関して、山田猛（山田猛 1993）と筆者（矢野 1993b・1999a）との間で違いがあるが、これは主として境界認識に関する意見の相違

にすぎない。山田も筆者も各型式を細別しているが、細別については、小破片から判断する場合、迷うものが多い。

大鼻式　口縁部が強く外反し、端部には縄文を施文する。口縁部には縄文、縄の側面圧痕、縄文原体端部の刺突を施すものが多い。山田は頸部文様帯が成立している段階、すなわち頸部に縄文原体端部の刺突を施しているものを大川式（山田のいう大川ａ式古段階）に含めている。筆者は、頸部に縄文原体を刺突するものは口縁端部にも縄文を施文するものにほぼ限られるので、山田の以前の定義（山田猛 1988）のように、これらも大鼻式に含めた方がよいと考える。大川式になると、口縁端部の施文と頸部の刺突は原則として棒状工具にとって代わる。筆者は、枝回転文が存在する段階までを大鼻式古段階（図３の１～３）、枝回転文が消失し、市松文を主とする押型文が使用される段階（図３の４～７）を大鼻式新段階と定義している。枝回転文と市松文の中間的な文様はごくまれにあるが（図３の５）、両者を併用している個体はない。

大川式　口縁部が外反する点は共通するが、頸部に屈曲点が下降し、しかも屈曲の度合いが緩やかになる。口縁部には棒状工具の刻みや押型文が施され、頸部の縄文原体端部の刺突は棒状工具の刺突に代わる。ただし、奈良県では口縁端部に縄文が施されるものが残り、口縁部外面に縄の側面圧痕を有するものも残る。一般には縄文の使用が急減し、市松文・ネガティブな楕円文のほかに格子目文や山形文などの押型文が多用される。

　山田は大川式をａ式とｂ式に二分し、筆者は古段階と新段階に二分する。山田のいう大川ａ式新段階が筆者の大川式古段階に相当し、山田の大川ｂ式は筆者の大川式新段階に相当する。大川式には大鼻式には認められなかった地域差が出現し、その地域差の解釈をめぐって細別区分にも相違が生じている。

　筆者の大川式の細別は三重県における遺跡ごとの差を基本としている。古段階は三重県鐘突遺跡や鴻ノ木遺跡でまとまって出土し、新段階は射原垣内遺跡や東庄内Ａ遺跡でまとまって出土している。

　古段階と新段階の区別は、口縁部の外反度や端部の肥厚の有無などからも判断しうるが、もっとも大きな差は押型文の形状である。これも漸移的な変化が

あるものの、横長の市松文（図1の3、図3の9）は新段階には残らない。縦長の市松文（図3の11）は古段階にも少数ある。新段階の主体は縦長の市松文（図1の11、図3の13）およびその変形であるネガティブな楕円文（図1の12、図3の15）である。そして、この差は格子目文の個々の格子の形状とも連関し、新段階は縦長の格子目文（図3の16・17）が主体となり、ネガティブな楕円文との区別がむずかしいものが増える。

　三重県や愛知県には、大川式新段階において、個々の格子目が斜傾した文様が基本となるが、これらもやはり縦長のものが多い。この中で、筆者が萩平型とよんだ愛知県に分布するもの（図1の10・15・16、図3の18～20）を山田は神宮寺式でも新しい時期に下げて考えている。矢野は端部の刺突の特徴などから大川式の範疇で理解しうると考えているが、神宮寺式に含めたとしても、比較的古いものであろう。

　神宮寺式　大川式と比較して、器壁が薄く、端面が外に傾き、そこを刻む。頸部における屈曲は緩くなり、ほとんど外反しないものもある。ネガティブな楕円文や格子目文を施文し、山形文も併用する。大川式に多用された頸部の刺突は消失する。

　筆者は神宮寺式を古段階（図3の22・23）と新段階（図3の24～27）に二分したが、この区分は松田真一が後続型式（松田のいう「葛籠尾崎1式」）に含めた神宮寺式を新段階として抽出したものである。古段階においては頸部の屈曲が残っているが、新段階にはなくなり、砲弾型の器形になる。ネガティブな楕円文は長大化し、口縁部の横位施文部の幅が拡大する（図3の27）。横位施文部が拡大したものには、山形文や綾杉文、小さな格子目文など、以前には用いられなかった文様を併用するものがあり、筆者はこれを神宮寺式から山形文主体の神並上層式への移行期のものと見なした。守屋豊人はこれを神並上層式に含めており（守屋2002）、現在は筆者もそれに従っている。

（4）先行型式と関連諸型式

　大鼻式には縄文が多用されており、これは多縄文土器の系統を引くものと考

えてよい。直接、大鼻式に先行する土器の実態が不明であるものの、多縄文の末期の尖底土器が変化したものであることはほぼ確実である。大鼻式の分布は、東海地方から近畿地方中央部までに及んでいる。この地域における大鼻式の先行型式が未発見、あるいは未抽出の状態にあると考えられる。

　一方、中部地方の立野式については、大鼻式を母体とするという見方と、別の先行型式があるとする見方がある。大鼻式は木曾地方に及ぶが、立野式の分布と大きくは重ならない。大鼻式併行期や大川式古段階に併行する独自の型式を現状では明確に指摘しがたい。立野式の文様や文様構成については大川式・神宮寺式と共通する要素はあるものの、基本的には異なる。立野式の先行型式は同じく、多縄文末期の尖底縄文土器にあることは推察できるのであるが、その地域差が押型文土器の地域差に反映されていると考える。この点は、東海地方東部についても同様である。

（5）分布と地域性（図2）

　大鼻式は東海地方から近畿地方中央部にかけて分布するが、大川式は中国地方に分布を拡大し、鳥取県取木遺跡、広島県馬取貝塚に出土例がある。神宮寺式では、中四国地方での出土例がさらに増加する。このような分布の西への拡大に呼応して、大川式新段階には、東海地方では三重県の射原垣内型（図3の21）、愛知県の萩平型（図3の18〜20）などの地域差が出現する。この「型」は同一系統内の地域的型式を示す。神宮寺式の段階では、東海地方での出土遺跡が減少する傾向にある。このような動向は集団の移動の様相を反映しており、大局的にみれば、神宮寺式以降、近畿地方の押型文土器の遺跡が減少し、逆に中四国地方で遺跡が急増する傾向にあるのは、集団の西への移動の結果と解釈しうる。この点については第6章で遺跡数にもとづいた詳細な検討を行う。

第2節　押型文土器の起源と変遷

　本節では第1節で概要を述べた前半期押型文土器の編年について編年の根拠

を詳論する。押型文土器の編年研究は縄文土器研究が本格化した頃から開始され、数多くの論考が発表されてきた。この中には縄文文化の成立期の様相と深く関連するものが多く、編年研究の意義は非常に大きい。ただし、その編年については特に古い時期に関して共通の見解がなく、数十年間におよぶ論争ともいうべき状況が続いた。議論の対立点は立野式・大川式・神宮寺式といったいわゆるネガティブな楕円文を有する押型文土器の編年的位置づけにあるが、これらを一括して同一系統とみる見方に拘束され、地域編年が軽視される傾向にあった。

（1）押型文土器編年研究における問題点

　押型文土器の研究史については第1節でも述べたが、神村透（神村 1968・1969）、片岡肇（片岡 1979）、岡本東三（岡本東 1989）がそれぞれの立場から詳細に論じている。議論の対立点の背後に押型文土器研究の欠陥ともいうべき問題が潜んでいたことは十分に認識されていなかった。その欠陥とは、次の3点である。

　第一に施文法や施文原体に関する議論に注意が傾きすぎ、その類似の有する意味が土器型式としての実体にもとづくものなのか、単なる形態的類似なのかという点が問題にされてこなかった。押型文の文様は単純であるから、同一文様が長期間存続したり、反復して生じることが十分考えられる。したがって、型式の限定は主として押型文文様以外の要素や文様の総体的比較からなされるべきであるが、特定文様の類似が重視されすぎる傾向があった。

　第二に広域に分布する押型文土器全体を同一視する傾向があり、真に地域的な編年の蓄積を軽視した議論が行われた。この広域性が土器型式としての広域性なのか、文様の類似にとどまる広域性なのか判断がなされていない点は第一の欠陥に通じる。文様の類似は地域的な編年相互の併行関係の確認の後で検証されるべきであって、押型文文様の類似だけでは土器型式の広域性の証左とはなりえない。

　第三に進化論的な型式変遷の法則を一般的かつ広域的に適用しすぎた。型式

変遷の様相は地域編年にもとづき個別に把握されるべきである。
　中部地方の立野式と以西に分布する大川式・神宮寺式を一括して同一系統とする考えは、主としてこれらがネガティブな楕円文という特殊な文様を共有する事実にもとづく。これらを古く位置づける論者も新しく位置づける論者も、この点に関する認識には差がない。この文様そのものの限定が一般的であり、必ずしも同一系統とは考えられないが、仮にそうであったとしても、先行型式が同一であるとは限らない。また、多くの議論は立野式が大川式・神宮寺式の影響を受けて成立したと考える点でも一致するが、これも地域編年の比較にもとづくものではなく、検証されるべき問題である。
　このように、押型文土器の起源と変遷に関する議論は、押型文文様の起源と変遷に関する議論におきかえられ、土器型式の実体が置き去りになり、漠然とした広域性を念頭においた実体不明の「系統」が問題とされていたわけである。これは、戦前の南北二系統論を想起させるに十分な事態である。また、草創期・早期といった縄文文化成立期の編年は、広域編年の構築が先行したが、地域編年の充実を待って、これを再検討する必要が全般的な課題として生じていたことも認識すべきである（大塚1988）。広域編年の骨格を作った山内清男は押型文土器の出現を全国一律ととらえたが（山内1935、山内・佐藤1962）、以後続出した新資料の位置づけによって、この認識に変更の必要が生じていたのである。

（2）大鼻式から派生する諸型式
近畿地方押型文土器編年の再構築　詳細な研究史は前節で述べたので、要点を述べる。近畿地方の押型文土器の編年を整備した岡田茂弘は、神宮寺式における刺突文の比率が大川式より高いことに注目し、神宮寺式を古く位置づける唯一の根拠とした（岡田茂1965）。これは刺突手法を用いる爪形文土器を神宮寺式の祖型とみなしたためである。この編年観については神村透が疑問を呈しているが（神村1969）、その後片岡肇（片岡1972）らに継承され、定説化する。ところが、岡本東三による施文原体の復原（岡本東1980）によって、他

第3章　前半期押型文土器の編年　69

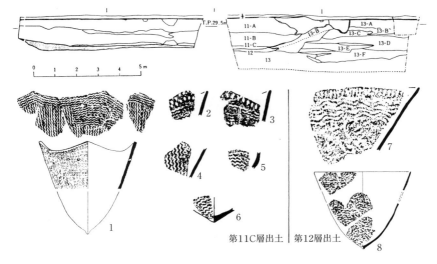

図4　大阪府神並遺跡の層位と出土土器

と同じく回転施文によることが明らかになり、神宮寺式を古く位置づける根拠がなくなった。

　つまり、神宮寺式を爪形文土器との関係から古く位置づけていた編年は、岡本の批判によって根拠を失うとともに、その古さについて根本的な再検討がせまられたわけである。このとき、岡本は兵庫県神鍋遺跡第10地点出土の無文部を広く残す山形文の土器を最古と判断した。これは関東地方では平坂式およびそれ以降に伴うものと類似した特徴を有するが、近畿地方でこれが単純に土器型式を構成するかどうかという点も含めて、地域編年の充実が計られる必要が生じた。この点に関して、依拠すべき層位的事実を提供した大阪府神並遺跡の層位（下村・菅原 1987）は、神宮寺式と大川式の全体的な編年的位置づけを初めて決定したという点で注目すべきものだった。筆者が神宮寺式や大川式を古い押型文土器として認めるのは、この神並遺跡の層位的事実に基盤をおいた地域編年の再構成を行ったからであり、神宮寺式から大川式へという変遷も再検討する必要が生じた。

大阪府神並遺跡で神宮寺式と大川式を出土する層（第12層）より上位の層（第11c層）から出土した押型文土器は、径6mm強の比較的小振りの施文原体による山形文を密接に施文する土器で、神宮寺式と大川式を含まない（図4）。また、楕円文を含まず、黄島式併行期の押型文土器とも区別できる。神並上層出土の押型文土器の類例は、帝釈峡観音堂洞穴（松崎編 1976、河瀬 1977）および鳥浜貝塚80L区（鳥浜貝塚研究グループ 1981）において、黄島式併行期の土器よりも下位層から出土しているので、神宮寺式・大川式と黄島式併行期との中間に位置づけられることは疑いない。この時期は岡田が尾上式とした時期に相当するが、前後の時期との境界に関する理解を含め、その内容が明らかになったといってよい。筆者は尾上式（ないし葛篭尾崎式［土肥 1982］）にかえて、神並遺跡第11c層出土土器を基準に「神並上層式」を設定した。神並上層式は、頸部における屈曲がなく、器壁も薄い点、大川式より神宮寺式に類似する。他に後述する施文原体や文様構成の変化をみても、大川式から神宮寺式を介して神並上層式への型式変遷を考えるのが最も妥当である（矢野 1984・1988）。

　大川式から神宮寺式へという編年観を支持する見解として、山田猛（山田猛 1988）、松田真一（松田 1988）、岡本東三（岡本東 1988）による論考がある。山田は三重県大鼻遺跡で出土した押型文土器を「大鼻式」として型式設定するとともに（梅澤・山田 1987）、これを大川式以前に位置づけ、あわせて大川式と神宮寺式の細分を行った。これに対して、松田は大川式と神宮寺式との相違を器形と文様との関係から再検討し、後続する型式について細分を行っているが、大鼻式は大川式の範疇で把握し、大川式と神宮寺式の細分は控えた。岡本は大鼻式が古い理由として特に山形文の欠落を指摘し、大川式の細分は大鼻式に対応する時期と三重県射原垣内遺跡（松阪市教育委員会 1980）出土土器に対応する時期という形で行った。

　筆者の見解は大鼻式の位置づけと大川式の型式変遷については山田に近いが、一部の地域的な土器の位置づけについて異なる部分がある。この問題は後に他地域の押型文土器の編年を論じる上で重要であり、地域性の理解にとって

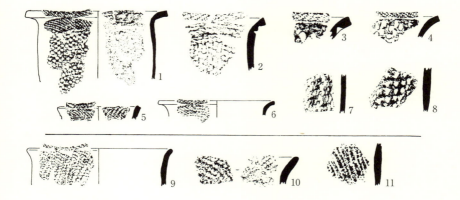

図5　大鼻式（1〜8）と縄文・撚糸文施文土器（9〜11）

も鍵となる。

大鼻式と大川式の細分　大鼻式は口縁部が強く外反する器形で、口縁端部が肥厚し、端面が平坦に調整されている（図3・5）。大川式に多い端部の刻みは大鼻式に存在しない。大川式が口縁端部から頸部までの幅が比較的長いのに対し、大鼻式は比較的短い。文様も大川式とは相違があり、大鼻式に存在する半月形の文様（図1の1、図5の7・8）は大川式には存在しない。縄文を口縁部外面に施文する比率が高く、絡条帯圧痕文の多さも大鼻式の特徴である。市松文と格子目文が主体を占める点は大川式と共通するが、大川式の文様の多様性と比較すれば変化に乏しい。

大鼻式は、大鼻遺跡と三重県板倉遺跡（梅澤・山田 1987）などからまとまって出土している。ほかに三重・奈良・滋賀・愛知・岐阜の各県に大鼻式の出土する遺跡が存在しており、分布圏は東海地方西部から近畿地方東部にかけての地域と考えられ、大川式の分布圏と大きく重なる。三重県には、鐘突遺跡（下村・奥 1981b）や鴻ノ木遺跡（新田・河瀬 1991）など、大鼻式をわずかしか含まないか、まったく含まず、大川式を出土する遺跡が存在することから、大鼻式は大川式とは時期差を有する。大鼻式を古く位置づける理由は、このように大川式とは時期差があることが確実であり、大川式から神宮寺式へという

漸移的な型式変遷の流れに沿えば、最古に位置づけざるをえないからである。

　大鼻式分布圏内において大鼻式に直接先行する資料として確実なものはない。福井県鳥浜貝塚（鳥浜貝塚研究グループ 1979）や岐阜県椛ノ湖遺跡（原・紅村 1974）の表裏縄文土器とはかなりの隔たりがあるとみるのが大方の認識の一致するところであろう。坂倉遺跡と大鼻遺跡から、口縁端部が肥厚せずに丸みをおびる縄文施文土器（図5の9・10）と絡条体圧痕文を有する撚糸文施文土器（図5の11）が出土している。これらは大鼻式に伴うか先行するか決定しがたいが、粟津湖底遺跡では、これらの類例が搬入品とは考えにくいほど多く出土し、大鼻式に先行する可能性が高いと考えている。

　大川式の細分は、三重県内の一括資料を基準として二分するのが現状では妥当である。山田がこの観点から「大川 a 式」と「大川 b 式」を設定しているが、「大川 b 式」すなわち大川式の新しい部分に関する理解が筆者とは大きく異なるため、改めて大川式を「古段階」と「新段階」の2時期に区分したい

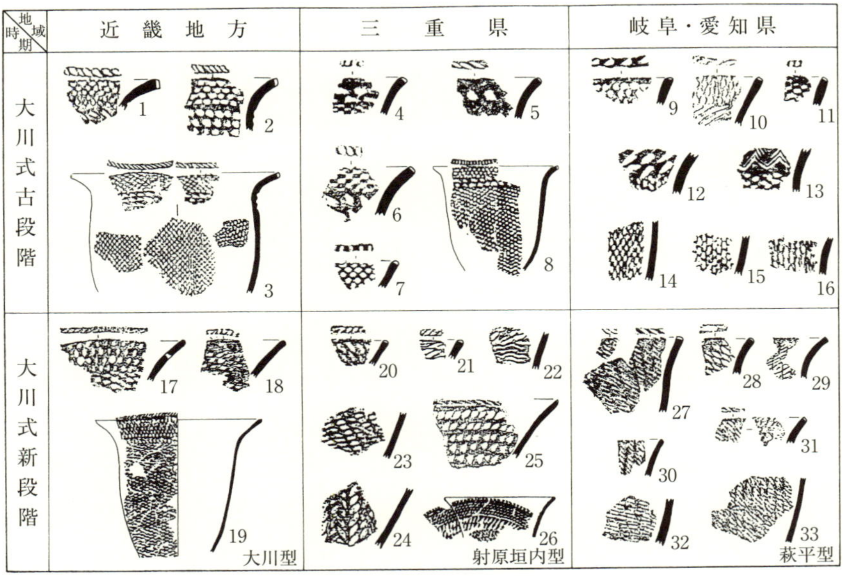

図6　大川式の細分

(図6)。

　大川式古段階の基準となる資料は、鐘突遺跡と鴻ノ木遺跡の押型文土器から口縁端部に縄文を施文する大鼻式と神宮寺式以降の土器を除いたものが該当する。これらは頸部で外反し、口縁端部が肥厚気味になる。大鼻式と大きく異なるのは、口縁端部に刻みを持ち、頸部や口縁部に刺突を多用することと、縄文施文の比率が激減することである。押型文は半月形の文様を持つものがなくなり、器面の一部に大振りの山形文を施文する土器が出現する。

　大川式古段階に相当する資料は、岐阜、愛知、三重、滋賀、奈良の各県でまとまった出土例がある。長野県木曽地方（神村 1983a）にも出土例がある。広島県福山市の馬取貝塚（松崎・潮見ほか 1963）には、市松文を配した器壁が比較的厚い胴部破片がある。新段階に下がる可能性も否定できないが、瀬戸内地方における大川式の西限を示していることは疑いない。

　大川式古段階には、大鼻式には指摘できなかった地域差が存在する。しかし、大川式新段階に比べてこの地域差ははるかに小さく、器形と施文構成については地域差は存在しない。奈良県では、口縁端部が丸みをおびたり、端部に縄文を施文するものがやや目立つ傾向にあること、三重県では口縁部直下に刺突を加える例が比較的多いこと、岐阜県では市松文が端正で比較的小振りのものが多いことなどを指摘することができるが、個体から断定しうるほど確実ではない。

　ところが、新段階になると、この地域差は型式差といってよいほど拡大する。三重県における新段階のまとまった資料は射原垣内遺跡と東庄内A遺跡（谷本ほか 1970）から出土している。いずれも口縁端部から胴部に至るまで器壁が一様に薄く、頸部における屈曲が弱くゆるやかに外反する。文様も古段階とは異なり、斜傾するネガティブな楕円文や格子目文が出現する。この文様は以前の格子目文の変形によって生じるものと考えている（図1の15）。口縁端部は刻みや押型文を施文するものが多いが、刻まずに平坦な面をなしているものもこの時期に属する可能性がある。

　奈良県で大川式新段階の土器を単純に出土する遺跡はないが、器壁が薄く頸

部でゆるやかに外反する器形の酷似する土器を、この時期のものとしてあげることができる。市松文やネガティブな楕円文は細長くなる傾向があるものの、斜傾するものが存在しない点が大きな相違点である（図1の11・12）。

　岐阜・愛知両県には斜傾するネガティブな楕円文と格子目文を主体とし、施文構成が縦位主体の押型文土器が分布する（図6の27～33）。岐阜県九合洞窟遺跡（澄田・大参1956、澄田・安達1967）、愛知県萩平遺跡（澄田・安達ほか1965・1967）にまとまった資料がある。これらは端部の面とりがしっかりしており、射原垣内遺跡同様、原体端部を刺突する刻み（図6の28）も存在するので、神宮寺式併行とみるのは無理があり、大川式新段階に位置づけてよいと考える。一部が神宮寺式に下がるものであるとしても、口縁部の特徴からは大川式に近い時期のものとみなすのが妥当である。

　山田は縦位施文主体という点を重視してこれらを神宮寺式でも新しい様相を示すものと考えているが、この点に関する型式観に大きな相違がある。近畿地方の神宮寺式に縦位構成の占める比率は全体の3分の1程度で比較的少数であり、神宮寺式で新しい様相を示す時期になっても、横位施文部の拡大こそあれ、縦位構成が増加する傾向はない[5]。岐阜県や愛知県とは主体となる文様も異なっており、明確な地域差が存在する。したがって、縦位構成主体という点は地域差として把握すべきなのである。

　このように、大川式新段階の様相を把握すれば、古段階に生じている地域差が新段階に至って明瞭になっていることが理解できる（図1・6）。この地域差を要素ごとにまとめると、施文構成上は奈良県と三重県との共通性が高く、押型文文様については三重県は岐阜、愛知両県との共通性が高い。各々の地域で属性の組合せが異なるため別個の型式内容を備えているといってもよいが、いずれも大鼻式から派生し、他地域の土器と比べて共通性が強いため、一括して大川式新段階と呼称する。岐阜・愛知両県、三重県、近畿地方中央部以西のそれぞれの地域差を同一系統内の地域型とみなし、それぞれ「萩平型」、「射原垣内型」、「大川型」と呼称する。これらは同一系統に属する土器型式が分化したものと判断できる。

神宮寺式の細分と後続型式　神宮寺式の細分案はすでに山田が発表しているが、指摘したように神宮寺式と大川式新段階との混同があるため、受け入れられない。松田真一は神宮寺式を狭い範疇で把握し、刺突文やネガティブな楕円文を有する押型文土器の一部を「葛籠尾崎1式」として後続型式に所属させているが、これを神宮寺式の実質的な細分とみなした。

松田がネガティブな楕円文を有する押型文土器の一部を神宮寺式から除外したのは、後続型式への漸移的な変遷を意図したためかもしれないが、決定的な理由はないと思う。従来、「葛籠尾崎式」（ないし「尾上式」）として理解されてきた土器には、刺突文もネガティブな楕円文もまったく含まれておらず、大阪府神並遺跡の層位的出土例もこの理解に反するものではない。したがって、ネガティブな楕円文と刺突文はあくまで神宮寺式とみなすべきであると考える。筆者は、松田のいう「神宮寺式」の多くが神宮寺式古段階、松田が「葛籠尾崎1式」に含めた神宮寺式が神宮寺式新段階に概ね対応すると考える（図7）。

神宮寺式古段階の土器は大川式新段階に比べやや屈曲がゆるやかになっているとはいえ、外反する器形を有し、口縁端部を外側にそぐような刻みを有する。施文構成は大川式新段階の大川型と共通するが、頸部の刺突をもたない。文様は大川式新段階まで存在した市松文が消失し、ネガティブな楕円文と格子目文が主体になる。これらの中には斜傾するものが存在しており、東海地方西部からの影響を示唆する。神宮寺式新段階を含まず、古段階をまとまって出土する遺跡として福井県岩の鼻遺跡（上野・畠中 1986、網谷 1987）をあげることができる。この遺跡では神並上層式も出土するが、神並遺跡の層位例からこの同時性は否定される。

神宮寺式新段階は松田が「葛籠尾崎1式」に含めた神宮寺式に概ね対応するが、「葛籠尾崎1式」自体には4タイプがあり、必ずしも同時期のものとは考えられない。これらを列挙すると、

　　第1類：ネガティブな楕円文が長大化した文様を持つ土器（図8の1）
　　第2類：矩形ないし楕円形の文様を持つ土器（2・3）

76　第2部　土器編年研究からみた縄文時代の地域性変化

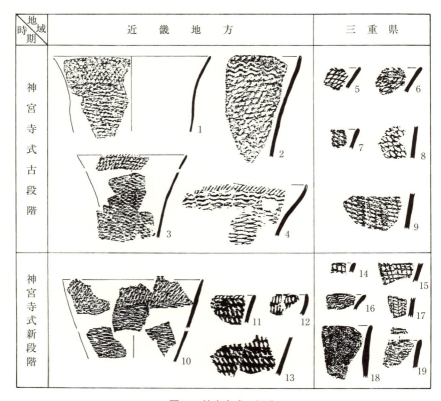

図7　神宮寺式の細分

　　第3類：綾杉状の文様を持つ土器（4）
　　第4類：異方向に小振りの山形文を施文する土器（5・6）
となる。第1・2類がほぼ直行し外側に開かない器形を有するのに対して、第3・4類はやや外反気味で外側に開く。第4類は器形および口縁端部のめんとりなどから判断しても神並上層式と共通性が強く、神宮寺式新段階のものではない。
　第3類の綾杉状の文様は、長大化したネガティブな楕円文と同時期に存在することは確実であるが、この綾杉文と小振りの山形文を組み合わせた文様を有

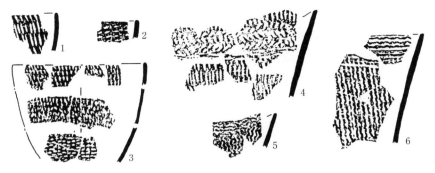

図8 松田真一の「葛籠尾崎1式」

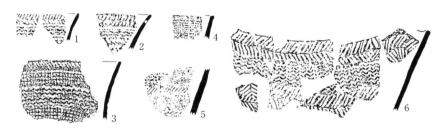

図9 神宮寺式から神並上層式への移行期の土器

する土器も存在する（図9の2・6）。これは図8の4とともに、神宮寺式新段階末期か、やや下がる時期に比定できよう。なお、図8の4は刺突手法である。

　以上より、松田の設定した「葛籠尾崎1式」は神宮寺式新段階と神並上層式に対応する時期に二分しうる。このようにして抽出した神宮寺式新段階のまとまった資料を出土する遺跡として兵庫県北部の別宮家野遺跡（前田・高松1972）をあげることができる。ここでも全面山形文施文の土器を出土するが、神並遺跡の層位例にもとづき細分される。

　以上の神宮寺式の細分は大川式新段階大川型の系譜にある土器の細分である。射原垣内型の系統にある神宮寺式併行の資料は断片的であり、細分を論じるほどではないが、上寺遺跡出土例（下村・奥1981a）は口縁部形態から判断

して古段階併行と思われる（図7の5～9）。新段階には後に述べるように、東海地方東部と共通性のある土器が分布する可能性が強い。いずれも大川式新段階と同様の斜傾する文様に加えて、東海地方との共通性が強まる。萩平型の分布圏でもこの時期の資料は僅少で、立野式類似の土器が岐阜県を中心に分布すると考えている。

　大川式と神官寺式の細分を通じて神並上層式に至る変化が明確になってきたので、簡単にまとめておきたい。器形は、頸部で強く屈曲するものから屈曲が弱くほぼ直行するものへと変化する。口縁端部は肥厚するものから肥厚しないものへと変化し、薄手化が進行する。縄文の使用は大鼻式に多く大川式に残るが、神宮寺式にはほとんどなくなる。頸部の刺突は大川式古段階に盛行し、新段階に残るが、神宮寺式には存在しない。市松文は大川式古段階までは横長のものが多く、新段階に縦長のものが増えるとともにネガティブな楕円文に変化する。神宮寺式には市松文は伴わない。神宮寺式新段階にはネガティブな楕円文がさらに長大化する。

　神並上層式はほぼ直行して外側に開く器形を有し、波状口縁の比率が高い（図4の1～6）。押型文は小振りの山形文主体で、施文構成は口縁部横位以下縦位のものと、全面横位が存在する。いずれも密接に施文する。この種の土器を、細久保式類似の異系統の土器とみなす見解（岡本東 1989）が存在するが、細久保式にかなりの比率で存在する楕円文はいっさい伴わず、器形も異なる。近畿地方における在地の型式であることは、出土状況から考えても疑いない。

　神並上層式と神宮寺式との大きな相違は、ネガティブな楕円文の消失と小振りの山形文の盛行という文様の変化に加えて、横位構成の出現という施文構成上の変化である。しかし、この点について他地域の土器の流入などによる急激な変化を想定する必要はないと考える。神並上層式はネガティブな楕円文を伴わず、小振りの山形文主体であると述べたが、おそらく5単位と思われる小さな格子目文や綾杉状の文様を伴う土器がある（図9）。これらはいずれも口縁部における横位施文の幅が著しく広く、全面横位とみなしうるものも存在する。守屋豊人はこれらを神並上層式に含めたが（守屋 2002）、熊谷博志はこの

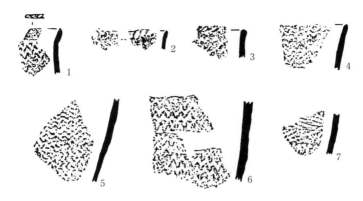

図10　山芦屋遺跡S4地点下層出土土器

種の土器を「桐山和田式」と呼んでいる（熊谷 2011）。筆者は「桐山和田式」に相当する図9の1～5のような土器を「神並上層式古段階」と呼んで、旧来の神並上層式を「神並上層式新段階」と呼んでいる（矢野 2011b）。この種の土器は神並遺跡11層からは出土せず、大川遺跡、別宮家野遺跡、滋賀県蛍谷貝塚（丸山 1984）、高知県飼小屋岩陰遺跡（森田・宅間 1983）などから出土している。この種の土器に用いられる山形文はいずれも小振りで、神並上層式と共通する。小振りの山形文自体は後に述べるように他地域における増加が先行すると考えるが、綾杉文や格子目文は神宮寺式に存在するので在地的なものとして理解でき、全面的な施文原体の転換が一挙に起こったのではなく部分的な影響下において生じていることを示唆しており、漸移的な変化が想定できると考えている。施文構成については、他地域からの影響はほとんど考えられない。横位施文部の拡大は神宮寺式新段階にすでに生じているからである。これは頸部屈曲点が曖昧になったという器形の変化に加えて、ネガティブな楕円文が長大化したことも影響しているのだろう。

　以上より、神宮寺式新段階から神並上層式にかけての変化が漸移的なものであることを明らかにできたと思う。神並上層式に後続する土器として、兵庫県山芦屋遺跡S4地点下層出土の土器をあげる(6)（図10）。山形文主体で楕円文を

持たないことは神並上層式と同様であるが、口縁端部内側を刻むものを含む。この特徴は後続する黄島式併行期の押型文土器にもみられる特徴であり、神並上層式より時期が下がることを示している。熊谷はこれらを含めて「北白川廃寺下層式」と呼んでいる（熊谷 2006）。筆者は少量であれ楕円文の共伴を認める熊谷の編年観には賛成しかねる。

　小　結　以上、大鼻式から派生する諸型式の様相について述べた。斜傾する文様が分布圏内の東部で先行し、西部に影響を与えるほか、神並上層式における小振りの山形文の盛行は後述するように中部地方で先行していた可能性が高い。つまり、一貫して影響の方向は東から西に及んでおり、これは大川式から神宮寺式にかけて西方に分布が拡大することと呼応する現象と考えている。このことは大鼻式の起源についても示唆を与えることになろう。

　岡本東三が問題にした無文部を広く残す文様構成については、これが主体となる時期が存在しないことに注意しておきたい。横位施文で無文部を広く残す例は、大川遺跡（松田 1989）、鳥取県上福万遺跡（北浦・浅川 1986）などから少数例出土するのみで、神鍋遺跡第10地点例も同類と考えている。山形文が多く、山形の段数が少ない。この中には、山芦屋Ｓ４地点下位層出土土器と同様に端部の内側を刻むものがあり、これに併行する時期か、やや遅れて出現すると考えている。異方向のものについては皆無に近い。市松文やネガティブな楕円文に山形文を帯状に施文するものは存在するものの、山田猛が指摘しているように、大川式から神宮寺式にかけて複数の時期に少数例存在し、特に１時期に限って盛行するわけではない（山田猛 1988）。異種原体の併用と、口縁部横位以下縦位という施文構成は、大鼻式から神宮寺式にかけての特色であり、内的な変化から生じたものと理解しうる。

（３）東海地方東部

　大平Ｃ段階の存在と「若宮第Ⅲ期」の細分　静岡県では、特に東部において押型文土器の遺跡が多い。また、関東地方の撚糸文土器に併行するみられる撚糸文・縄文施文の土器の位置づけをめぐる議論も進んだ。それらと押型文土器あ

第3章 前半期押型文土器の編年 81

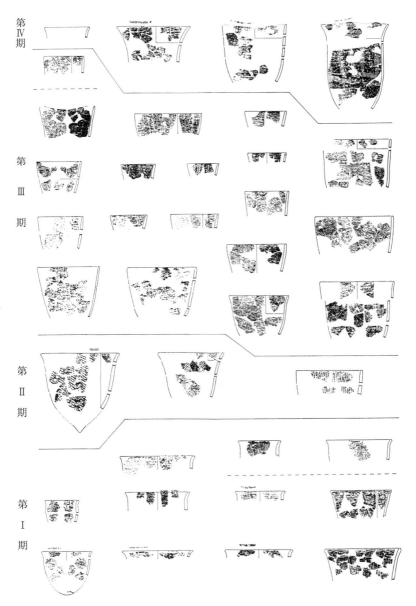

図11 静岡県若宮遺跡における編年案

るいは多縄文土器との関係、他地域との併行関係などさまざまな意味で議論の焦点となった。

　これまでの議論を振り返ってみると、若宮遺跡の報告が問題を提起した（馬飼野・伊藤 1983）。この報告では、地点による出土状況の差や遺構の切り合いを根拠に第Ⅰ～Ⅳ期に出土土器の時期区分がなされている。第Ⅰ期は内面に広く施文する表裏縄文土器が主体で、第Ⅱ期は未命名の撚糸文・縄文施文土器で構成される。第Ⅲ期は縦位構成の押型文土器が主体で、第Ⅳ期は異方向直交施文の山形文の土器が位置づけられている（図11）。

　この若宮遺跡における出土土器の編年は、第Ⅳ期すなわち沢式併行期以前に縦位構成の押型文土器を位置づけたことと、表裏縄文土器と押型文土器との間に未命名の撚糸文・縄文施文土器を介在させた点が重要である。この点は宮崎朝雄・金子直行が大筋において認めている（宮崎・金子 1991）。また、可児通宏は第Ⅲ期の押型文土器を表裏縄文土器との関係から把握し、最古の押型文土器として位置づけた（可児 1989）。一方、関野哲夫は第Ⅲ期と第Ⅳ期とを逆転させ、Ⅳ期の押型文土器を最古の押型文土器であると考えた（関野 1988a）。

　若宮遺跡での出土状況にもとづき若宮編年を検討すると、第Ⅰ期と第Ⅱ期におかれている第Ⅱ群2類の縄文土器と第Ⅲ群1・2類の撚糸文土器は、押型文土器と分布が重なる傾向がある。これらを除外すると、特に第Ⅱ期に該当する土器が非常に少なくなる。この点を明らかにするためにも、比較的時期の限定できる遺跡の資料にもとづき、再検討した。

　まず、若宮遺跡における第Ⅰ～Ⅳ期はこの遺跡での編年であり、静岡県東部を代表しているわけではないことに留意したい。若宮遺跡ではネガティブな楕円文を有する押型文土器は1点も出土していないが、同じく東部に位置する大平C遺跡（秋本ほか 1980、漆畑 1986）においては押型文土器の中ではネガティブな楕円文が主体を占める（図12）。近接した距離にありながら、このように様相が異なるのであるから、若宮遺跡には存在しない時期が大平C遺跡には存在すると考えてよい。この時期は押型文土器出現以前の多縄文系の土器の系統にあるものと考えるが、その最終段階を示すものとして、大平C段階

図12　静岡県大平C遺跡出土土器

表3　東海地方東部の文様組成

遺跡	船形沈文	格子目文	楕円文	山形文・大	山形文・小	小計	撚糸文	縄文	小計	無文	総計	出典
広合(b・c・d区)	0	0	0	0	0	0	9	8	17	0	17	[池谷1990]
大平C	11	3	+	4	+	18	56	33	94	3	115	[秋本ほか1980,漆畑1986]
清水柳	0	26	1	0	3	30	3	0	3	0	33	[笹津・瀬川ほか1976]
八兵衛洞	0	6	5	+	2	13	4	3	7	1	21	[鈴木・石川ほか1981]
中尾	0	9	3	4	21	*1 39	16	5	21	0	60	[平川・廣瀬ほか1986]
大平A	0	0	+	0	2	2	0	0	0	5	7	[秋本ほか1980,漆畑1986]

＊1　小計には他の文様を2点を含む。
（個体別口縁部点数，＋は胴部片あり）

とよぶ。

　大平C遺跡からは撚糸文・縄文施文の土器も数多く出土している。これらと押型文土器との比率を報告書掲載の口縁部点数から比較すると、撚糸文・縄文施文の土器の比率は約85％となる（表3）。施文構成は押型文土器と同じく

縦位構成で、口縁部内面や口縁端部に施文するものが存在する点も共通する。押型文土器の文様には、斜傾するネガティブな楕円文と格子目文のほか、山形文がある。山形文は大振りのものがほとんどで(7)、押型文土器の中で占める比率は3割弱である。

若宮遺跡で第Ⅲ期に区分された土器がほぼ単純に出土する八兵衛洞（鈴木・石川ほか 1981）、清水柳（笹津・瀬川ほか 1976）、中尾（平川・廣瀬ほか 1986）の各遺跡で同様の観点から検討を加える。中尾遺跡では横位構成の細久保式併行の土器が混在するのでこれを除外する。この地域では、長井崎遺跡（鈴木・杉山ほか 1980）が若宮第Ⅲ期の土器を含まずに細久保式併行の土器を出土する遺跡であり、両者に明確な時期差が存在することは明らかである。これらの遺跡では撚糸文・縄文施文の土器が占める比率は全体の1割から4割程度にとどまり、大平C遺跡に比べて著しく少ない。山形文が押型文全体の中に占める比率は清水柳遺跡と八兵衛洞遺跡が1～2割、中尾遺跡が6割で、かなりの差がある(8)。いずれも大平C遺跡と異なり、小振りの山形文が主体を占める。清水柳・八兵衛洞と中尾は、それぞれ若宮第Ⅲ期の時期差を示していると判断できる。ここで若宮第Ⅲ期を若宮式と呼称し、その中の時期差を示す段階として、清水柳段階と中尾段階に区分する。

若宮遺跡で第Ⅳ期とされた時期には撚糸文・縄文施文の土器の比率はごくわずかで、押型文土器は小振りの山形文がほぼ100％と考えてよい。同様の状況を呈する遺跡として大平A遺跡（秋本・漆畑ほか 1980、漆畑 1986）がある。押型文土器の特徴は樋沢式と共通点が多く、東海地方におけるその時期を示すものとして大平A段階とよぶ。押型文土器と撚糸文・縄文施文の土器との比率、および押型文土器に占める小振りの山形文の比率から各遺跡の時期的序列を検討すると、大平A、中尾、清水柳・八兵衛洞、大平Cの順に古くなるか新しくなるかのいずれかであると仮定してよい。

この地域における押型文出現以前の様相を示す遺跡として、広合(9)（池谷 1990）、寺林南（石川 1985）、菖蒲ケ池A（漆畑 1985）、小松原A（馬飼野 1989）の各遺跡があり、口縁端部に施文するものが多く、外反が強いという差(10)

図13 静岡県広合遺跡（b・c・d区）出土土器

はあるものの、縦位構成という点は共通し、押型文土器に伴うこの地域の撚糸文・縄文施文の土器の起源をこれらの土器に求めるのは妥当と考える（図13）。したがって、この比率が最も高い大平C遺跡こそ、この地域で最も古い押型文土器を出土する遺跡とみなしうる。

仮に若宮第Ⅳ期の押型文土器を最古とみなせば、押型文土器に伴う撚糸文・縄文施文の土器と押型文土器出現以前の撚糸文・縄文施文の土器の系列をまったく別個とみなす必要が生じる。また、樋沢式・細久保式併行の土器と若宮第Ⅳ期の押型文土器との類似は、器形、文様構成、山形文の形態いずれをとっても否定できない。

したがって、静岡県東部における遺跡間の差にもとづいた各遺跡の序列は、大平C、八兵衛洞・清水柳、中尾、大平Aの順に新しくなり、この地域の時期を代表していると考える。これを若宮遺跡の報告における編年と対比させるならば、第Ⅱ期のかわりに広合等から出土している未命名の撚糸文・縄文施文の土器をおき、これと第Ⅲ期との間に大平C段階を介在させ、第Ⅲ期を若宮式とよび、清水柳段階と中尾段階に二分し、第Ⅳ期に大平A段階を該当させたことになる。

静岡県東部における編年を論じたが、静岡県西部では前半期のまとまった資料には三沢西原遺跡（水島 1985）がある。ここでは、大平C段階と後続期の土器が混在している。出土状況を検討すると、小振りの山形文を施文する土器は、SB17およびその周辺さらにその南方のF地区から集中的に出土してお

図14　静岡県若宮遺跡出土押型文土器の文様の共通性

り、遺跡全体に広がりをもつ他の文様とは分布状況が異なる。三沢西原遺跡における撚糸文・縄文施文の土器の比率は大平C遺跡に比べて若干低いが[11]、小振りの山形文を中心とするおそらくは中尾段階の土器を含んでいることを考慮すれば、大平C段階の時期の撚糸文・縄文施文の土器の比率はさらに高くなることが予想できる。しかし、この点を考慮せずとも、これが押型文土器より多いことは確実である。したがって現状では静岡県西部も東部と同様の変遷を辿ったと判断する。

楕円文派生の反復性　若宮式の楕円文は、細久保式のものと同一の起源であるとはいいがたい（図14）。前者の楕円文を仮に若宮型楕円文、後者を細久保型楕円文とよぶ。若宮型楕円文は原体の回転方向に楕円の粒が並ぶが、細久保型は互い違いになる。若宮型の場合、原体の軸方向に縦線を刻む文様が存在するが、この技法は格子目文、山形文、楕円文に共通して用いられている（図14の4・6・9・11・14）。格子目文は大平C段階にあり、山形文は大平C段階の

大振りのものが小型化していくと考えるが、いずれにせよ楕円文出現期には他種文様との技術的共通性が存在する。この技術的共通性は細久保型楕円文との間にはうかがえない。

若宮型楕円文をより細かくみると、原体の回転方向に楕円が連続するもの（図14の8・12）と、回転方向から斜めに傾いて楕円が連続するもの（図14の7）がある。前者は山形文・格子目文との共通性があり、後者は格子目文との共通性がある。大平C段階の斜傾する格子目文には格子目文を構成する斜線の一方向のみを強調するものがあり、後続する時期にもこの存在は指摘できる（図14の1）。回転方向から斜めに傾いて楕円が連続する楕円文は、格子目文のこうした特徴と関連すると考える。

若宮式には、少数互い違いに並ぶ楕円文が存在する（図14の13）が、いずれも小粒で楕円が正円に近く、原体の軸方向および回転方向よりも斜方向に楕円が近接する傾向にある。この特徴は後に論じる立野式の楕円文の特徴と一致する。

つまり、楕円という文様の規定は一般的すぎて、その同一性を保証しえない。他種文様との関係によって別個に生成することがありうる。これらを楕円文として一般的によぶならば、楕円文は反復して派生したと表現することになる。

大鼻式に派生する諸型式との併行関係　以上述べてきた東海地方東部における編年にもとづき、以西地域との併行関係を検討する。大平C段階の押型文土器は、大川式新段階萩平型とその文様がまったく一致する。口縁端部に施文するものは、そのものとみなしてもさしつかえない。口縁端部に施文しないものも、押型文文様に独自性はない。したがって、大平C段階が大川式新段階に併行することは確実である。

大平A段階は、押型文土器における小振りの山形文の比率がほぼ100％であるという点から、神並上層式に併行する可能性が高い。施文構成には大きな違いがあるが、これは器形の差から生じていると理解できる。

したがって、神宮寺式は若宮式清水柳段階から中尾段階にかけて併行する。

両者の共通性が低いのは、東海地方西部の境界地域においてこの時期の遺跡が少ないことが影響しているのだろう。

ただし、波状口縁は神並上層式と若宮式（中尾段階？）から出現しており、相互の影響を推測させるので、神並上層式は若宮式中尾段階と併行する時期があるのだろう。三重県樋ノ谷遺跡（高見 1983）の出土資料には山形文、格子目文、縄文の各種がある。このうち山形文施文の土器には横位構成が存在するので一部は神並上層式併行と考えるが、他は、東海地方東部の若宮式との共通性がうかがえる（図7の16～19）。三重県では神宮寺式古段階の資料は他に指摘できるため、樋ノ谷遺跡出土資料の一部が神宮寺式新段階に相当し、この時期における東海地方東部との関係を示唆していると考える。

小　結　以上述べたように、東海地方東部においては在地の撚糸文・縄文施文の土器に押型文土器が加わるという形をとる。この出現期の型式は施文構成において先行型式との共通性が強い。押型文技法が一般的とはいいがたく、独自性に乏しい。押型文に独自性が生じるのは、次の段階にその比率が大幅に増加してからである。出現期には押型文自体は東海地方西部の影響を強く受けている。しかし、この影響は一時的かつ限定的である。以後、小振りの山形文の増加は先行しており、逆に西に影響を与えていくと考えてよい。大川式新段階萩平型の施文構成が縦位主体に転換する現象も、押型文出現以前から縦位主体であった東海地方東部の影響とみてよいのだろう。

（4）立野式土器

立野式の在地性　立野式が西日本の大川式や神宮寺式の影響を強く受けて成立した土器型式であるという見方は、立野式の編年的位置づけに関する見解の相違を越えて共通する型式観である（大野・佐藤 1967、片岡 1978a、戸沢 1978、神村 1986a、岡本東 1989、中島 1990）。この最大の根拠は、市松文やネガティブな楕円文を共有するという点における文様の類似である。しかし、他の特徴は大きく異なるし、市松文やネガティブな楕円文もおのおのの相違が指摘できるので、少なくとも同一の起源を有すると考えることは困難である。

まず、立野式とは何かを明確に把握するためにも大川式や神宮寺式との異同を明らかにしておきたい。立野式の器形は外反の強いものと弱いものがある。外反の強い器形の屈曲部は、大川式では頸部にあるのに対して、立野式では胴部にある。外反の弱い器形は、神宮寺式では外側に直行して開くが、立野式では外側に開かない砲弾型になる。施文構成は、口縁部から胴部まで縦位、以下横位に施文する立野式独特の構成と、全面縦位が主体を占める。例外的ではあるが、口縁部に横位構成を有するものが存在する。

文様組成は大川式や神宮寺式とは異なり、撚糸文・縄文施文の土器が少量ではあるが必ず伴う。押型文の文様は大川式や神宮寺式にはない楕円文が存在するほか、全面を山形文で施文する土器の比率が高い。また、立野式には異種文様の同一個体内での併用が稀である。

このように相違点が全般に及ぶわけだが、類似点とされる市松文やネガティブな楕円文を検討する。立野式の市松文には大川式に多い横長のもの（図１の３）は存在せず、これを模した格子状の文様（図16の11）がわずかに存在するだけである。ネガティブな楕円文は細かいもの（図16の７）が多く、東海地方西部に多い斜傾するネガティブな楕円文（図１の15）は立野式には存在しない。

こうしてみてくると、少なくとも東海地方東部の押型文出現期における大川式との文様の共通性に比べると、立野式は大川式や神宮寺式との共通性に乏しいといってよい。立野式は仮に搬入品として大川式や神宮寺式の分布圏内で出土すれば、それを区別することも可能であり、大川式や神宮寺式とは別個の土器型式なのである。

立野式と沢式、樋沢式、細久保式との関係を遺跡ごとに検討すると、石小原（遮那 1973a）、三ツ木（林 1984）、赤坂（遮那 1973b）など立野式を単純に出土する遺跡が存在するのに対して、向陽台（会田・市川ほか 1988）、樋沢（小杉 1987）、細久保（松沢 1957）、浜弓場（友野・小池 1973）など、沢式、樋沢式、細久保式だけを出土する遺跡も存在する。両者がともに出土する遺跡においても、栃原岩陰（小松 1976）、福沢（鳥羽・小林 1985）、八窪（近藤・寺内ほか 1988）など、層位や出土地点に差があることが確認されており、少なく

とも時期差が存在することは認めざるをえない状況にある。

　沢式から樋沢式、細久保式に至る型式変遷は詳細に検討する余地はあるものの、それらを一連のものとして理解する大筋については議論の余地はない。したがって、立野式が在地の型式であり、しかも単純遺跡が存在する以上、沢式から、樋沢式、細久保式にかけてのいずれかの時期に立野式が介在する余地はない。

　にもかかわらず、両者の併行を主張する見解が主張されている（大野・佐藤 1967、岡本東 1980など）のは、楕円文を有し、密接に施文するものは新しいという沢式・樋沢式・細久保式の型式変遷の原則をそのまま立野式に適用しているからにほかならない。もっとも、これまで、立野式の型式変遷に関する議論がほとんど行われてこなかったのも事実である。この点に関して、近藤尚義は、文様構成の変化を一つの柱として、胴上半縦位、下半横位、ないし全面縦位の立野式から、口縁部横位以下縦位の沢式、樋沢式を経て、全面横位の細久保式に至るという理解を示した（近藤 1988）。

　岡本東三は異なる立場から、立野式の細分を論じている（岡本東 1989）。岡本は、立野式の押型文文様の比率に格子目文主体と山形文主体の二者があるとし、前者を古く位置づける。岡本は山形文の比率が非常に高い沢式を最古と考えるので、山形文主体の立野式をなぜ古く考えないのか、理解に苦しむ。しかし、細分そのものは立野式の理解に新たな視点を導入したという点で評価されるべきである。

　さらに、岡本は山形文や楕円文の起源の問題を縦刻み、横刻みという施文原体の彫刻法の系統の問題にからめて論じている。この問題に関する岡本の立場は可児と似ており（可児 1969）、いったん発生した文様の系統的な変遷を重視している。しかし、この立場は、再三述べたように土器型式の序列に従い検証されるべきものであり、前提とはなりえない。仮に楕円という一般的な形態の存在が共時性を保証するのであれば、楕円文の存在しない大川式や神宮寺式と楕円文の存在する立野式との共時性は否定されるべきである。

　ここで、中島宏が細久保式と大川式とに存在する頸部の刺突を併行関係の根

拠としている点（中島 1991）に言及しておく。中島は立野式を大川式そのものと説くが、立野式には大川式に一般的な頸部の刺突が存在しない点に注意すべきである。この点は、大川式や神宮寺式における山形文の「帯状施文」の同一個体内共伴についても指摘でき、立野式分布圏内には筆者の知る限り、1点しか存在しないのに対し、大川式や神宮寺式には比較的多い。このように、一部の特徴から樋沢式・細久保式と大川式との類似を説いても、それらと併行すべき立野式の独自性が逆に顕著になる。

　立野式の細分　立野式として一括されている型式は、遺跡ごとにみていくと、主体となる押型文の形態に三者ある（表4）。これらは、市松文やネガティブな楕円文の多い二本木遺跡（神村 1983a）、格子目文の多い百駄刈遺跡

表4　立野式の文様組成

遺跡＼文様	市松文・船形沈文	格子目文	楕円文	山形文(大)	山形文(小)	小計	撚糸文	縄文	小計	無文	総計	文献
二本木	10/3	3/4	—	+		13/7	0/3	+	0/3	—	13/10　23	[神村1983a]
赤坂	7/0	2/0	1/3	+		10/3	1/1	+	1/1		11/4　15	[遮那1973a]
立野	1/1	2/0	0/1	0/1	+	3/3	+	+	+	—	3/3　6	[神村1983b]
八窪	11/5	4/15	2/1	2/1	1/2	20/24	9/5	0/1	9/6	—	29/30　59	[近藤・寺内他1988]
棚畑	1/1	3/5	2/1	+	1/0	7/7	+	1/4	1/4	—	8/11　19	[宮坂1971]
頭殿沢	0/3	1/1	+	—	—	1/4	0/1		0/1		1/5　6	[岩佐1987]
細ヶ谷B	+	0/2	0/1	+	—	0/3	0/1	0/1	0/2		0/5　5	[深沢・小池他1973]
百駄刈	0/3	0/7	0/3	0/2	0/1	0/16	0/1	0/1	0/2	—	0/18　18	[宮沢・根津他1973]
福沢	2/0	+	+	0/2	5/2	7/4	2/2	+	2/2		9/6　15	[鳥羽・小林1985]
(参) 向陽台	—	—	—	2/0	44/3	46/3	—	+	+	66	46/3　115	[会田・市川他1988]

※上段は端部施文有，下段は端部施文無，いずれも口縁部点数，＋は胴部片有

（宮沢・根津ほか 1973）、小振りの山形文の多い福沢遺跡で代表される。格子目文主体の遺跡では口縁端部の施文の比率は低く、市松文やネガティブな楕円文主体の遺跡では高い傾向にある。格子目文と、ネガティブな楕円文・市松文をともに多く出土する八窪遺跡をみると、前者は口縁端部の施文の比率は低く、後者は高い。このように市松文・ネガティブな楕円文と格子目文は、遺跡ごとのまとまりや口縁端部の特徴の相違から時期差を有していると考えてよい。これらに共伴する山形文や楕円文も口縁端部の施文の有無が連関する傾向があり、総体的にみて口縁端部施文の比率の変化は時期差を反映していると考えてよい。

　ここで福沢遺跡の特異性を指摘しておきたい。福沢遺跡は口縁端部に施文する比率が高いものの、主体となる文様は小振りの山形文である。共伴する市松文・ネガティブな楕円文を施文する土器は端部の特徴は一致するものの、ほかにこれらが主体となる遺跡が存在するため、同時期のものと即断するわけにはいかない。また、市松文、ネガティブな楕円文および楕円文を施文する土器の施文構成が胴部上半縦位、以下横位のものが多いのに対して、福沢遺跡の小振りの山形文を有する土器は全面縦位のものに限られる。ほかに小振りの山形文主体の遺跡が存在しないので確実性に欠けるが、福沢遺跡の立野式は、市松文、ネガティブな楕円文主体の時期と、小振りの山形文主体の時期に二分しうると考える。

　以上まとめると立野式を出土する遺跡の時期は3時期ある。すなわち、市松文、ネガティブな楕円文主体で口縁端部に施文する率が高く、胴部上半縦位下半横位の構成を有する時期（二本木段階）、格子目文主体で口縁端部に施文する率が低く、胴部上半縦位下半横位の構成を有する時期（百駄刈段階）、小振りの山形文主体で口縁端部に施文する率が高く、全面縦位の構成が主体を占める時期（福沢段階）である（図15）。

　この三者の序列については、次のように考える。まず、沢式併行の向陽台遺跡の資料と最も共通する特徴を有するのは福沢段階である。すなわち、沢式は小振りの山形文が主体で、口縁端部に施文する率が高い。両者の差は施文構成

第3章 前半期押型文土器の編年 93

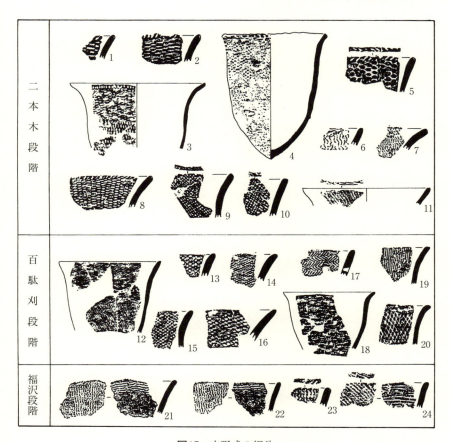

図15 立野式の細分

にあるが、沢式には少数ながら無文部を広く残す全面縦位の構成が存在し（大野・佐藤 1967）、福沢段階との接点を傍証している。

次に二本木段階と百駄刈段階との先後関係については、市松文・ネガティブな楕円文と格子目文との類縁性から推定したい。百駄刈段階の格子目文は、格子目が小さいもの（図16の6）が多いが、ネガティブな楕円文の小さなもの（図16の7）にはこれとの区別が困難なものが存在する。後者は格子の交点が丸みをおびる。仮に、百駄刈段階を古く位置づければ、この技法の差を説明す

94 第2部 土器編年研究からみた縄文時代の地域性変化

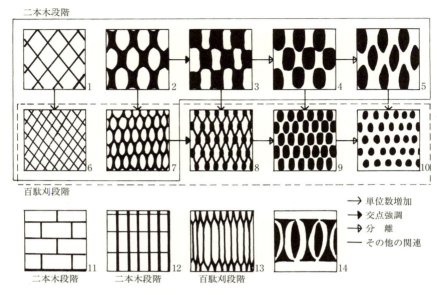

図16 立野式の文様の共通性

ることが困難で、ネガティブな楕円文と市松文は格子目文の特殊な発達として理解せざるをえないし、その突然の終焉を認めざるをえない。逆に、二本木段階を古く位置づければ、ネガティブな楕円文が格子目文との形態的な類似が進む中で減少していく様相を説明する。また、小さな格子目文は山形文主体の沢式にも少数存在しており、新しい様相と考えてよい。したがって、二本木段階を古く位置づけるのが妥当と考える（図15）。格子目文については第4章で述べる。

立野式と細久保式の楕円文の相違　以上の編年観に従えば、立野式の楕円文は静岡県東部と同じく、細久保式に連続しない。立野式の楕円文は市松文との共通性が強く、市松文と楕円文の判別が困難なものも存在する[12]。楕円文を格子状に連続させれば、市松文になるからである（図16の2～5）。したがって、立野式の楕円文は細久保式よりも斜方向に近接しやすい。岡本東三が指摘しているように縦長の楕円文が多いが、正円に近いものにもその傾向がある。また、

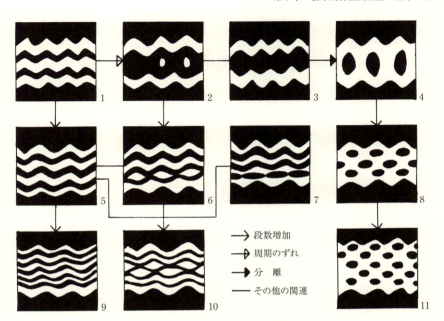

図17 岐阜県宮ノ下遺跡出土押型文土器の文様の共通性

楕円の形態が方形に近いものがみられることも市松文との共通性を示唆する。

　樋沢式や細久保式の楕円文には市松文との区別が困難な斜方向に連続している楕円文は存在せず、技術的基盤が異なる。市松文が細久保式に存在しないので当然のことである。岐阜県宮ノ下遺跡（野村・吉朝ほか 1988）は樋沢式と細久保式の古い段階の資料を主体とする遺跡であるが、樋沢式と細久保式の楕円文の起源を物語る資料が存在する（図17）。ここで主体を占める文様は卯ノ木式にある連続菱目文と山形文および楕円文で、いずれも無文部を残す全面横位ないし口縁部横位以下縦位の構成をとる。

　連続菱目文と楕円文には2単位と3単位があり、1段から3段までのものが主体を占める。山形文は2単位と4単位があり、2段から5段のものがある。ここで問題にしたいのは、いずれも段数の少ないものが目立ち、山形文と楕円文を同一原体に刻むものが存在するなど、三者に共通性が指摘できることであ

表5　各地域の併行関係

近　　畿	長　野	東海東部	関　　東
？	？	＋	井　草　Ⅰ
大　　　　鼻			Ⅱ
大　川（古）	〔二本木〕	〔広　合〕	夏　　島
（新）		〔大平C〕	稲荷台（古）
神宮寺（古）	〔百駄刈〕	〔清水柳〕	稲荷原（古）・稲荷台（新）
（新）	〔福　沢〕	〔中　尾〕	稲荷原（新）
神並上層	〔向陽台〕	〔大平A〕	東　　山
〔山芦屋S4下層〕			平　　坂

る。この地域では山形文主体の沢式が直前に位置すると考えてよいが、沢式の山形文も段数が少ない。連続菱目文は可児通宏が指摘している周期のずれによって山形文との共通性を説明することが可能である（可児 1969）。すなわち、2段の山形文から1段の連続菱目文と楕円文が生成する（図17の2）。この連続菱目文の山形で囲まれた部分をすべて刻むと楕円が連なる文様が生成し（図17の3）、これが分離すると楕円文になる。この場合の楕円文は立野式と異なり、山形文や連続菱目文との技術的共通性の中で把握できるわけである。

沢式併行期に一部地域に楕円文が存在していた可能性を否定できる状況にはないが、楕円という一般的な形態はそれぞれまったく異なる文様との技術的な共通性を指摘できるのであるから、同一起源とは考えがたいのである。立野式の楕円文とすでに述べた静岡県東部の若宮式の楕円文との関係も、他種文様との関係からみれば系統的には無関係とみなさざるをえない。

他地域との併行関係　稲荷沢遺跡（神村 1983a）からは大川式古段階と新段階の土器が出土しているが、在地の土器型式を限定できない。ほかに立野式分布圏内に大川式や神宮寺式は出土していないので、手がかりとなる要素の比較から推定せざるをえない状況にある。まず、二本木段階主体の赤坂遺跡からは、口縁端部に大川式と同様の刺突状の刻みを有する縄文ないし撚糸文を施文する

土器が出土している（図15の11）ことが注目される。また、横長の市松文の変形した文様（図16の11）は、大川式古段階のみにあり、この文様を有する立野式は口縁端部に刻みを有する二本木段階のものである。近畿地方では時期の限定できる立野式の搬入品はないが、立野式の影響を受けていると考える全面縦位に大振りの山形文を施文する土器が大川遺跡から出土しており、これは器壁が厚く、器形からみても大川式古段階に相当する。

　岐阜県から出土する立野式類似の土器の多くは、口縁端部に刻みがなく、おそらくは百駄刈段階のものである。これは岐阜県高山市糠塚遺跡B地区（大江・石原ほか 1982）からまとまって出土している。岐阜県には南部に口縁端部に刻みをもつ大川式新段階萩平型が分布するが、糠塚遺跡ではこれを出土しない。岐阜県北部と南部で地域差が存在することは予想できるのであるが、立野式分布圏全般で口縁端部施文の有無が時期差を反映しているため、岐阜県においても同様であったと理解しておく。したがって、二本木段階と百駄刈段階との時期差は、岐阜県では大川式新段階萩平型と糠塚出土土器との時期差に対応してこよう。

　以上まとめると、二本木段階は大川式古段階に一部併行し、大川式新段階に一部併行すると考えてよい。したがって、二本木段階はさらに細分される可能性が高い。百駄刈段階は格子目文主体という点で東海地方東部の八兵衛洞・清水柳段階との共通性がうかがえ、福沢段階は小振りの山形文主体という点で中尾段階に対比できよう。したがって、百駄刈段階と福沢段階は神宮寺式に併行するが、福沢段階は神並上層式に下がる部分があるのだろう。仮に長野県の沢式併行期を向陽台段階と呼称するならば、これが静岡県東部の大平A段階に併行することは、押型文土器の特徴と無文土器の共伴から確実であり、したがって近畿地方の神並上層式に併行することになる。

　こうしてみると、大鼻式併行期の資料が立野式に欠けていることが理解されよう。ただし、併行関係の是正によって立野式二本木段階の一部が大鼻式に併行する可能性を否定できる状況にはない。

　小　結　以上、立野式の在地性を指摘するとともに、その変遷を論じた。一

部の例外的な文様に大川式の影響をみてよいが、文様や他の属性は立野式独自のものといってよいので、立野式の起源はあくまで大鼻式から派生する諸型式とは別個に検討すべきである。とはいえ、多縄文土器と立野式との関連に言及するには、その間隙がありすぎる。おそらく未命名・未発見の土器型式が介在すると予想してよいだろう。

（5）関東地方の撚糸文土器との併行関係

　押型文土器と撚糸文土器との共伴関係は稲荷台式発見当初強く意識されていたが、以後いったん否定された（岡本勇 1953）。このことは神奈川県夏島貝塚（杉原・芹沢 1957）の層位で確定したかにみえたが、撚糸文土器と同様のつくりの土器に押型文を施文する例が確認され（加藤・土井 1974）、以後住居址出土例を中心に押型文土器と撚糸文土器との共伴関係を同時性の根拠として肯定的に論じる見解が増加している（原田 1987、中島 1987、宮崎・金子 1991、石井 1991）。問題は関東地方における押型文出現の上限と、関東地方での押型文土器の型式変遷にしぼられている。

　押型文土器分布圏内における関東地方の撚糸文土器の共伴例を検討する。静岡県東部の大平Ｃ遺跡では稲荷台式が出土しており（図12の11・12）、宮崎朝雄・金子直行によれば古段階に相当する。(13)大平Ｃ段階は大川式新段階に相当するので併行関係の目安となる。さらに、長野県向陽台遺跡では口縁直下に沈線を有する東山式が無文土器とともに出土しており、東山式から平坂式にかけて沢式が併行することを示唆している。また、双方の分布圏内で類例が少ないものの、口縁部に横位に施文し以下縦位に施文する撚糸文土器が中尾遺跡で出土している。これは戸田哲也が「若宮型土器」としたものに含まれる（戸田 1989）。戸田はこれを「稲荷原新式期」すなわち「稲荷台2式期」直後に位置づけ、石井寛も同様の位置づけを行っている（石井 1991）。したがって、中尾段階すなわち神宮寺式新段階から神並上層式の古い段階が稲荷台式新段階直後という併行関係が示唆される。

　撚糸文土器分布圏内における押型文土器を検討すると、稲荷台式や稲荷原式

と同じつくりの押型文土器には比較的大振り、あるいは山形の角度のゆるやかな山形文が施文されるのに対して、平坂式と同時に存在した可能性が高い神奈川県内原遺跡（野内ほか 1982）や東京都下高洞遺跡（早川 1985）の山形文は小振りである。小振りの山形文の文様構成は口縁部横位、以下縦位で無文部を広く残すものが多く、沢式との併行関係は疑いない。

　大振りの山形文から小振りの山形文へという変化はこれまでみてきた押型文土器分布圏内での変遷と一致している。撚糸文土器分布圏内の大振りの山形文個々をどの時期に比定するか問題は残るが、押型文土器分布圏内における撚糸文土器の共伴例から推定した併行関係にのっとっても特に矛盾する点はない。以上述べた併行関係を整理すれば、表3のようになる。関東地方との併行関係はあくまで目安であって、今後より確実な共伴資料を基に訂正する余地が残る。
(14)

　最後に北関東の普門寺式について言及しておく。普門寺遺跡（園田 1970、増田 1988）には全面縦位ないし口縁部横位以下縦位に山形文を施文する土器が主体を占める。したがって、立野式の福沢段階と沢式併行期に二分されると考えている。
(15)

（6）結　語

　これまでに述べてきた地域編年および併行関係にもとづき、押型文土器の起源と地域性の変化について総括的に論じておきたい。土器型式としての押型文土器の起源は3地域に求めることが可能である。すなわち東海地方西部から近畿地方東部にかけての大鼻式分布圏、および長野県における立野式分布圏、さらに東海地方東部である。

　それぞれは異なる文様組成や施文構成を保持しており、先行型式として別種の型式が存在したことは疑いない。表裏縄文土器との直接的な関係は現状ではたどれないが、これを母体とする縄文ないし撚糸文を施文する土器が介在していることが推定できる。

　この中で東海地方東部では押型文土器の出現状況が独特で、在地の撚糸文・

縄文施文の土器に押型文土器が加わるという形をとる。押型文文様は東海地方西部との共通性が非常に強く、一時的かつ直接的な流入によって出現し、独自の文様に変化したと考えている。他地域に比べて出現の時期は遅れる。立野式分布圏と大鼻式分布圏で出現の時期に差があるかどうかは、両者に直接先行する型式が不明であるが、立野式が大鼻式に遅れる可能性が高い。

大鼻式から派生する土器は、大川式古段階において若干の地域差が指摘でき、以後その地域差は拡大する傾向にある。この地域差の拡大は大川式から神宮寺式にかけての分布圏の西への拡大と関連すると考えられる[16]。また、分布圏内においては一貫して東から西への影響が強い。神宮寺式から神並上層式にかけては、さらに東の東海地方東部ないし立野式分布圏において先行していた小振りの山形文の急増が指摘でき、東から西への影響がさらに続いていることを推察できる。ただし、この影響は在地的な土器型式内の一部の属性に限られたもので、直接的な影響ではない。

注
（1）特に、岡本東三は自説を精力的に説いている（岡本東 2013・2014・2015など）。筆者の説の骨格を変える必要は感じないが、増加した資料の位置づけも含めていずれ再論したい。
（2）三重県の出土例については（山田猛 1988）を参照。奈良県では大川遺跡（酒詰・岡田 1957、松田 1989）、滋賀県では、粟津貝塚湖底遺跡の1990・1991年調査分から出土している。
（3）岐阜県では落合五郎遺跡（河野 1988）、愛知県では北替地遺跡（大参・浅野ほか 1965）、馬場遺跡（鈴木・天野ほか 1981）、三重県ではほかに大原堀遺跡、滋賀県では粟津貝塚湖底遺跡（泉 1984）に出土例がある。
（4）射原垣内遺跡出土土器（図6の25）は奥義次氏のご好意により掲載することができた。謝意を表します。
（5）大川遺跡第2次報告（松田 1989）の中の大川式で、縦位ないし斜位に施文する土器の口縁部点数は、117点中23点で20%・神宮寺式では93点中26点で28%。ただし、縦位施文の大川式は多くが新段階に属する。口縁部点数集計にあたっては同一個体を1点とみなした。以下すべて同様である。
（6）網干善教・山口卓也両氏のご好意により未公表資料を掲載することができた。謝意を表します。

（7）山形文の大小は2山分の幅が25mm以上か未満かを基準にしている。
（8）若宮遺跡でも、第Ⅲ期の山形文施文の土器（第Ⅴ群1類）が遺跡の西半一帯に分布するのに対して、格子目文施文の土器（第Ⅴ群2類）は中央凹地帯に集中するという分布上の差がある。
（9）少量の押型文土器が出土しているが、報告者が指摘するように分布状況と胎土が異なるので、別時期とみなしてよい。
（10）端部施文の比率は、広合では18点中7点で39％、大平Cでは112点中32点で29％となるのに対して、清水柳では33点中4点で12％、八兵洞では21点中0点、中尾では59点中1点で2％となる。この点からも大平C遺跡出土土器が先行する時期と共通性が高いことがわかる。
（11）三沢西原遺跡では撚糸文・細文施文の土器の口縁部点数は73点中40点で全体の55％。
（12）楕円文と市松文の共通性は松永幸男（松永1984）が指摘している。
（13）栃原岩陰遺跡において−450cmから稲荷台式が出土する（宮崎・鈴木ほか1988）。これが表裏縄文土器と同レベルであるとする解釈が提起されている（戸田1988、岡本東1988）が、−440〜450cmで格子目文の押型文土器も出土しており、稲荷台式はこれと同時期である可能性がある。この出土レベルを報告した宮下健司の主旨は栃原の層位が−450cmを境に大きく二分できるという点にあり、稲荷台式の出土も新しい変化の兆候としてみている。
（14）大谷津遺跡（鈴木・早弓1990）の第2群第1類の撚糸文施文の土器と第3群第1類の縄文施文の土器は胎土と施文構成の共通性から、伴出する樋沢式・細久保式併行期の押型文土器と同時期のものとみてよいが、それ以外の縦位構成の撚糸文・縄文施文の土器は、伴出する井草式と同時期である可能性がある。この遺跡も広合遺跡と同様、内面に広く施文する表裏縄文土器は出土していない。
（15）福島県竹之内遺跡（馬目・吉田1982）の日計式以外の押型文土器は、口縁部横位以下縦位に施文するものが多い。また、山形文の比率が非常に高く、楕円文を含まない。無文部を広く残す構成は少ないが、細久保式以前（沢式併行期ないし立野式福沢段階併行期）に位置すると考えている。日計式とは遺跡における分布状況に差があることが指摘されており、横位構成の日計式は時期が下がると考えている。
（16）山陰地方における神宮寺式の西限は、島根県中央部の邑智郡瑞穂町所在の堀田上遺跡（角田・竹広1991）。大川式新段階の西限は鳥取県倉吉市所在の取木遺跡（倉吉市教育委員会1985）。大川式古段階は出土していない。山陰地方で大川式を出土する遺跡は1遺跡だが、神宮寺式を出土する遺跡は7遺跡にのぼる（久保1991、角田・竹広1991）。

第4章　押型文手法

　前章では前半期の押型文土器編年に関して、筆者の説を論じるとともに、そこから導かれる地域性変化を論じた。この編年研究の基礎には押型文文様の分析があり、その分析は施文原体の彫刻手法に関する技術的分析を含む。本章では、その点を述べる。文様の分析は、土器型式の地域性を論じる上でも、基礎となっている。

第1節　回転手法としての押型文

　押型文土器の施文手法について、1930年の時点では、山内清男も網のようなものを押圧したもの（楕円文）と考えていた（山内1930）。その後、山内はこれが彫刻された円棒による回転手法であることに気づき、その所見を1934年に公表した（山内1934）。縄文一般が回転手法によるものであることに山内が気づくのは1931年であり（山内1979）、押型文が回転手法によるものであることに気づいたのもその後である。山内は、押型文の回転手法による実験と実物との照合の結果を1935年に発表しており、楕円、格子目、山形の3種の文様を、くり返しの単位数とともに復原している（山内1979）。

　このとき、押型文土器は最古の土器の一つであった。山内は、押型文と縄文という回転手法が最古の段階で存在することに注意し、両者共通の手法の起源として、器面を平滑にするための、彫刻していない円棒の回転を想像している。また、押型文の各種文様が日本各地に存在するため、それらがすべて同一の系統に属する限られた時期の特殊な手法であることを推察している（山内1935）。前者の想像については、現在では妥当性を欠くが、後者の推察については、基本的に正しいことが判明している。

縄文という言葉がありな
がら、それが縄の回転手法
によることが判明するまで
時間が経過し、また、押型
文土器そのものの観察のみ
から回転手法が気づかれた
わけではないことからわか
るように、土器の破片から
回転手法を認識すること
は、想像以上にむずかし
い。山内が押型文を回転手
法として復原した後も、前

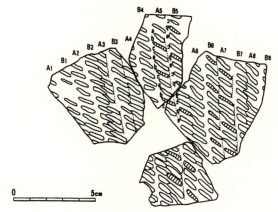

図18　押圧・半回転手法にもとづく文様の観察例
　　　（片岡 1978）

章で述べたように、大川式・神宮寺式・立野式の押型文については、異論が唱
えられ、論争が生じたのも、そのような事情を考慮する必要がある。このこと
と関連して、九州地方の早水台式などには、押型文土器口縁部内面に「縦溝」
があるのが一般的であるが、このなかに縦に溝を刻んだ押型文（「柵状文」）が
多く含まれている。これを現在でもなお、「原体条痕」とよぶこともあるが、
多くは押型文である。

　大川式や神宮寺式の例について述べれば、片岡肇が回転手法ではなく押圧・
半回転手法により施文された土器として図示した図（図18）を見ると（片岡
1978b）、片岡は、この文様が2列ごとに単位をなすこと、それぞれの列で三
つごとにくり返しが生じることを完全に把握している。岡本東三が述べるよう
に（岡本東 1980）、これは、2段3単位の押型文原体による回転手法で施文可
能な文様であるのだが、片岡は彫刻された円棒を回転ではなく押圧することで
施文された文様とみなしたのである。

　片岡の復元案が不利なのは、①施文の重複部が1列おきに出現しているのに
対し、②それぞれの縦列においては上下に重なる重複部をもたない、という現
象を説明するためには、2列の文様を一度に縦回転によって施文しうる原体を

想定する方が合理的だからである。そして、回転でも押圧でも同一の文様効果が得られる場合、問題を解決するためには、この点の説明こそが重要であるはずである。しかし、片岡はこのような文様の押型文土器と刺突手法による爪形文土器との関連を説明する必要から、特殊な原体による押圧・半回転手法という特殊な手法を想定し、大局的に見れば無理のある復原を実験によって証明しようとした。

片岡が押圧・半回転手法を考案したのは、押型文土器と草創期の爪形文土器との関連を確信し、それを疑わなかったからである。しかしながら、土器編年に関する議論は、施文手法と独立した形で議論可能であり、施文手法の類似は土器編年の結果に即して個別的に判断するのが妥当である。類似した施文手法がくり返し出現することは予想できるし、縄文土器にはしばしば見られるからである。

第2節　押型文手法の起源

押型文手法はかつて山内が述べたように、縄文時代早期に特徴的な手法であることは基本的には正しいが、縄文時代中期の北海道や縄文時代晩期の新潟県にも押型文手法が存在する。現代のアフリカにおいても押型文手法による土器が存在する。したがって、押型文手法一般に共通の起源が存在するわけではないことはいうまでもない。ここで問題にするのは、縄文時代早期の押型文手法の起源である。

山内のように彫刻しない円棒を回転する手法を押型文手法の起源とみなすのは困難で、現在では縄の回転手法が押型文手法出現以前に一般的であるため、彫刻した円棒の回転は縄の回転の応用とみるべきだろう。一方、白崎高保、江坂輝弥は撚糸文原体である縄を巻いた円棒の回転から、円棒を彫刻する手法が生じたと考えており（白崎 1941、江坂 1944）、同時期に両手法が存在することから、これにも蓋然性がある。回転する原体としては縄文時代には巻貝や特殊な球果なども存在するが、これらは縄や彫刻した円棒の代替物としての特殊

な事例であり、数も少ない(2)。ようするに、縄自体や縄を巻いた円棒の回転が、彫刻した円棒を回転する手法を生み出す基盤になったと考えるのが自然である。

　では、なぜ、縄や縄を巻いた円棒ではなく、彫刻した円棒が使用されたのか。その点について考えるためには、第3章で論じた土器編年にもとづき、最も古い押型文を知る必要がある。最も古い押型文は「枝回転文」とよぶもので、近畿〜中部地方に分布する大鼻式古段階の押型文は、100％がこれである（図19・20、矢野 1993a）。木の枝の芽の出る先端部には、密な突起が交互に連続する部分があるが、その部分を回転させたものである。樹種はまだ確定できていないが、ハンノキ、ウルシ、サクラなどで類似する文様が得られる。樹種は複数用いられているかもしれない。また、突起部のみを残して表皮を彫りこんだものや、突起部自体にも手が加わっていることを推察させるものもある。これが押型文の原型である。そして、この文様は、大鼻式新段階で市松文に変形する。

　つまり、枝回転文を施文するために、縄文や撚糸文ではなく、特殊な形態の円棒が利用されたわけである。この枝回転文の文様は、もちろん縄文や撚糸文とは異なっている。縄文原体や撚糸文原体による文様効果を模倣することが押型文原体出現の契機である、という見方があるが（宮崎・金子 1995）、この説明では、なぜ原体を変える必要があるのか、という理由がわからない。類似した文様を施文

1　未加工

2　突起部以外加工

図19　ウルシの枝回転文

106 第2部 土器編年研究からみた縄文時代の地域性変化

左上　施文の浅い大鼻式（三重・大鼻遺跡）
左中　施文の深い大鼻式（同上）
左下　クリの小枝
右　　クリの小枝で施文した文様
　　　＊枝が細すぎて文様が散漫

図20　大鼻式とクリの枝回転文

する必要があるのであれば、縄などをそのまま、使えばよいはずである。とりわけ、枝回転文が出現する大鼻式には縄文が多用されているのである。

　つまり、押型文は縄文や撚糸文の単なる模倣ではなく、これらとは違った文様を施す必要があったためか、あるいは模倣するとしても原体の素材を変える必要があったためか、いずれかの理由によって考案された手法である。後者であるとしても原体の大きさはほとんど変化していないし、その堅さも実用にさしつかえるほどの重大な違いがあったとは思えない。したがって、素材を変える理由があったとすれば、材質に対する非実用的な側面における特有の観念（たとえば枝回転文に使用された樹種に対する特有の観念）が影響している可

能性もあるが、その後、円棒が素材の形を残さないように彫刻されていくことを重視すれば、本来、素材よりも文様効果そのものに意味があった可能性が高い。

第3節 押型文原体の各種

　ここでは、代表的な文様のみをとりあげ、原体作成技術に留意した原体や文様効果の要点を述べる。筆者はすでに押型文文様の起源と技術に関する体系的理解を公表し（矢野 1993b）、原体製作技術に関する所見も示している（矢野 2004a）。ここでは、これらを補足しながら、各種文様の起源、系譜について大局的に概観しようとするものである。したがって、詳細については前稿を参照していただければさいわいである。

　まず、押型文文様一般についていえることは、原体は意外に深く刻まれている。押型文土器の土器面凸部は、原体凹面に接していない場合が非常に多い。したがって、浅く刻んだ原体でも同様の文様が可能であることがあるが、浅く刻んだ原体は、深く刻んだものよりも手の込んだ原体になる場合も少なくない。

　いま一つ、注意すべき点がある。原体は木の枝（もしくは植物の茎？）であるから、原体の長軸に対して、つねに縦に剝落しやすい、という素材の特質である。この点は、当り前のように思えるが、この性質を念頭におけば、どの部分を先に彫刻すべきか、なぜその線を刻むのか、という手順の問題が見えてくる。そして、この手順の理解にのっとって、派生する文様との有機的関連を把握しやすくなるのである。

　押型文原体の彫刻は簡単に見えても縦に剝落しやすいので、失敗しやすい。一つの原体を彫刻するのに要する手間は、簡単なものでも、15分程度はかかる。不用意にそぎ落としてしまうミスを犯しやすいが、その場合、途中からの修正はきかないので、最初からやりなおしである。

　しかし、実際の押型文土器には、細部の失敗例はほとんどない。つまり、失

敗した原体は使用していない。縄文や撚糸文の原体であれば、慣れれば、複雑なものでも5分とかからずに完全なものができるし、途中の修正が容易なので失敗は皆無である。したがって、押型文原体の作成にかける労力は、縄文や撚糸文の原体に比べて、多くの労力を要したはずである。

　以下、網羅的に述べることはできないが、おもな種類について、乾燥した木材とナイフを用いて、押型文の原体を復原した感想を交えて、各種原体の要点を述べる。

（1）市松文

　最初期の市松文は2単位である（図21の6）。原体の端は水平に平たく切られている。この端に、長方形の刻みを相対する位置に2カ所施し、次の段には、同じような長方形の刻みを、90度ずらして2カ所施す。これを何段かくり返せば市松文の原体になる。さきほど述べたように、縦方向に剝落しやすいので、それぞれの長方形の刻みの終点に、あらかじめ横方向の線を刻んでおくと、失敗しにくい。この横方向の線は、少なくとも長方形の刻みと同じ程度に深く刻んでおく必要がある（図21の1）。

　この手順、つまり、最初に横方向、次に縦方向、という順番さえ間違わなければ、市松文は失敗が少ない、簡単に刻める原体である。土器面凸部の長方形の部分は丸く盛り上がっていることも多いが、原体凹部が丸く彫りくぼめられているからではない。丸い円棒を縦に平坦にそぎ落とすと、その原体凹部の平坦面が接して回転する土器面凸部の断面は真円でも楕円でもない幾何学的な曲線を描くことになる。土器面凸部が平坦な場合は、原体凹部が土器面に接していないか、施文後、土器面凸部が平滑に調整されたからである。

　3単位の場合も、同様に最初に横線を刻む。その横線で縦方向の剝落が止まるように、1周あたり三つの長方形の刻みを施す。次の段には、60度ずらした位置（前の段で刻まなかった面）に三つの長方形を刻む。このくり返しである。3単位の場合、割付が必要であるかのように思うかもしれないが、不要である。彫刻部を幅広にするか、細い線状に刻むかで、文様効果がかなり異なる

第4章 押型文手法 109

1 円棒に横線

2 市松文（左）から凸部の角を落として凸部を楕円形に整形する。

3 2の左の文様（細い市松文）

4 2の中央の文様（亀甲形）

5 2の右の文様（ネガティブな楕円文）

6 方形（2単位）

7 台形（2単位）

8 角落（2単位）

9 幅狭方形（3単位）

10 横線欠落（3単位）

図21　市松文の変異

（図21の3）。この点は2単位も同様であるが、3単位の場合、彫刻部は縦長になりやすい。

（2）市松文の変異

　大鼻式の市松文、つまり、非常に古い市松文には、原体凹部の長方形の刻みが台形状、もしくは半円状になっているものが少数ある（図21の7）。完全に半円になっていれば、その前段階の枝回転文と同様であるので、枝回転文の原体をまねて彫刻することによって市松文が加工された可能性がある。長方形の刻みを加えるときに、上下どちらかの辺を狭く（かつ浅く）するだけで、このような文様は簡単に得られる。

　また、2単位であれ3単位であれ、横方向の線が波打つようになっている場合がある（図21の8）。これは、いったん通常の市松文を刻んだ後に、原体凸部の長方形の四つの角をそぎ落とすように、さらに深く刻みを加えているからである。土器面への押圧が浅いと、格子目文に近くなる[3]。

　立野式に比較的多いが、横方向の線が明確ではない市松文がある（図21の10）。この場合の市松文は、横線を原体の周に沿って刻むのではなく、個々の長方形の刻みに対応する横線のみを部分的に短く刻んだか、あるいは横線の刻みを省略しているのである。この場合、長方形の上下の辺は浅くなりがちなので、長方形は楕円形に近くなる。立野式に市松文から派生した楕円文が存在するのは、この横方向の線の省略に理由の一端が求められる[4]。

（3）ネガティブな楕円文

　ネガティブな楕円文とよばれているものは、3単位の市松文から派生したものである。2単位の場合、市松文の長方形の刻みは横長になるが、3単位の場合、縦長になりやすい。このような3単位の市松文の、原体凸部の縦長の長方形の角をそぎ落とし、亀甲形やラグビーボール形に加工すれば、ネガティブな楕円文とよばれる文様が得られる（図21の4・5、矢野 2004a）。この場合、途中までの加工の手順は市松文とまったく同様である。ネガティブな楕円文の

第4章 押型文手法 111

典型例は、土器面の凹部がV字状もしくはU字状になるが、これは、原体凸部の長方形の角がそぎ落とされた結果、原体凸部の亀甲形もしくはラグビーボール形の凸面が、面をもたないか、面が非常に細くなり、線状になっているからである。

　このような形態にしあげるためには、その前段階における市松文の原体凹部が、深く狭く刻まれていると、加工がたやすくなる（図21の3）。つまり、原体凸部の先端部を狭くするためには、凸部全体が細いと凸部が根元から剝落しやすいので、凸部の根元の幅が太い方が失敗しにくい。しかも、凹凸の段差をつけるためには、当初の刻みが深くなされている必要があり、凸部はゆるやかに先ほそるような形態がのぞましい。

　その結果、もし、完全に原体凹部が土器面に接するように原体を回転させれば、得られた文様は、土器面凸部よりも土器面凹部の方が広くなり、格子目文に近い文様になる。逆に、土器面に対する押圧が浅いと、爪形文のような刺突文に近くなる。つまり、原体押圧の強弱によって、文様効果は大きく変わる。

　このようなネガティブな楕円文が変形したものに、大川式萩平型の文様がある（図22の1）。これは縦長の刻みを原体の長軸に対して斜めに施すのである。しかも、重要なことは、単に斜めにするだけではなく、上下の縦長の刻みが互い違いにならずに、斜めに連続する。この結果、萩平型のネガティブな楕円文は、原体の長軸に沿って傾く斜線（長軸に沿う縦線の場合もある）と原体の長軸に直交する横線を刻むような格子目文とよく似ており、実際、そのような格子目文が、萩平型には多い（図22の2）。

1　ネガティブな楕円文　　　　　　　2　格子目文

図22　萩平型の文様

この格子目文は 3 単位の市松文（図21の 3）の変形とみなしうる。図22の 2 を加工すると図22の 1 が得られるが、この関係は、図21の 3 を加工することで図21の 4 が得られる関係と同じである。

（4）格子目文

格子目文は、2 種類に大別できる。一つは、格子線の一方向が原体の軸に対して直角であるもの。これは、もう一方向がその線に直交するか、斜めに交わるかで、二分できる。もう一つは、格子線が二方向とも原体の軸に対して直角ではないもの、つまり原体の軸に対して斜めになるものである。

大鼻式の枝回転文が市松文にとってかわった段階、つまり大鼻式新段階において、少数ながら、この両者の格子目文が確認できる。つまり、格子目文の二者は、市松文と同様、最も古くから存在する押型文である。

前者の格子目文は、格子線の一方向が原体の軸に直角である点、市松文を刻む手順と重複するので、市松文から派生したものと考えてよい。縦線のみが傾斜し、斜線となっているものは、前述した萩平型に多く、これも同様に市松文と重複する手順を有する。

問題は、後者、つまり両方向とも原体の軸に斜めに交わる格子目文である。この種の格子目文は、簡単に考えられがちであるが、製作するさいに結構手間取る。円棒に斜めの線を長く刻むのは、予想するほど簡単ではない。細い円棒をすこしずつ回転させながら、円棒に長い斜めの線を目分量で等間隔に入れていこうとすると、途中で線と線との間隔が乱れてしまいがちなのである。

端正な格子目文を得る一つの手法は、格子の交点を先に刻み、後に交点を連結させる斜線を刻むことである。この手法は交点の刻みが小さいだけで、基本的には市松文やネガティブな楕円文と共通する技法である。

したがって、この手法による格子目文は、市松文やネガティブな楕円文と非常に類似した文様になる。立野式の場合、非常に細かい文様にも同様の手法が用いられている例が多い（図23の 1・2）。この場合、交点が広く残ることになりがちではあるが、交点を連結する斜線の刻みによって、最初の交点の刻み

が文様としては残存しない場合もありうる。交点を先に定めると、当然のことながら、格子目の交点は必ず、原体の回転方向に対して、横一線に並ぶ。[5]

ただし、単に斜線を刻んだとしか判断しえない格子目文も、立野式には一般的に存在している。

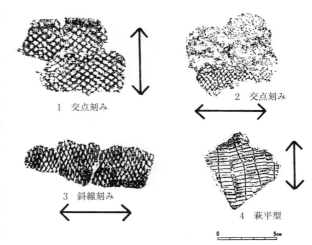

図23　立野式の格子目文

これは、交点を刻む手法を用いた文様において、交点を刻む手順を省略したと考えるのが合理的であろう。なぜならば、斜線のみを刻む格子目文と文様形態が最も近いのは市松文ではなく、ネガティブな楕円文なので、斜線のみを刻む格子目文が古いとすれば、ネガティブな楕円文から市松文が派生したことになり、文様の派生の順に逆行することになるからである。[6]

なお、立野式には萩平型の格子目文も少数存在しているが（図23の4）、これは容易に識別できる。

端正な格子目文を得るいま一つの手法は山形文の周期をずらして水平にジグザクの線を刻むことをくり返す手法である。これは連続菱目文とよばれているもので、図25の3が多段化したものである。[7]細久保式には格子目文が少数存在しており、一部はこの連続菱目文から派生したものを含むのかもしれない。しかし、細久保式併行期の東海地方には、斜線のみを刻む格子目文が多用されているにもかかわらず、連続菱目文自体が分布せず、連続菱目文との関係を確認できない。これに対して、中部高地には連続菱目文が分布するものの、細久保式併行期には多段化した格子目文は非常に少ない。しかも、文様の特徴から見

1　通常の格子目文　　　　　　　　　2　交点を刻んだ格子目文

3　交点を深く刻んだ格子目文　　　　図24　格子目文の変異

て、東海地方の影響によるものが多いのではないかと考える。

　したがって、この東海地方の細久保式併行期の格子目文の起源については、現状では、他種文様との関連を指摘しがたい。[8]

(5) 原体の径の推移との関係

　押型文の原体が時期によって推移することについては、いくつかのデータが示されている。特に、細久保式、黄島式の段階で原体が徐々に大型化し、高山寺式の段階で原体の大型化が進むことは定説化している。大鼻式、大川式、神宮寺式等に関する原体の径の推移については、山田猛が論じている（山田猛 1998）。山田によれば、大川式で原体の径は小さくなるが、神宮寺式以後、山形文が多くなる時期に大型化することが指摘されている（神宮寺式についてのデータはない）。筆者が粟津湖底遺跡自然流路の押型文土器などから計測した数値もこの指摘を裏付けるものであった（矢野 2000）。

　大鼻式の原体の多くは筆者が「枝回転文」と呼称したもので、自然の素材の形態を残したものである。筆者は、大鼻式の原体は市松文も枝回転文も一様に大きいのではなく、枝回転文が市松文よりも大きいことを指摘している（矢野

2000)。大鼻式の市松文、および大川式の市松文の原体の径が枝回転文よりも小さくなるのは、自然な形態をとどめずに加工を進めた結果として理解できることを述べている。先に述べたように、市松文の原体は製作が容易であるから、原体の径が小さくなっても、整然とした文様を刻むことは容易なのである。

　ネガティブな楕円文は市松文の原体をさらに加工することによって生まれるものとみなせば、原体の径は変化しないか、さらに小さくなるかのいずれかである。現実にはネガティブな楕円文の原体は径7mm前後のものが多く、市松文とは目立つ差はない（矢野 1988・2000）。すなわち、市松文からネガティブな楕円文にいたる文様変化は原体の径に影響しない形で生じていることになり、両者が技術的に一連のものであること、つまりネガティブな楕円文の原体が市松文の原体を加工した結果であるとみなす考えと矛盾するものではない。

（6）山形文

　最古の山形文は大川式古段階およびこれに併行する時期のものである。この最古の山形文には、非常に大振りのものと、比較的小振りのものがあり、大振りのもので単位が確認できるものは2単位である。枝回転文や市松文など、その時点で知られている押型文の文様との技術的な共通性を指摘しがたい。

　山形文は、原体端部を2カ所、もしくは3カ所、そぎ落とす場合が多い。この場合、端部に斜めの平坦面をつくるように、山形にそぎ落とす場合が多いが、端部の端面と原体の彫刻面の境界にV字状の溝を刻む場合もある。そのそぎ落とした端部を目印にして、山形を刻んでいく。山形の刻み方は、深く刻んだり、細く刻んだり、山形の頂点の角度が急であったり、ゆるやかであったりするものがあり、バラエティができるが、山形を重層させていくという単純な原則は一致する。

　沢式直後（関西では神並上層式直後）には、山形を線状に刻むのではなく、半円もしくは三角形を対向させて刻むものがある。頂点の角度が急な三角形になるものは3単位のものに限られるようである。原体凹部が土器面に接してい

1　山形文（3単位）

2　楕円文（3単位）

3　連続菱目文（2単位）

図25　端部加工の共通する文様

なければ、肉太の山形文のように見えるが、原体凹部が土器面に接している場合、楕円文の個々の楕円が上下でずれた文様のような印象を与える。3単位の文様で、上下の刻みが正確に60度ずれてはいない場合、3単位の縦長の楕円文（連珠文）と非常に近くなる（図25の1）。

この肉太の3単位の山形文は、押型文土器後半期の楕円文の起源の一つと考えてよい。岐阜県宮ノ下遺跡（国府町教育委員会　1988）には、このように原体の長さが短く、山形の段数が少ない山形文が目立つが、同様に、原体が短く、段数の少ない楕円文がこの宮ノ下遺跡で出土している。この山形文の刻みの上下のずれが楕円文を生じさせたことになる(9)（図25の2）。

（7）連続菱目文

山形の頂点が対向するように刻まれた文様である(10)（図25の3）。2単位が多いが、3単位も存在する。岐阜県宮ノ下遺跡では、原体が短く、段数が少ないものが出土しており、しかも、原体端部の加工の仕方は山形文や楕円文と共通する。一部、原体凹部の菱目（菱形部分）が楕円状になっているものもあり、後半期の楕円文の起源の一つと考えられる。ただし、先に述べた山形文も含め

て、端部の処理の仕方と段数が少ない点は共通しており、この3者は非常に近い関係にあるため、山形文から生じた楕円文と連続菱目文から生じた楕円文を区別することはむずかしい。強いていえば、3単位の縦長の楕円文は前者で、2単位の横長の楕円文は後者、ということになるかもしれないが、この差に重大な意味をもたせてよいかどうかは疑問である。重要な点は、これらが技術的な共通性を有するという点にある。宮ノ下遺跡では、特殊な文様各種にもこれらと同様の技術的共通性がみられる。

連続菱目文の段数が増えれば、一般の格子目文と近いものになる。連続菱目文は、一貫して端部を山形文と同様に加工し、しかも格子の上下端部は、この端部の加工部と連続しないものが多い。

(8) 楕円文

これまで、市松文と山形文、および連続菱目文が、それぞれ、楕円文が出現する母体になっていることを述べた。いま一つ、特殊な楕円文が、立野式併行期の静岡県地域で出土している。通常の楕円文は原体の長軸方向に対して、楕円の各段の配列がたがい違いになるが、各段の配列が長軸に対して直列する（図26の1）。これに近い文様には、格子目文の縦線が強調された結果、横線が短線として分離しているものがある（図26の2）。また、原体の軸に対して縦方向に直線を加える手法が、楕円文だけではなく、山形文にも存在しており、縦線で分離した山形の刻みが楕円として分離するものもある。楕円文はこのような文様から生じたものとみなすのが妥当である。

この縦方向に直線を加える手法は、縦線ではなく、斜線である場合も多い。原体彫刻時に割付線として刻んだ線が文様化した可能性は否定できないのであるが、割付線とみてよい細い縦線は、この時期の静岡県地域には明確には指摘しがたい。むしろ、細久保式や早水台式など、別の地域や時期に目立つので、割付線の文様化とは考えがたい。

原体に縦線や斜線を加える手法は、東海地域の大川式新段階萩平型の特殊な格子目文（図22の2）から派生したと考える。萩平型の格子目文には、格子線

図26　楕円文と格子目文との類似

のどちらか一方の刻みが深いものが目立ち、このなかには、原体の長軸に沿うような斜線を深く刻むものがある。

　押型文土器後半期には楕円文と山形文が多用され、この両者は端部の処理が共通していることに加え、細い縦線を彫刻の割付として加えている例があることなど、技法上の共通性が高い。この楕円文の起源は、先に述べたように、ある種の山形文や連続菱目文に求められる。すなわち、後半期の楕円文は、技術的には一元的な起源を有するといってよい。

（9）手向山式の山形文

　押型文土器後半期の高山寺式では、楕円文がほぼ100％の割合で使用されるが、高山寺式終焉後、手向山式、穂谷式、相木式の押型文からは、楕円文は消失し、山形文を基調とした文様に変化する。この山形文は、高山寺式以前の山形文と技法上の共通性はあるので、系譜上も関係すると見ることがまったく不可能というわけではない。

　しかしながら、高山寺式末期の重要な特徴は、網目状撚糸文や撚糸文の比率が増加し、楕円文の比率が非常に減少するという点にある（関野 1988b）。この時期は、土器総体からみれば、文様の主体は押型文ではない。後続する時期に突然出現する山形文は、既存の押型文である楕円文以外の別の文様から生じた可能性を考慮する余地があるわけである。高山寺式末期に相当する時期の南

第4章 押型文手法　119

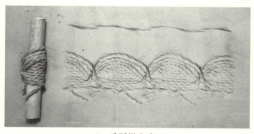

1　重弧撚糸文　　　2　重弧状山形文　　3　重弧状山形文

図27　手向山式の撚糸文と山形文

　九州において、網目状撚糸文や通常の撚糸文以外に、特殊な巻き方で円棒に縄を巻いた撚糸文が多用されている点に注目したい（図27の1、栗山 2005）。この特殊な撚糸文の原体は、重弧を描くように縄が巻かれており、後続する手向山式前半期（突帯をもたない時期）にも存在する（後半期、つまり突帯をもつ時期にはこの種の撚糸文はない）。手向山式の山形文にも、同じように、山形の頂部が明確に円弧を描くものがあるという点で、撚糸文の原体が意識されているようなのである（図27の2・3）。つまり、この特殊な撚糸文を押型文で模倣したものが、山形文の新たな起源になり、そこから各種山形文や特殊な同心円文などが派生した可能性がある。つまり、南九州における新たに考案された山形文が、その後、一元的に広域に影響を与えている可能性がある。

第4節　押型文手法の大局的理解

　文様ごとに原体の特徴を述べてきたが、筆者が強調したい点は、個々の文様の形態は、個別的に系譜を追えるとは限らず、類似文様がくり返し出現する場合がある、という点にある。そのとき、重視すべき点は、同時期の文様に見られる形態の相違を超えた技法上の共通性の有無である。このことに留意すると、次のように、いくつかのグループを指摘できる。
①大川式と神宮寺式はいずれも市松文とそこから派生する格子目文を主体とす

る点で共通性があり、立野式の場合、市松文から派生する楕円文が加わる。三者には、市松文とは別個の技術的基盤を有する山形文がともなう。また、大川式萩平型など、さらに細かな地域色を有する文様が派生している。

②これらと同時期の静岡県地域の押型文は、大川式萩平型に見られる原体長軸に沿う斜線もしくは縦線を深く刻む格子目文（もしくはネガティブな楕円文）から派生した特徴を共有する、格子目文、山形文、楕円文を主体とする。

③沢式や神並上層式は段数の少ない小振りの山形文を主体とし、格子目文など他の文様をともなう。

④岐阜県宮ノ下遺跡の押型文土器には、端部の処理を共有する山形文、連続菱目文、楕円文、および特殊な文様が加わる時期がある。これらはいずれも段数が少ない。これと同様の特徴を有する文様は、山形文を主として広範囲に分布しており、横位の無文部を残すものが多い。

⑤細久保式、黄島式、早水台式などは、端部の処理を共有する山形文と楕円文を主体とする。これとは技術的基盤が異なる格子目文のほか、特殊な文様が少量加わる。柵状文は黄島式や早水台式で多用されるが、これも技術的な基盤が異なる。この柵状文は、筆者は神並上層式期に存在する5単位の細かな格子目文から派生したものであると推定している。この細かな格子目文は、原体の縦軸に平行する縦線と直交する横線から構成されるもので、神宮寺式期の同種の格子目文に出自を求めうる。

⑥高山寺式は楕円文を主体とする。

⑦手向山式、穂谷式、相木式は山形文を主体とし、これから派生した各種文様をともなう。

普門寺式などの関東地方の押型文土器や東北地方の日計式などは、これらのグループからはずれるものの、中部地方以西の押型文土器は、大局的な技術的特徴から見れば、このようなグループにまとめて把握できる。特殊な文様については除外しているが、大局的理解を妨げるものではない。

③の時期以後は、山形文と、山形文から派生する楕円文を主とし、場合に

よっては、格子目文や柵状文などがともなう。個別の文様個々の形態は、単位数や原体の大きさを加味した細部の特徴により、さまざまに区分できる。また、文様の比率の差を加味すれば、地域差や時期差を詳細に把握しうる。しかしながら、ここで強調したい点は、③以後の押型文手法の展開は単系的である、ということである。また、②は①から派生したものであるので、初期には技術的な分岐が著しいものの、その根幹は基本的には一つの系統で把握しうる。③の段階は、いうなれば、いったん分岐した技術的変異が消失し、各地域共有の文様である既存の山形文を軸に、押型文手法の一元化が進行する段階である。第3部第1章で述べるように、分布圏や土器型式の地域性からみて、押型文土器前半期は分化、後半期は統合という動きがみられるが、押型文手法にもこの傾向が指摘できる。

　最後に、個々の文様の技術的系譜についてまとめると、次のようになる。前半期には、市松文から派生した文様やこれと技術的関連が深い格子目文が主流であるが、山形文については別個の起源を想定すべきである。山形文は単位数や大小を問わなければ、最も長い一連の系譜を保つが、最末期のものは、これとは別に、南九州で一元的に派生した別の起源を求めるべきであろう。楕円文については、市松文から派生したもの、縦線を加える格子目文や山形文から派生したもの、連続菱目文や山形文から派生したものの3者があり、前半期には前2者、後半期には後者がある。格子目文については、説明しなかったものも多いが、前半期には、市松文との関連や大川式萩平型の文様との関連から派生したものが特徴的である。後半期の格子目文には、前半期の文様や連続菱目文との関連でとらえられるものもあるが、前半期のものとは別に起源を想定すべきものもあるかもしれない。後半期の格子目文は、主体となる山形文や楕円文と比べて、量が少ないが、これは山形文や楕円文との技術的な関連性が薄いことに理由の一端があろう。

注
（1）柵状文という用語は小杉康によって使用されている（小杉1987）。

（２）押型文の原体に魚骨が用いられている例（清見村教育委員会 1990）や裸子植物の枝が用いられている例（柳田裕 2003）が報告されている。ただし、いずれも、量が少なく、既存の押型文文様の模倣例である。この点、大鼻式の枝回転文とは意義が異なる。
（３）大鼻式の段階にはすでにごく少数の格子目文がある。これは、その特徴からみて、２単位の市松文のこのような特徴から派生したと考えている。
（４）松永幸男は立野式の市松文と楕円文との共通性を指摘している（松永 1984）。
（５）立野式の報告書では、この種の文様の多くは格子目文とみなされている。しかしながら、林茂樹はこの種の文様とネガティブな楕円文を一括して「レース文」と称している（林 1984）。ただし、林が別に格子目文と分類したもののなかにも、「レース文」と同種の文様が含まれている可能性はある。この交点を先に刻む手法による格子目文は通常の格子目文と非常に類似しているため、見分けがつきにくいものが多い。縄文時代当時にも重要な相違と考えられていなかった可能性もある。立野式でも山形文が卓越するようになると、通常の格子目文と交点刻みの格子目文は、両者そろって比率が減少しており、一体的に推移する。
（６）交点刻みの格子目文から斜線のみを刻む格子目文があるときに分かれて、技法が分岐した、というわけではなく、斜線のみを刻む格子目文は、交点刻みの格子目文の省略形態として、つねに併存した、と考えている。
（７）山形文から格子目文への変化については、上野佳也や可児通宏が指摘している（上野 1967、可児 1969）。
（８）東海地方では、前半期から格子目文が多用されており、同地域の細久保式併行期の格子目文は前半期の格子目文の系譜を引いている可能性もわずかながらある。
（９）山形文の周期のずれによる楕円文の派生については、可児が述べている（可児 1969）。
（10）宮ノ下遺跡には、頂点が対向しない通常の２段の山形文の上下の頂点相互を太く連結する連続菱目文が存在する。これが、連続菱目文の原型であろう。

第5章　後半期押型文土器の編年

　第3章と第4章では、前半期押型文土器の編年と地域性変化について論じた。本章では、後半期押型文土器の編年と地域性変化について論じる。ただし、後半期については、基本的には通説を変更する余地が少ない。筆者が問題にしたいのは、後半期には、押型文土器が九州地方に広がり、九州と本州西部に類似する土器型式が分布するようになる点である。前半期の地域性変化は、分布圏の拡大と地域分化によって特徴づけられるが、後半期には、まず、九州地方と本州地方の土器型式が類似するようになる。このとき、地域色は看取されるものの、山形文と楕円文という限られた種類の押型文を共有する点で、類似性が生じるのである。このとき、九州地方の影響も本州西部におよび、九州と本州西部との地域間関係が強まることで、類似性が生じている。この点を論じるには、併行関係に関する編年研究が必要とされるので、この点もふまえて、九州と本州西部との関係の開始期の状況を第1節で論じる。

　両地域の類似性の強まりは、ついには、九州の北端から東海地方までが、共通の土器型式を共有するにいたる。この時期は高山寺式の成立期にあたるが、このとき、共通の土器型式を共有する地域は、その前段階における高山寺式の母体となる複数の土器型式が分布する地域総体よりも狭くなっている点に注意する必要がある。この土器型式圏の広さの変化は、土器型式の統合が諸地域の関係強化、すなわち求心的な地域間関係の強化によってもたらされていると解釈できる。この問題を高山寺式の編年研究のレビューと合わせて論じたのが、本章第2節である。

第1節　北部九州地方における押型文土器出現の時期

（1）広島県帝釈弘法滝洞窟出土土器の検討から

　押型文土器とは山形、格子目、楕円などの文様を長さ数cm、径数mmから1cm強の円棒（木の枝を加工したと推定できるもの）に彫刻した原体を土器の器面に回転させて文様を施した土器である。縄文時代の早期前半に東北地方北部から九州地方南部にかけての広い地域にわたって分布しており、当該期の縄文土器編年の基準として、戦前から研究者の関心をよんできた。押型文土器の編年に関して、特に問題となってきたのは中部地方の立野式、および東海地方から近畿地方を中心に分布する大川式、神宮寺式で、これらは市松文やネガティブな押型文とよばれる特殊な文様を施す。ネガティブというのは、一般の楕円文では土器表面の楕円文様が凸になるのに対し、楕円文様が凹になるので、このような名称でよび習わされている。この種の土器は関東、東北地方および九州地方では出土せず、中四国地方から中部地方にかけて分布するが、他の一般の押型文土器は東北地方から九州地方にかけて広く分布する。両者が同時に併存しているのか、それとも前者が後者より古いのか、という点は広域に分布する押型文土器の起源の問題、ひいては当該期の文化的影響関係を左右する問題であるため、第3章で述べたように、ネガティブな押型文土器の発見当初（1950年）から議論が分かれていた。この間の論争には筆者も加わっており（矢野 1993b）、現在ではこれらを一般的な押型文土器よりも古く位置づける見解が定着している（池谷・守屋 1999、松田 1999、宮崎 1999など）。

　九州地方と中国地方においても異論が残っており、ネガティブな押型文土器が近畿地方に分布する時期に、九州地方では稲荷山式や早水台式などの一般的な押型文土器が分布するとみなす見解（坂本 1994）や、中国地方においては条痕地の山形文の押型文土器が先行するとみなす見解（中越 1995）が存在する。この見解は、ネガティブな押型文の認定に関する問題と関係する。九州地方や中国地方では近畿・中部地方のネガティブな押型文土器とは異なるものを

そう認定しており、また草創期前半の爪形文土器とネガティブな押型文土器を誤認するといった問題が見受けられるのである。広島県帝釈峡弘法滝洞窟遺跡出土資料をめぐって筆者はこの点を問題にしたことがある（矢野 1997b）。この筆者の見解を踏まえた編年案もすでに公表されている（綿貫 1999）が、実見の結果を踏まえてこの点を再論した（矢野 2003a）。

また、この資料は本州地方と九州地方の当該期の併行関係を考える上で鍵となる資料である。近畿地方のネガティブな押型文土器と九州地方の初期の押型文土器との時期的関係を層位学的に決定する事例といってよい。ここでは、特にこの点に焦点を当てて、その意義について検討を加えた。

（２）帝釈峡弘法滝洞窟遺跡の層位例

この遺跡は広島県神石郡油木町にある洞窟遺跡である。広島大学の分布調査によって1977年に発見され、1985年より発掘調査が続けられてきた。詳細については、報告書を参照いただきたい（打田 2002、中越 1995・2001、中越ほか 1986・1996～1998・2000）。押型文土器は第10層から第15層にわたって出土する（図28・29）。まず、ここであらためて神宮寺式と認定するのは報告書（中越 1995）で「刺突文土器」とよばれているもので、「草創期の爪形文土器系統の土器」と記述されている（図29の１～３）。筆者はこれを神宮寺式の押型文土器ないし神宮寺式に少量伴う刺突文土器かと推定していたが、実見した結果、４単位（四つおきに同一部分が繰り返し表れる）の押型文土器と認定した（図30）。左下がりの斜め方向に回転施文した押型文土器である。部分的に施文方向がわずかにずれる箇所がある。神宮寺式は胴部に縦位に施文するのが一般的だが、このような斜位方向の施文もめずらしくはない。ただし、右下がりのものが多いようである。島根県瑞穂町掘田上遺跡の神宮寺式は斜位施文が多い（角田編 1991）。刺突によるものか回転施文によるものかは、たしかにこの個体だけでは判断に迷うところがある。しかし、口縁部に山形文の押型文を施した個体もあり（図29の３）、これも神宮寺式に一般的な手法であること、神宮寺式に伴う刺突文や草創期の爪形文は個々の単位文様が重複せず、間隔が一定

126　第2部　土器編年研究からみた縄文時代の地域性変化

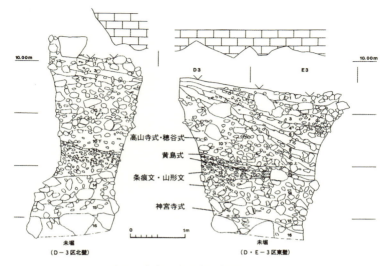

図28　帝釈峡弘法滝洞窟遺跡の層位

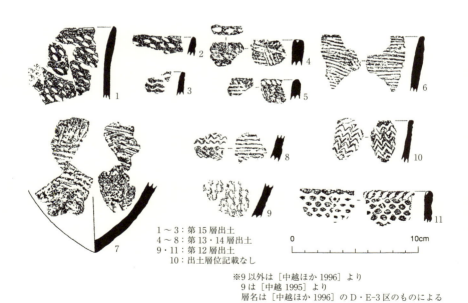

1～3：第15層出土
4～8：第13・14層出土
9・11：第12層出土
10：出土層位記載なし

※9以外は［中越ほか1996］より
　9は［中越1995］より
　層名は［中越ほか1996］のD・E-3区のものによる

図29　帝釈峡弘法滝洞窟遺跡出土土器

第5章　後半期押型文土器の編年　127

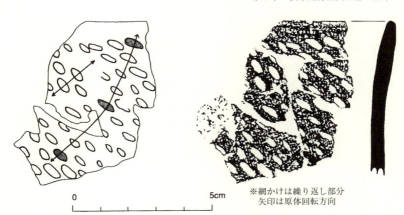

※網かけは繰り返し部分
　矢印は原体回転方向

図30　帝釈峡弘法滝洞窟遺跡出土の神宮寺式

であること、さらにこの文様は楕円の中央部が丸く深くなり、刺突の方向が特定できないこと、そして回転施文として繰り返しの単位を確認できることから押型文の回転施文と判断した。この神宮寺式は第9・10次調査において第15層から他の型式を含まず、単独で出土している。これよりも下位層における土器の出土は確認されていない。つまり、現時点では弘法滝洞窟遺跡で最も古い土器は神宮寺式である。帝釈峡遺跡群全体においては観音堂や馬渡出土の草創期の無文土器（松崎編 1976）が最古の土器になるが、押型文土器では神宮寺式が最古で、その出土はこの遺跡に限られる。

　神宮寺式より上位の層から出土する土器の主体は報告書で「条痕文土器」と記述されているもので、土器の内外面に二枚貝による条痕を残し、口縁端部を刺突するものが多い（図29の4～7）。この種の土器は第10次調査では第13・14層出土、第2～9次調査では第13層下層出土とされている。この第13層下層からは条痕の顕著な山形文の押型文土器が出土しており、条痕文土器と同時期であると考える（図29の8）。少量の山形文に多量の条痕文が伴う時期が想定できるわけである。この時期には無文の土器も少量存在する。

　黄島式はこれよりも上位の第12層を中心に出土している。この遺跡の黄島式は、①口縁端部内面に短い沈線ないし、刻みを有するもの（図29の10・11）、

②口縁部内面に柵状文ないし短沈線を有するもの、③柵状文ないし短沈線が二段になるもの、の三者がある。①は九州東北部の稲荷山式、②は早水台式ないし下菅生B式、③は下菅生B式にそれぞれ併行するもので、この順に時期が下がることに異論はないはずである。これらには少量の無文土器や縄文土器が伴う。これより上位の層からは高山寺式や穂谷式が出土しており、この層位例は従来の編年と矛盾するものではない。

　以上より、神宮寺式は黄島式およびこれに併行する九州地方の稲荷山式よりも古いことがこの層位例から示される。報告書（中越 1995）で神宮寺式系のネガティブな押型文に分類されている土器（図29の9）は、坂本嘉弘（坂本 1994）が九州地方におけるネガティブな押型文として注目したものと同様の文様を有する。筆者はこの種の文様は一般の格子目文の一種とみなしてよいと考えている。ネガティブな文様と共通するのは、格子目の交点の凸部が広がる傾向がある点である。つまり、原体で考えると、格子目の交点部分を深く広く削っている。このような手法はネガティブな楕円文に共通する特徴であり、系統関係を想定できる可能性がないとはいえない。

　しかし、今ここで問題なのは系統関係ではなく、時期である。この種の文様はたしかに神宮寺式や大川式に存在するが、それはネガティブな楕円文そのものではなく、これに伴う格子目文に近い。九州地方では、この種の土器は稲荷山式と同様、口縁端部を刻むので（図31の1）、稲荷山式の時期に含めてよい。弘法滝洞窟遺跡ではこの種の土器は第2〜9次調査では第13層上層から出土しており、第15層出土の筆者が神宮寺式と認定したものより新しいことが確実である。同種の土器は帯釈峡豊松堂面洞窟遺跡の第14次調査（中越 1993）

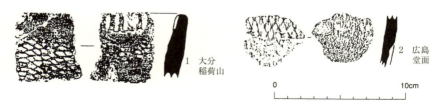

図31　交点が広くなる格子目文土器

でも出土しており、これも報告では神宮寺式系とされているものである（図31の２）。弘法滝、堂面とも、横位施文に限られており、この点も後出の要素である。堂面例は稲荷山式と同様に、内面にも施文しており、稲荷山式そのものといってよいかもしれない。堂面では早水台式併行期の黄島式よりも下位から出土している。

　ようするに、神宮寺式系のネガティブな押型文土器とされているものは技法上は神宮寺式と何らかの系統関係を想定できる可能性が否定できないにせよ、神宮寺式とは時期が異なるものであることが、弘法滝洞窟遺跡の層位例から証明されたわけである。

（３）北部九州地方における押型文土器出現の時期

　帝釈峡弘法滝洞窟遺跡の層位例は北部九州地方における押型文土器出現の時期に関して、重要な示唆を与える。今一度、弘法滝洞窟遺跡の様相を下層から順に整理しておく。

　　①神宮寺式の段階には無文・条痕文土器は共伴しない。
　　②無文・条痕文土器が卓越する時期には山形文の押型文が伴う。
　　③稲荷山式に併行する段階には無文・条痕文土器の比率は低い。

　①の事情は神宮寺式を出土する中四国地方の他の遺跡でも同様である。一方、九州北部では神宮寺式に併行する時期には無文・条痕文土器が主体であったことは確実である。にも関わらず中四国地方で神宮寺式にこの種の土器が共伴しないことは、この時期九州地方と本州地方との間の地域間関係が希薄であったことを意味する。九州地方で神宮寺式に併行する時期の押型文土器がいまだに発見されていないのは、このような事情によると考える。

　②については二つの点で重要である。まず、無文・条痕文土器の母体を神宮寺式に求めることは不可能で、九州北部の同種の土器に求める必要がある。無文・条痕文土器が多量で、押型文土器がごく少量という状況は九州地方にも類例があり、大分県の東台、中原（SK29）、川原田などをあげることができる（坂本 1994）。押型文についてはいずれも山形文に限られ、弘法滝と同様、無

文部を若干残した帯状施文を意図している点で共通性がある。

　つまり、この時期に九州北部と中国地方には強い共通性が生まれる。九州地方における押型文土器出現期はこの時期に求められるわけで、その場合、押型文という手法自体は本州地方の系譜によるものであることは疑いないが、無文・条痕文土器については九州地方北部の在地の系譜によるものである。すなわち、九州地方北部における押型文土器の出現は、本州地方からの一方的影響によるものではなく、九州地方北部の影響が本州地方に強く及ぶ過程における現象である。

　②について、今ひとつ注意すべき点は、帝釈峡遺跡群では観音堂第19層下層において山形文と格子目文の押型文土器が条痕文土器を伴わずに出土しており（松崎編 1976）、これとの関係が問題になることである。観音堂第19層下層の押型文は近畿地方の編年では山形文の特徴から神並上層式期（矢野 1993b）に併行すると考えている。この時期には楕円文がまだ出現していない。弘法滝洞窟遺跡もこの点は同様であるにも関わらず、共伴する土器に大きな差がある。神宮寺式以降、楕円文が出現するまでの間の時期は条痕文土器が大量に伴う時期とそうでない時期とに細分される可能性が指摘できるわけである。より古い神宮寺式には条痕文土器は伴わないので、前者の時期がより新しいであろう。つまり、九州地方に系譜を求めうる条痕文土器が中国山地に分布するようになる時期は、かなり限定できる。九州地方東北部における無文・条痕文土器の編年については、綿貫俊一（綿貫 1999）が精力的に編年している。これは九州東北部では無文・条痕文土器が稲荷山式にも大量に伴うという前提で編年されたものである。別府市北鉄輪遺跡では稲荷山式が無文・条痕文土器を従来のように大量には伴わずに出土しており、遠部慎が述べるように、この前提は再検討を要すると考えるべきだろう（永野・遠部ほか 1999）。従来、稲荷山式に伴うと考えられた北部九州地方の無文・条痕文土器の多くは、押型文土器出現以前か少量の山形文しか伴わない時期に位置づけられる可能性が生じている。

　③については従来から、この時期の無文・条痕文土器の比率は瀬戸内で高く、中国山地や山陰地方では低いという認識があり、この認識を改めて追認し

たことになる。ここで問題になるのは九州地方東北部の北鉄輪の事例が瀬戸内地方にも一般化できるならば、瀬戸内でも黄島式に伴うとされてきた無文・条痕文土器の多くは黄島式よりも古くなるのではないかという点である。もし、黄島式に伴うとされてきた無文・条痕文土器の大半が黄島式より古いのであれば、黄島式より古い無文・条痕文の遺跡は瀬戸内に数多く存在することになる。中国山地や山陰地方において、神宮寺式が単独で分布するのだから、瀬戸内でこの時期に無文・条痕文土器の遺跡が多いのであれば、少量でも神宮寺式にこれが伴うはずである。また逆に、瀬戸内の無文・条痕文土器の遺跡に神宮寺式が少量伴うはずである。しかし、今までのところ、両者の関係は確認できていない。このことは、瀬戸内では神宮寺式に併行する時期には遺跡が本来希薄だったのではないかという想定を導く。つまり、瀬戸内の黄島式に伴うとされてきた無文・条痕文土器は、やはり押型文の時期のものと考えるべきである。かりに古くなるとしても、同様の理由から大半のものは山形文が少量伴う時期までしかさかのぼらないと考えるべきである。

　以上、この遺跡は、ネガティブな楕円文を有する神宮寺式が、北部九州における最古の押型文土器よりも古いことを層位学的に確定した事例である。また、九州地方東北部の稲荷山式に少量存在するネガティブな楕円文に類似した格子目文が、神宮寺式よりも確実に新しいことも同様に確定した。その結果、北部九州地方における押型文土器の出現期を本州地方との併行関係において層位学的観点から初めて確定した。すなわち、北部九州地方における押型文土器の出現期は本州地方における神並上層式の新段階ないし楕円文出現の直前期の「山芦屋Ｓ４地点下層」併行期（78〜79頁参照）である。無文・条痕文土器はそれ自体、個体から編年するのはむずかしく、一括資料の把握が不可欠となる。弘法滝洞窟遺跡の資料はこの点、層位学的に各時期の様相を把握できるという点で、重要な意義を有していると考える。兵頭勲は厚手の無文・条痕文土器群が押型文土器以前に単独で愛媛県に分布すると考えている（兵頭 2013）。しかし、同種の土器群は愛媛県上黒岩遺跡において、押型文土器と同一層もしくはその上層で出土する（春成・小林編 2009）。

第2節　高山寺式・穂谷式土器の編年

(1) 研究史

　高山寺式の標識遺跡である和歌山県田辺市高山寺貝塚は1938年に発見され、浦広が発掘を担当し、小林行雄・藤森栄一・樋口清之・酒詰仲男・和島誠一が発掘に参加した（浦 1939）。一方、穂谷式は、1950・1951・1954年に発掘調査が実施された滋賀県大津市石山貝塚の報告書で、坪井清足が命名した土器型式である（平安学園考古クラブ編 1956）。穂谷遺跡は大阪府枚方市に所在し、片山長三が1952年に発掘調査を行っている。

　高山寺式については研究が豊富にあるが、穂谷式については、本格的研究は少ない。高山寺式は非常に特徴的な土器で、しかも出土遺跡が広範囲に及ぶため、古くから類例が知られていた。穂谷式は、注目された当初から九州地方の手向山式との関連が注目されていたが、本州地方の類例が非常に少ないため、手向山式との関係も含めて、積極的に議論されることがなかった。本来、両者は個別に研究史を論じるべきかもしれないが、押型文土器の終末をめぐる問題である点は、共通であるため、一括して論じることにしたい。

　高山寺貝塚の報告が公表された1939年以前、押型文土器が沈線文土器に伴う最古の縄文土器であるという認識はあったが（山内 1935）、関東地方の撚糸文土器や沈線文土器との共伴関係において、押型文土器の文様の変化が把握されたのはその後である（江坂 1944）。したがって、当初、高山寺式はすでに知られていた黄島式などほかの押型文土器と時間差があると認識されていたわけではない。しかしながら、高山寺貝塚の報告において、①大粒の楕円文と小粒の楕円文が主体で少量の山形文を伴う、②内面に太い斜行沈線を有する、という高山寺式の主要な特徴は認識されていた。なお、この報告では二枚貝の圧痕が少量存在することが注意されており、これは高山寺式直後（穂谷式に含めてよいかどうかは問題がある）によくみられる手法である。

　江坂輝弥は、高山寺貝塚出土土器を押型文土器でも新しい段階に位置づけた

第5章　後半期押型文土器の編年　133

が（江坂 1944）、このときは楕円文を主体とするという認識にもとづくもので、その意味では楕円文の押型文土器一般との時間差は区別されていなかった。高山寺式という型式名が与えられ、これが黄島式に後続するという認識が確認できるのは1950年である（江坂 1950）。これは、「器形や文様の推移」と「伴出土器」を考慮したものである。文様の推移とは、楕円文が卓越する点を意味するのであろうし、江坂は撚糸文土器と黄島式との併行関係を考えていたので、高山寺式と沈線文土器以降の土器との併行関係を想定していたのだろう。ただし、このとき、江坂は高山寺式を早期末と見なしていた。これは、石山貝塚において高山寺式と茅山式系の土器が伴出するという認識があったからであろう（石山貝塚の層位発掘以前の認識だろう）。また、九州地方においては、①御領貝塚で押型文土器が御領式に伴出する、②平底の押型文土器がある、という点が戦前から注意されており、押型文土器が縄文時代後・晩期まで残るという認識が根強かった。この認識も影響しているはずであり、これは、穂谷式と関係する手向山式の位置づけともかかわる問題である。その直後、高山寺式の編年的位置は石山貝塚の発掘で確定した。この遺跡では、茅山式から石山式に至る早期後半の条痕文土器が層位的に出土し、その下層から高山寺式が出土した。さらに、高山寺式出土層と茅山式出土層との境界から、山形文と突帯を併用する土器が出土し、穂谷式と命名された。これが、九州地方の手向山式に類似することも注意されている。この成果を受けて、岡田茂弘は近畿地方の押型文土器の編年の枠組みを作った（岡田茂 1965）。

　ところが、九州地方では、手向山式は穂谷式との関係が意識されずに、前期に位置づけられていた（乙益 1965）。このころ、九州地方では、吉田式・前平式・塞ノ神式など、現在では草創期・早期に位置づけられている平底の土器が、すべて前期と見なされており、平底の手向山式も同じく前期に位置づけられ、穂谷式とは別個に論じられていた。突帯や沈線など、手向山式の押型文土器らしくない特徴は轟式や曽畑式の影響と見なされた。その結果、早期に該当する土器型式は数が少なくなり、そのためもあって、押型文が早期終末まで残るという編年観が一般的であった。手向山式の位置づけに関しては、これを本

格的に研究した片岡肇も前期に位置づける点は同様で、当初は、穂谷式との関係は論じていない（片岡 1970）。

しかし、片岡はその後、穂谷式と手向山式との関係に留意するとともに、長野県栃原岩陰遺跡出土の相木式と呼称された土器（小松 1966）も、同様の特徴を有することに注意している（片岡 1974）。ただし、片岡は高山寺式や穂谷式は早期後半の条痕文土器との時期的併行関係を想定できるのではないか、という疑いも抱いていた。しかしながら、少なくとも高山寺式に関しては、早期後半の条痕文土器より古いという編年的位置づけが、広島県帝釈峡遺跡群の層位的出土例から追認された（河瀬 1977）。結局、九州地方での手向山式の編年的位置は、アカホヤ火山灰に着目した土器編年の大幅な改訂によって確定する。1973年にアカホヤ火山灰が同一起源、同一噴出物であることが確定して以後（宇井 1973）、これを鍵層とした層位発掘と併行して測定された放射性炭素年代により、従来、前期に位置づけられていた多くの平底土器が早期に編年され（新東 1978）、手向山式も穂谷式と同じ編年的位置づけが確定した（新東 1982）。

高山寺式の細別はこのころから論じられるようになった。安達厚三（安達ほか 1976）は、岐阜県不老井遺跡出土土器は、高山寺式に比べて楕円というより格子状（菱形）の文様が多く、内面沈線の間隔も広い、という点から不老井式と名づけるべきと論じ、実質的な細別を行っている。また、紅村弘は格子状撚糸文と大粒の楕円押型文が組み合う事例に注意し（紅村ほか 1975）、増子康真はこれを新しく位置づけている（増子 1977・1981）。格子状撚糸文を含む撚糸文土器の比率が時期差を示す点については、山下勝年（山下 1980）も言及している。なお、高山寺式の楕円文は「粗大な」楕円文という形容が一般化しているが、この形容詞はこのころの東海地方の研究者が用いたのが最初のようである。

中村貞史（中村 1981）は、発掘当初から注意されていた楕円文の大小の差が内面沈線の間隔の差と対応していることから、小粒の楕円で沈線の間隔が狭いものを「高山寺Ⅰ式」、大粒の楕円で沈線の間隔が広いものを「高山寺Ⅱ

式」とした。中村は前者が古いと明言していないが、そのように想定したことは確実である。安達と共通するこの観点は、その後の細別研究でも基本的に踏襲されている。これ以前に刊行された福井県破入遺跡の報告では、楕円の形状や内面沈線について詳細な分析を行っており、楕円の形状と内面沈線の間隔に有意な関係があることを読みとれるデータを提示している（仁科 1979）。1983年に高山寺貝塚の発掘を行った堅田直は、型式学的な見通しとして、3時期に細別できることを述べており、基本的には楕円文の粗大化と楕円の形状が菱形になることを念頭においている（堅田 1983）。また、高山寺式が大量に出土した鳥取県上福万遺跡の報告でも押型文の粗大化を基準に高山寺式を型式学的に2時期に区分した（久保 1985）。神村透も同様の観点で各遺跡の時期差について言及し、撚糸文の比率については、地域差であると考えた（神村 1986b）。

このように高山寺式については資料の増加とともに細別の基準がほぼ定まったが、穂谷式についての認識は進まず、高山寺式と同時期のものという見解も示された（土肥 1982）。

以上述べた高山寺式の細別は高山寺式の成立に関する検討を欠いていたが、そこに焦点をあてたのが、和田秀寿（和田秀 1988）と関野哲夫（関野 1988b）である。高山寺式前段階の黄島式（および九州の早水台式・下菅生B式）には内面に柵状の文様がある（九州地方では「原体条痕」とよばれている）。この内面の文様が多段化し、長大化したものを高山寺式直前の段階とみる点で、両者は共通する。そして、このようなものが多い九州地方（関野は瀬戸内地方も含める）の影響が強く及んだ結果、高山寺式が成立するという見方も共通する。細別についても内面の沈線の形状を重視し、3時期に区分する点で共通する。ただし、対象とする時期に差があり、和田の高山寺I式を関野は対象にしていない。また、関野の高山寺式新段階を和田は対象にしていない。したがって、和田の高山寺II式・III式は関野の高山寺式古段階・中段階にそれぞれ相当する。

黄島式の内面の柵状文様と高山寺式の内面沈線との中間的な文様があるという認識は、1984年に片岡肇が示しており、そのようなものが中国地方西部や九

州地方に多い点も片岡は認識していた（帝塚山考古学研究所 1987）。和田や関野の研究は、この認識を体系化したものである。ただし、関野は黄島式の柵状文様が「原体条痕」ではなく、柵状の押型文と沈線文の2種類であり、高山寺式の内面沈線はこれがすべて沈線文になったものだという認識をもっていた。片岡も和田もこの点はあいまいである。

　また、関野は撚糸文にも注意し、高山寺式新段階に撚糸文が増えるとともに、高山寺式直後の段階に、撚糸文と同様の原体による絡条体条痕文や絡条体圧痕文で構成される時期があることを論じていた。さらに、鳥取県上福万遺跡でも東海地方と共通する変化が追えることを指摘し、撚糸文の多寡がかならずしも地域差ではないことを示唆していた。ただし、関野が上福万遺跡の高山寺式新段階としたものには、大きくみて穂谷式と同類と見なしうるものが含まれていた。関野の細別を採用した久保穣二朗はこの点を修正し、高山寺式終末の境界を明確にした（久保 1991）。

　穂谷式についての本格的な検討は、1997年の長野県での研究会がはじめてといってよいと思う（長野県考古学会 1997）。この場で守屋豊人は相木式を3分類、穂谷式を2分類に区分し、相互の影響関係と変遷を論じた。いずれも突帯のあるものが古く、それがないものが新しいという編年観を示した（守屋 1997）。矢野は逆に、高山寺式からの器形上の推移を重視して、穂谷式は突帯のあるものが新しいと述べた（矢野 1997a）。この研究会では阿部芳郎（阿部 1997）が、これまであまり注意されていなかった長野県出土の田戸上層式併行期のもっとも新しい段階と併行関係にあることを、遺跡での共伴関係などから述べている。

　穂谷式の新旧関係については、奈良県宮の平遺跡での「宮の平式」の発見が、重要であると考える（奈良県立橿原考古学研究所 2003）。宮の平式は穂谷式と共通する突帯をもちながら、押型文を消失したもので、突帯の刺突を沈線で表現する点も穂谷式に後続する特徴を有している。したがって、突帯を有する穂谷式は新しい時期に存在することを示唆する。また、ここでは、九州の「天道ヶ尾式」（平栫式直前の型式）を出土するものの、奈良県でも出土例のあ

る鵜ヶ島台式を伴わない。したがって、茅山式以後の東海系の条痕文土器以前に穂谷式の後続型式が存在することも明らかになった。

　以上のように、現時点では、黄島式から高山寺式・高山寺式から穂谷式までの基本的な型式変遷は明らかになっている。また、大枠での穂谷式と九州地方の手向山式や中部地方の相木式の併行関係も確定している。しかしながら、特に、穂谷式以後の宮の平式と後続型式との関係や、その時期の詳細な地域間関係については、資料が少ないこともあり、今後の検討課題として残っている。

（2）土器型式の様相

　形態と製作技法　高山寺式は口径数十cmに及ぶものも多い。器高も同程度で、早期の土器としては最大の部類である。器厚も2cm程度のものが多い。したがって、土器の製作は特別な工夫を必要としたはずである。福井県破入遺跡では、土器製作にあたって、下半部と上半部を別個に作り、後に接合させた場合があると論じられている（仁科 1979）。たしかに、接合面にも押型文の施文が観察される場合もあるので、ある程度まで作り、そこでいったん乾燥させ、粘土を継いでいったことは十分考えられるのであるが、内面沈線が接合面を切る形で最後に施されていることが観察されているので、上下を別々に製作することは考えにくいと思う。

　穂谷式の突帯や沈線（押引状になるものも多い）がなぜ突然出現するかも土器製作上の理由から理解できるかもしれない。高山寺式にも口縁部外面直下に工具で沈線を施すものがあり（図32の5・8）、これは突帯をもたない穂谷式にも確認できる例がある。この手法は沈線で区画された口縁直下の端部外面が突出する効果を生む。また、突帯をもたない穂谷式は胴部の上半と下半が明確に屈折するものが多いので、この部分が突帯化しやすい。このような効果が文様として意識されたときに、突帯が文様として定着し、突帯の上下を沈線でなぞることで、沈線が文様化していくのではないか。高山寺式の胎土には繊維の混入が観察されるものがある。穂谷式には確実に混入がわかる例はない。近畿地方の穂谷式には角閃石を含むものが多いが、高山寺式には非常に少ない。

138 第2部 土器編年研究からみた縄文時代の地域性変化

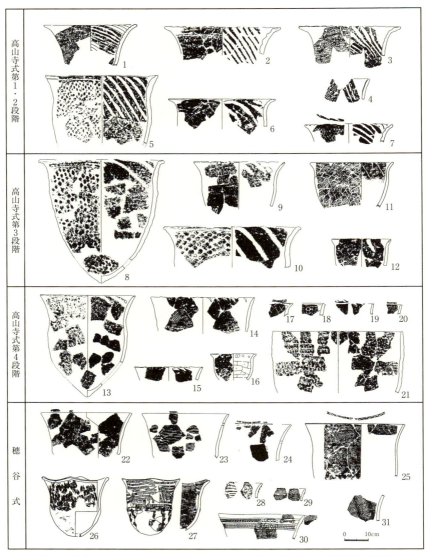

1：高山寺貝塚（和歌山） 2〜6・8・9・12〜16・21〜24：上福万（鳥取） 7：先苅貝塚（愛知）
11：不老井（岐阜） 17〜20：黒田向林（静岡） 25・31：向畑（岐阜） 26：帝釈峡豊松堂面洞窟（広島）
27：栃原岩陰（長野） 28：城ヶ尾（静岡） 29・30：小の原（岐阜）

図32　高山寺式・穂谷式土器編年図

使用法 高山寺式も穂谷式も器形としては深鉢1種類で、大型のものが多い。高山寺貝塚では浅鉢として報告されているものがあるが（浦 1939）、底部近くの偽口縁を見誤ったものではないか。底部はいずれも尖底もしくは丸底である。

高山寺式の土器の口径は数十cmのものも多いと述べたが、15cm程度の小さなものもある。このような小さな土器は高山寺式の新しい時期に目立つようである。また、文様をもたない小型の土器が上福万遺跡に目立つが、これも高山寺式の新しい時期から穂谷式の古い時期にかけてのものだろう。

施文具 高山寺式には押型文と撚糸文があり、ごく少数、沈線で菱形の文様を描くものがある。穂谷式には押型文や撚糸文以外に棒状工具による沈線文や二枚貝による圧痕が施文される。

高山寺式の押型文の原体には、大小の差があることは幾度も指摘されてきた。高山寺式の施文は重複が著しいため、原体の復元には困難を伴うが、原体の比較的小さなものは3単位が多く（図32の1・3）、比較的大きいものは2単位が多いようである（図32の5・8）。比較的古い段階のものは2単位も3単位も原体の径は8～10mm程度で、新しい段階には2単位のものが増え、径も20mmを越えるものがある。楕円の形状も菱形といってよいものが増える（図32の10）。また、少数ではあるが、2単位の山形文があり（図32の4）、やはり同じ程度の径である。

穂谷式の押型文は山形文がほとんどで、山形の角度が緩いものが多く、平行線に近いものもある（図32の29）。原体の径は20mmを越えるものはないようで、8～10mm程度のものが増える。少量、菱形の文様の中に楕円を有する文様や二重の菱形を有する文様があるが（図32の31）、これは九州地方に多い文様である。撚糸文には通常のもの（図32の9・14）以外に網目状のものが多い（図32の11・17）。網目状撚糸文で穂谷式に下がることが確実な例はない。

高山寺式の口縁直下（胴部にもある場合がある）の外面の沈線の工具にはバラエティーがあり、原体の端部ではないようである。口縁直下に円棒の刺突が巡るものがあり、これは大きさからみて押型文原体の端部である可能性があ

る。いずれも中四国地方に多い。高山寺式の内面沈線の施文具は棒状工具もしくは指などの柔らかい原体で、中空状の原体で沈線間をなでたと推測できるが、具体的な原体を特定するには至っていない。

　穂谷式の沈線文の工具にもバラエティーがある。押引状の沈線は角棒状のものが多い。貝殻の圧痕はハイガイやサルボウによる施文である（図32の24）。

　文　　様　高山寺式は外面に押型文や撚糸文を縦位ないし斜位に施文する。重複して施文する場合が多い。底部まで施文するが、往々にして施文が浅い部分が生じやすい。内面には右下がりの沈線を施すものが多い。一部、内面が無文のものや押型文や撚糸文を横位に幅広く施文するものがある。口縁部外面直下には沈線を巡らしたり、円形の刺突を有するものがある。まれに、胴部全面に押型文の上から沈線を数条巡らすものがある（図32の21）。

　穂谷式は、山形文を全面縦位に施文するもの（胴部下半は横位かもしれない）と、山形文を口縁部に横位に、以下縦位に施文するものがある。突帯や沈線を有するものは後者に多く、おおむね後者が新しい。突帯や沈線は胴部上半に施され、横位主体であるが、一部、押引状の沈線で幾何学的な文様を構成するものがある。穂谷式の内面には山形文を横位に施文するものが多い。なお、穂谷式には撚糸文や沈線文、あるいは貝殻圧痕文だけで文様を構成するものがある。これらは内面にも押型文をもたない。

（3）型式変化

　高山寺式の細別については、久保と同様、内面の沈線の形状によって3段階に区別する関野の編年に従う。関野が述べるように、古段階は二分しうるので、4段階に区分する。

　第1段階：内面沈線の幅が密で、トタン状になる段階。凸部が丁寧に丸く調整されている。図32の1～4。

　第2段階：内面沈線の幅がやや広くなり、凸部がかなり平坦になる段階。しかしながら、この段階でも凸部は丸みを帯びて調整されている。図32の5～7。

第3段階：内面沈線の間隔がさらに広くなり、凸部の調整が省略される段階。図32の8～12。

第4段階：内面沈線が短くなり、口縁部付近で終わる段階。図32の13～21。

　このような内面沈線の変化は漸移的なので、さらに細別することも可能であろう。なお、和田の述べる高山寺Ⅰ式が高山寺式と呼ぶか否かについては議論の余地がある。筆者は高山寺式の成立は、内面の柵状の文様を押型文で描く段階は高山寺式とはよばない方が明解であると考えるが、実際は内面文様が押型文か否かの検討は小破片ではむずかしい。特に九州地方ではこの点において興味深い資料が多い。九州地方北部には、高山寺式成立前後の時期のものが多く、内面の柵状の文様も高山寺式と同様、かなり大ぶりでしかもかなり右下がりの文様でありながら、縦に線を彫刻した押型文で施文したと考えられるものがある。したがって、高山寺式の第1段階の中に、押型文で施文されたトタン状の凹凸文様が含まれていないとは断定できないのである。

　第1段階は、ほとんどが楕円の押型文で比較的小さなものが多い。2単位と3単位があるが、3単位のものが多いようである。第2段階になると、2単位の楕円文が増え、楕円というより菱形に近いものが増える。第3段階にはさらに文様が大型化し、格子状撚糸文も出現する。第4段階も第3段階と同様の形態の押型文で、撚糸文の比率がさらに増加する。

　穂谷式については、2段階に細別する（矢野 1997a）。山形文を全面縦位に施文する段階と、口縁部に横位に施文し、突帯や沈線を有する段階である。ここでは、相木式も穂谷式に含めた。手向山式は、微隆起線や特殊な撚糸文など、穂谷式との相違が比較的容易なのだが、相木式については、穂谷式との本質的な差は認識できない。

第1段階：山形文を全面縦位に施文する段階（胴部下半は横位に施文する可能性もある）。口縁部に隆帯を有するものが少数あり、この段階に含めた。上福万遺跡出土の沈線文の土器や無文土器は胴部で屈曲する器形上の特徴と平坦に面取りする端部の特徴がこの段階の土器と共通するため、この時期のものと考える。関野が指摘した高山寺式直後の段階は撚

糸文原体で条痕や圧痕を有するものである。口縁の特徴から、この時期に位置づけられる可能性はあるが、少なくとも押型文をもたないので、穂谷式（相木式を含む）からは外した。図32の22〜26。

第2段階：口縁部に横位に山形文を施文し、突帯や沈線を有する段階。押引状の沈線を胴部上半全面に有するものもあるが、口縁の文様が拡大したものとして理解できるので、この段階に含めた。第2段階は突帯や沈線の形状からさらに細別できると思われるが、資料的制約がある。図32の27〜31。

（4）先行型式や周辺の諸型式との関係

　高山寺式の内面沈線が先行する黄島式および下菅生B式（九州地方の黄島式新段階併行期）の柵状の文様に由来することは明らかである。この柵状の文様で、高山寺式直前とみてよいものは東海地方東部まで分布している。それよりも古い時期には柵状の文様は九州北部から本州西部では多いものの、東海地方には少ない。したがって、高山寺式直前の段階で、本州西部の影響が東海地方まで及んでおり、このように九州北部から東海東部までの地域間の関係が強化される中で、高山寺式は成立した。高山寺式の斉一性が強いのは、本来は地域色のあった複数地域が一体化したためである。したがって、系統的には、九州北部から東海東部までの複数型式の系統がまとまる形で成立したと表現しうる。

　高山寺式から穂谷式にかけての変化には、南九州地方の影響がある。ただし、山形文などの文様以外に関しての影響は限定的である。南九州の影響は特に中四国地方では指摘できるが、近畿・東海地方では強くない。穂谷式第2段階になると、押引状沈線を多用する穂谷式とそうではない九州地方の手向山式との間の差は明確になる。穂谷式に見られた押引手法は、九州地方では手向山式直後の平栫式（もしくは天道ヶ尾式）で盛行するので、本州地方の影響が九州地方に及ぶ形で両者の一体化が進み、近畿地方西部には九州地方全域と共通する土器型式が分布する。一方で、近畿地方東部は東海地方との共通性を維持

し、東海系条痕文土器の分布圏となる。つまり系統的に表現すると、穂谷式は基本的には東海地方から中四国地方まで一系統的であったが、その後、西と東に大きく二分され、西の系統は平栫式の系統（その後は、本州西部では宮ノ下式、九州では塞ノ神式に分化していく）、東の系統は鵜ケ島台式以後の茅山式系条痕文土器の系統に連なる。

（5）分布と地域性（図33）

すでに述べたので、分布の密度を中心に補足する。高山寺式の分布は第1段階には北部九州にも及ぶものの、基本的には中四国地方から中部・北陸・東海地方までである。広域に及ぶものの、どこが中心とはいいがたい。遺跡数は九州北部の早水台式や中四国地方の黄島式および中部地方の細久保式を合わせた数よりはるかに減少しており、第3部第9章で述べるように、このような広域

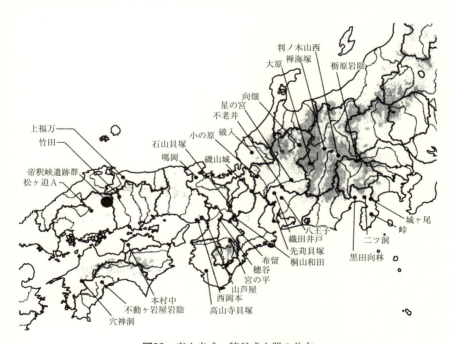

図33 高山寺式・穂谷式土器の分布

土器圏は人口減少の結果として成立したと考えている（矢野 2005b）。高山寺式の分布の特徴的な点は、時期が下がると地域色も出てくるが、基本的には広域土器圏を維持し続けるという点にある。つまり、短期間、広域性が発現したわけではない。

　穂谷式については、全域で該当資料が非常に少ない。特に、近畿・東海地方の第1段階の資料が少ない。この状況から推測できる人口の少なさが、穂谷式においても広域的な共通性が維持される要因となっていると考える。

　ようするに、高山寺式・穂谷式を通じて、広域的な斉一性が維持されるが、それは文化的社会的高揚を示唆するわけではなく、むしろ逆で、広域的な地域間関係を維持し続けなければ社会の存続が危うい状態が非常に長期間継続したためと考える。

第6章　押型文土器遺跡数の変化

　第3〜5章で述べてきた土器編年の成果にもとづいた押型文土器の分布圏の流動性については、第9章でも概略を述べるが、すでに第3章で指摘したように、大鼻式や大川式古段階は三重県や奈良県に分布が集中し、大川式新段階から神宮寺式にかけて、近畿西部や中四国地方に分布が広がり、地域差が広がる。逆に、黄島・細久保式の段階には東西の地域色が顕著だが、第5章で指摘したように、高山寺式の段階には東西両端で遺跡数が減少し、分布圏が縮小する。それに応じて、広域的な斉一性が出現する。本章では、本州西部の遺跡数のデータから、このような遺跡分布の流動性を示す。

　2011年に関西縄文文化研究会が岐阜・愛知・三重・福井・奈良・滋賀・京都・和歌山・大阪・兵庫、各府県の押型文土器遺跡を集成した（福西編 2011）。四国4県の押型文土器出土遺跡の集成は、兵頭勲が2006年に行っている（兵頭 2006）。島根・鳥取両県については、幡中光輔が全縄文遺跡を集成しており、押型文土器出土遺跡も網羅されている（幡中 2011・2012）。両氏の集成にもとづいて、東海・近畿地方の遺跡数変化の傾向を四国・山陰地方の傾向と対比させながら、分析したい。

　遺跡数変化の分析の前提として、各土器型式の存続時間幅を暦年代で算出する必要がある。押型文土器各型式の存続時間幅については、遠部慎が論じているのが体系的なものとしては唯一であるが（遠部 2011）、遠部の目的は、各型式の存続時間幅の算出というよりも、暦年代の目安の把握にあるので、本論の目的にはそぐわない点がある。したがって、遠部の使用した炭素年代や、他に参考となる炭素年代を用いて、押型文土器各型式の存続時間幅を暦年代で算出する。その後、各型式ごとに暦年代100年間あたりの遺跡数を算出し、その変化から遺跡数変化を把握し、ひいては人口増減の傾向を推察する。

第1節　押型文土器各型式の炭素年代

年代算出の方針　炭素年代の算出における方針は次のとおりである。

①最近の土器付着物測定資料を優先的に採用し、他の測定資料を補助的に参照した。

②炭素年代は Oxcal の Intcal13 で暦年代に較正し、確率95.4％以内におさまる年代幅を採用した。

③較正された暦年代から各土器型式の年代幅を判断する際は、確率95.4％の年代幅の中の中心的な値に注目するのではなく、連続する二つの土器型式に与えられた二つの年代群の間の境界を示す年代値を抽出するように努めた。たとえば、大川式と神宮寺式相互の間で確率論的に年代値が最も重複しない値はどこか、という点に留意したが、グラフから視覚的に検討したにすぎない。しかも、100年単位で境界値を求めた。二つの年代群の境界値を確率論的に1年単位で厳密に求めることは可能であると思う。

④各土器型式の年代群の中には、明らかに異常であると判断される年代が含まれる場合がある。ある年代が、他の土器型式の年代群に含めた方がよいと判断されるほどずれている場合に「異常」と判断した。異常である理由は、土器型式の同定を誤っているか、測定資料（炭化物など）の年代が土器型式の年代と隔たっているか、いずれかであろう。異常と判断した場合は、その年代は③の検討からはずしたが、表やグラフには図示したまま残している（表6、図34）。

⑤土器型式の細分がどの程度行われているかを考慮した。行われていない場合もどの程度細分可能かを筆者が判断して、存続年代幅を推定した。この点の判断はやや主観的である。

次に、年代幅算出に当たって考慮した点を各型式ごとに述べる。最も重視した年代値群は表6に示し、これを図34にグラフ化した。

大鼻式・大川式　大鼻式の炭素年代が測定されていないので、先行する表裏

表6　押型文土器年代幅推定に利用した炭素年代値

測定資料		型式 (遺跡)	未較正年代		較正年代 (95.4%)		年代分布が離れた時 の最大確率分布域			
機関番号	出典		BP	±	calBC (古)	calBC (新)	calBC (古)	calBC (新)	%	
IAAA-80890	静岡埋文編 2011	表裏縄文(丸尾北)	10080	50	10013	9409	9886	9442	88.8	
IAAA-80891	〃	表裏縄文(丸尾北)	10020	50	9804	9342	9804	9355	94.9	
IAAA-80892	〃	表裏縄文(丸尾北)	10050	40	9817	9395	9817	9436	92.8	
IAAA-80893	〃	表裏縄文(丸尾北)	9990	40	9746	9320	9675	9320	93.7	
IAAA-80894	〃	表裏縄文(丸尾北)	10090	40	10002	9452	9881	9452	90.2	
IAAA-80895	〃	表裏縄文(丸尾北)	10030	50	9814	9357				
IAAA-80896	〃	表裏縄文(丸尾北)	9990	40	9746	9320	9675	9320	93.7	
IAAA-100904	藤森 2012	表裏縄文(栃原)	9610	40	9212	8826	9098	8826	69.8	
IAAA-100907	〃	表裏縄文(栃原)	9520	40	9132	8731	8931	8731	53.6	
MTC-09201	原ほか 2010	縄文(椛ノ湖)	9755	50	9305	8951	9142	8951	94.2	
IAAA-80886	静岡埋文編 2011	縄文(丸尾北)	9970	40	9663	9310	9561	9310	75.1	
IAAA-80887	〃	縄文(丸尾北)	9730	40	9295	8928	9295	9130	88.5	
IAAA-80888	〃	縄文(丸尾北)	9760	40	9310	8961	9310	9146	95.1	
IAAA-100905	藤森 2012	縄文(栃原)	9680	40	9261	8856	9120	8856	72.2	
IAAA-100903	〃	撚糸文(栃原)	9580	40	9172	8793	9159	8793	95.4	
MTC-9881	遠部 2009	大川(富田清友)	9650	50	9250	8836	9085	8836	50.8	
MTC-10641	遠部・宮田 2009	大川(鴻ノ木)	9590	50	9196	8793				
MTC-10643	〃	大川(鴻ノ木)	9560	50	9158	8762				
MTC-10640	〃	大川(鴻ノ木)	9550	50	9152	8756				
MTC-10642	〃	大川(鴻ノ木)	9430	50	9108	8566	8837	8566	93.9	
IAAA-41960	中川 2005	大川(案察使)	9530	60	9157	8659	9157	8708	95	
PLD-6296	遠部・宮田 2007	神宮寺(別所辻堂)	9305	25	8631	8473	8631	8527	77.1	
PLD-6293	遠部・小林ほか 2008	立野(美女)	9285	25	8623	8453	8623	8453	95.4	
PLD-6294	〃	立野(美女)	9310	30	8638	8446	8638	8446	95.4	
不明	藤森 2012	立野(大師)	9240	40	8572	8313				
PLD-6297	遠部・宮田ほか 2007	神並上層(川上中縄手)	9065	25	8297	8251				
PLD-6467	〃	神並上層(鳥浜)	9470	60	9128	8616	8927	8616	75.1	
PLD-6468	〃	神並上層(鳥浜)	9380	30	8742	8571				※1
MTC-10644	遠部・宮田 2009	神並上層(高皿)	8980	70	8306	7942				※2
MTC-09211	遠部・宮田ほか 2012	神並上層・沢(東大室クズレ)	9005	45	8298	7987	8298	8181	82.2	
MTC-09212	〃	神並上層・沢(東大室クズレ)	8930	45	8252	7962	8252	7962	95.4	
MTC-09210	〃	神並上層・沢(東大室クズレ)	8715	45	7938	7599	7873	7599	91.2	※3
PLD-6469	遠部・宮田ほか 2007	黄島(鳥浜)	8900	40	8241	7947				※4
MTC-10633	遠部 2011	黄島(鳥浜)	8660	50	7811	7583	7796	7583	95.1	
MTC-10635	遠部 2011	黄島(鳥浜)	9050	160	8698	7732	8641	7732	94.9	
Beta-210497	歴民・香美市 2006	黄島(刈谷我野)	8630	40	7730	7583	7730	7583	95.4	※5
MTC-08968	遠部 2009	黄島(黄島)	8480	60	7600	7378	7600	7453	94	※6
MTC-09214	遠部・宮田ほか 2012	細久保(ジンジ山)	8940	80	8288	7827				
MTC-09207	遠部・宮田ほか 2008	高山寺(東千町)	8040	140	7447	6606	7360	6606	94.5	
MTC-09208	〃	高山寺(東千町)	8060	90	7303	6692	7200	6692	89.3	
MTC-09209	〃	高山寺(東千町)	8320	60	7520	7187				
MTC-10302	遠部・宮田 2008	手向山(妙見)	8040	50	7137	6770	7085	6770	92.9	
NUTA2-15561	三好 2011	相木(富士石)	8025	35	7066	6823				
MTC-10303	遠部・宮田 2008	平栫(妙見)	7960	50	7043	6697				
IAAA-30500	岩崎編 2007	平栫(上場)	7620	60	6597	6391				

※1：縦走山形文　※2：黄島式か　※3：細久保式か　※4：楕円文　※5：条痕文　※6：撚糸文
資料形態はすべて土器付着物。

148 第2部 土器編年研究からみた縄文時代の地域性変化

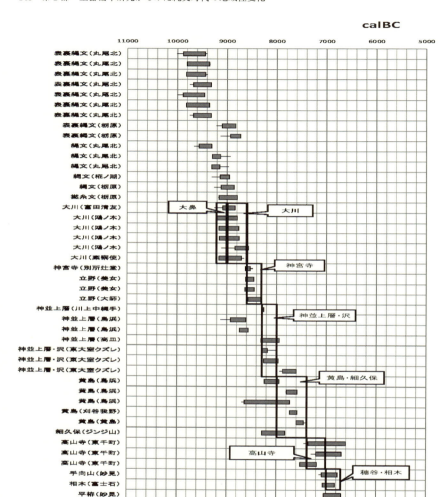

＊ハコヒゲ図のヒゲ（ハコの左右の線）は表6の確率95.4％の年代分布域を示し、ハコは「年代分布が離れた時の最大確率分布域」を示す。ハコだけのものは年代分布域が分離していないので、ヒゲがない。各型式の想定年代幅は、判断基準とした年代値群を太線で囲む形で示した。

図34 押型文土器存続年代幅の推定

縄文土器との関係から推測した。静岡県丸尾北遺跡の表裏縄文土器の下限は9400calBCと推定する。その表裏縄文土器と大鼻式との間に、滋賀県粟津湖底遺跡などで少量出土する尖底もしくは丸底の縄文・撚糸文土器が介在すると想定しており、これは丸尾北遺跡で「回転縄文」土器とされている一群（静岡県埋蔵文化財調査研究所編 2011、表6・図34では「縄文」と記載）に近いと考えている。この中には口縁部に縄文原体の側面圧痕に見えるものがあり、これが大鼻式の先行型式である可能性が高いと考える。

この丸尾北遺跡の「回転縄文」土器の年代と、三重県鴻ノ木遺跡の大川式（古段階）の年代との境界値を9000calBC〜9200calBCとみなした。大川式と神宮寺式との年代の境界値を8600calBCとみなして、神宮寺式と神並上層式との境界値を8300BCとした。神宮寺式の存続幅は300年間になるので、大川式の存続幅もこれと近いと推測した。大川式の存続幅を300年間とみなすと大川式の上限は8900calBCとなり、すべての大川式の年代値は大川式新段階の京都府案察使遺跡を含め、この上限より古くなる確率がかなり高くなる。そこで、大川式の上限を100年間古くした。その結果、大川式の存続幅は400年間になった。

大川式の上限をさらに古くして9100calBCに置くことも考えたが、神宮寺式の存続幅から見て長すぎると判断した。また、大川式に先行する大鼻式の年代をさらにさかのぼらせると丸尾北遺跡の表裏縄文土器と年代が近接しすぎて、表裏縄文土器と大鼻式との中間型式を想定できなくなるので、大鼻式の上限年代を9200calBCとし、存続幅を200年間と仮定した。

岐阜県椛ノ湖遺跡と長野県栃原岩陰「下部」出土の表裏縄文土器の年代は大鼻式から大川式にかけての年代に相当することになるが、この年代は新しすぎる。栃原岩陰遺跡「下部」出土の表裏に広く施文しない縄文・撚糸文土器も同じ年代で、この種の土器が表裏に広く施文する表裏縄文土器と同じ時期に共存することはないはずである。丸尾北では両者の年代値には差がある場合が多い。

神宮寺式　神宮寺式の年代決定については上述した。長野県美女遺跡・大師

遺跡の立野式（二本木段階、神宮寺式併行）の年代は神宮寺式と同じ値を示す。

神並上層式　福井県鳥浜貝塚の神並上層式は大川式と同じ年代を示すので、異常値と判断する。近畿地方には測定資料が少ないが、静岡県東大室クズレ遺跡の土器は山形文の異方向帯状施文でこの時期のものと判断する。遠部は立野式（福沢段階）とするが、無文部を残すので沢式併行と判断している。ただし、1点は細久保式の値を示しており、異常値と判断するが、この資料は土器型式同定がむずかしく、細久保式併行に下がる可能性もある。神並上層式と黄島式との境界決定は問題を含むので後述する。

黄島式　九州では稲荷山式・早水台式・下菅生B式と3型式におよび、中部地方では細久保式と塞ノ神式を含む。下限は高山寺式との境界値で7400calBCと判断する。黄島式の年代は比較的新しい三つと比較的古い三つに二分されるが、比較的古い三つのうち一つは神並上層式の三つの年代値と完全に重複するので、これを異常値とみなす。他の比較的古い二つと比較的新しい三つの計五つの年代値と、神並上層式の四つの年代値との境界を8000calBCと判断した。黄島式の存続期間が600年間と長くなるが、上述した細分型式の実態からみれば妥当と判断する。また、後述するように、筆者のいう「山芦屋S4地点下層」、熊谷のいう北白川廃寺下層式（熊谷2006・2011）はこの中に含めている。

高山寺式・穂谷式　黄島式との境界値は上述のように判断した。穂谷式との境界値はやや問題がある。まず、穂谷式に併行する手向山式と平栫式との境界値を6700calBCとした。妙見遺跡の平栫式は最初期の平栫式（天道ヶ尾式）で手向山式と完全に重複しているので、残る上場遺跡の平栫式と手向山式との境界を重視して判断した。

　以上の各型式の境界値は、ここには取り上げなかった土器型式の測定値を幅広く検討して、矛盾が最も少なくなるような数値であることを確認している。すなわち、『縄文土器総覧』（小林達編 2008）に掲載されている押型文土器、多縄文土器、撚糸文土器、沈線文土器、条痕文土器など関連する土器型式の炭素年代を同じ手法で暦年代較正を行い、併行関係を考慮しながら検討した。そ

の年代値は上述の年代値よりも数倍多い。ただし、測定資料が土器付着物以外のものが多く、また較正暦年代の幅もかなり広いものが多い。特に参考になったのは、細久保式・田戸下層式・田戸上層式・鵜ヶ島台式の年代値で、上述の検討結果の補強に役立った。

表7　押型文土器年代値の推定

	矢野（本稿）	遠部（遠部 2011）
大鼻式	9200-9000calBC	年代値なし
大川式	9000-8600calBC	9250-8750calBC
神宮寺式	8600-8300calBC	8700-8500calBC
神並上層式	8300-8000calBC	8300calBC
（山形文盛行期）	黄島式に含める	8250-7600calBC
黄島式	8000-7400calBC	7600-7400calBC
高山寺式	7400-7000calBC	7400-7200calBC
穂谷式（終末期）	7000-6700calBC	7100-6800calBC

＊（　）内名称は遠部のみ使用

従来の年代推定との相違　遠部の推定値（遠部 2011）と筆者の推定値との差は表7のとおりである。押型文土器のはじめと終わりの年代値に大きな差はない。遠部は大鼻式の年代値を大川式に含めて考えている可能性がある。問題になるのは、神並上層式と遠部のいう「山形文盛行期」、および黄島式の年代である。

遠部のいう「山形文盛行期」というのは、熊谷博志が設定した北白川廃寺下層式（熊谷 2006）を指していると思われる。熊谷によれば、北白川下層式というのは山形文の盛行する神並上層式以後なお山形文が盛行しつつ楕円文が共伴する時期で、口縁端部の刻みが端部上面、端部外面、端部内面に施される。熊谷は端部の刻みの位置の変化でこの時期を細分している。しかし、筆者は京都市北白川廃寺遺跡下層出土の楕円文押型文土器は主体となる山形文押型文土器とは時期差があると考えており、この想定は鳥浜貝塚の地点ごとの差からも裏付けられることを論じている（矢野 2011b）。沢式に後続する卯ノ木式も格子目文と山形文のみで楕円文が伴わないことを重視しており、このような楕円文出現直前の段階が、広域に存在すると考えており、北白川廃寺下層出土押型文土器の主体もこの時期に相当すると考えている。

しかしながら、熊谷のいう北白川廃寺下層式は押型文土器の集成では、神並上層式か黄島式のいずれかに含められている場合が多い。単独で出土する山形

文の破片の多くは黄島式に含められている。関西縄文研の集成では、福井県で「山芦屋期」（熊谷の北白川廃寺下層式の旧称）を設定していたが、山芦屋期か黄島式か迷ったため「？」にしているものが目についたので、「山芦屋期」は黄島式に含めて数えた。以上のように、矢野の「黄島式」の年代値は、遠部の「山形文盛行期」（北白川下層式すなわち山芦屋期）を含めた年代値となっている。

その上で両者の年代値を比較すると、遠部の「山形文盛行期」を実質含んでいる筆者の「黄島式」の年代値の上限が250年間遠部より新しいという違いがあることになる。遠部の年代値は、「山形文盛行期」の幅が長すぎると考える。なお、遠部が「山形文盛行期」の測定資料に採用した鳥浜貝塚の土器は、3点とも楕円文で「山形文盛行期」を代表する型式的特徴を有していない。遠部と筆者の年代値の相違は、高山寺式と穂谷式（遠部の「終末期」）の年代幅にも指摘できるが、それほど本質的な差ではない。第5章で述べたように、高山寺式が4期以上に細分されている現状からみて、筆者は高山寺式を穂谷式より長く見積もった。

暦年代推定の課題　炭素年代測定値が比較的そろっている大川式、神宮寺式も含めて、測定値が足りない。各型式10点以上は必要だと思う。また、測定資料の増加とは別に土器編年観の一致も重要な課題である。特に、①大鼻式と先行型式（多縄文土器等）との編年上の関係、②熊谷のいう北白川廃寺下層式、筆者の「山芦屋Ｓ4地点下層」併行資料の内実と編年上の位置づけが暦年代推定のネックになっている。

第2節　遺跡数変化の傾向

先に述べた文献から集計した遺跡数の絶対値は表8に示した。表7に示した各型式の年代幅に応じて100年間あたりの遺跡数を算出し、表9に示した。遺跡数の集計においては、次の方針に準じている。
①遺跡の各型式への割り当ては基本的には集成に従ったが、筆者の判断で異

なった判断をした遺跡が数カ所ある。

②遺跡の各型式への割り当てに際して、連続する2型式のいずれに属するか集成担当者が判断を保留している場合、「？」等で示している。この場合、連続する2型式それぞれに属する可能性を各型式50％と仮定し、それぞれの型式に0.5遺跡を割り振った。ただし、筆者の判断で、いずれに属するか確実に判断できた場合は修正している。

③3型式以上にわたって判断を保留している場合、たとえば、大川式・神宮寺式・神並上層式のいずれに属するか不明とされている遺跡の場合、遺跡数カウントに含めていない。つまり、その場合は遺跡数0とみなした。そのような場合、出土土器点数が1点の場合がほとんどで、遺跡数変化の大勢には影

表8　遺跡数集計

年代	時期区分		大鼻	大川	神宮寺	神並上層	黄島	高山寺	穂谷
年代	calBC（中間値）		9100	8800	8450	8150	7700	7200	6950
	年代幅		200	400	300	300	600	400	300
遺跡数	西型	兵庫	0	6	12	9	28	24	4
		大阪	0	1	12.5	6	8.5	9	5
		京都	0	6	2	5.5	21	15	2
		滋賀	1	5	4	5	18	20	6
		和歌山	0	0	0	0	2	3	1
		福井	0	2.5	4	6	10.5	10	0
		合計	1	20.5	34.5	31.5	88	81	18
	東型	奈良	6	20.5	28.5	19	17.5	21	10
		三重	15.5	59.5	56.5	6.5	16.5	25	0
		愛知	3.5	12.5	12	14	26.5	15.5	3.5
		美濃	3	7.5	10.5	11	13.5	22.5	9
		飛騨	2	9	9.5	39	59	19	12.5
		合計	30	109	117	89.5	133	103	35
	関西合計		31	129.5	151.5	121	221	184	53
	山陰	島根	0	0	6	4.5	33.5	13	3
		鳥取	0	3	5	5	46.5	32	11
		合計	0	3	11	9.5	80	45	14
	四国	徳島	0	0	0	0	3	0	0
		香川	0	0	0	0	6	4	0.5
		愛媛	0	0	0	0	35	14	3.5
		高知	0	0	1	1	15.5	7	6
		合計	0	0	1	1	59.5	25	10
	山陰・四国合計		0	3	12	10.5	139.5	70	24
	全合計		31	132.5	163.5	131.5	360.5	254	77

154　第2部　土器編年研究からみた縄文時代の地域性変化

表9　100年間あたりの遺跡数集計

年代	時期区分		大鼻	大川	神宮寺	神並上層	黄島	高山寺	穂谷
	calBC（中間値）		9100	8800	8450	8150	7700	7200	6950
	年代幅		200	400	300	300	600	400	300
100年間当たり平均遺跡数	西型	兵庫	0	1.5	4	3	4.67	6	1.33
		大阪	0	0.25	4.17	2	1.42	2.25	1.67
		京都	0	1.5	0.67	1.83	3.5	3.75	0.66
		滋賀	0.5	1.25	1.33	1.67	3	5	2
		和歌山	0	0	0	0	0.33	0.75	0.33
		福井	0	0.63	1.33	2	1.75	2.5	0
		合計	0.5	5.13	11.5	10.5	14.67	20.25	6
	東型	奈良	3	5.13	9.5	6.33	2.92	5.25	3.33
		三重	7.25	14.88	18.8	2.17	2.75	6.25	0
		愛知	1.75	3.13	4	4.67	4.42	3.88	1.67
		美濃	1.5	1.88	3.5	3.67	2.25	5.63	3
		飛騨	1	2.25	3.17	13	9.83	4.75	4.17
		合計	15	27.25	39	29.8	22.17	25.76	11.67
	関西合計		15.5	32.38	50.5	40.3	36.83	46	17.67
	山陰	島根	0	0	2	1.5	5.58	3.25	1
		鳥取	0	0.75	1.67	1.67	7.75	8	3.67
		合計	0	0.75	3.67	3.17	13.33	11.25	4.67
	四国	徳島	0	0	0	0	0.5	0	0
		香川	0	0	0	0	1	1	0.2
		愛媛	0	0	0	0	5.83	3.5	1.67
		高知	0	0	0.33	0.33	2.58	1.75	2
		合計	0	0	0.33	0.33	9.92	6.25	3.33
	山陰・四国合計		0	0.75	4	3.5	23.25	17.5	8
	全合計		15.5	33.13	54.5	43.8	60.08	63.5	25.67

響しない。

④関西縄文研の集成では、本論の型式区分に沿っているのは兵庫・大阪・京都・滋賀・和歌山・奈良・三重の各府県で、福井は「山芦屋期」（熊谷博志［2011］では「北白川廃寺下層式」に修正）と「樋沢系（沢式・樋沢式・細久保）」が追加されている。前者は、前述したように黄島式に含めた。後者は筆者が「樋沢系」と判断できないと考えるものも多く含んでいるので、実際の出土資料に即して判断した。岐阜は「立野」を神宮寺式、「沢・樋沢」を神並上層式、「細久保」と「塞ノ神」を黄島式に相当させた。愛知も同じ措置をとり、「相木式」は穂谷式に含めた。愛知では「山型文」という項目があるが、これは型式不明として遺跡数算出には採用していない。同様に

「撚糸文土器」と「表裏縄文土器」という項目も遺跡数算出には採用していない。

⑤兵頭勲の集成（兵頭 2006）では、「稲荷山式以前」・「稲荷山式」・「黄島式」・「下菅生B式」・「高山寺式」・「穂谷式／手向山式」に区分されている。「稲荷山式以前」は高知県に少数あり、高知県飼小屋岩陰遺跡のみを神宮寺式と神並上層式に含めて、それ以外は黄島式に含めた。これは筆者の編年観にもとづく。「稲荷山式」・「黄島式」・「下菅生B式」はすべて「黄島式」に含めた。

「関西」の東西差　関西縄文研が集成した地域には福井・岐阜（遺跡数が多いので飛騨と美濃に分割）・三重・愛知が含まれており、関西と総称しがたいが、地域名を短く呼称したいのでここでは「関西」として一括する。この地域は東西で遺跡数増減のパターンが異なる。「東部」は奈良・三重・愛知・美濃・飛騨を含めた。前半に遺跡が多く、後半に遺跡が減少、もしくは増え方が少ない（図35）。前半の遺跡数の多さは三重・奈良が顕著で、大鼻式（中間値9100calBC、中間値とは表7に示した存続年代幅の中間の値で表8・9に掲載している）から神宮寺式（中間値8450calBC）にかけて急増する。その後、黄島式（中間値7700calBC）にかけて急減する。また高山寺式で増えるが、再び減少する。したがって、二つのピークができるが、全体としてみれば右肩下がりになる。

東部の中で、飛騨は三重・奈良とは異なり、神並上層式（すなわち沢・樋沢式、中間値8150calBC）において前半の遺跡増加のピークがあり、この飛騨の増加期は三重・奈良の減少期に相当する。したがって、飛騨と三重・奈良の増減は相殺され、飛騨を含む東部全体の遺跡数増減曲線は飛騨を含めない曲線よりもゆるやかになる。また、飛騨では高山寺式（中間値7200calBC）にかけて遺跡数が減少するが、三重・奈良はこの時期に再び増加し、遺跡数増加はまた相殺される。このように、ある地域での遺跡数減少は近くの別の地域での遺跡数増加によって相殺される関係が指摘できる。このような関係は人口移動によって生じていると予想できるが、長野・静岡の遺跡数増減を集計すれば、よ

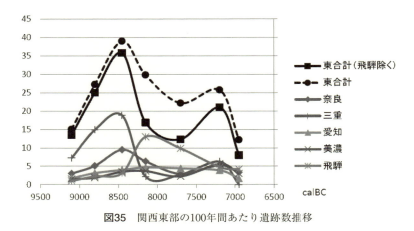

図35　関西東部の100年間あたり遺跡数推移

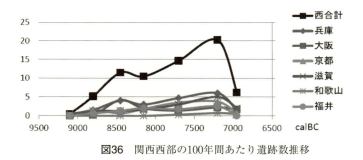

図36　関西西部の100年間あたり遺跡数推移

り具体的に指摘できるはずである。長野は飛騨に近い増減傾向をより強く示すと考えている。

「西部」には、兵庫・大阪・京都・滋賀・和歌山・福井を含めた。これらは大阪を除き、高山寺式で最も人口が増える（図36）。神宮寺式から神並上層式にかけて人口が停滞もしくは減少する点は関西東部と共通するものの、その減少の度合いはかなり弱い。神並上層式の停滞期の後は、高山寺式まで順調に増加し、その後、急減する。全体として曲線は右肩上がりになり、前半に低いピーク、後半に高いピークがある。ちょうど、東部と逆である。

この関西西部の傾向でまず注意すべきは最初期の大鼻式の遺跡が非常に少な

く、神宮寺式にかけての遺跡数増加が東からの人口移動によって生じていることを想定せざるをえない点である。東部の遺跡数増加率を地域別に細かく見ると、三重での増加率は大鼻式から大川式（中間値8800calBC）にかけて2倍程度、大川式から神宮寺式にかけて1.2倍程度となり、急激に増加率が減る。しかし、奈良では増加率が減らない。西部でも大川式から神宮寺式にかけて、2倍の増加率を示す。つまり、当初、大鼻式の遺跡数が最も多い三重は、次第に遺跡数の増加が鈍るものの、その分、西の地域の遺跡数増加が順調に維持されていくわけであるから、三重から西への人口移動を想定しうることになる。

　東部と西部を合計した関西全体の遺跡数増減を図37に示す。①前半期の増加、②神宮寺式から黄島式にかけての人口の減少と停滞、③黄島式から高山寺式にかけての増加、④その後の減少、という四つの傾向は東西で共通するが、神並上層式から黄島式にかけて増減が相殺されている。ここに関西内部における東から西への人口移動が想定できるが、この場合も関西東部は長野などより東の地域、西は中四国などより西の地域との人口移動も想定できる。

　関西だけでは人口移動が説明できないとしても、関西の東部と西部それぞれの増減が一致する場合がある。初期の遺跡数増加、末期の遺跡数減少が典型例である。この場合も関西以東もしくは以西の遺跡数増減を分析する必要があるが、広く増減の傾向が一致すれば、人口移動以外に広域的な遺跡数増減の理由を求める必要が生じる。

　中四国地方の遺跡数増減　先に述べたように、山陰については幡中（2011・2012）、四国については兵頭（2006）の集成にもとづき集計した（表8・9、図38・39）。岡山・広島・山口のデータがないので、瀬戸内地域の傾向が把握できないが、遺跡数の多い岡山は愛媛と似た傾向を示すと予想している。山陰は基本的には関西西部と共通する傾向がある。すなわち、前半と後半に二つのピークがあり、神宮寺式のピークの後、神並上層式でやや減少もしくは停滞し、黄島式で増加し、第2のピークに達する。その後、減少する。四国は前半のピークはほとんど指摘できず、遺跡が皆無に近い。黄島式で急増する。

　関西西部との重要な違いは、①山陰・四国いずれも後半の遺跡数増加が関西

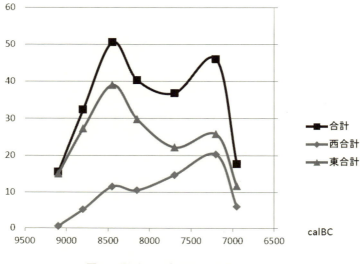

図37 関西の100年間あたり遺跡数推移

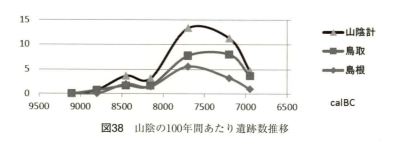

図38 山陰の100年間あたり遺跡数推移

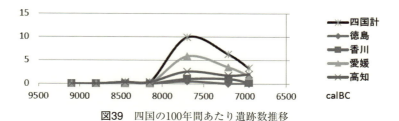

図39 四国の100年間あたり遺跡数推移

第6章 押型文土器遺跡数の変化 159

西部よりも著しい点と、②後半のピークは関西西部のように高山寺式ではなく黄島式であり、黄島式から高山寺式にかけて減少する点である。四国で前半の増加が著しいのは愛媛と高知でいずれも九州地方に近い。黄島式に伴う無文土器も東九州のものと類似しており、この影響が指摘されてきたが、遺跡数増加の傾向にも表れている(1)。ただし、黄島式に無文土器が伴わない山陰では、鳥取と島根で遺跡数増加傾向に差は少ないが、鳥取の方がやや増加率が高い。土器型式の内容からは九州よりも関西西部からの人口移動の比率が高いと考えるが、遺跡数データはその想定と矛盾しない。

　高山寺式での遺跡数減少は、鳥取よりも島根で顕著になり、島根での遺跡減少率は四国西部の愛媛と同程度である。岡山・広島でも高山寺式の遺跡数は激減することがわかっている。この現象は海進に伴う瀬戸内海の形成と関係していると考えられてきたが、愛媛・島根といった中四国の西側で遺跡数減少が目立つ。逆に、黄島式から高山寺式の遺跡数は関西西部で増加している。すなわち、中四国内部での西から東への人口移動や中四国から関西西部への人口移動が想定できる。東九州では黄島式後半から高山寺式にかけての時期に遺跡数が激減するので、中四国西部から東九州への人口移動は想定しがたい。したがって、黄島式から高山寺式にかけての中四国地方から関西へという人口移動は、一方的なものといってよい。一方で、飛騨では高山寺式の遺跡数が減少し、長野でも細久保式以降遺跡数が激減していくことがわかっている。これは三重や愛知を含めた関西全体の高山寺式の遺跡数増加と関連している現象であろう。関西以西と関西以東の双方から関西に向かって人口が移動する傾向が想定できるわけで、総体的に見れば、東西両端の遺跡数減少を伴う分布圏の縮小によって、高山寺式の広域性は出現したという第9章で述べることになる想定は遺跡数増減からも裏付けられる。ようするに、求心的な人口移動が高山寺式の広域性を発現させた。

　広域的傾向　集計分だけの傾向になるが、図40に以上の遺跡数集計をすべてまとめた遺跡数の増減を示す。神宮寺式から黄島式にかけて関西では減少し、関西以西では増加するので、増減が相殺される。逆に、黄島式から高山寺式に

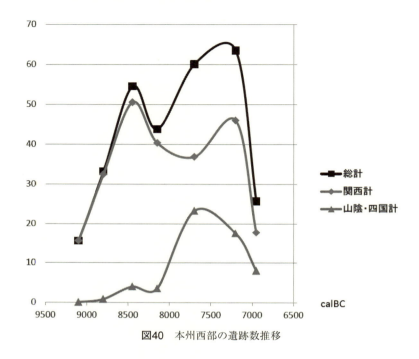

図40 本州西部の遺跡数推移

かけて関西では増加し、関西以西では減少するので、ここでも増減が相殺される。結果的に、神宮寺式・黄島式・高山寺式の3型式の遺跡数に大きな差はない。つまり、各地域の急激に見える増減は隣接地域間の人口移動によって相殺される場合が多いことが推察できる。神宮寺式よりも黄島式・高山寺式の遺跡数が増えていることに意味があるとすれば、岡山など瀬戸内地方、長野・静岡など中部地方、あるいは東九州などとの人口移動のバランス変化が影響しているのだろう。これら未集計の地域の遺跡数を把握して、検討する余地がある。

押型文土器初期の人口増加は基本的には関西、特に三重・奈良などの東部での増加とここからの人口移動によるものである。大鼻式の成立については、中部地方の多縄文土器の影響が想定できるので、中部地方の表裏縄文土器の遺跡数減少を西への人口移動と考える余地がある。しかし、その後の大川式から神宮寺式にかけて遺跡分布が広がる現象は、当然、かなりの人口増加を伴ってい

るはずである。人口増加を可能にした要因の一つは、大鼻式以前の近畿地方の人口密度がきわめて少なく、無人の状態に近かったことがあげられるだろう。人口が少なく食料生産量に大幅な余裕があれば、人口の増加は困難ではない。神宮寺式にいたって、関西東部の人口がピークに達すると同時に、黄島式にかけて西への人口移動が増えるのも人口密度と食料生産量との関係によって生じていると解釈可能である。高山寺式にかけて、瀬戸内海の形成に伴う居住可能地域の減少が人口移動の一因となっていることを述べたが、全体の遺跡数は減少していない。大局的にみれば、人口移動によって人口規模の維持に成功していると解釈できる。

このように、人口密度の少ない早期においては、各地に人口密度がきわめて少ない無人に近い地域と人口が集中する地域が存在し、人口や食料生産量の増減に応じて、結果的に長距離を移動したことで人口が維持されていたと考える。ここで重要な点は、その移動は急激なあるいは頻繁な移動ではなく、数百年間かけて生じている移動であるという点である。人口がきわめて少ない地域が長期間存在すること自体、長距離を頻繁に移動する必要はなかったことの証拠である。つまり、広範囲におよぶ遺跡分布の変化は狭い範囲の遺跡分布の変化が長期間継続して生じた結果であり、短距離の漸移的な人口移動が蓄積したために、広域的な人口移動が観察されることになる。すなわち、縄文早期においても、各地域の狭い範囲で定着的な生活を営むのが常態であることが遺跡数増減傾向から指摘できる。

押型文土器末期の人口減少は本州西部全体で共通する傾向であり、他地域との人口移動のバランス変化では説明しがたいように見える。この時期は関東地方でも遺跡数が少ない子母口式に相当し、かなり広い範囲で遺跡数が減少している可能性が高い。気候寒冷化など、広域的な環境変化の影響を受けている可能性がある。

縄文中期の遺跡数増減との比較 以上述べてきた押型文土器遺跡数増減の程度を縄文中期と比較してみる（図41・42）。鈴木保彦（1986）が集計した長野県の遺跡数と住居数のデータを利用した。鈴木は各型式の絶対数を示しており、

これを100年間あたりの数値に換算した。各型式の存続幅は小林謙一（2008）に従った。所属型式が不明な遺跡数・住居数は所属が明らかな遺跡数・住居数の割合に応じて、割り振った。

　曽利Ⅲ式（中間値2780calBC）をピークとする長野県の中期末の遺跡数・住居数の急激な増減は約200年間以内に生じている。約100年間で遺跡数は3倍以上、住居数は4倍以上に増加し、その直後の100年間で増加する前の数まで激減する。押型文土器の遺跡数増減は急激に見えてもこれほどではない。図40に

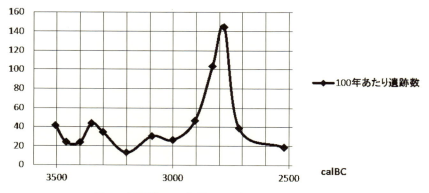

図41　長野県の100年間あたり縄文中期遺跡数推移

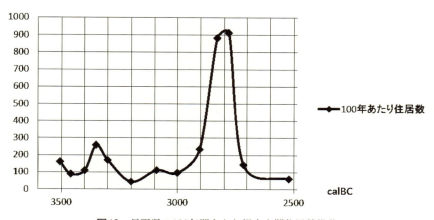

図42　長野県の100年間あたり縄文中期住居数推移

示すように、関西では初期に遺跡数が3倍以上増加するが、これは600年間以上かけて増加した結果であるから、増加の速度は長野県の縄文中期の遺跡数増加の6分の1以下である。また、押型文土器末期には関西で遺跡数が3分の1近く減少するが、これは200年間以上かけての減少であるから、長野県の縄文中期の遺跡数減少の半分以下の速度で減少していることになる。

　曽利Ⅳ式（中間値2715calBC）から曽利Ⅴ式（中間値2520calBC）にかけて遺跡数がゆるやかに減少しているように見えるが、約200年間で半分程度に減っている。関西の押型文末期の遺跡数は250年間で約40％に減少するので、減少の速度はこれに近い。つまり、押型文土器遺跡数の増減の速度は急激に見えても、長野県の縄文中期遺跡数増減と比較すれば、かなりゆるやかな変化であって、異常なものではない。逆に、曽利Ⅲ式をピークとする遺跡数・住居数の急増急減は2000年間におよぶ押型文土器の時代に1度も生じていないきわめて急激な異常な変化であることがわかる。

注
（1）中四国地方の厚手無文土器群を押型文土器出現以前に位置づける兵頭勲（兵頭 2013）の見解に従えば、遺跡数変化の様相も異なってくる。しかし、第5章第1節131頁で述べたように、愛媛県上黒岩遺跡の層位的出土例（春成・小林編 2009）は兵頭の見解を否定する証拠たりうる。

第7章　九州南部における縄文時代中期前葉の土器編年

　第3・4章では縄文早期にみられる土器型式圏の分化、第5章では同じく縄文早期にみられる土器型式圏の統合について、土器編年研究にもとづいて論じてきた。第6章では、このような土器型式圏の流動性を遺跡数変化のデータにもとづいて説明した。筆者が論じた事例はごく限られたものだが、他にもこの種の現象はしばしば指摘でき、特に中期までは、明確な形で指摘しやすいと考えている。

　本章では、中期前半の九州と本州西部との関係において、土器型式圏の統合といってよい現象が観察できることを論じる。この問題は当該期の九州南部の土器編年研究に立脚している。九州地方の研究者と筆者との間で、当該期の土器編年に関して論争が生じているが、その論争の過程で、この現象を主張している。

　第1節では、中期前葉には、九州南部に本州西部と共通する船元式が主体的に分布していることを論じ、特に遺跡間の出土傾向の差や層位例を根拠として論証している。第2節では、遺跡内での出土傾向の差を明確に指摘し、同時に、九州独自の型式から本州西部と共通する特色を有する船元式へと移行する過程について、型式学的に論じている。その中で、上水流式や桐木耳取式という新型式を抽出し、これらを介在させることで、船元式への移行がスムーズに説明できることを論じている。

　筆者は、中期を通じて九州独自の型式が系統的に存続するという九州地方の大方の理解に対して、反対する見解を述べている。この問題は西日本における中期から後期にかけての縄文文化の諸要素の変化に関する解釈の問題と関係しており、この点については、第8章で論じる。

第1節　九州南部における船元式と深浦式との編年的関係

(1)　九州における縄文時代中期の土器編年

　九州の縄文時代中期には、前葉に並木式、以後、阿高式が全期間にわたって存続すると考えられていたが、東和幸による春日式の再検討（東 1989）、およびこれを受けて筆者が行った本州地方との併行関係の再検討（矢野 1995）によって、並木式と阿高式は縄文時代中期後葉（近畿地方では北白川Ｃ式、関東地方では加曾利Ｅ３・４式）に位置づけられるとする見解が支持を得ている状況にある。

　筆者の編年観に沿えば、中期前葉には、本州西半と共通する鷹島式・船元Ⅰ・Ⅱ式が九州南部まで強い影響を及ぼし、その後、船元Ⅲ～里木Ⅱ・Ⅲ式と似ているが独自色を強めた春日式が九州全域に分布する。そして、中期後葉には、本州の北白川Ｃ式とはかなり異質な特徴を有する並木式・阿高式が九州地方全域から本州地方西端部にかけて分布することになる。

　この編年観に沿う限り、九州縄文文化の独自性は中期前葉よりも中期後葉の方が強いことになり、少なくとも一貫して維持されたものではない。草創期の隆起線線文土器、早期の押型文土器の時期にはその前後に比べて九州と本州との共通性が比較的強く、前期の轟式についても、中四国地方のかなりの部分を分布圏に含むことから、九州と本州との共通性が強い時期だとみてよい。つまり、草創期から中期まで、九州と本州とは共通性の強い時期と弱い時期が繰り返された、と筆者は考えている。

　かつては、縄文中期には、九州系土器と本州系土器が分布圏を違えて九州内で対立的に存在する状況を想定し、後期に至って、本州系土器の影響が九州内で強まるという見方が定説化していた。この見方は、前川威洋（前川 1972）、田中良之（田中良 1980）が想定していた図式であるが、このような一方向的な影響関係はないと筆者は考えているわけである。

　筆者の論点は、九州と本州の土器型式は共通性の強い時期と弱い時期が繰り

返される形で存在しており、九州の土器型式は本州の土器型式に対して対立的に存在するものではなく、相互の関係を強めたり弱めたりしながら存在する、という点にある。そして、その背景に、九州、本州相互の遺跡数の変動にもとづく流動的な分布圏の変動を想定している。

この論点において、なお、土器編年上、追求すべき点が残っている。すなわち、現在、春日式以後、つまり船元Ⅲ式以後の中期の編年、特に九州と本州との併行関係については、おおむね定説化する傾向にあると見ているが、春日式以前、すなわち鷹島式から船元Ⅱ式にかけての中期前葉においては、九州と本州との併行関係において、議論すべき点がある。九州北部（ここでは、福岡・大分・佐賀・長崎・熊本北部・宮崎北部をさす）については、鷹島式や船元Ⅰ・Ⅱ式といった本州と共通する土器型式が主体的に分布するという見解が示されており（徳永1994）、筆者もそう考えている。

しかし、九州南部（ここでは、熊本南部・宮崎南部・鹿児島をさす）では、中期前葉に深浦式が主体的に分布し、鷹島式や船元Ⅰ・Ⅱ式といった土器型式は異系統の土器としてこれと同時期であるとみなす見解が強い（東1989、桒畑1997）。深浦式は並木式・阿高式の編年観変更が支持されるまでは前期後葉に位置づける見解が強い土器型式であったが、実体がよく知られていなかったこともあり、あまり議論されてこなかった。春日式の編年が再検討されるようになる頃から、その編年的位置づけが問題となり、現在では、中期前葉に位置づける見方がむしろ一般化している。

このように、深浦式が中期前葉に下ると判断する根拠には、船元式との型式学的類似もあげられているものの、両者の特徴には隔たりも大きい。結局のところ、鷹島式や船元Ⅰ・Ⅱ式を出土する遺跡が少なく、在地の土器型式として深浦式を想定せざるをえず、かつ遺跡での共伴関係もこの両者の併行関係と矛盾するものではない、という大局的な認識が優先しているように思う。

しかし、この認識に沿って、筆者が個々の遺跡での出土状況を検討すると、両者の同時性を説明できるわけではなく、両者に時期差があることが明らかであるという結論を得るにいたった。

また、九州南部においては、鷹島式や船元Ⅰ・Ⅱ式の出土例には時期的な偏りがある。具体的には船元Ⅰ式の古段階までの出土遺跡はごくわずかであり、新段階以後、目立って出土遺跡数が増加することがわかり、この動向は併行関係と合わせて説明できると考える。本論では、この2点について述べ、九州南部においても、特に船元Ⅰ式新段階からⅡ式にかけては、船元式が主体的に分布することを確認したい。

（2）深浦式とこれに後続する条痕文土器

　深浦式の研究史については相美伊久雄の論文（相美 2000）に詳しく、これを参照されたい。編年についても、相美の編年が最も整備されており、これに従う（図43）。相美の編年は、深浦式と認識されてきたものを大きく3型式に分類し、最も古いものを日木山式（後に「深浦式日木山段階」と改称したため、以下、そのようによぶ）と呼称し、以下深浦1式（後に「深浦式石峰段階」と改称したため、以下、そのようによぶ）と深浦2式（後に「深浦式鞍谷段階」と改称したため、以下、そのようによぶ）に分類している。深浦式日木山段階は貝殻連点文（図43の1～3）、相向弧文、突帯文（3）の3種の文様を用いる。突帯文は刻み目を有し、ほとんどが口縁部に数条めぐらすだけのものである。一部、刻み目のない隆帯が縦位に降りるものがある。これに対して、深浦式石峰段階と鞍谷段階は突帯を縦位ないし斜位にめぐらすものを主文様とする。石峰段階はこの文様が直線的であるのに対し、鞍谷段階はやや曲線的になる。また、石峰段階より鞍谷段階の方が口縁部内湾の度合いが強く、キャリパー形の器形に近くなる。この型式変遷は鹿児島県上水流遺跡（金峰町教育委員会 1998）の層位例から証明されている（図44）。

　日木山段階には口縁部内面に貝殻連点文などの押引文が施され、石峰段階・鞍谷段階にもこの手法は残る。この点も含めて日木山段階は西北九州の尾田式と共通する点が多い。尾田式の祖型は、水ノ江和同が述べるように（水ノ江 1990b）、轟C式・D式を介して曽畑式にさかのぼる。尾田式は、口縁部の刻み目隆帯が無いものが典型例であるので、これが比較的多い深浦式日木山段階

168　第2部　土器編年研究からみた縄文時代の地域性変化

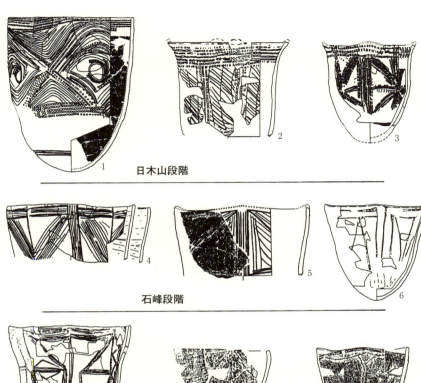

1〜3・6・7：鹿児島・上水流　4・5：鹿児島・大龍　8：鹿児島・北手牧　9：宮崎・天神河内第1
＊（相美 2000）より抜粋。縮尺不同

図43　相美伊久雄による深浦式の細分

は、尾田式と共通しない要素があるものの、大局的にはよく似ている。このように、深浦式日木山段階に先行する土器型式については、重大な見解の相違はない。

　ここで問題にするのは、深浦式の後続型式である。大方の見解では、深浦式から春日式へという型式変遷を想定せざるをえなくなるわけだが、上水流遺跡

第7章 九州南部における縄文時代中期前葉の土器編年 169

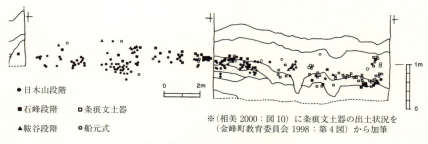

● 日木山段階
■ 石峰段階　□ 条痕文土器
▲ 鞍谷段階　○ 船元式

※（相美 2000：図 10）に条痕文土器の出土状況を
（金峰町教育委員会 1998：第 4 図）から加筆

図44　鹿児島県上水流遺跡の層位

から出土している条痕文土器（報告におけるⅢ類）こそが、深浦式の後続型式と考える（図45）。この条痕文土器は口縁部外面に縦方向の条痕を有し、口縁部が内湾気味になる点、深浦式鞍谷段階に似る。しかも、口縁部に1～3条の隆帯を有するものや、胴部に1条の隆帯を有するものがあり、この点、鞍谷段階にも共通する特徴がある。この種の条痕文土器については、古くから東和幸が注目しており（東1989）、氏はこれを春日式の祖型とみなしている。

　上水流遺跡では、Ⅲ類とされた条痕文土器は深浦式（特に深浦式石峰段階）よりも上位から出土している（図44）。条痕を有する土器は春日式にもあるが、この遺跡では春日式はここで問題としている条痕文土器よりも上位から出土しており、春日式よりも古い。また、春日式に伴う条痕文を有する土器は口縁部外面に横位に施文するので、型式学的にも区別できる。(1)

　この種の土器の類例は、鹿児島や宮崎で出土例があり、深浦式に伴うとされることもあるが（東 1989・1990）、筆者は深浦式鞍谷段階も含めて、深浦式とは時期差があると考える。先に述べたように、上水流遺跡では、深浦式よりも上位から出土する。特に問題にしたいのは、遺跡での分布状況で、上水流遺跡では、深浦式石峰段階と鞍谷段階が図35におけるトレンチの左右にわたって分布しているのに対し、条痕文土器はトレンチの右に著しく偏って分布する。このトレンチの層位は右側に向かって下がっており、分布状況は条痕文土器が深浦式石峰段階・鞍谷段階より新しいことを示唆している。

　鹿児島県神野牧遺跡（鹿児島県立埋蔵文化財センター 1997a）では、深浦式

170　第2部　土器編年研究からみた縄文時代の地域性変化

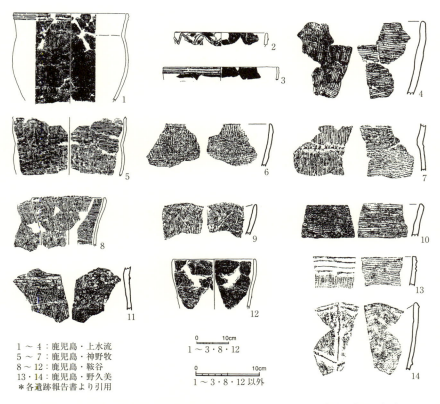

1～4：鹿児島・上水流
5～7：鹿児島・神野牧
8～12：鹿児島・鞍谷
13・14：鹿児島・野久美
＊各遺跡報告書より引用

図45　深浦式に後続する条痕文土器（1～11・13）と深浦式鞍谷段階（14）

の分布が調査区の西側（1～4区）に著しく偏るのに対して、上水流Ⅲ類と共通する条痕文土器（図45の5～7）は調査区の東側（8～11区）に著しく偏る。宮崎県南部の本野遺跡（田野町教育委員会 1999）では上水流Ⅲ類と共通する条痕文土器がまとまって出土しているが、深浦式石峰段階・鞍谷段階はまったく見られない。このような状況から見て、両者は時期差があり、条痕文土器は深浦式鞍谷段階に後続するとみてよい。

(3) 九州南部出土の縄文施文土器と深浦式との共伴例の検討

九州南部で、深浦式との関係が問題にされてきた縄文施文土器について、特に相美が出土遺跡地名表（相美 2000：186）を作成している。これにしたがって、深浦式との共伴が問題とされる事例について述べたい。なお、鹿児島県松美堂遺跡（菱刈町教育委員会 1990）は、相美の表には掲載されていないが、ここではとりあげる。

まず、問題となる土器を、説明の都合上、以下のように分類する（図46）。あくまで、説明の都合による分類であり、型式分類ではない。

A類（図46の1）：大歳山式に近い土器。確実に大歳山式に含めてよいか、検討していないが、図から判断して、これに近いものと判断する。鷹島式にも似るが、鷹島式の典型例は爪形文の幅が広く、また爪形文帯の上下の間隔が狭い。鷹島式に含めるとしても、古い段階のものである。

B1類（図46の2～8）：円形の刺突文を多用するもの。泉拓良の編年（泉 1984・1988）によれば、船元Ⅰ式の古い段階はC字形爪形文（図47の5・6）で、新しい段階にこのC字形がⅠ字形に変化する（図47の7・8）。また、円形の刺突文自体、船元Ⅰ式の新しい段階から船元Ⅱ式にかけて多用される。この変化は漸移的なものであろう。九州南部での出土例では、Ⅰ字形の文様を有するもの（図46の3～5）と、これがないもの（図46の6・7）がある。いずれも船元Ⅰ式の古い段階のものではなく、新しい段階ないし、船元Ⅱ式に属する。図47の8は縄文を有さないため、ここに含めるのが適切ではないかもしれないが、船元Ⅱ式に属する。

B2類（図46の9～18）：押し引き状の爪形文を持つもの。隆帯上にあるものと、そうではないものがある。いずれも船元Ⅱ式とされてきたものである。図46の12・14・15は原体の端のみで押し引き状の文様を描くと判断している。

B3類（図46の19～21）：隆帯上を斜めに刻むもの。船元Ⅱ式に見られる特徴であるが、図46の5のようにⅠ字形の文様を有するものにもこの特徴を有するものがあり、船元Ⅰ式新段階にさかのぼるものも含まれよう。

172　第2部　土器編年研究からみた縄文時代の地域性変化

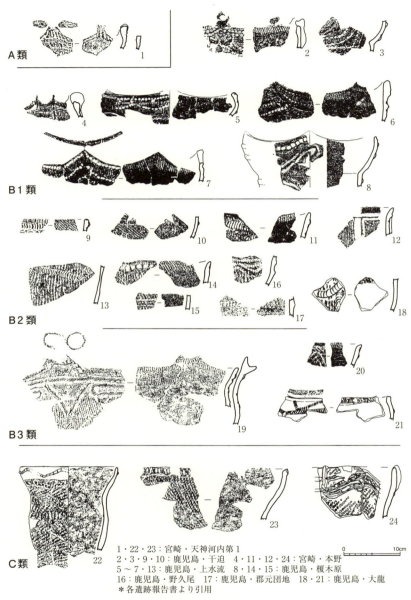

1・22・23：宮崎・天神河内第1
2・3・9・10：鹿児島・干迫　4・11・12・24：宮崎・本野
5～7・13：鹿児島・上水流　8・14・15：鹿児島・榎木原
16：鹿児島・野久尾　17：鹿児島・郡元団地　18・21：鹿児島・大龍
＊各遺跡報告書より引用

図46　九州南部における縄文施文土器

第7章　九州南部における縄文時代中期前葉の土器編年　173

C類（図46の22〜24）：B類とは異なる隆帯で線を描くもの。B類と異なる点は、口縁部内面に施文しない点である。本州地方よりも九州地方に多く、地域的特色が強い。胴部の屈曲がなだらかになっており、船元Ⅱ式ないし

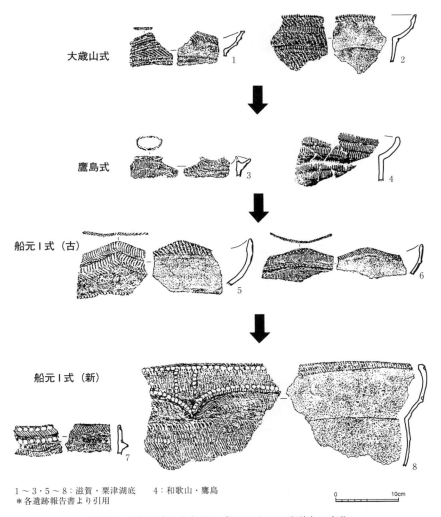

1〜3・5〜8：滋賀・粟津湖底　　4：和歌山・鷹島
＊各遺跡報告書より引用

図47　大歳山式から船元Ⅰ式にかけての爪形文の変化

174　第2部　土器編年研究からみた縄文時代の地域性変化

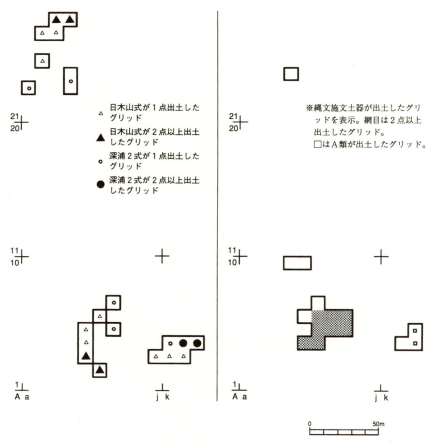

図48　宮崎県天神河内第1遺跡の土器出土状況

それよりも新しいと考える。

　以上の分類にしたがって、深浦式との共伴例の検討を行う。まず、問題にしたいのはC類である。宮崎県南部の天神河内第1遺跡（宮崎県教育委員会1991）では深浦式日木山段階と深浦式鞍谷段階（図43の9）が出土している。日木山段階の分布は調査区の図（図48の左）の上と下に偏る。鞍谷段階の分布は調査区の図の右側に偏る。これに対して、C類（図46の22・23。図48の右の

分布図は他の縄文施文土器も含めている）は日木山段階と鞍谷段階双方の分布の中心からややはずれた位置にある。この縄文施文の土器の分布と最も近いのは、図示していない春日式の分布であるが、春日式との分布の重複は一部に限られるため、春日式の一部にこのC類が共伴する可能性を想定している。いずれにせよ、C類は日木山段階や鞍谷段階と共伴しているわけではない。

　C類や内面に施文しない縄文施文の土器は宮崎県南部の大戸ノロ第2遺跡（高鍋町教育委員会 1991）や鹿児島県成川遺跡（鹿児島県教育委員会 1983）、野久尾遺跡（志布志町教育委員会 1979）などでも出土しているが、これらの遺跡では春日式も出土している。いずれも春日式でも比較的古い北手牧段階や前谷段階の土器が出土しており、これらに共伴する可能性が十分ある。仮に、これらの遺跡で、C類や内面に施文しない縄文施文の土器と深浦式との共伴を想定すると、春日式に伴うはずの縄文施文の土器が皆無という状況になり、春日式の編年研究を根幹から否定することになる。したがって、これらの遺跡では、C類や内面に施文しない縄文施文の土器と深浦式との共伴は想定できず、深浦式の単独出土例が増加することになる。前述の天神河内第1遺跡では、A類も出土しており、これは深浦式鞍谷段階が主として分布する地点での出土である（図48の右）。この点については後述する。

　相美の表中で最も出土例が多いのはB類である。このB類も深浦式との同時性を疑うことができる。鹿児島県榎木原遺跡（鹿児島県教育委員会 1987）では、B2類を含む縄文施文の土器がまとまって出土しており（図46の14・15）、報告書には21点掲載されている。また、B1類に含めた縄文を施文しない図46の8と同類の土器が6点掲載されている。船元式がまとまった量出土しているわけだが、深浦式と判断できる土器（報告書のⅦc・Ⅶd類）は11点にとどまり、両者が同時期であるとすれば、異系統の土器の比率の方が高くなる。しかも、B2類を含む縄文施文の土器が調査区中央南側（D5区）に集中するのに対し、深浦式は中央北側（B4区）に集中する。中央南側（D5区）から出土するのは1点のみで、このような分布状況からは両者の共伴は認めがたい。また、B1類に含めた図46の8と同類の土器もやはり、B2類の縄文施

文土器と同じく調査区南側に集中する（ただし、縄文施文土器とはやや分布がずれており、両者に時期差を想定しうる）。

　鹿児島県干迫遺跡（鹿児島県立埋蔵文化財センター 1997b）では、B1・2類の船元式がやはりまとまって出土しており、報告書には15点掲載されている。しかし、ここでは深浦式と判断できる土器は非常に少ないので、併行関係を想定しにくい。この遺跡での共伴を重視して、深浦式と船元式B1・2類との同時性を想定するとしたならば、先に述べた鹿児島県上水流遺跡での出土状況をまったく理解できなくなる。というのは、上水流遺跡では干迫遺跡と同時期のB1・2類（図46の5・6・13）が深浦式よりも明らかに上位から出土しているからである（図44）。上水流遺跡では深浦式鞍谷段階も上位から出土しているため、層位の解釈によってはB1・2類の船元式が、鞍谷段階に共伴するとみることもできるが、そうした場合、今度は逆に干迫遺跡での出土状況を説明できなくなる。

　このように、深浦式と船元式とは、遺跡内での分布状況や複数遺跡の出土状況から判断すると、共伴とされる事例に同時性を保証しうる確実なものはないといってよいのであり、各遺跡での出土状況を順次、同時性を念頭において、合理的に解釈することは無理である。

　ほかにも事例を追加できる。鹿児島県松美堂遺跡ではB3類が1個体分出土しているが（図46の19）、深浦式日木山段階がわずかに出土するのみで、深浦式石峰・鞍谷段階は出土しない。B3類はB1類の古いものと同時期か、これより新しいものであるから、日木山段階との同時性は先に述べた上水流遺跡での層位例から否定される。鹿児島県神野牧遺跡でもB1類が1点出土しているが、これは深浦式が出土する第V層よりも上位の第III層出土である。同様の状況は鹿児島県一湊松山遺跡（鹿児島県立埋蔵文化財センター 1996）でも確認でき、深浦式日木山段階が第5層、他の深浦式が第3層からも出土しているのに対して、船元式はこれより上位の第2層から1点B3類が出土している（図46の20）。

　以上より、深浦式の各段階は船元式B1〜3類とは同時に存在せず、各層位

例からみて、船元式B1～3類が深浦式各段階より新しいことは確実である。

　次に、先に述べた深浦式に後続する条痕文土器がB類の船元式と共伴する可能性について、検討を加える。上水流遺跡では、分布状況から見て、船元式と同様、トレンチの図の右に条痕文土器が集中しているが、船元式の方が明らかに上位から出土する傾向が強い（図44）。以上より、B類の船元式は条痕文土器を少なくとも多量に伴うものではなく、主体はあくまで船元式であると判断できる。

　こうしてみると、九州南部は、深浦式日木山段階・石峰段階・鞍谷段階・条痕文土器と型式変遷した後に、B類が単独で主体となると判断できる。B類は先に述べたように、船元Ⅰ式新段階から船元Ⅱ式にかけてのものである。この編年観に立つと、深浦式各段階に比べて、船元Ⅰ式新段階以後の遺跡数や出土量が少なくなる。相美の表から判断すれば、日木山段階の出土遺跡数は48（このうち資料数が5点以上の遺跡は23）、石峰段階は19（5点以上は5）、鞍谷段階は25（5点以上は12）で、日木山式段階に比べて、新しい段階の深浦式出土遺跡数は減少する。条痕文土器については、深浦式よりさらに少ないと思われる。これに対して、船元Ⅰ式新段階から船元Ⅱ式の出土遺跡数は多くて15程度（5点以上は数遺跡）となる。日木山段階以後、この地域の集落が減少し、そのことが本州地方と同様の土器型式が分布する背景になっていると考える。このように、集落の減少に伴い、他地域の影響が強まることは縄文時代においてたびたび生じており、例外的な現象ではない。

　ただし、条痕文土器に後続すると考えた船元Ⅰ式新段階の土器は、条痕文土器との型式学的特徴が非常に隔たっている。日木山段階に比べて、鞍谷段階や条痕文土器の器形がキャリパー形に近くなるという点は船元式との連続性をまったく想定できないわけではないが、現状ではやはり、非常に極端な型式変化を想定せざるをえない。この点については、中間の土器型式が介在していると考えており、次節で後述する。

（4）大歳山式前後の状況

　前章では、A類すなわち大歳山式に近い土器について言及しなかったので、この点について述べる。A類は大歳山式に近いと判断したが、同種の土器は九州南部での出土遺跡数が極端に少ない。鹿児島県内では薩摩国府跡（小田・河口ほか1975）や鹿児島大学構内郡元団地（中村・黒木1993）で出土している。宮崎南部では天神河内第1遺跡、辻遺跡（桒畑1997）で出土している。いずれも、大歳山式に近く、鷹島式としても古い部類に属する。

　薩摩国府跡では深浦1式も出土しているが、全体の出土数が非常に少ない。天神河内第1遺跡では、このA類の出土地点は深浦式鞍谷段階と重なる。ただし、いずれも積極的に同時性を肯定できるほど確たる根拠とはならない。

　このA類は熊本県北部ではまとまった出土例があり、菊池郡七城町岡田遺跡（熊本県教育委員会1993）ではA類がこの地域に主体的に分布することを示す事例である（図49の1～6）。A類とは異なり、沈線で直線文様を描くものも多く、この地域の特色とみてよい。岡田遺跡では大歳山式に比定してよい

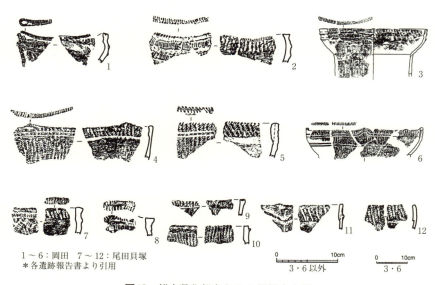

1～6：岡田　7～12：尾田貝塚
＊各遺跡報告書より引用

図49　熊本県北部出土のA類縄文土器

もの（1）と鷹島式に近いものがある。ただし、いずれも口縁端部を両側から刻むという特徴を有し、これは大歳山式に一般的な特徴であり、鷹島式としても古いものである。ほかに口縁端部を刻まないものや、細い無刻みの隆帯をめぐらすものがあり、口縁形態から見てＡ類と同時期と判断している。これとほぼ同時期とみてよい縄文施文の土器は、同じく熊本県北部の玉名市尾田貝塚でもまとまって出土している（7〜12）。

　岡田遺跡では、深浦式日木山段階がごく少量出土する。一方、尾田貝塚では尾田式がＡ類と同様まとまって出土する。両者の出土量比は報告書掲載のもので、4層下部では縄文施文土器19に対して尾田式13、4層上部では8対3、3層では33対0となり、上層ほど縄文施文土器の比率が高い。これは、尾田式が縄文施文土器よりも古いことを示している。4層下部出土の縄文施文の土器には細い隆帯上を軽く刻むものがあり（図49の10・11）、これは報告者が述べるように、大歳山式に先行する里木Ｉ式（北白川下層Ⅲ式）の可能性がある。3層出土のものにもこの時期の可能性のある土器（12）もある。ただし、縄文施文土器の帰属時期にかかわらず、この地域において、尾田式に後続する時期に縄文施文土器が主体となる時期があることを示す事例であり、その時期は遅くともＡ類の時期、すなわち大歳山式ないし鷹島式の古い段階を下らない。この状況は岡田遺跡の状況と矛盾しない。

　そこで問題となるのは、岡田遺跡で出土した深浦式日木山段階と尾田貝塚で出土した尾田式との編年的関係である。共にＡ類の縄文施文土器を出土しているのだが、日木山段階と尾田式が同時期であるとすれば、尾田貝塚の層位的出土量比の推移から見て、岡田遺跡における日木山段階は主体となるＡ類の縄文施文土器とは同時期ではないと考えざるをえない。一方、岡田遺跡の日木山段階が尾田式より新しいとみて、日木山式はあくまで異系統の土器としてＡ類と同時期であるとみることも可能である。

　仮に、岡田遺跡における深浦式日木山段階とＡ類との同時性を想定すれば、先に述べた宮崎県南部の天神河内第1遺跡における深浦式鞍谷段階とＡ類との同時性は否定されることなる。その場合、天神河内第1遺跡でも深浦式

日木山段階は出土しているので、日木山段階とA類との同時性は想定可能ではある。一方、天神河内第1遺跡におけるA類と深浦式鞍谷段階との同時性を認めれば、岡田遺跡における日木山段階とA類との同時性は否定される。ただし、この場合、尾田貝塚における尾田式と岡田遺跡の深浦式日木山段階を同類とみなせば、この地域ではA類に先行して尾田式が主体的に分布していることは明らかなので、特に問題となる点はない。実際、深浦式日木山段階とされているものには尾田式と貝殻連点文など共通する特徴が多いのは事実である。ただし、日木山段階には沈線と押引文を併用するものが多いのに対し、尾田式とされているものにはこれがない。この点が時期差を反映している可能性については、現状では未解決である。

　この点、今後の検討課題を残すが、ここでは深浦式日木山段階と尾田式を大きく同類とみなして、同時期と判断しておく。したがって、A類、すなわち大歳山式ないし鷹島式の古い段階は深浦式鞍谷段階との併行関係を想定しておく。先に述べたように、A類とB類との間には鷹島式の新しい段階と船元Ⅰ式の古段階が介在することは確実なので、深浦式に後続する条痕文土器の時期をこの時期に想定しておく。

　この編年に従えば、深浦式鞍谷段階の出土が九州南部に限定される状況を比較的、合理的に説明できる。すなわち、九州北部では大歳山式前後の土器が主体となるが、九州南部ではこれがほとんど見られず、深浦式鞍谷段階が分布する。逆に、深浦式鞍谷段階は九州北部で確実なものはほとんどない。A類との併行関係の推定は根拠が弱いのであるが、現状では、いちおう九州における分布状況と矛盾しない。

　以上、述べてきたことをまとめると、次のようになる。
①大歳山式および鷹島式の古い段階の土器は九州北部では単独で主体をなし、九州南部ではこの時期、深浦式鞍谷段階が分布する。
②典型的な鷹島式と船元Ⅰ式古段階の時期には、九州南部では深浦式鞍谷段階に後続する条痕文土器が分布する。
③船元Ⅰ式新段階および船元Ⅱ式は九州北部と同様、九州南部でも単独で主体

をなし、春日式がこれに後続する。

筆者は轟式前後の編年を整理したことがあり、轟式に後続する野口・阿多タイプが羽島下層Ⅱ式に併行する時期と考えている（矢野 2002a）。本論と合わせると、曽畑式およびこれに後続する轟C式・轟D式・尾田式（深浦式日木山段階）・深浦式石峰段階は北白川下層Ⅰ式以後、大歳山式以前、すなわち北白川下層Ⅲ式までにおさまることになる。この間の土器型式の変化について、具体的な併行関係を示すには至っていないが、九州と本州との土器型式の関係が西日本縄文文化のあり方を説明する基礎になると考えており、今後、前期のこの段階の併行関係についても、具体的な検討を進めたい。

第2節　九州南部における深浦式から船元式への型式変遷

(1) 問題の所在

前節で述べたように、縄文時代中期前半に本州地方西部に広く分布する船元式は九州地方瀬戸内側にも分布し、これが九州地方独自の型式である並木式と対峙する、という図式は1970〜1980年代の定説的理解であった（前川 1972、田中良 1980）。しかし、その後、並木式に先行する九州地方独自の地域色の強い春日式の位置づけが明確になり（東 1989）、これが船元Ⅲ式〜里木Ⅲ式にかけて存続することが明らかにされた（矢野 1995）。その結果、船元Ⅲ式以前の時期、すなわち前期末の大歳山式、中期前葉の鷹島式、船元Ⅰ式、船元Ⅱ式の時期に相当する九州地方の土器型式が何かという点が問題となった。

九州地方北部（福岡県、大分県、熊本県北部）には、大歳山式〜船元Ⅱ式が分布しているという理解が共有されている点は1980年代と同様である。問題は九州地方南部（鹿児島県、宮崎県、熊本県南部）の状況である。これらの地域にも、大歳山式〜船元Ⅱ式は分布しているのだが、大歳山式〜船元Ⅱ式はあくまで本州地方の土器型式であり、したがってこれらは客体として九州地方南部に分布すると考える研究者は、並木式の編年的位置が中期後葉に変更される頃から、本来、前期末に位置づけられていた深浦式を中期初頭に位置づけ、これ

と鷹島式〜船元Ⅱ式とが同時期であるとみなすようになった（東 1989、桒畑 1993）。

この深浦式は九州地方南部に特徴的な土器型式で、相美伊久雄は日木山式、星塚式と呼称されたものも含めて、日木山段階、石峰段階、鞍谷段階の3段階に区分し、この順序で変遷することを論じている（相美 2000・2006a）。一方、相美はこれらの深浦式各段階が前期末の大歳山式から中期前葉の船元Ⅱ式にかけての「本州系」土器型式と時期的に併行することを論じている。この相美の見解は九州地方南部の研究者の見解を代表するものである。

大歳山式から船元Ⅱ式にかけての「本州系」土器型式は九州地方南部においても出土している。九州地方北部においては、これらの土器型式が単独で主体をなすという認識は共有されているので、個々の遺跡における共伴関係が問題になるのは九州地方南部においてである。前節で述べたように、筆者は、個々の遺跡の出土状況を検討した結果、九州地方南部においては、①大歳山式から鷹島式の古い部分は深浦式鞍谷段階と併行する、②鷹島式の新しい部分から船元Ⅰ式の古い部分は深浦式に後続する未命名の条痕文土器が併行する、③船元Ⅰ式の新しい部分から船元Ⅱ式は九州地方南部においても単独で主体をなす、という結論を得た（矢野 2005a）。

この問題は、九州地方南部の土器型式のあり方、すなわち九州地方南部において、独自の系譜を有する土器型式が系列を保って存在するか否か、という問題と関わる。その点において、深浦式と大歳山式〜船元Ⅱ式との同時性を主張する論者の立場は、かつて並木式と船元式との対時を主張した立場と、同じであるといってよい。

これに対して、筆者の立場は、一般に土器型式は分化と統合を繰り返し、この現象は地域人口の流動性の高さ（地域の遺跡数増減の変動）と密接に関わる、という理解と関係している。したがって、九州地方南部における大歳山式〜船元Ⅱ式の遺跡数の少なさは、本州地方との間の土器型式圏の統合という現象と呼応しており、合理的に理解しうると考えている。逆に、その後、春日式という九州地方南部の地域的な土器型式が成立するのは、大局的に見て、鷹島

～船元Ⅱ式の土器型式分布圏の分化であり、これに呼応して、南九州の人口（遺跡数）が増加する、というように、合理的に理解しうると考えている（矢野 2005b）。

しかしながら、いずれが正しい理解であるかは、個々の遺跡における出土状況によって検証されるべきである。筆者は個別の遺跡での共伴とみなされてきた事例において、これを同時性の証拠とみなすことができないことを述べたが、相美は、筆者の分析に誤りがあることを指摘し、やはり共伴とみなすべきである、と反論した（相美 2006b）。筆者の分析については、事実認識において一部に不備がある点は相美の指摘どおりではあるものの、しかし、大局的にみれば、相美の批判は不適切であり、筆者の分析は有効と考える。

本節では、この点について、相美の反論に批判を加えるが、相美の批判の後に、筆者の説をより有効な形で裏付ける鹿児島県桐木耳取遺跡の報告書が刊行されており（鹿児島県立埋蔵文化財センター 2005b）、この遺跡での出土状況の分析によって、筆者の説、すなわち船元Ⅰ式（新）～船元Ⅱ式が南九州地方に単独で主体的に分布することは証明できると考えるので、その点から、明らかにしていきたい。

その後で、相美の批判に反論を加え、さらに、深浦式で最も古い日木山段階はその後半部分が前期の北白川下層Ⅲ式と型式学的共通性が認められることを論じ、深浦式の最終段階の鞍谷段階が遅くとも鷹島式の古い段階までにおさまることを論じる。そして、深浦式に後続する土器型式は未命名の型式（矢野が前稿で「条痕文土器」とよび、相美が「上水流タイプ」と仮称したものを含むが、それ以外のものも今回新たに指摘する）で、これは南九州独特の型式だが、これに後続する船元Ⅰ式の新しい段階から船元Ⅱ式にかけての時期には、九州南部の地域性は確認できるものの、本州地方西部と共通性がきわめて高いことを再確認する。

（2）桐木耳取遺跡の出土土器の分布とその編年的考察

相美は、九州地方南部において深浦式が分布する時期に、大隅半島には野久

尾式と称する隆線文を添付する土器が分布すると述べている（相美 2006b）。この野久尾式とは、従来は轟式の末期に位置づけられていたものであるが、条痕を残す点での深浦式との類似、隆線文で曲線的な文様を描く点での船元Ⅱ式との類似から、轟式とは別のもので、深浦式や船元Ⅱ式に近いものである、という理解が示されるようになった（図50の1～5）。

　大隈半島に位置する桐木耳取遺跡からはこの野久尾式が大量に出土しており、報告書においても、これが船元Ⅱ式と同時期である可能性が示唆されている。しかし、この野久尾式と称された土器の分布は、桐木耳取遺跡において、少なくとも深浦式の分布とはまったく異なっている。遺跡の範囲は南北で700mに及び、広域における分布の違いは各土器型式の時期差を決定的に証明するので、まず、この点について述べる。

　問題となる桐木耳取遺跡は日本道路公団調査分の区域と国土交通省調査分の区域からなるが、報告書では前者を桐木耳取遺跡として一括して呼称し、後者を桐木遺跡と称しているので、ここでもそのように呼称する。まず、前者の桐木耳取遺跡における土器の分布を見る。

　まず、問題となる土器型式を五つに区分する（図50）。

A．胴部上半に多条の隆帯を添付するもの（図50の1～5）。大半は野久尾式と称された土器。隆帯を刻むものは別個に検討するため、除外している。ほとんどは外反気味の器形（2・4・5）で、直行もしくは内湾気味の器形（1・3）をわずかに含む。

B．深浦式と判断できるもの（6～8）。貝殻連点文のもの（6、日木山段階）と、細い隆帯を有するもの（7・8、大半が鞍谷段階）がある。前者はわずかで後者の方が多い。

C．口縁部に1条から3条の刻目隆帯を有する土器（9～13）。これは従来、ほとんど問題にされていないが、この遺跡ではまとまって出土している。

D．全面が条痕のみの土器（14～16）。胴部で屈曲するもの（14・15）と直行するもの（16）がある。

E．船元式とみなされている縄文施文の土器（17～25）。隆帯と円形刺突を併

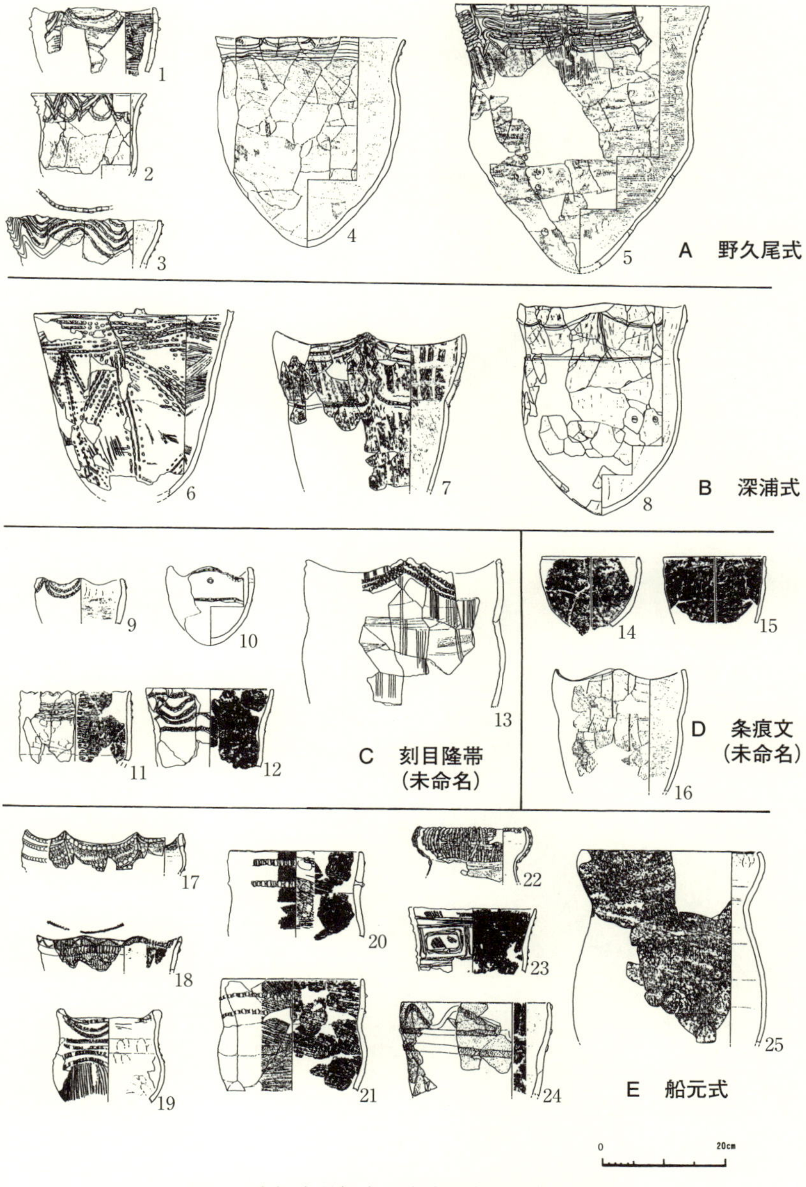

第7章 九州南部における縄文時代中期前葉の土器編年　185

図50　鹿児島県桐木耳取遺跡出土土器の分類

186　第2部　土器編年研究からみた縄文時代の地域性変化

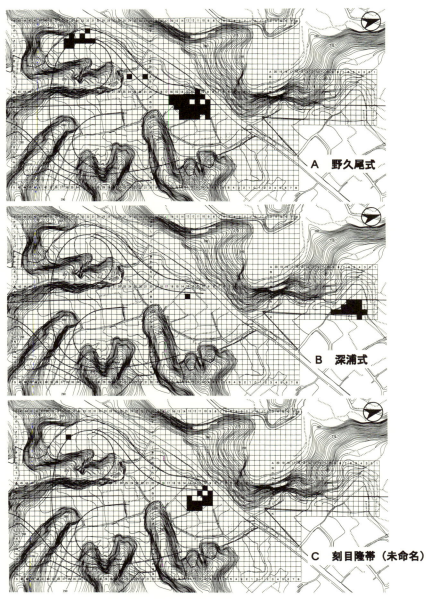

図51　鹿児島県桐木耳取遺跡の土器型式分布（1）

第7章　九州南部における縄文時代中期前葉の土器編年　187

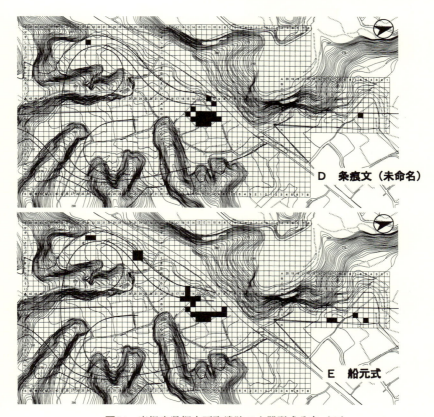

図51　鹿児島県桐木耳取遺跡の土器型式分布（2）

用するもの（17）、内面に太い爪形文を有するもの（18）、太い刻目隆帯を有するもの（19～21）、縄文を施した細い隆帯を有するもの（22・23）、縄文を施した太い隆帯を有するもの（24）、全面縄文施文のもの（25）、がある。いずれも船元Ⅱ式とみなしうるが、一部船元Ⅰ式にさかのぼるものがあるかもしれない。

　これらの分類は必ずしも報告書の分類とは一致していない。春日式と判断したものは省いた。また、小破片で型式の認定が困難なものも省いている。

　調査区内の分布域は、南部、中部、北部に分かれる。それぞれの分布の特徴

は次のとおりである（図51）。
①Aの野久尾式は中央部と南部に分布するが、北部には分布しない。
②Bの深浦式は北部に集中し、中部に一部分布する。
③Cの刻目隆帯の土器は中央部のせまい範囲に集中し、南部に一部分布し、北部には分布しない。
④Dの全面条痕の土器は、中央部のせまい範囲に集中し、南部と北部に一部分布する。
⑤Eの船元式は中央部に主に分布し、南部と北部に一部分布する。

このような分布状況からみて、まず明確に他と異なるのはBの深浦式である。したがって、深浦式は他のいかなる土器型式とも時期差がある。つまり、大隅半島においても、深浦式は単独で主体となる時期が確実に存在する。ということは、野久尾式や船元Ⅱ式などは深浦式とは別の時期のものであることが、この遺跡から証明しうるのである。

この遺跡での分布状況をやや詳しくみると、Cの刻目隆帯の土器とDの全面条痕の土器の分布はきわめて近似しており、しかも他とは異なる。また、Aの野久尾式とEの船元式はいずれも比較的分布が広いものの、Aの野久尾式は最も大量に出土しているにもかかわらず、北部に分布がみられない、少なくともきわめて希薄であるといってよい。しかし、Eの船元式は出土量がはるかに少ないにもかかわらず、北部にも分布する。また、Aの野久尾式は南部でも比較的分布が多いが、Eの船元式は南部に分布するものは2個体しかない。といったように、A、B、C＋D、Eという四つのグループで分布に相違があり、これらの土器は最低4時期に区分しうると考える。このような分布の相違については異論をはさむ余地もあると思われるが、桐木遺跡（鹿児島県立埋蔵文化財センター 2004）との比較において、これらの分布の相違に意味があることが明確になる。

まず、桐木遺跡では、Aの野久尾式が少量、Eの船元式がそれよりも多く出土しているが、Bの深浦式、Cの刻目隆帯の土器はともに出土していない。したがって、Cの刻目隆帯の土器がAの野久尾式ともEの船元式とも時期差があ

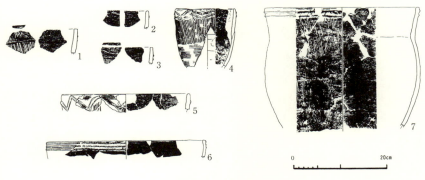

図52 上水流式

ることを示しうる。

　さらに、桐木耳取遺跡では圧倒的にAの野久尾式が多く、Eの船元式ははるかに少ないのに比べ、この桐木遺跡ではAの野久尾式はわずかで、Eの船元式の方が多い。したがって、野久尾式と船元式にも時期差があることを示しうる。

　桐木遺跡では、Dの全面条痕の土器は、全面が条痕か否かはっきりしないものの、条痕を有する土器の破片は比較的多く出土している。桐木遺跡ではDは単独で存在するのかといえば、桐木耳取遺跡でもわずかに出土しているタイプ、すなわち口縁部に細い隆帯を有する条痕施文の土器と同時期であると考える。これは筆者が前稿で「条痕文土器」に含めたもので、相美が「上水流タイプ」と称したものである。これを「上水流式」とよび、Fとする（図52）。このFは条痕施文の尖底の土器と桐木遺跡における分布が共通している。しかしながら、桐木遺跡ではCの刻み目隆帯を有する土器が出土していないため、CとFには時期差がある。

　以上より、総合して、A、B、E、C＋D、F＋Dという五つの時期が指摘できるわけである。つまり、野久尾式、深浦式、船元Ⅱ式はそれぞれ単独で主体をなす時期がある。また、Cの刻み目隆帯を有する土器と、Fの上水流式は、それぞれ全面条痕文の土器と共伴しながら、他の土器型式を交えずに存在

する時期がある。

　次にこれらの編年的位置づけについて検討を加える。

　まず、Aの野久尾式は轟式としては異質ではあるが、深浦式とは別時期である。桐木耳取遺跡での出土状況からみて、深浦式日木山段階とも鞍谷段階とも時期が異なることがわかる。相美は、野久尾式が深浦式の各段階において大隅半島を中心に分布すると述べるが、大隅半島の垂水市にある重田遺跡（垂水市教育委員会 2002）では、深浦式日木山段階が大量に出土しているにもかかわらず野久尾式はまったく存在していない。

　では、野久尾式が深浦式日木山段階と鞍谷段階との中間の時期である石峰段階に限って存在するのかというと、大隅半島の桐木耳取遺跡でも桐木遺跡でも深浦式石峰段階は出土していないし、逆に大隅半島の鹿屋市にある神野牧遺跡（鹿児島県立埋蔵文化財センター 1997a）では、石峰段階がまとまって出土しているが、野久尾式はほぼ皆無である（その可能性のあるものが 1 点あるが）。ようするに、大隅半島所在の各遺跡で、野久尾式と深浦式との同時性を想定できない遺跡をいくつも指摘できるわけである。

　野久尾式を深浦式よりも新しく位置づけることは、深浦式と、それに後続する隆帯を有する土器との関係からみて、無理である。この点は、後述する。したがって、野久尾式は深浦式よりも古い。深浦式は西北九州の尾田式と関係が深く、その先行型式は轟C・D式であり、轟C・D式の先行型式は曽畑式である。この曽畑式から深浦式までの型式変化は連続的に説明しうるため、野久尾式がその過程に介在する余地はない（水ノ江 1990a, b、池田 1998）。したがって、野久尾式と称されたものは曽畑式よりも古く、従来どおり、轟式の終末期以外の時期に位置づけることはできない。

　次に、深浦式については、単独で 1 時期が形成されることが明確である。つまり、この時期には船元式は共伴しない。また、Cの刻目隆帯を有する土器やFの口縁部に隆帯を有する条痕文土器とも共伴しない。Fの上水流式については、前稿で上水流遺跡の層位的出土状況（深浦式より上位、船元式より下位）から判断して、深浦式に後続し、船元式に先行することを推定していたが

第7章　九州南部における縄文時代中期前葉の土器編年　191

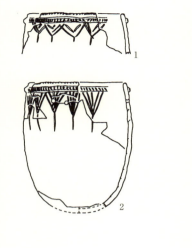
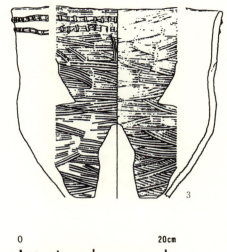

図53　桐木耳取式の類例

（矢野 2005a）、この判断を補強しうることが明らかになった。
　Cの刻目隆帯の土器に関しては、Fの上水流式との関係が問題となる。Fの上水流式は口縁部に細い隆帯をめぐらすが、一部細かい刻みを加えるものがある。この細かい刻みは深浦式鞍谷段階に存在するもので、両者の連続性を示している。Cの刻目隆帯の土器はこの細かい刻みがやや大振りになったものと判断できる。また、Fの口縁部に隆帯を有する条痕文土器の細い隆帯は口縁直下に集中するのに対し、Cの刻目隆帯は、やや下がった位置にあり、胴部上半全体に及ぶものもある。この刻目隆帯は、船元Ⅱ式の刻目隆帯を有する縄文施文土器の刻目隆帯（図50の19〜21）に継承されるのではないか、と考える。したがって、Cの刻目隆帯を有する土器はFの上水流式と船元Ⅱ式との中間に位置づけるのが妥当であると考える。この種の土器の類例はきわめて少なく（図53）、新型式といってもよい。本論ではCの刻目隆帯の土器を「桐木耳取式」とよぶ。
　Dの全面条痕の土器は、出土状況からみて、Fの上水流式とCの桐木耳取式

の土器と、双方に共伴すると考える。いずれも縦位もしくは斜位の条痕がほとんどである。桐木耳取遺跡と桐木遺跡での出土状況から判断して、この種の土器は深浦式鞍谷段階には共伴しない。全面条痕の土器は深浦式と船元Ⅱ式との中間の段階にのみ、存在しているのである。

　Eの船元式については、後にも触れるが、桐木耳取遺跡と桐木遺跡では船元Ⅱ式がほとんどで、わずかに船元Ⅰ式のごく新しいものがある。編年的位置づけが問題になるものとして、①刻目隆帯を有する縄文施文の土器（図50の19〜21）、②細い隆帯で文様を描く土器（図50の22・23）、③縄文を施した太い隆帯を有する土器（図50の24）、の3者がある。これらは相美が本野タイプと称したものである。桐木耳取遺跡でも桐木遺跡でも、この地域に分布するはずの春日式北手牧段階（船元Ⅲ式併行）や船元Ⅲ式そのものは出土していないので、これらは船元Ⅰ式の末期から船元Ⅱ式に共伴するとみてよい。

　以上、深浦式、上水流式、桐木耳取式、船元Ⅰ式（新）・船元Ⅱ式という四つの型式がこの順に推移することがわかる。上水流式と桐木耳取式の位置づけに関して述べたように、それぞれは前後の時期と連続していることから判断して、この四つの時期は連続しており、それぞれの中間にまったく異質な型式が介在するとは考えにくい。

（3）相美の批判に対する反論

　以上より、前節（矢野 2005a）で述べた筆者の編年観の根幹部分、すなわち、深浦式と船元式とは時期差があり、その間に未命名の「条痕文土器」（本稿の上水流式と桐木耳取式）が介在するという考えは、新たな証拠を得たことになる。前章の相当部分は、深浦式と船元式および野久尾式が同時であるという相美の編年観の根本に対する批判になっていると思うが、筆者に対する相美の批判（相美 2006b）は多岐にわたっており、出土層位の解釈などにおいて根本的な相違があるため、これらの点について述べておく。

A．深浦式鞍谷段階と条痕文土器との識別、および時期的関係について

　筆者は上水流遺跡（金峰町教育委員会 1998）などでの出土状況から、深浦

式鞍谷段階に後続する時期に条痕文土器（相美のいう「上水流タイプ」で本論の「上水流式」）が主体となることを述べた（矢野 2005a）。これに対して相美は次のように批判した（相美 2006b）。個々の批判点に対して、筆者の反論を付す。

① 批判点：矢野は条痕文土器の中に胴部に一条の隆帯があるものを含めているので、条痕文土器と深浦式鞍谷段階との同時性を認めていることになる。
  反論：筆者は条痕文土器（本論の「上水流式」、以下すべてそのように記す）が鞍谷段階に後続すると考える。上水流式は先に述べたように、口縁部に隆帯が集中するが、胴部に一条の隆帯を有するものが残っている可能性は否定できない。たとえば、図50の8は深浦式鞍谷段階としても末期のものと思うが、これを上水流式に含める意見もありうるだろう。しかし、残ったとしても数が非常に少ないであろうという点は認める。

② 批判点：矢野は上水流遺跡でのトレンチでの出土状況から、深浦式鞍谷段階より上水流式が新しいとみなしているが、両者は同一レベルから出土しているので、同時期と考えるべきである。また、矢野は神野牧遺跡（鹿児島県立埋蔵文化財センター 1998a）では深浦式と上水流式とが分布が異なるというが、矢野がいう上水流式には胴部に隆帯をもつものが含まれているので、深浦式鞍谷段階とは分布が重なることになる。本野遺跡（田野町教育委員会 1999）も鞍谷段階と上水流式との共伴例とみなしうる。
  反論：前稿で述べたように、上水流遺跡では、トレンチ層位図の右側の方が低くなっており、時期が新しくなるにつれて、右側に堆積が広がっていく、という解釈は無理がないと思う。この点からみて、上水流式の方が、深浦式鞍谷段階よりも分布の重心が右側にあるため、上水流式の方を層位学的に上位と判断しうる。そして、本稿で明らかにしたように、桐木遺跡では深浦式は皆無で、上水流式が単独で1時期をなすことは明らかである。そのように時期差があるならば、上水流式が深浦式鞍谷段階より新しいことも型式学的に説明しうる。
  相美の批判に問題があると感じるのは、相美はようするに、深浦式鞍谷段階

と上水流式との識別が不十分で、したがって両者の時期差は証明されていないと批判しているわけだが、結論として、上水流式は「深浦式石峰・鞍谷段階と同時期に存在する」と主張する点である。相美が深浦式鞍谷段階と上水流式との間に微妙な点があると判断したにせよ、深浦式石峰段階と上水流式との先後関係は、上水流遺跡の層位からも明白であり、神野牧遺跡の分布状況からも明白である。

B. 船元式と深浦式との時期的関係

筆者は深浦式が古く、船元式が新しいと考え、この点を前章で補強した。前節では、上水流遺跡などの層位例や各遺跡での出土状況の差から証明しようとしたわけだが、相美は次のような批判を加えている。

① 批判点：矢野は榎木原遺跡（鹿児島県立埋蔵文化財センター 1987）で深浦式と船元式との分布が異なることを述べ、さらに深浦式よりも船元式の比率が高くなることから、船元式を異系統とみなすことはできないと述べるが、矢野が深浦式に含めていない土器の中に、深浦式鞍谷段階、野久尾式、上水流式があるので、これらは船元式の分布に近く、またこれらを合計すると船元式の比率が高いとはいえない。また船元式には同一個体が含まれる。

反論：同一個体が含まれる点は他の土器型式も同じである。また、船元式はＤ５区という10mグリッドの中で集中的に出土しており、これと同様の出土傾向を示す土器型式は他に存在していない。したがって、船元式は単独で１時期を形成している。

② 批判点：矢野（矢野 2005a）は干迫遺跡（鹿児島県立埋蔵文化財センター 1997b）では深浦式石峰段階以降は皆無に等しいと述べるが、ある程度出土している。矢野（矢野 2005a）は神野牧遺跡で深浦式が出土しない第Ⅲ層から船元式が１点出土すると述べるが、実際は第Ⅲ層から深浦式が出土する。矢野（矢野 2005a）は一湊松山遺跡（鹿児島県立埋蔵文化財センター 1996）で深浦式が出土しない２層から船元式が１点出土すると述べるが、実際は２層から深浦式が出土する。

反論：筆者は船元式が出土する層が深浦式が出土する層より上位であること

を指摘している。この場合、船元式が出土する上位層で深浦式が出土するか否かは問題にならないので、言及しなかったまでである。これは次の批判に対する反論で示される。

③ 批判点：矢野は上水流遺跡では上水流式よりも上位から船元式が出土すると述べるが、船元式と同一レベルから出土する上水流式があるので、そうとは言い切れない。

反論：層位の解釈においては上位層で共伴するかどうかではなく、下位層での出土にいかなる差があらわれるか、という点のみが問題となる。上水流遺跡では上水流式が出土する範囲にあるレベルの下位部分において船元式はまったく出土していないのである。この点こそが有意な事実であり、上位部分で共伴するか否かはまったく問題にならない。筆者はこの点をふまえて、②で批判された神野牧遺跡や一湊松山遺跡例を補足的にとらえていた。この両遺跡において、船元式の出土はいずれの遺跡でも1点にとどまるが、重要な点は、両遺跡とも、深浦式が主体的に出土する層では船元式はまったく出土せず、船元式はその上位層のみから出土する、という事実である。このように、両型式の上下関係が確認できる遺跡すべてにおいて、深浦式ないし上水流式よりも船元式が上位から出土する傾向のみが確認できるのである。これらの3型式に時期差があるという点は、前節で補強されており、型式学的連続性と層位例から判断して、深浦式、上水流式、船元式という3者の序列は確実である。

以上、深浦式、上水流式、船元式との時期的関係については、反論がつくされたと思う。相美は、深浦式日木山段階に関する筆者の見解にも反論を加えているが、この点については、若干補足を要する点があるので、項を改めて論じたい。

（4）深浦式と併行する本州西部の土器型式

九州地方南部に分布する深浦式は地域性の強い土器であるが、本州西部の土器型式との共通性をうかがうことのできる特徴がないわけではない（図54）。

196 第2部 土器編年研究からみた縄文時代の地域性変化

1：鹿児島・干迫遺跡　2・4・6：京都・志高遺跡　3：鹿児島・花ノ木遺跡
5：鹿児島・山ノ脇遺跡　7：鹿児島・本村遺跡　8：岡山・里木貝塚

図54　深浦式・上水流式と本州系土器との併行関係

第7章　九州南部における縄文時代中期前葉の土器編年　197

　日木山段階：1例しか確認できていないが、下部がふくらむU字状の文様を細い隆帯で描くものがある（図54の1）。これは北白川下層Ⅲ式（里木Ⅰ式）に見られるものである（3）。円形の浮文を胴部に有するものがあるが（2）、これは下層Ⅲ式から大歳山式に多く見られる特徴である（図54の4・6）。円形浮文については、桒畑光博が指摘している（桒畑1993）が、氏は鷹島式との関連を想定している。円形浮文の位置からみれば、日木山段階のものは鷹島式よりも古いものとの関連を想定すべきであると考える。

　鞍谷段階と上水流式：円形の浮文を口縁部の波頂部直下に有するものが上水流式にある（7）。胴部ではなく口縁部の波長部直下に円形の浮文を有する土器は、鷹島式から船元Ⅰ式にかけて存在する（8）。なお、円形の浮文を口縁部に連続させるものが鞍谷段階と推定できるものにある（5）。このような文様は大歳山式にある（6）。

　以上の要素は、併行関係を論じるにあたって問題とすべき点と考えるが、これ以外に、本州西部との関係を推定できる要素がある（図55）。

　日木山段階には頂部が肩平な楕円形となり中央部が窪む突起がわずかに見られる（図55の1）。この突起は粘土ひもをはりつけただけのもので、高く突出しない。同様の小突起は北白川下層Ⅲ式から大歳山式に存在する（2・3）。この突起も桒畑が問題としているが、氏は鷹島式との類似を問題にしている。鷹島式になるとこの突起が発達し、上部に高く突出するので（図54の8）、日木山段階のものはより古いと考える。

　上水流式には口縁部外面に上下に蛇行する隆帯を貼り付けるものがある（図55の4）。これと同じ文様を隆帯で描く土器は船元Ⅰ式の比較的古い部分にある（5）。

　鞍谷段階と上水流式には断面三角形の細い微隆帯が多用される（図50の8）。大歳山式や鷹島式の隆帯は基本的には刻み等の施文を加えるが、九州地方に分布するものには隆帯に施文しないものがあり（図55の6・7）、これは鞍谷段階と上水流式の細い微隆起帯ときわめて類似する。

　上水流式には口縁端部に二枚貝の背部で圧痕を施すものがある（図55の

10)。これは鷹島式から船元Ⅰ式にかけてよくみられる手法である（図55の11・12）。また、隆帯上に二枚貝の背部で圧痕を加えるものが鞍谷段階と上水流式にある（4・8）。これは北白川下層Ⅲ式から鷹島式にかけてみられる手法である（9・13）。この二枚貝の背圧痕については時期を限定するのがむずかしいかもしれないが、少なくとも筆者の編年観と矛盾するものではないので、指摘しておく。

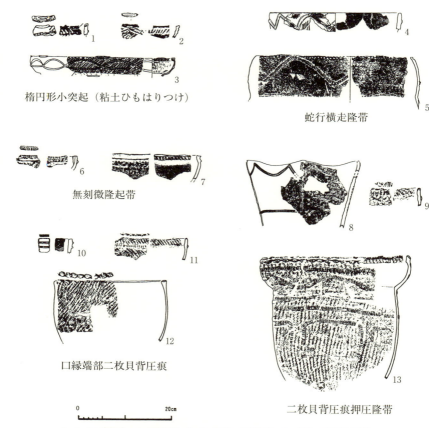

1・4・6：鹿児島・上水流遺跡　2・3：京都・志高遺跡　5：滋賀・粟津湖底遺跡
6・7：熊本・岡田遺跡　9・10・12・13：岡山・里木遺跡　11：鹿児島・本村遺跡

図55　深浦式・上水流式と本州系土器との共通性

以上より、日木山段階と類似する手法は北白川下層Ⅲ式に集中する。北白川下層Ⅲ式と共通する日木山段階とはいずれも隆帯が発達した段階である。しかしながら、鹿児島県重田遺跡（垂水市教育委員会 2002）では隆帯を有するものがほとんどない貝殻連点文の日木山段階がまとまって出土しており、日木山段階は隆帯が発達する段階とそれが皆無の段階に二分しうると考える。尾田式についても隆帯の出現はその後半部分であることが指摘されている（池田 1998）。深浦式日木山段階の隆帯は、深浦式石峰段階との連続性からみて、日木山段階の中でも新しいことは明らかである。したがって、ここで確認した北白川下層Ⅲ式との併行関係は、深浦式日木山段階のなかでも新しい時期との併行関係にほかならない。

　また、深浦式鞍谷段階や上水流式と共通する手法は、大歳山式から船元Ⅰ式の比較的古い部分にかけての時期に集中する。この時期の土器は、九州南部でも確認できるので、これについて述べておきたい。前節で述べたように、大歳山式ないし鷹島式の古い段階に相当する土器は宮崎県天神河内第1遺跡（宮崎県教育委員会 1991）で出土しており、これは出土地点からみて鞍谷段階と同時期である可能性が高い。鷹島式の古い段階とは、前稿で指摘したように、爪形の幅が狭く、爪形文帯の間隔が広いものを指す。新しくなると爪形の幅が広がり、爪形文帯の間隔が狭くなる。この傾向がさらに進むのが船元Ⅰ式で、その末期には本来C字であった爪形文がほとんどⅠ字形になる。

　鹿児島県本村遺跡（有明町教育委員会 2003）でも大歳山式ないし鷹島式の古い段階の土器が出土している。ここでも深浦式鞍谷段階が出土している（図55の11）。また、この遺跡では先に指摘した円形浮文を有する上水流式が出土しており（図54の7）、この波状口縁直下の円形浮文は典型的な鷹島式、すなわち爪形文の幅が広い鷹島式と船元Ⅰ式にみられるものである。本村遺跡でまとまって出土している条痕文土器はこの上水流式に伴うものであるはずである。つまり、この本村遺跡では、深浦式鞍谷段階から上水流式にかけての2時期にわたって、本州西部の土器型式との関係を確認しうる。

　以上からみて、大歳山式から鷹島式の古い段階にかけての時期には深浦式鞍

谷段階が併行し、典型的な鷹島式（前稿および本稿でいう鷹島式の新しい部分）から船元Ⅰ式の大部分の時期の一部には、上水流式が併行していると考えてよい。

　深浦式石峰段階については北白川下層Ⅲ式にさかのぼる可能性もあるが、大歳山式から鷹島式にかけての土器が出土する遺跡で深浦式石峰段階が出土する遺跡が、鹿児島市郡元団地（鹿児島大学 1993．[矢野 2005a]では拓本から船元Ⅱ式ではないかと判断したが、相美から写真提供を受け、大歳山式であると判断を変えた）、薩摩国分寺跡（小田・河口ほか 1975）など、複数存在することから、深浦式石峰段階が大歳山式から鷹島式の古い部分に併行している可能性が高いと考えている。

　この点、長崎県深堀小学校遺跡（長崎市教育委員会 1984）から出土している深浦式石峰段階と考えられる土器は興味深い（図56）。この土器には大歳山式もしくは鷹島式の古い部分と共通する爪形文が施されている。報告書ではこの土器を里木Ⅰ式、すなわち北白川下層Ⅲ式の影響を受けた土器と判断しているが、爪形文の特徴は、里木Ⅰ式よりは大歳山式に近い。

　したがって、深浦式石峰段階の時期には大歳山式や鷹島式の分布は熊本県北部までは及んでいたが、長崎県南西部や熊本県南部には及んでおらず、断片的に深浦式石峰段階の土器と共伴するか、一部の特徴が深浦式石峰段階に取り入れられるにすぎなかったと判断できる。

　宮崎県北部の内野々遺跡（宮崎県教育委員会 1992）では、大歳山式が出土

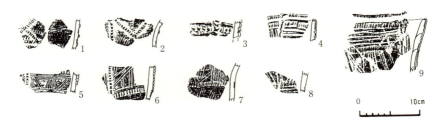

図56　長崎県の深浦式石峰段階

第7章　九州南部における縄文時代中期前葉の土器編年　201

表10　九州と本州との併行関係

九州南部	長崎	熊本北部	九州北部・本州西部
深浦式日木山段階（古）	尾田式	尾田式	里木Ⅰ式 （北白川下層Ⅲ式）
深浦式日木山段階（新）	?	?	
深浦式石峰段階	深浦式石峰段階	大歳山式	大歳山式
深浦式鞍谷段階	?	鷹島式（古）	鷹島式（古）
上水流式	?	?	鷹島式（新）
桐木耳取式	桐木耳取式	?	船元Ⅰ式（古）
船元Ⅰ式（新）	船元Ⅰ式（新）	船元Ⅰ式（新）	船元Ⅰ式（新）
船元Ⅱ式	船元Ⅱ式	船元Ⅱ式	船元Ⅱ式

しているが、深浦式はまったく出土していない。したがって、宮崎県北部では、熊本県北部と同様、大歳山式は単独で主体をなすと判断しうる。なお、内野々遺跡では轟C・D式がまとまって出土しており、これと大歳山式が同時期であるとみなす見解もある（桒畑 1993）。しかし、前節で述べたように、熊本県尾田貝塚（田辺・坂田 1981）では、大歳山式もしくはこれよりも古い縄文施文土器よりも尾田式の方が古いことを層位学的に示しうる。轟C・D式は尾田式の直前の土器型式であるから、内野々遺跡において轟C・D式は大歳山式とは同時期ではないことを立証しうる。

なお、上水流式に後続する桐木耳取式については、桐木耳取遺跡での分析から明らかなように、船元Ⅰ式の末期より古いことになる。以上をまとめた編年表を示す（表10）。この編年観は桐木耳取式を追加した点が前稿と変わっている点である。

筆者の深浦式日木山段階の編年的位置づけに対する相美の批判は、特に、尾田式と深浦式日木山段階との時間幅の違いを問題にしている。相美は、尾田式よりも深浦式日木山段階の方が遅くまで残るとみなし、日木山段階は中期初頭まで下がるとみるのである。すでに池田朋生も同様の見解を述べている（池田 1998）。筆者もその可能性については、前節で言及した。しかし、宮崎県天神河内第一遺跡の出土状況の分析において、大歳山式ないし鷹島式の古い部分と

同時期である可能性が最も高いものが深浦式鞍谷段階であったため、これより古い深浦式日木山段階は少なくとも鷹島式までは時期が下がらないと判断した。

型式学的にも深浦式日木山段階と北白川下層Ⅲ式との共通性を確認したので、深浦式日木山段階と大歳山式ないし鷹島式との併行関係については、やはり、否定しうると考える。

ただし、深浦式日木山段階の一部が尾田式よりも新しいことは十分想定しうると考える。というのは、尾田式に後続する西北九州独自の土器型式が存在せず、また、尾田式に後続する土器型式が何であれ、西北九州一帯で当該期の遺跡が非常に少ないのである。先に述べたように、長崎県下では深浦式石峰段階に比定しうる土器（図56）や桐木耳取式に比定しうる土器（図53の1・2）がわずかに指摘しうる一方で、熊本県北部では大歳山式や鷹島式がまとまって出土していることから、長崎県から熊本県中央部は、固有の土器型式が分布せず、深浦式の系譜にある土器と大歳山式の系譜にある土器が少量ずつ分布するような状況、すなわち土器型式圏の境界域に転じているのではないかと考える。つまり、尾田式に示された西北九州独自の土器型式の地域色は、ある段階で消失していると推定している。その消失の時期は、西北九州では深浦式石峰段階の分布が確認できるので、石峰段階よりも古く、深浦式日木山段階の存続期間内であるはずだからである。

熊本県岡田遺跡（熊本県教育委員会 1993）においてわずかに出土している深浦式日木山段階は比較的新しいもので、北白川下層Ⅲ式併行と判断している。しかし、北白川下層Ⅲ式の分布は九州全体で非常に希薄で、この岡田遺跡でも不明確である。したがって、現状では、深浦式日木山段階の新しい時期には、熊本県北部にもそれが単独で分布するような状況を想定しうる。

熊本県北部に大歳山式や鷹島式が分布するのはその後で、このとき、熊本県中央部における土器型式の分布が非常に希薄であり、そのために鹿児島県に分布する深浦式鞍谷段階などとの関係が非常に希薄なものとなった。その結果、熊本県北部の大歳山式や鷹島式は本州西部との共通性が強く維持されたと考え

ている。

（5）当該期における九州地方北部の様相

　九州地方南部における深浦式から船元式にかけての型式変化は相美が述べるように対立的に存在するものでなく、深浦式が古く船元式が新しいという関係にあるという点について述べてきた。深浦式と船元式との間には、上水流式と桐木耳取式という新型式といってよい土器型式が介在することも明らかにできた。実は、当該期の状況については、九州地方南部よりも九州地方北部において不明な点が多い。筆者は基本的には九州地方北部の本来の遺跡数が、この時期に非常に少ないのではないかと考えている。この点についての見通しを述べておく。

　深浦式日木山段階：この段階の古い部分は、長崎県や熊本県北部では尾田式が分布する。この時期の九州地方北部には里木Ⅰ式（北白川下層Ⅲ式）が分布している可能性があるが、確実にそれと同定できる土器を指摘できない。しかしながら、他に適切な土器型式を指摘できないので、いかなる土器型式が分布するにせよこの時期の九州地方北部には、本来的に土器型式の分布が希薄であった可能性が高いと予想している。

　深浦式石峰段階・鞍谷段階：熊本県北部では大歳山式および鷹島式の古い部分が主体的に分布していると考える。深浦式石峰段階の分布は長崎県や熊本県南部、および宮崎県南部、鹿児島県に限られるが、これまで述べたように、大歳山式および鷹島式の古い部分に相当する土器は、これらの地域で深浦式石峰段階の土器と共伴する事例がある。大歳山式および鷹島式は、これまで土器型式の分布が希薄であった九州地方北部に、ほとんど型式変化を受けない形で分布を拡張している。つまり、人口の少ない九州地方北部に本州地方（もしくは四国地方）からの集団が移住してきたと考える。

　上水流式・桐木耳取式：この時期に併行する型式は鷹島式の新しい部分（典型的な鷹島式）と船元Ⅰ式の古い部分（典型的な船元Ⅰ式）であるが、こ

の両型式の分布は九州地方南部だけではなく九州地方北部においてもほとんど確認できない。九州地方北部は再び、土器型式の分布が希薄になり、土器型式圏の境界域に転じていると考えている。

船元Ⅰ式（新）・船元Ⅱ式：船元Ⅰ式（新）と船元Ⅱ式の典型的なものは、本州西部とほぼ同一の特徴を有する。桐木耳取式の特徴の残存と思われる刻目隆帯の縄文施文土器（図50の19〜21）の分布は九州南部に多いが、九州北部でも確認できる。九州南部の桐木耳取式の特徴は、地域的に保持されたわけではなく、九州地方全体に拡散している。この時期、再び本州地方からの集団が九州地方に移動する一方で、同時に、九州地方南部の集団もその集団に混在する形で、九州地方北部に移動したと考える。九州地方の船元Ⅱ式には、刻目隆帯以外にも隆帯を多用するものが目立ち（図50の22〜24）、これも本州地方とは異なる特徴である。

船元Ⅲ式以降：宮崎県下耳切第3遺跡（宮崎県教育委員会 2006）の調査成果から判断して、九州地方全域に船元Ⅲ式が分布している。船元Ⅲ式に併行する春日式北手牧段階は、九州地方南部の独自色として理解されてきたが、船元Ⅱ式に比べて地域色が非常に強まったとはいいがたい。再び九州地方南部の地域色が強くなるのは、船元Ⅳ式以降で、春日式でいえば、前谷段階以降である。縄文施文の土器の比率もこの時期以後、九州地方南部では激減するとみている。地域色が発現するこの時期以降は、九州地方北部では、また、土器型式の分布が希薄になり、土器型式圏の境界域に転じている。

以上のように、九州地方北部の土器型式の分布は九州地方南部に比べてきわめて不安定で、土器型式の分布が希薄な状態が断続的に生じている。また、九州地方北部独自の土器型式は存在していない。土器型式の分布が希薄な地域だからこそ、本州地方西部と強い共通性を維持した土器型式が存在しうるのである。

九州地方南部は九州地方北部と異なり、連続して土器型式の分布が確認できる。大歳山式〜鷹島式（古）の時期には、九州地方南部の土器型式を維持する

集団規模が比較的大きかったために、隣接する九州地方北部に土器型式が分布しても独自色が維持された。しかし、特に桐木耳取式の段階で集団規模が著しく縮小し、これは船元Ⅰ式（新）の時期も同様と考えてよい。このような集団規模の著しい縮小と、隣接する九州地方北部における本州地方（もしくは四国地方）からの集団の再移住が、九州地方南部の土器型式の独自性を一挙に弱める原因であったと考える。

注
（1）鹿児島県鞍谷遺跡（枕崎市教育委員会 1990）では、横方向の条痕文を有するものも出土している（図45の10）。この遺跡では、当該期の資料として他に深浦式が鞍谷段階が出土するのみで、少量、このようなものも存在すると判断している。

第8章　中期末から後期にかけての土器型式の変化

　前章では、縄文中期前葉の土器編年の再検討を通じて、土器型式の地域性変化、ひいては九州と本州の関係変化を論じた。筆者は、土器型式の地域性変化は人口の増減を反映する遺跡数増減と関係するという観点から、両地域の関係変化を論じた。前章で述べたように、中期前葉の両地域間の関係に関する問題は、縄文後期初頭、九州地方に磨消縄文土器が波及する現象を本州から九州への文化の流入と位置づける説の延長線上で論じられている問題と位置づけている。この点に関しては、第3部第9章第2節で詳述する。

　本章では、後期初頭の九州地方の土器型式に見られる変化が、本州から九州への一方的な文化の流入として位置づけられる問題ではなく、地域間関係の変化の問題として把握すべき点を論じる。そのために、まず、第1節で瀬戸内地方の土器編年について論じ、第2節でその成果をふまえて、土器の器種構成の変化が本州西部から九州を含む広域で生じる現象であることを確認する。この土器の器種構成の変化は、粗製土器（主として無文土器）の急増によって象徴されるものであり、この現象を伝播論的観点から論じる見解があった。筆者はこれに反論し、汎日本的に、同一器種構成を持続的に共有するほどに地域間関係が安定化することに意義を見出す。

第1節　北白川C式併行期の瀬戸内地方の土器

　本節では、岡山県矢部奥田遺跡出土土器の分析によって、当該期の編年私案を論じたい。まず、『江口貝塚』Ⅰに発表した筆者の編年観（矢野 1993c）を以下に引用し、かつそこに掲載した編年表を示す（表11）。
①里木Ⅱ・Ⅲ式の後半、瀬戸内地方で二枚貝条痕が増加するのは九州地方の春

第8章 中期末から後期にかけての土器型式の変化 207

表11 縄文中期後葉の九州と本州との併行関係

九　　州	瀬　戸　内	近　　畿
春日式北手牧段階	船　元　Ⅲ　式	＋
春日式前谷段階 春日式轟木ヶ迫段階 春日式南宮島段階	船　元　Ⅳ　式 里木Ⅱ・Ⅲ式古段階 里木Ⅱ・Ⅲ式中段階 里木Ⅱ・Ⅲ式新段階	＋ ＋ （熊　野　部） 篠原Ａ段階
大　平　式 並　木　式 阿　高　式	？ A　～　G　類	北白川Ｃ式1期 北白川Ｃ式2期 北白川Ｃ式3期 北白川Ｃ式4期

日式の影響によるものであり、この点で近畿地方西部との地域差が顕著になる。
②瀬戸内地方で近畿地方中期末の北白川Ｃ式前半に併行する資料は抽出困難であり、大半は北白川Ｃ式後半に位置づけられよう。
③中期末における地域分化の進行は西日本全域において生じており、小地域の自立性を背景にしたゆるやかな関係の広域化が中津式の成立につながるものである。従来ほとんど考慮されることのなかった西から東にかけての影響関係も重視すべきである。

①については、東和幸の九州地方春日式の編年に依拠しており（東 1989・1991）、本論では、特に言及しない。②については、北白川Ｃ式前半に併行する資料を抽出し、編年の空白を埋め、近畿地方との併行関係について補足したい。③についても若干補足を行う。具体的には、以上の点が本論の目的である。

（1）北白川Ｃ式併行期の編年
矢部奥田遺跡（高畑ほか 1993）では、里木Ⅲ式（筆者の用語では里木Ⅱ・

Ⅲ式新段階）と北白川Ｃ式併行期の土器が地点を変えて出土していることが明らかにされている(2)。すなわち、前者は第１調査区の貝層中に分布の中心があり、後者は貝層以外の地点に主として分布する。前者が古く、後者が新しいことはすでに明白であり、両者の新旧の時期差が層位学的見地から補強されたわけである。ただし、里木Ⅲ式が古い特徴を有することが明らかであるにせよ、北白川Ｃ式成立以後に残るとする見解は、西日本ではむしろ一般的であった。この点をめぐる議論についても述べており（矢野 1993c）、里木Ⅲ式が北白川Ｃ式成立以後に残らないとする点において、増子康真（増子 1988）に賛成している。

しかし、北白川Ｃ式前半期（１期と２期）に併行する瀬戸内地方の土器については若干示唆したものの、抽出困難で、北白川Ｃ式成立直前の里木Ⅱ・Ⅲ式新段階と北白川Ｃ式に併行する土器との型式学的連続性について疑問が残っていたが、矢部奥田遺跡では新型式といってもよい土器が出土しており、里木Ⅱ・Ⅲ式との連続性が比較的明瞭になるとともに、他地域との併行関係についても私案を補強しうると考える。以下、このような見地から、矢部奥田遺跡出土資料を中心に北白川Ｃ式併行期の土器を編年したい。筆者は当該期の土器を７類に分類しており（矢野 1993c）、基本的にはこれを踏襲するが、一部変更している。

筆者は、口縁部屈曲部の特徴をＡ～Ｃ類の３類に分けた（矢野 1993c）。分類の主たる対象であった里木貝塚の京大所蔵資料（横山・佐原 1960、矢野 1993c）には屈曲するものが多く、瀬戸内地方全般でも同様の傾向があると考えたからであるが、矢部奥田遺跡では屈曲しないものがかなりの比率で存在することが明らかになっているので、口縁肥厚部の形態と内湾、屈曲の有無を基準にして、Ａ～Ｃ類を次のように改める（図57・58）。

Ａ１類：口縁部と頸部との境界が段になり、内湾するもの（図57の１～７）。
Ａ２類：口縁部と頸部との境界が段になり、直行するもの（８～12）。
Ａ３類：口縁部と頸部との境界が段になり、短く内折するもの（図58の１）。
Ｂ１類：口縁部と頸部との境界が隆帯になり、内湾、内折するもの（２～

第8章 中期末から後期にかけての土器型式の変化 209

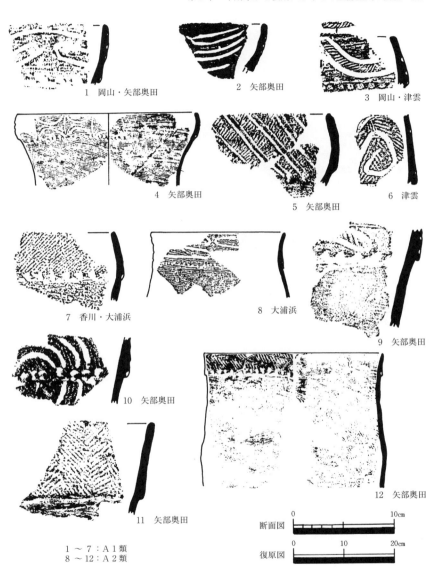

図57 A1・A2類

210　第2部　土器編年研究からみた縄文時代の地域性変化

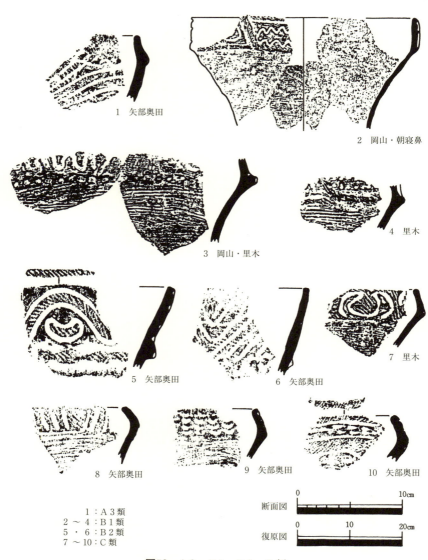

　1：A3類
2～4：B1類
5・6：B2類
7～10：C類

図58　A3・B1・B2・C類

第 8 章　中期末から後期にかけての土器型式の変化　211

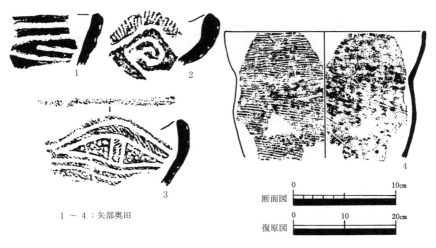

1～4：矢部奥田

図59　H 類

4）。

B2類：口縁部と頸部との境界が隆帯になり、直行するもの（図58の5・6）。

C 類：口縁部と頸部との境界が肥厚せず、内折するもの（7～10）。

D～G 類については前稿と同様である。その他、口縁部に文様が集中しているが、頸部との境界が肥厚や屈曲で明示されない土器があり、これを H 類とする（図59）。口縁部の遺存が十分ではなく、分類できないものもある。

これらは地点ごとの出土状況に微妙な差がある（表12）。A1類は「第1調査区土壙12周辺」からまとまって出土し、B1・B2・C類を伴わない。B1・

表12　岡山県矢部奥田遺跡の地点別出土状況

地点＼分類	A1	A2	A3	B1	B2	C	H他*
土壙12・周辺	○	○					○
貝層中							○
第1調査区	○	○	○	○	○	○	○
第2調査区	○	○					○
第3調査区		○					○

＊分類不能のものを含む

B2・C類はそれ以外の第1調査区から出土する。A2類はA1類と、A3類はB1・B2・C類と、それぞれ出土状況が類似する。つまり、A1・A2類とA3・B1・B2・C類という二つのまとまりの間で、出土状況に差がある。矢部奥田遺跡では出土個体数が少ないため、不安が残る。しかし、香川県大浦浜遺跡の当該期の土器（大山・真鍋 1988）はA1・A2類が多く、A3・B1・B2・C類を伴わない一方で、里木貝塚京大資料（横山・佐原 1960、矢野 1993c）では前者は少なく、後者が主体であり、矢部奥田遺跡における地点ごとの差を確認できる。つまり、A1・A2類とA3・B1・B2・C類との間には時期差がある。

さらにA1・A2類とA3・B1・B2・C類との間には時期差とみてよい型式差がある。里木Ⅱ・Ⅲ式には内湾気味の器形と直行したり外側に開く器形の二者が存在する。この二者は船元諸型式から継承している器形の差であろう。A1類は里木Ⅱ・Ⅲ式の内湾気味の器形から口縁部が強調され段状に肥厚する変化を想定でき、A2類は直行したり外側に開く器形の口縁端部の肥厚幅の拡張によって成立するものと理解できる。B1類はA1類が肥厚部で屈曲を強めることによって成立し、B2類はA2類の肥厚部の隆帯化とみることができる。ただし、A2類に文様を有するものが少ないのに対して、B2類には文様を有するものが多く、A1類の一部が内湾の度合いを弱めることによって、B2類に変化したことも想定してよい。A3類はA1類の口縁部の肥厚幅の縮小であり、C類はA3類からの変化を想定するのが妥当であろう。

文様からみても、時期差がある。A1・A2類には、里木Ⅱ・Ⅲ式に直接の祖形を求めることが可能なものと、北白川C式の影響で理解できるものがある。A1・A2類の文様には次の6種がある。

 a種：細長い区画文（図57の1〜3・8・9）。重畳するものや途切れるものを含む。
 b類：長い波長の連弧を対向させ、弧の間に縦線を加えるもの（4）。
 c類：短斜線文（5）。
 d種：三角形に近い渦文（6）。

e種：多重弧文（10）。

このうち、a・b種は里木Ⅱ・Ⅲ式に直接の祖形がある。a種は図65の1のような細長い区画文が口縁部に圧縮されたものが祖形であり、b種は図60のような文様と関係している。ただし、図60は里木Ⅱ・Ⅲ式中段階に相当し、新段階にいたってよりb種に類似するものに変化する

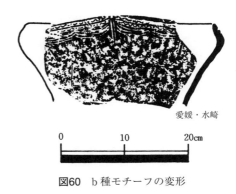

愛媛・水崎

図60　b種モチーフの変形

のだろう。c種と直接関係する文様は里木Ⅱ・Ⅲ式の中にはないと思う。しかし、中津式に継承されるものではなく、古い様相であることは間違いない。里木Ⅲ式の中には縦位ないし斜位の二枚貝条痕が文様を描くかのように装飾的な効果をあげているものがあり、この特徴に由来するとみるのが妥当かと思う。d種は北白川C式の影響によって出現する渦文であり、e種はその変形（泉 1985）とみるよりも、a種の重畳するモチーフの変形と考える[3]。

B1・B2類には文様全体を推察できる資料が少ないが、d・e種の他に次の4種が抽出できる。

　f種：重層山形文（図58の6）。

　g種：短い波長の波状文による区画（2）。

　h種：短い波長の波状文で、北白川C式の蛇行沈線文（泉 1985）に近いもの（3）。

　i種：対向弧文（5）。

f種はc種の変形であろう。これは以前G類に分類した土器に施されるものと同一の文様であり（矢野 1993c）、阿高式でも新しい時期にみられるものである（田中良 1979）。g・h種の祖形である短い波長の波状文は里木Ⅱ・Ⅲ式にあるが、里木Ⅱ・Ⅲ式直後（A1類の可能性もある）とみなしうる内湾する器形の土器に整然とした波状文が残っており、この変形とみてさしつかえない[4]。

i種についてはd種ないしe種の変形とみる以外に、細長い区画文a種の変

形とみることもできよう。以上、B1・B2類は、器形からみても文様からみても、A1・A2類に比べて里木Ⅱ・Ⅲ式との連続性が弱く、より連続性の強いA1・A2類を介してB1・B2類に移行するとみるのが妥当である。

　C類は、A1類の変形と考えるA3類と同様、口縁部の幅が短い。おそらくA3類が祖形になっているのだろうが、A3類自体の出土例はきわめて限られる。C類の文様にはB1・B2類に近いもの（図58の7・8）のほかに、列点文（9）や沈線と列点を組み合わせた文様（10）がある。これらには器面全体に文様を展開するものがあり、やや異質であるが中津式に近い特徴とみなしてよいのではないか。列点文自体は里木Ⅱ・Ⅲ式にあり、これが祖形になっている可能性もあるが、里木Ⅱ・Ⅲ式の場合、列点は口縁端部の肥厚部に限られる。口縁の屈曲部全体に列点が施される手法は中津式に継承されており、明らかに新しい特徴である。口縁部の屈曲はB1類に類似し、出土状況もこれと同様であることを考え合わせれば、A3類とともにB1・B2類と同時期に位置づけるのが妥当である。

　内湾する器形を有し、口縁部と頸部との境界が明らかではないH類（図59）は、a種に近い文様を有するものが矢部奥田遺跡第3調査区から出土している（図59の1）。また、同様の口縁形態で、口縁端部に縄文帯を有するもの（2）は、里木Ⅱ・Ⅲ式の口縁端部肥厚部に縄文が施されたものの名残りと考えることも不可能ではない。ただし、これらは破片が小さく、A1類に属する可能性も否定できない。別に、波頂部に菱形の区画内を縦に分割する文様を有する土器が第1調査区から出土している（3）。これは口縁部に文様が限定されるわけではないようであり、さらにこの文様が中津式に継承されている点からみても、比較的中津式に近い時期とみなすのが妥当である。また、H類と共通する器形で横方向の二枚貝条痕を有する無文土器が貝層中から出土している（4）。報告者はこれを里木Ⅲ式と同時期に位置づけているが、貝層中からはH類と思われる小片も出土しており、器形の類似からみて時期が下がると考える。以上、H類には不明な点が多いが、全般的に存続した可能性を考えておきたい。

かつて D～G 類とした土器（矢野 1993c）は、矢部奥田遺跡からは出土していない。D 類は近畿地方が分布の中心であり、E 類も筆者が指摘した手法の問題はともかく、やはり近畿地方に多い器形であり、瀬戸内地方では出土例がきわめて限られると考える。F 類は瀬戸内地方に多いもので、中津式に近いことを指摘している。矢部奥田遺跡では、刺突こそ加わらないが、F 類と同様胴部がわずかに肥厚する土器（矢部奥田貝塚報告書［高畑ほか 1993］の210の土器）が出土している。これは A 2 類の中で特に肥厚部の幅が広い土器（図57の 8）の退化形態として把握できるのではないかと思う。a 種に近い文様を有するものの、F 類との関係が強いと判断し、A 1・A 2 類に後出すると考える。先に述べたように、A 1 類には里木Ⅱ・Ⅲ式にきわめて類似する a 種の文様が残るため、A 1 類に後続するとみても不自然ではない。

以上、瀬戸内地方の北白川 C 式併行期は、A 1・A 2 類に代表される時期と、A 3・B 1・B 2・C 類に代表される時期に二分されることを述べた。両者とも器種構成の全容を把握できていないが、便宜的に前者を「矢部奥田式古段階」、後者を「矢部奥田式新段階」と仮称したい。

矢部奥田式新段階に後続する土器は岡山県阿津走出遺跡（下澤 1988）などから出土している中津式成立期ないしその直前と思われる土器が該当すると考える（図61）。口縁部の文様帯を有するものの、口縁部に文様が限定されず、しかも中津式と同様、曲線文を一筆書きで書こうとする傾向がある。典型的な中津式とは異なり、中津式との共伴関係については議論の余地があるものの、北白川 C 式 4 期に後続する最も中津式に近い土器であることは疑いない。泉拓良は、北白川 C 式 4 期と中津式との間に 1 時期介入する可能性を指摘しており（泉 1985a）、筆者も賛成したい。近畿地方では京都府大宮町裏陰遺跡（杉原・長谷川ほか 1979）の土器の一部がこの時期に該当するのではないかと考えている。この段階の土器の口縁部は、B 2 類と同様のもの（図61の 3）、C 類と同様のもの（1・5）、屈曲せず直行するもの（2）のほかに、段状に肥厚するもの（4・6）が存在する。しかし、これは A 1・A 2 類に比べて口縁部の幅が短く、A 3 類からの変化であろう[5]。

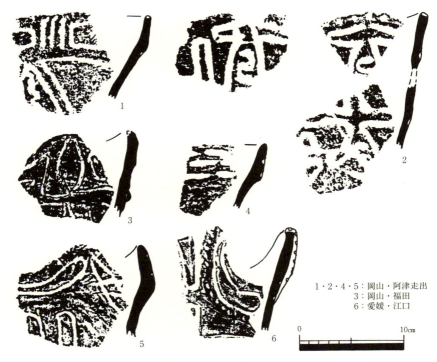

図61　中津式成立期の土器

（2）近畿地方との併行関係

　近畿地方との併行関係については、A〜G類をすべて北白川C式3期以降にあてたが（矢野 1993c）、1・2期に遡る可能性のある土器に泉が1期にあてている大阪府星田遺跡（岡田茂 1965）の土器（図62）と口縁形態が類似する土器を想定しておいた。今回の分類ではA1類に相当する。

　A2類については、北白川C式深鉢D2類に含まれる口縁部が肥厚する縄文施文の土器との関係が問題となる。北白川C式のこの種の土器は近畿地方中央部を中心に分布し、胴部に帯縄文が施きれるのが特徴である。兵庫県では、神戸市篠原A遺跡（定森・南ほか 1984）からわずかに出土しているが、姫路市丁・柳ヶ瀬遺跡（岡崎ほか 1985）や竜野市片吹遺跡（泉・玉田ほか

1985）など、北白川C式でも中津式に近い時期のまとまった資料中にはまったく認められない。むしろ、近畿地方東部から東海地方にかけて出土例があり、三重県東庄内A遺跡（谷本ほか 1970）や愛知県林ノ峰貝塚G類（山下ほか 1983）などから出土している、口縁肥厚部を消失しつつある中津式併行の縄文施文の土器との関係が強い。瀬戸内地方ではこの時期にこの種の縄文施文の土器はまったく伴わない。したがって、北白川C式の口縁部が肥厚する縄文施文の土器は、瀬戸内地方のA2類とは直接的な関係はないと考えてよい。分布地域も時期も異なるのである。

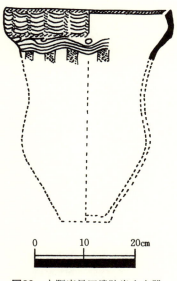

図62　大阪府星田遺跡出土土器

　B1・B2・C類については、北白川C式3期の北白川追分町遺跡BF33区SB2の土器のほかに、同じく3期における口縁部の列点文の盛行も参考になる。これらと同時期であるD・E類についても比較的新しい特徴であることは前稿で指摘した。B1・C・D類と同様の口縁形態や、列点文を用いる手法を共有する土器を出土している丁・柳ヶ瀬遺跡では、中津式に継承されるボール形の浅鉢を出土しており、これらが比較的新しい時期のものであることを裏付けている。丁・柳ヶ瀬遺跡ではA3類と同様の口縁形態を有する土器も出土しており、A3類の編年的位置づけについても示唆を与える。

　以上より、矢部奥田式古段階と新段階の境界が北白川C式のどの時期に併行するかについては、今後吟味する必要があるが、A1・A2類が1期、A3・B1・B2・C類が3期に併行するとみてよいだろう。現時点では、古段階を北白川C式1・2期、新段階を3・4期に併行するものと考えておくのが妥当である（表13）。

　里木Ⅱ・Ⅲ式新段階と矢部奥田式古段階との境界が、北白川C式1期の成

218　第2部　土器編年研究からみた縄文時代の地域性変化

表13　矢部奥田式と周辺地域との併行関係

九　州	瀬　戸　内	近　畿
大平式	矢部奥田式古段階	北白川C式1期
並木式		北白川C式2期
阿高式	矢部奥田式新段階	北白川C式3期
		北白川C式4期

立期に一致するかどうかについては、里木Ⅱ・Ⅲ式新段階に併行する近畿地方の段階として設定した「篠原A段階」の評価が問題となる。これは、交互刺突や密な沈線間刺突が消失し、半月形区画文が渦文から独立して存在する段階である（図63）。瀬戸内地方の里木Ⅱ・Ⅲ式新段階も同様の特徴を共有するが、近畿地方の「篠原A段階」は条痕のかわりに縄文を多用しており、中部地方との関係が強い。篠原A段階直前の兵庫県熊野部遺跡（前原1985、神崎1992）出土土器（図64）は交互刺突が密に施されており、里木Ⅱ・Ⅲ式中段階に相当すると考えた。ただし、瀬戸内地方では細分を保証する資料が不足しており、この点不安が残るものだった。だが、矢部奥田遺跡の里木Ⅲ式には中段階の指標である交互刺突はまったく認められず、里木Ⅱ・Ⅲ式新段階のみで構成されている（図65）。したがって、里木Ⅱ・Ⅲ式新段階の存在が矢部奥田遺跡出土資料によって証明され、交互刺突のある熊野部遺跡出土資料が里木Ⅱ・Ⅲ式中段階に併行することも同様に確実になったのである。

これに後続する篠原A段階には、頸部で強く屈曲する器形（図63の1・2）と、屈曲せずに内湾気味に開く器形（3・4・7）がある。中部地方では前者は岐阜県炉畑遺跡第Ⅰ群と共通する器形で、後者は第Ⅱ群と共通する器形である（大江1973）。炉畑遺跡では、第Ⅱ群が第Ⅰ群よりも上位の層から出土している。第Ⅱ群の開く器形だけで1時期が構成されるとみることには疑問の余地があるが、後続する時期はほとんどが開く器形であることから、第Ⅱ群が第Ⅰ群よりも新しい特徴を有するものであることは疑いない。近畿地方でも、北白川C式1期にはゆるやかに内湾するか、外に開く器形が圧倒的に多く、器形からみても篠原A段階を介在させてこそ、北白川C式の成立を説明できる。また、篠原A段階がすでに北白川C式が成立した段階とみるならば、近畿地

第 8 章　中期末から後期にかけての土器型式の変化　219

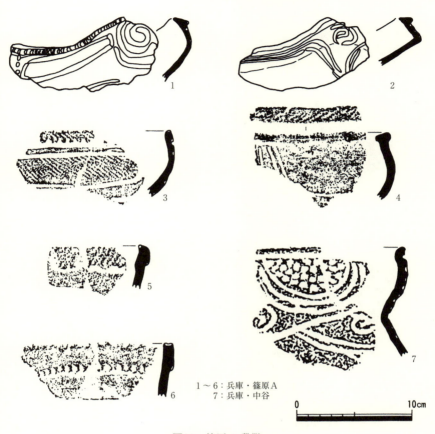

1〜6：兵庫・篠原A
7：兵庫・中谷

図63　篠原A段階

方西部で中部地方との共通性が色濃く残っている一方で、中央部がすでに異質な地域色を獲得しつつあることを想定せねばならない。炉畑第Ⅱ群が取組式成立以前であるからには、篠原A段階も北白川C式以前に位置づけられなければならない。

（3）地域分化と広域化の関係

　以上、瀬戸内地方には北白川C式併行期に矢部奥田式が分布し、これが古

220　第2部　土器編年研究からみた縄文時代の地域性変化

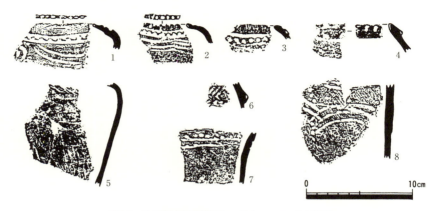

図64　兵庫県熊野部遺跡の里木Ⅱ・Ⅲ式中段階

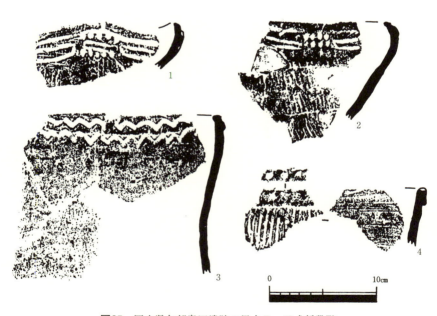

図65　岡山県矢部奥田遺跡の里木Ⅱ・Ⅲ式新段階

段階と新段階に細分されることを論じた。北白川C式には浅鉢が一定の比率で存在するほか、大波状口縁の深鉢（深鉢C類）や橋状把手を有する深鉢（深鉢B類）が存在する（ただし、深鉢B類は近畿地方西部には分布しない）のに対して、瀬戸内地方にはこのような器種構成はみられない。浅鉢や波状口縁の土器は原則として存在せず、北白川C式の影響でわずかに出現する場合があると考えてよい。中津式成立期に波状口縁の土器が増える傾向があるようで、この点は山陰地方東部ないし近畿地方西部からの影響を認めてよいと思う。

波状口縁や浅鉢の僅少性に象徴される比較的単純な器種構成は九州地方と共通する。口縁部以下に文様を有する土器が少ない点も同様である。また、瀬戸内地方独自の特色として、文様を持たない土器（A2類に多く、その他H類には相当数存在する可能性がある）が比較的多い点をあげることができる。これは里木Ⅱ・Ⅲ式新段階にもうかがうことができる特徴であり、無文の土器の多い中津式の器種構成の原型になっている可能性は否定できない。九州地方でも、鹿児島県中尾田遺跡の様相から判断すれば、少なくとも近畿地方中部よりは文様を持たない土器の比率が高いようである。また、近畿地方西部では中央部よりこの比率が高い。丁・柳ヶ瀬遺跡では、巻貝条痕が一般的であり、瀬戸内地方でも、中津式以前にこの手法が成立していた可能性は否定できない。条痕の原体はともかく、中津式の器種構成の原型は九州地方から近畿地方西部にかけての地域で成立していた可能性がきわめて高い。この点は次節で論じる。

したがって、中津式の成立は瀬戸内地方以東からの影響のみを重視するのではなく、九州地方を視野に入れた双方向的な地域間関係の中で理解すべきである。中津式の成立は、北白川C式併行期における小地域性の顕在化とは、一見対極的な広域化を指向した動きにみえる。このため、中津式の成立を一方向的な強い影響によって、理解する傾向が強いのではないかと思える。しかし、筆者は両者を一連の流れの中で把握することが可能と考える。

里木Ⅱ・Ⅲ式の後半、瀬戸内地方は二枚貝条痕の多用という点で九州地方と共通する一方、近畿地方は西部を含めて縄文を多用し、中部地方との関係が強

い（矢野 1993c）。このことは里木Ⅱ・Ⅲ式の分布圏の一体性が消失しつつあることを意味するが、特に東西の分布圏の両端に位置する地域が隣接地域との関係を強め、変質していることに起因すると考える。つまり、大局的にみれば、船元諸型式よりも東に分布を拡大した里木Ⅱ・Ⅲ式の分布圏の周辺地域において、在地化が進行すると同時に隣接する他型式からの影響を受容し、変質するわけである。このような周辺地域の変質は、変質した地域と関係のあった里木Ⅱ・Ⅲ式分布圏内の諸地域の変質も同時に生じさせ、小地域の分立に至るであろう。

　ただし、この場合、異型式との地域間関係の進行が小地域の分立を生じさせているのであるから、単に里木Ⅱ・Ⅲ式の一体性が消失したのではなく、より広域的な関係を構築する基盤も同時に生じているのである。すなわち、この場合、小地域性の顕在化は単なる地域間関係の希薄化すなわち孤立化を意味するのではなく、従来の地域間関係の相対的弱体化を新しい地域間関係によって補完することから生じるものと考える。このように、中期末における地域間関係の変質は、結局、中津式の成立につながる広域化にいたる前提としての過程として把握できるのではないか。

（4）結　語

　北白川C式併行期は、縄文時代を通してみても大きな転換期にあたる。資料が限られているにも関わらず、あえて論じたのは、後期の西日本の器種構造を決定づける中津式成立の様相を解明するうえで、この時期の瀬戸内地方が重要な地域であると考えたからである。後・晩期を通じての土器型式圏の変化は、共通の器種構造を広域的かつ長期的に維持するという方向に向かっていることは疑いない。この問題について、中期までの様相との質的な相違を含めて、ひきつづき次節で論じる。

第2節　縄文後期における土器の器種構成の変化

　本節では、後期以降の地域間関係の変化を理解するうえで鍵となる器種構成の変化について論じる。西日本の縄文後期の土器を特徴づけるのは無文粗製土器の増加である。この現象の把握は出土土器の分類ごとの点数の把握が基礎となるが、無文粗製土器自体は時期を限定できる特徴に乏しいため、有文土器で比較的時期を限定できる資料の蓄積を必要とする。現時点においても、遺跡数の増加に見合うほど、良好な資料が増えているとはいいがたいし、時期的な偏りもある。しかし、これまでのデータをまとめ、その特徴を記述すると同時に、今後必要とされるデータを指摘することは有益であると考える。

　無文粗製土器の増加に関しては、九州地方における田中良之の研究がある（田中良 1982）。これは本州系と九州系という系統差が精製と粗製、有文と無文という差に対応していくという観点から、この問題を扱ったものである。この点について筆者は、無文粗製土器の増加は九州地方に限られているわけではなく、むしろ瀬戸内地方を中心として九州地方北部から近畿地方西部にかけての広い地域でみられる現象であることを指摘している（矢野 1993c）。この現象を詳細に検討するためには、文様の有無や調整の精粗といった差だけではなく、器種構成全般の変化を地域ごとに細かく、かつ総体的に観察する必要があるが、先に述べた事情もあり、本論では全体的な見取り図のようなものを描ければと思う。

　有文・無文、精製・粗製という用語についてことわっておく。有文・無文の差は文様を有するものとそうでないものとの差である。精製・粗製の差は最終調整をみがきや丁寧ななでで行うか否かの差である。筆者は本論で特に西日本中期末から後期福田KⅡ式にかけての変化を対象にしている。この時期の無文の土器の増加は大部分が無文深鉢の増加に起因しており、しかも無文深鉢はほとんどが粗製である。精製は浅鉢や有文深鉢の一部に認めることができ、無文深鉢の精製化は四ツ池式併行期以降に顕著になる現象である。したがって、

この時期の無文粗製土器の増加を理解するにあたっては、無文深鉢の増加に関する判断が決定的なものとなる。

（１）縄文時代中期末の器種構成

瀬戸内地方の中期末の器種構成については、近畿地方の北白川Ｃ式併行期の土器を矢部奥田式として型式設定し、前節で詳述している。近畿地方の北白川Ｃ式が平縁、ないし弱い波状口縁のＡ類、橋状把手を有するＢ類、山形の波状口縁のＣ類の有文深鉢各種に加えて、浅鉢が２割程度あり、文様を持たない土器はわずかしか存在しないのに対して（泉 1985a）、これに併行する瀬戸内地方の矢部奥田式は波状口縁の土器は稀で、内湾する器形と直行ないし外反する器形の２種類の平縁の深鉢があり、前者には文様を有するものが多く、後者には少ない、また浅鉢は存在しないという点で、器種構成の原則がまったく異なる（図66）。このような矢部奥田式の器種構成は里木Ⅱ・Ⅲ式と共通し、さらに船元諸型式の伝統を色濃く反映していると考えている。船元諸型式の器種構成は、矢部奥田式や里木Ⅱ・Ⅲ式にはない山形の波状口縁を有する深鉢が存在するが、この点を除けば、内湾する深鉢と直行ないし外反する深鉢に分かれる比較的単純な器種構成である。ただし、文様を有するものが、内湾する器形に限られるわけではなく、里木Ⅱ・Ⅲ式や矢部奥田式のように器形と直接的に対応しているわけではないようである。

図66 瀬戸内地方の中期末の深鉢２種

瀬戸内地方では、中津式成立直前に、北白川C式のC類に相当する土器が目立つようになる。ただし、この時期の明確な器種構成は把握できない。そこで、山陰地方や近畿地方西部の中津式成立直前とみなされている時期の器種構成をみてみよう。ちなみに、北白川C式の前半に併行する土器はいずれの地域でも不明であるが、北白川C式直前には山陰地方では瀬戸内地方と同じく二枚貝条痕を有する土器が分布し、近畿地方西部には縄文を多用する土器が分布する（矢野 1993c）。

　山陰地方では鳥取県桂見遺跡（鳥取市教育委員会 1978）の様相（若干他の時期の土器を混在する）から判断する限り、口縁部が屈曲する平縁の深鉢（北白川C式のA3類）と、山形の波状口縁の深鉢（北白川C式のC類）と、無文深鉢に加え、浅鉢がある。無文深鉢は平縁に限られ、しかも直行する器形が多い。ここでは比率が明らかではないが、図示されたものから判断する限り、少なくとも近畿地方中央部よりも無文の深鉢の比率が高い。

　この無文深鉢の比率の高さは、近畿地方西部の兵庫県丁・柳ヶ瀬遺跡（岡崎ほか 1985）や片吹遺跡（泉・玉田ほか 1985）で確認できる。両者とも北白川C式のB類に相当する橋上把手を有する深鉢は出土しておらず、C類の比率も低く、A類の内容も北白川C式とは大きく異なることから、独自の器種構成を保持していることは明らかである。ただし、有文深鉢が口縁部が屈曲するか内湾気味の器形であるのに対して、無文深鉢は直行ないし外反気味であり、器形差がある点は山陰地方と共通する（図67）。文様をもたない土器の比率は丁・柳ヶ瀬遺跡では22％、片吹遺跡ではSB08における中期末主体の資料で過半数を占める。片吹遺跡の無文の比率は、口縁部片に限ればSB07ではより少ないようであり、体部片をすべて集計したこの数値は検討の余地があるものの、近畿地方中央部の京都市北白川追分町遺跡と比較すればかなり多いといってよいだろう（表14）。ただし、北白川追分町遺跡の資料は、他より若干古い時期であるため単純な比較はできない。しかし、三重県薮ノ下遺跡（田村 1990）における中津式に伴う無文深鉢が皆無に近く、中期末においても同様の状況が推定できることを考慮すれば、近畿地方西部では無文深鉢の比率が中央

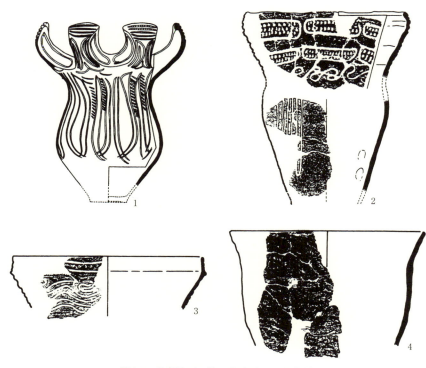

図67　兵庫県丁・柳ヶ瀬遺跡の深鉢各種

表14　中期末の器種構成比

		北白川追分町 ［泉 1985a］	丁・柳ヶ瀬 ［岡崎ほか 1985］	片吹 SB08 ［泉・玉田ほか 1985］
有文深鉢	A 類	112　(37.8%)	50%以上	300　(40.7%)
	B 類	79　(26.7%)	0 %	
	C 類	21　(7.1%)	6 %	
無文深鉢	縄 文	21　(7.1%)	6 %	437　(59.3%)
	無文・条痕文	僅少	16%	
浅 鉢		63　(21.3%)	僅少	僅少
合 計		296　(100%)	100%	737　(100%)

部や東部よりも高いと考えてよい。ただし、愛知県では若干様相が異なっており、この点については後述する。

以上の中期末の様相をまとめると、瀬戸内地方では内湾する器形と直行ないし外反する器形があり、前者は文様をもつものが多く、後者は少ない。この器形差自体は船元諸型式の伝統から生じている。山陰地方でも近畿地方西部でも、有文深鉢と無文深鉢との同様の器形差を確認できる。ただし、北白川C式のC類に相当する土器が両地域には比較的多く、瀬戸内地方でもいずれかの地域、または両地域の影響を受けて、中津式成立期直前にこれが器種構成に加わると考えられる。

（2）中津式の器種構成

中津式の器種構成の重要な特色は、無文深鉢の比率が大幅に増加することである。高橋護はこのことを日常生活容器としての土器の確立として把握している（高橋護 1991）。筆者は福田KⅡ式古段階を主とする兵庫県北部の小路頃オノ木遺跡の無文深鉢の口縁形態が有文深鉢とは異なることに注目して、中津式と比較して有文・無文の作り分けが進んだことを指摘している（矢野 1990）。中津式の器種構成が比率も含めて報告された例は少なく、近畿地方北部の京都府大宮町裏陰遺跡（杉原ほか 1979）をとりあげる。ここでは、「無文系」と「条痕文系」に分類された無文の土器の比率は全体の約7割を占める（表15）。復原以前の数値なので、実際の比率は若干異なるし、無文浅鉢が有文浅鉢より多い可能性もあるため、深鉢では半数程度が無文とみておきたい。

中津式の有文深鉢は、北白川C式のA類とC類の差を原則としてそのまま受け継いでいるとする見解がある（玉田 1989）。そのような側面もあるが、むしろA類とC類が波状口縁を有する深鉢と平縁の深鉢に再編成されていく面を指摘した

表15 京都府裏陰遺跡の文様比率

磨消縄文系	53	(22.3%)
波線文系	19	(8.0%)
無 文 系	116	(48.7%)
条 痕 文 系	50	(21.0%)
合　計	238	(100.0%)

（[杉原ほか1979] より）

い。中津式では正確な比率は出せないが、福田KⅡ式古段階の島根県五明田遺跡（柳浦ほか 1991）では有文深鉢のほとんどが波状口縁であり、中津式から福田KⅡ式古段階にかけて波状口縁が増加する傾向があるようである。一方、無文深鉢はほとんどが平縁であり、波状口縁の増加と無文深鉢の増加とは関連があるとみることはできないだろうか。

　この点について、中期末の器種構成で指摘した器形差の問題が重要であると考える。中期末には有文深鉢と無文深鉢との間に明確な器形差が存在するが、中津式の無文深鉢には器形や口縁形態が共通する有文深鉢が一定量伴う（図68の1～8）。江口貝塚におけるCトレンチ第5層は中津式を主体とする層であ

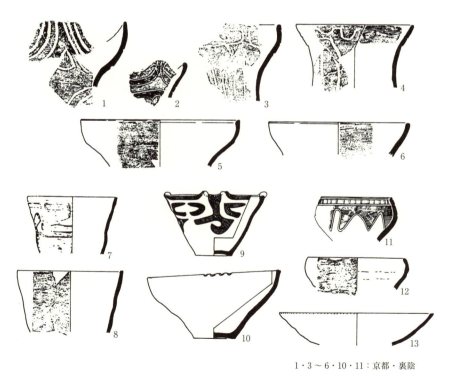

1・3～6・10・11：京都・裏陰
2・7～9・12・13：広島・洗谷

図68　中津式成立期の器種構成

るが、ここでも有文深鉢と無文深鉢の器形や口縁形態はまったく同一であるといってよい。また、中期末の浅鉢は浅鉢特有の文様に限定されるか、無文であるか、いずれかであり、しかも文様を有する浅鉢と無文浅鉢とは明確な器形差がある。中津式の浅鉢には、代表的な形態であるボール形の浅鉢（図68の11・12）と、内湾しない浅鉢（9・10）の2者があり、両者とも有文、無文がある。しかも、いずれも口縁形態のみからは浅鉢とは決定しがたいほど、深鉢と似る。また、浅鉢の文様は浅鉢特有のものというよりは深鉢と共通するいくつかの文様を器形に即してアレンジしたものであるといえよう。つまり、中津式の器種構成は中期末のいくつかの器種がそのまま系統的に変化したり、その比率を単に増減しているにとどまるとは考えられず、器種構成全般における器種分化の原則が変化していると考えてよいだろう。

　このように考えると、無文深鉢の増加は中期末の2割程度と推測される文様を持たない深鉢の比率がそのまま半数程度まで増加したとは考えられない。平縁有文深鉢と無文深鉢との器形上の差がなくなるまで、共通性が高まる中で、平縁有文深鉢の無文化が生じていると考えられる。同時に、北白川C式のC類とA類との器形差が不明瞭になる中で、有文深鉢に占める波状口縁の比率が増加していくというように理解できる。結果として、平縁有文深鉢の全体に占める比率は減少することになる。

　このような器種間の共通性という見地から、波状口縁有文深鉢、平縁有文深鉢、平縁無文深鉢3者の関係をより細かくみるためには、微細な口縁形態の差異や調整技法等から細かな製作伝統を抽出し、比較する作業が必要である。広島県洗谷貝塚（小都 1976）のⅦ類の中津式の口縁形態をみると、波状口縁有文深鉢にのみ口縁端部を内面にかかるように丸く丁寧に調整する手法が比較的多く認められる（図68の2）。平縁有文深鉢と平縁無文深鉢にはこのような調整手法は存在しないか、または波状口縁有文深鉢に比べてはるかに少ないようである。おそらく、平縁有文深鉢や平縁無文深鉢とは異なり、波状口縁有文深鉢の多くが特別なものとして認識されていたことを示すのではないか。

　以上、中津式の器種構成についてまとめておく。無文深鉢の増加は平縁有文

深鉢の無文化に起因すると考えられ、一方で波状口縁有文深鉢が平縁有文深鉢に比べて増加する傾向があり、平縁有文深鉢の全体に占める比率は減少する。浅鉢にも各タイプに有文と無文があり、中期末の構成とは異なる。このように、中期末の器種構成は全般的に再編成される中で中津式独自の器種構成が生じている。

(3) 福田KⅡ式の器種構成

古段階の器種構成が最もよくわかるのは、本州地方の遺跡ではなく、北九州市勝円遺跡C地点E地区（宇野・山手1985）である。波状口縁深鉢、平縁深鉢、浅鉢、Ⅲの各種があり、それぞれに有文と無文がある。図示された数から判断する限り、波状口縁深鉢以外の形態はいずれも無文の比率が過半数を越える。有文深鉢は無文深鉢より波状口縁の比率が高いが、無文の波状口縁の土器も一定量存在する。波状口縁の文様には雑なものが目立ち、洗谷Ⅶ類の中津式で指摘したような波状口縁有文深鉢の特殊化が進んでいるようには見受けられない。また、他の形態も有文と無文との口縁形態の差は特に認められない。北部九州から中四国地方西部にかけては、福田KⅡ式新段階前後に口縁外面に刺突文を有する深鉢が一定量分布し、これは無文深鉢とは異なり、波状口縁の比率が高い。このようなタイプが生じる基盤として、おそらく別の形で器種分化が生じているものと考えている。

古段階の本州地方の遺跡では、不十分ながら、近畿地方北部の小路頃才ノ木遺跡（矢野1990）で、無文深鉢と有文深鉢との口縁形態の差が明確になっていることを確認できる。この場合、有文深鉢は平縁のものも端部の調整が丁寧でやや内湾気味になり、無文深鉢とは異なる（図69）。また、無文深鉢の多くは条痕を残す。一部に有文土器と口縁形態が共通する無文の土器があり、これは器面調整も比較的丁寧で、条痕を残さない。浅鉢が多いとみているが、一部深鉢も含むかもしれない。ようするに、近畿地方北部では、この時期に有文深鉢と無文深鉢との間で精製粗製の差が生じている。中津式の段階ではこの差は比較的小さく、かつ波状口縁深鉢と平縁深鉢との差が大きかったので、器種分

第 8 章　中期末から後期にかけての土器型式の変化　231

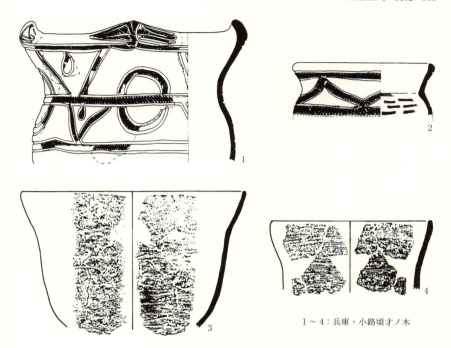

図69　福田 K Ⅱ 式古段階の深鉢

化の様相は中期末と一見似た形に戻っているように思えるが、先に指摘した中津式における器種構成の全般的な変更によって、無文深鉢の比率が大幅に増加している点を考慮する必要がある。福田 K Ⅱ 式古段階において、中津式よりも無文深鉢の比率が増加しているかどうか、正確なデータがないが、減少していることはないのではないかと考えている。

　このような精粗の分化は福田 K Ⅱ 式の新段階においてより明瞭になっている。有文深鉢は、波状口縁のものも平縁のものも口縁端部を肥厚させるか内折させる特徴が顕著なのに対して、無文深鉢ではこのような特徴はごく稀に一部の精製土器にみられるだけである。浅鉢には、中津式以来の内湾するものと内湾せず直行するものがある。前者は口縁端部を丸くおさめ、後者は端部を内折させる。前者は中四国地方西部の山口県月崎遺跡（潮見 1968）に多く、ここ

表16　山口県月崎遺跡（上層1）の文様比率

磨消縄文	182	(13.0%)
波線文	153	(10.9%)
刺突文	38	(4.9%)
刻目文	141	(10.1%)
無文	852	(61.0%)
合計	1396	(100.0%)

では共通する形態の無文浅鉢も多いようである。ただし、先に述べた事情もあり、以東とは器種構成の原則が異なっていると考えている。後者に対応する無文の器形はあるが、端部を内折させるものはない。Ⅲには無文のものが多いが、精製がほとんどとみてよい。月崎遺跡では、文様別の比率が明らかにされている。福田KⅡ式古段階と新段階が多いが、鐘崎式も少量含む。無文の比率は約6割である（表16）。

　以上、福田KⅡ式の器種構成についてまとめておく。中津式にみられた無文深鉢の比率の高さは継続する。ただし、精粗の分化が有文無文の間で進行し、平縁有文深鉢も精製化する。

（4）周辺地域の様相

　中期末から中津式にかけて九州地方や東海地方でも無文深鉢が増加する傾向がある。ただし、両地域とも全体の器種構成そのものが異なるので、以上論じてきた動向と直接関連させることができると断定しがたい。ただし、西においても東においても長期的にみれば中津式成立以後に無文深鉢が増加する傾向にあることは事実である。

　九州地方　船元Ⅲ式から里木Ⅱ・Ⅲ式に併行する春日式（矢野 1993c）の口縁形態と文様との関係を東和幸が表にしている（東 1991）。これによれば、口縁部の内湾が強いものには無文が少なく、外反するものには無文が多いという傾向がある（表17）。東の示した表は時期差を正確に示しているものではないが、春日式の変化の方向性を反映している。比較的古い時期の内湾の強い前谷段階よりも、より新しい直行気味の南宮島段階の方が無文の比率がやや高いとみてよいのだろう。里木Ⅱ・Ⅲ式と異なり、同時期の有文と無文の間で明確な器形差が明らかではなく、端部の処理にも差があるとは思えない。前谷段階か

表17 春日式の無文の比率

口縁形態	〽	〽	〽	〽
無文点数／総点数	24／149	32／214	49／101	34／104
無文の比率(%)	16.1	15.0	48.5	32.6

　ら南宮島段階にかけて無文は2割弱から4割程度まで増加するということになる。
　この春日式の比較的単純な器種構成は太平式に継承されると考えられる。鹿児島県中尾田遺跡（新東・中島ほか1981）では、大平式（この遺跡の第Ⅲ類土器）と同様に口縁部を肥厚させる無文土器が出土しており、有文と無文でやはり器形差は認められない。無文の比率は図示されたもので見るかぎり、2割弱である。
　並木式や阿高式にどの程度無文が伴うか明らかにしがたいが、並木式にはほとんど伴わないのではないかとみている。中尾田遺跡では滑石を含む並木式と阿高式が出土しているが、無文の土器（第Ⅳ類土器）には滑石を含むものはない。阿高式でも新しい時期に無文の比率がやや増加するようだが、ただし、この場合も有文無文の器形差はない。このような事情は阿高式の新しい時期に併行する北部九州の西和田式も同様である。
　このように九州地方では、中期末において有文と無文の器形差がない点が瀬戸内地方や近畿地方西部と異なる。北部九州における中津式併行期の器種構成は不明確だが、先に述べたように、福田KⅡ式古段階の様相は、有文土器の精製化が近畿地方に遅れていることを示している。ただし、無文の比率は大幅

に増加している。この増加はおそらく中津式期に生じたのだろうが、阿高式系の粗製化と磨消縄文系の精製化（田中良 1982）というよりは、有文無文の器形差がないために、比率の変動が生じた本州地方の中津式期の状況と同様の事情によると考えており、北部九州と瀬戸内地方との一体化の進行とともに理解すべきであろう（矢野 1993c）。南九州では器種分化がさらに遅れ、無文の比率の増加も遅れるようである。

東海地方　山下勝年（山下ほか 1983）によれば、中期最終末の林ノ峰Ⅰ式は25％が文様をもたない（表18）。無文深鉢の器形は明らかではないが、口縁形形態をみるかぎり、有文と差はない。中津式併行期の三重県薮ノ下遺跡では無文深鉢がほとんどないので、近畿地方西部の動向とは無関係に無文が存在するとみてよいだろう。中津式を含む林ノ峰Ⅱ式で大幅に無文の比率が増加する傾向はなく、文様を持たない条線文や縄文を施す土器を加えると31％となる。このように、近畿地方西部に比べれば無文の比率は低い。ただし、波状口縁の比率は近畿地方西部と同様に有文の方がはるかに高いという点は共通する。中津式から福田KⅡ式を含む林ノ峰Ⅲ式では、条線文や縄文を施す文様を持たない土器を含む無文の比率は44％で、近畿地方西部の数値にちかづいている。しかし、この場合無文深鉢の波状口縁の比率がごくわずかな点を除けば、小路頃オノ木遺跡で指摘したような有文深鉢と無文深鉢との口縁形態の差はほとんどない。

このように、東海地方では、有文無文の口縁形態の差が福田KⅡ式古段階においても明確ではない。無文の比率の増加も中津式成立期に一挙に生じてい

表18　愛知県林ノ峰貝塚における文様比率

	林ノ峰Ⅰ式 （中期末）		林ノ峰Ⅱ式 （中津式成立前後）		林ノ峰Ⅲ式 （福田KⅡ式古主体）	
有　　　文	50	(75%)	104	(69%)	70	(56%)
条線文・縄文他	1	(2%)	12	(8%)	24	(18%)
無　　　文	15	(23%)	35	(23%)	33	(26%)
合　　　計	66	(100%)	151	(100%)	127	(100%)

るのではなく、徐々に生じている。また、条線文や縄文を施す土器が、文様を持たないものの比率を高めている。このような土器もやはり平縁がほとんどで、無文土器の範疇でとらえうることを示している。

（5）器種構成の再編と地域性の再編

　中期末から後期前葉にかけての西日本各地の器種構成について簡単ではあるが、概観した。後期以前の土器もさまざまな形で器種分化が生じており、時期によっては大幅に無文の比率が高くなることがある。しかし、後期初頭における無文深鉢の増加は以前と異なり、系統的な器種構成の変遷のなかで独自の位置を占めつづけ、その比率を維持したまま推移していくという点で大きな違いがある。その点、日常生活容器としての確立の意義を見出すことができようが、これは土器製作伝統の系統性の確立という意味合いもある。この点、地域性変化との関連からも論じる必要がある。

　後期以前の器種構成は一貫して器種構成を主導していく地域が存在したわけではなく、各地域で器種構成がさまざまであり、かつ地域性変動の幅が大きく、他地域の影響を受けやすい。このような特徴は縄文時代後期以降にも、完全に消失したわけではなく、幾度か大きな変動があり、このことが、器種構成の再編と関わりを有するとみている。この点から、中津式成立期の器種構成の再編について、地域性変化との関わりをみると、瀬戸内地方における無文粗製深鉢の増加は、以前の器種構成における文様をもたない直行気味の土器の比率がそのまま増加したのではなく、有文深鉢の波状口縁の比率の増加をもたらすような地域の影響が考えられる。これは、山陰地方ないし近畿地方西部の影響以外には考えられない。巻貝条痕が中津式には増加するが、兵庫県丁・柳ヶ瀬遺跡の無文深鉢の多くがこの巻貝条痕であり、近畿地方西部からの影響を示唆する。

　だが、中津式の器種構成の成立にあたっては北白川Ｃ式のＡ類とＣ類を主とする有文深鉢の系譜がそのままの形で継承されていない点にも注意する必要がある。北白川Ｃ式の場合、器形差が文様の差と密接に関連しているが、中

津式は器形によってアレンジが異なるいくつかのモチーフの集合であり、波状口縁の土器にも北白川C式のC類から継承したモチーフ以外も多く用いられている。このような様相は比較的器種構成の単純な瀬戸内地方や北部九州における文様の在り方と似る。個々の文様に対応する独自の器形が存在しないのである。

このように考えると中津式の成立期における器種構成の再編は、地域性再編に伴い、それぞれの地域の器種構成の原理が複合するような形で進行したといえよう。特定地域の強い影響が周辺地域に一方的に及ぶような器種構成の再編は縄文時代後期以前には一般的である。また、複数の系統の器種構成が影響を与え合わずに併存する場合もある。中津式の成立にあたっては、どちらの場合でもなく、相互の地域の特色が折り合うような形で影響を与え合っているといえるのではないか。

同様の現象は、縁帯文期における器種構成の再編についても指摘できるのではないかと考えている。そして、このような様相が地域性変化の度合いが中期以前に比べて比較的小さいことと合わせて、無文深鉢の比率の高さを維持しつつ系統的に器種構成を変化させていった後期の特色ではないかと思う。

最後に本論で論じた点をまとめておく。

①中期末の瀬戸内地方の器種構成は文様を有する内湾する深鉢と文様を持たない直行ないし外反する深鉢に分けられ、船元諸型式の器種構成を受け継いでいる。山陰地方や近畿地方西部では無文深鉢の比率が比較的高いが、独自の器形を有しており、単なる比率の増加が中津式の無文深鉢の比率の増加につながるものではない。

②中津式の無文深鉢の比率の増加は平縁有文深鉢と器形上の差がなくなり、平縁有文深鉢の無文化が進むことによる。一方、有文深鉢における波状口縁の比率が増加する傾向があり、口縁形態の特殊化も進行する。この現象は福田KⅡ式において近畿地方から中四国地方にかけての地域で先行し、平縁有文深鉢も無文深鉢との差が広がる。深鉢の半数以上が無文であり、多くが粗製である。

③九州地方や東海地方では様相が異なり、無文深鉢の比率は低く、器形差も口縁形態の差も顕著ではない。北部九州地方についてはやや様相が異なる。
④中津式の成立は瀬戸内地方（北部九州を含む）と山陰地方や近畿地方西部それぞれの器種構成の原理が相互に影響を与え合い、一体化が進むなかで生じており、器種構成の再編は地域性の再編と深く関連している。

注
（1）［矢野 1993c］では、里木Ⅱ式とⅢ式を一括して、文様を重視した編年を行った。これは、泉拓良（泉 1988）の提言に沿ったものである。里木貝塚の報告（間壁・間壁 1971）では、Ⅱ式が撚糸文、Ⅲ式が二枚貝条痕文という地文の差で定義されており、本論でもこの定義に従う。そして、「里木Ⅲ式」という場合、里木Ⅱ式に後続する型式という意味を持たせて使用していない。
（2）筆者は、江口貝塚報告書（宮本ほか 1993）の中期Ⅲ類のうち、114（報告番の土器番号）は船元ⅢE類と判断している。また、中期Ⅳ類の中で、144は中部地方の炉畑第1群（増子康真の中富Ⅳ・Ⅴ式）（大江 1973）と同じく器面調整が非常に丁寧であり、文様や器形もその影響を受けているので、里木Ⅱ・Ⅲ式新段階までにおさまると考えている。さらに、中期Ⅳ類の149は四ツ池式ないし北白川上層式1期に併行する後期の土器の可能性がある。
（3）鹿児島県中尾田遺跡（新東・中島ほか 1981）の第Ⅲ類土器（多くは大平式）にはW字ないし逆W字の隆帯文や沈線文が比較的目立つ。これらと三角形に近い主文様との関係を考えてもよいかもしれない。しかし、大平式との関連は他にも指摘できる点があるが、相互の編年の整備と中間地域における資料の検出を待つ必要がある。また、e種は北白川C式3期の多重区画文に似るが、北白川C式の場合は浅鉢に多く用いられており、直接的な関連は不明である。
（4）g種に近い文様は中尾田Ⅲ類にある。ただし、注（3）で述べた事情もあり、直接的な関連は想定しがたい。
（5）以上の編年の大きな問題点は、中津式成立期の土器との間隙が大きいことである。H類とした土器の様相がはっきりしないこともあるが、1時期介在する可能性を含めて、今後の検討課題としたい。

第3部
土器型式圏の広域性と流動性

　第2部では、縄文早期と縄文中期について、筆者の土器編年研究の成果に沿った土器型式圏の地域性変化について論じたが、第3部では、この点を体系的に論じたい。土器型式圏の変化を統合と分化という形で表現したが、第9章では、土器型式圏が固定的に継続するのではなく、広域的に連動しつつ、流動的に変化する点に注目した。特に、第2節では、縄文中期まで九州で土器型式の系統が固定的に地域性を維持しつつ、持続し、九州縄文文化の独自性を維持した、とする見解を批判した。筆者の編年から導き出された理解は、そのような系統の持続性よりも、諸系統の統合と分化が繰り返される流動性こそが、縄文土器の特質だと考えられるからである。

　第10章では、この第9章第2節の見解を、より一般化した形で論じる。したがって、縄文研究の研究史を踏まえ、その研究の傾向を批判するのが目的である。縄文研究では、縄文文化の多様性、地域的特色が強調されることが多い。この多様性の強調は、縄文文化の一体性を否定するような過激な見解をも生み出すにいたっている。しかし、その地域的多様性を強調する議論は、われわれの現在の生活の舞台である日本列島の各地域が、はるか縄文時代までさかのぼる個別の歴史を系統的に維持している、という見解と表裏一体の関係にある。第10章では、この考え方を「地域主義」とよび、批判する。第2部で述べたように、筆者の縄文土器編年研究から導かれた縄文時代の地域は、系統的に維持されるものではなく、流動的に変

化する性格が強い。第3部では、第2部の事例研究を体系化し、そのうえで、縄文研究一般に一つの意見を提供しようというものである。したがって、第3部、特に第10章第2節は、筆者の縄文土器研究の現時点における結論的見解として位置づけたい。

第9章　土器型式圏の統合と分化

　本章では、第2部で明らかにした事例に、他の事例を加えて、土器型式の地域性変化に関して、体系的に論じる。すでに論じたように、縄文早期、縄文中期、いずれも、筆者の土器編年研究によれば、本州西部と九州地方は統合と分化を繰り返している。いわゆる広域土器圏は、その統合と分化の過程の中に位置づけることができる、というのが筆者の見解であり、第1節でその点を論じる。また、この統合と分化は社会関係を基礎としているので、各地域の人口に応じて、その流動性は変化する。第4部で論じるように、縄文後期に西日本では人口が大幅に増加する。このことが、後期以降の地域性変化に影響を与えている点をあわせて述べる。

　この地域性変化の流動性についての筆者の見解は、広い地域を一つの全体としてみるシステム論的見解といってもよい。従来の見解は、各地域の固有性、系統性を重視し、地域と地域との関係変化を法則的に把握するよりも、ある事件によって引き起こされる個別の事象として把握する傾向が強い。文化の変化を他地域からの文化の伝播によって説明する伝播論も、その傾向を共有する。第2節では、その点と関連して、伝播論的思考が、ある主体を他の主体から区別し、主体の継続を基礎におく考え方であることを論じる。そのうえで、この思考とは違った思考が筆者の土器編年研究の成果から導かれることを論じる。

第1節　土器型式圏の広域化

（1）広域土器圏についての理解

　土器型式が広域に分布するという現象について、われわれは、「ある地域から特定の土器型式が広範囲に分布を広げる」というイメージで把握することが

多い。弥生時代前期の遠賀川式は九州地方から近畿地方、あるいはより東方への文化の伝播を示す土器型式として把握されてきたし、現在でもそのようなイメージが強い。

このような場合、中心地域から周辺地域へ土器型式が影響を与えていく結果、広域性が出現すると考えるわけである。このようなイメージで広域土器圏を把握することは、縄文土器研究でも行われているが、出発点（すなわち土器型式の成立地）をどこか一つに定めることはむずかしい場合が多く、広く分布する土器型式の成立地については、議論が分かれるのが普通である。また、このように強い力が働くような文化的影響を想定する場合、現象のはじまりを突発的なものと考える場合が多い。

土器型式の広域性が示す意味についても議論が分かれる。田中良之・松永幸男は縄文後期の縁帯文土器に関する「広域土器圏の諸相」という論文の中で、この時期の土器型式の広域性は人の直接的な動きではなく、情報交換によって生じると述べた（田中・松永 1984）。この見解は人の移動を伴う広域土器圏のイメージに批判的なものだが、この見解が広域土器圏一般に該当するという共通見解があるわけではない。今村啓爾は関東地方の土器型式が他地域の強い影響を受ける時期に、関東地方の人口が減少していることをあげ、人口動態との関わりを重視している（今村 1977）。筆者も人口動態との関わりで土器型式圏を説明できる部分がかなりあると考える。

筆者がここで問題にしたいのは、これまでに論じられてきた広域土器圏について、改めて分類・定義することではない。土器型式圏は常に変化している。その変化の過程の中で土器型式圏の広域化が観察できる場合がある。この広域化とは全体の変化の中でいかなる現象として把握できるのかを問題にしたい。

（2）土器型式圏の分化と統合

土器型式圏の変化を描出するために、分化と統合という二つの相反する現象に着目したい。分化というのは、文字通り一つの土器型式圏が二つ以上に分かれることで、統合というのは、その逆で二つ以上の土器型式圏が一つにまとま

ることである。土器型式圏の広さは問題にしていない。

　土器型式圏の分化の典型的な例として、第2部第3章で述べたような、早期の近畿地方〜東海地方の押型文土器、大鼻式→大川式古段階→大川式新段階の変化をあげたい。大鼻式は近畿地方〜東海地方に分布する最古の押型文土器である。筆者が枝回転文とよんだ特徴的な扇形の文様ないし市松文を有する。大きく口縁部が外反する器形も特徴的である。類例は少ないものの、滋賀県・奈良県・三重県を中心に分布しており、地域差は指摘できない。

　大川式古段階については、地域差が指摘できるようになるとともに、分布範囲が広がる。より明確な地域差が指摘できるのは、大川式新段階である。この時期、愛知県には萩平型、三重県には射原垣内型が分布し、滋賀県・奈良県など以西の地域と明確な地域差が指摘できる。萩平型とは斜めに傾斜した細長い矩形の文様が連続するもので、全面縦位施文である。射原垣内型とは格子目文に近い文様を多用するもので、格子目の一方向の直線が原体の軸に対して傾斜する。また、頸部の刺突文の原体が独特である。文様構成は口縁部横位、胴部以下縦位で、奈良県以西と共通する。奈良県以西のこの時期の土器を大川型と称する。典型的な大川式で、ネガティブな楕円文も格子目文も原体に対して傾斜するものは少ない。

　この大川式新段階の時期における地域差の拡大は、大川式分布圏総体の拡大によって生じていると考えてよい。大川式新段階は兵庫県、鳥取県など西にも分布する。このような西の地域には、大川式以前の土器型式の分布が確認されていない。将来、大鼻式など先行型式が確認される可能性はあるものの、遺跡数は奈良県、三重県など東の地域に比べて、非常に少ないと考えてよい。その後、神宮寺式の段階にいたって、西の地域の遺跡数はさらに増加する。このような現状の遺跡数は、分布圏の拡大に呼応して増加しており、本来の遺跡数の変化を反映した差であるという、秩序だった理解が可能なのである。

　ようするに、大鼻式から大川式新段階への過程は、土器型式圏が西に広がるとともに、東の地域との地域差が顕著になっていく時期である。この分布圏の西への拡大は、遺跡数の変化からみて、人口の西への移動を伴うものであるこ

とは確実である。また、遺跡数の推移からみて、人口が総体的に増加していたことも確実である。

　次に、土器型式圏の統合の例として、第5章第2節で述べた早期の高山寺式をあげたい。高山寺式の分布は中四国地方から中部地方におよび、比較的広い。特に古い段階には、特徴的な斜めの太い沈線を密に施文する。この特徴的な内面の太い沈線は黄島式や早水台式・下菅生B式にみられる内面の櫛状の押型文から生じたものである。この櫛状の押型文は、小型のものから大型のものへ変化する。大型化した櫛状文を有する土器は本州西部から九州地方北部にかけて分布しており、高山寺式の分布圏とおおむね重なり合う。ただし、近畿地方から中部地方にかけては、大型化した楕円文を有するという点で、高山寺式の先行型式とみなしうる土器が分布するにも関わらず、大型化した櫛状文は少ない（本来、櫛状文自体が少ない）。したがって、高山寺式の先行型式には地域差が指摘でき、細かくみれば5地域程度に分かれる。

　高山寺式はこのような複数の地域の土器型式の関係が緊密化する中で、斉一的な土器型式に変化したものと考えることができる。ここで注目したいことは、北部九州の下菅生B式、中四国地方の黄島式、中部地方の細久保式（あるいは塞ノ神式）といった高山寺式の成立に関与したはずの土器型式の分布圏の総体的な広がりに比べて、高山寺式の分布圏の広がりは拡大するのではなく、逆に縮小していることである。すなわち、高山寺式の比較的古い段階の遺跡は長野県や静岡県東部では前段階に比べて減少し、北部九州でも同様である。この傾向は中部地方の細久保式の古い段階や同時期の北部九州の稲荷山式や早水台式の遺跡数の多さと比較するとさらに明確になる。高山寺式の成立とは、ある地域から一方向に分布が拡大していくことによって生じたものではなく、この成立に関与する土器型式圏相互の関係の緊密化、いわば求心的な関係の強化によって斉一性を獲得していると考えられるのである。その背景として、先行する土器型式圏それぞれの規模（人口規模）の縮小が、遺跡数の減少から推測しうるわけである。

　特に、高山寺式成立期に中部瀬戸内地方の遺跡数は激減する。周辺地域だけ

ではなく、高山寺式分布圏総体において、人口規模が縮小しているのである。なお、高山寺式の新しい段階には、比較的広い地域に分布が拡大するとともに、各地域の地域色が再び目立つようになるとみている。

　以上、土器型式圏の変化を単純化して述べたが、分化と統合という二つの動きが、各土器型式圏の規模（人口規模）と関係していることを中期の例からも示しうることを次に述べたい。

（3）縄文時代中期の船元式の分布

　筆者は第7章で述べたように、中期前葉に船元式が九州地方南部まで主体的に分布すると考えている。分布が特に広がるのは、船元Ⅰ式の新しい段階から船元Ⅱ式にかけての時期である。本州地方の船元式と地域差がないわけではないが、特徴的な粗い縄文の撚り方を含めて、非常によく似ている。この編年観については異論があり、九州地方南部では船元式が深浦式と共伴するとみる見解がある。しかし、筆者が遺跡での両型式の出土状況を検討した結果、深浦式石峰段階と船元Ⅰ式新段階～船元Ⅱ式とは層位学的にも前者が古いことが確認でき、深浦式鞍谷段階についても出土地点の相違などから、船元Ⅰ式新段階～船元Ⅱ式との間に時期差があり、深浦式鞍谷段階の方が古いと考えることができた。深浦式鞍谷段階と船元Ⅰ式新段階～船元Ⅱ式との間には、在地の上水流式と桐木耳取式とが介在すると考えている。つまり、九州地方南部では深浦式を母体にして船元Ⅰ式新段階～船元Ⅱ式が成立したと考えている。もちろん、その場合、本州地方との関係の緊密化を想定することになるわけである。

　この筆者の編年観にたてば、この時期の九州地方南部から本州地方にかけての土器型式圏の動向は統合という動きで表現できる。九州地方南部に分布する深浦式（およびこれに後続する上水流式と桐木耳取式）と九州地方北部（熊本県北部）および本州地方に分布する大歳山式（ないし鷹島式）が一つの土器型式圏に統合された結果、船元式の分布が九州地方南部まで広がるのである。九州地方北部（熊本県北部）まで分布を広げる大歳山式（ないし鷹島式）自体、九州地方の土器型式圏と本州の土器型式圏との統合の結果を示すはずのもので

あるが、その分布圏がさらに南に拡大したのである。

　しかし、この分布圏の拡大は、九州地方南部における遺跡数の増加をもたらしたわけではない。九州地方南部の船元Ⅰ式新段階〜船元Ⅱ式の遺跡数は深浦式の遺跡数に比べて明らかに減少している。すなわち、深浦式の土器型式圏の規模（人口規模）が縮小した結果、他型式の土器型式圏と一体化したとみなしうる。九州地方北部（熊本県北部）まで分布を広げた大歳山式（ないし鷹島式）の遺跡数もそれ以前の曽畑式の遺跡数に比べて、明らかに減少している。このように、九州地方と本州地方に共通する土器型式が分布する時期には、九州地方の遺跡数の減少が確認できる。この人口規模の縮小を背景にして、本州地方の土器型式圏との一体化が生じていると考えられる。

　一方、船元Ⅲ式以後、九州地方南部には春日式が成立する。この春日式は船元Ⅲ式併行期よりもそれ以後の方が独自色が強く、遺跡数も増加する傾向がある。この動きは土器型式圏の分化として把握できる。

　このように、中期においても土器型式圏の変化の過程に統合と分化という二つの相反する動きがあり、この動きが土器型式圏の人口規模の変化と対応していることがわかる。

（4）広域土器圏の実体

　これまで見てきた土器型式圏の動きというのは、土器型式圏が分布圏を拡大するにしたがって斉一性を強めるというようなものではない。早期の高山寺式の場合、先行する複数の土器型式圏が相互に関係を強めながら、総体としては分布圏をむしろ縮小する、というものである。中期前葉の船元式の場合も、人口規模の縮小により、一部の土器型式圏の独自性の維持が困難になるような事態を想定しうるものである。逆に、大川式の場合、先行する土器型式よりも分布が拡大し、総体としての人口規模が増大することによって、土器型式圏の分化が生じるわけである。中期中葉における春日式の成立も九州地方南部における人口規模の増大と合わせて理解しうる。

　高山寺式のような事例が広域土器圏の事例としてあげられようが、この広域

性は総体としての人口規模の縮小を伴うものである。船元式の場合も同様とみてよいだろう。このとき、人口規模が縮小する側から見れば、他地域との地域間関係を強化することによって、地域の存続をはかろうとするのは、自然なことである。ただし、人口規模の縮小は環境変化など、広い地域で共通する場合が多いと考えられるので、ある地域で人口規模が縮小するときには、別の地域でも同様の現象が生じ、多くの地域間で統合が生じ、結果として広域的な統合が生じると考えられる。

　大川式のように分布圏の拡大とともに地域分化が生じる場合も、その初期には広域的な土器型式の共通性が出現する場合が考えられる。また、春日式と船元式は、大きく見れば器形やモチーフに類似した点が目につく土器型式である。少なくとも、後続する並木式や阿高式と北白川C式とが大きく隔たっているのと比較すれば、かなり類似しているといえる。巨視的に見れば、これは分化の初期の過程で生じた類似であるといってよいかもしれない。ただし、大川式の事例は分布圏が拡大していく先で他型式との接触があまり生じていないと考えられる事例であり、その点、やや特異な事例である。春日式の場合、いったん統合した土器型式圏が再び分化する過程として把握できる。その意味では、春日式の場合は分化の初期で生じた類似というよりも、統合の結果生じた類似とみなすべきであろう。

　このようにみれば、広域土器圏というのは土器型式の分化や統合の過程の中で一時的に出現する現象であるとみなすことができるものの、統合の結果、生じる場合が一般的であるといいうる。その統合は総体的な人口規模の縮小を背景にしていると考えられるのである。

（5）縄文時代中期末～後期初頭の変化

　以上述べたような土器型式圏の変化は中期までの変化であり、後期以降はこのような土器型式圏の流動性は小さくなる。これは、西日本の人口規模が増加したためと考えられる。中期末には近畿地方の土器型式の様相が大きく変わるとともに、遺跡数が急増する。この時期には、土器型式に変化を及ぼすような

東からの人口の流入が相当規模生じていることが明らかである。

　この中期末には、近畿地方ではそれまでには見られなかった継続的な小地域色が出現する。この小地域色は、基本的には後期に継続していくと考えている。この動きも、一種の土器型式圏の分化として把握できる。中四国地方については第8章で述べたように、大川式の分布圏の拡大と違って、①中四国地方に小規模ながらも里木Ⅲ式の系譜を引く土器型式圏（矢部奥田式）が存在していること、②中四国地方西部や北部九州に阿高式の系譜を引く土器型式圏が存在していることにより、これらの各地域ではそれぞれの在地の土器型式の特徴が後続型式に受け継がれていった。中期前葉の船元式が分布する九州地方南部とは異なり、各地域の人口規模は増加する傾向にある。このことが、統合ではなく、分化した地域色を維持する背景にあると考える。

　第12章で述べるように、中期末から後期中葉にかけて、急激な人口の増加が本州西部から九州地方にかけて広く認められる。増加の時期は各地域で違いがあり、その増加の要因も、近畿地方と九州地方では異なるが、この人口増加が土器型式圏の流動性を比較的小さくし、地域分化した各地域の継続性が高まる。この点、中期までの土器型式圏のあり方とかなり異なった様相を示している。

　また、第7章第2節で述べたように、後期にいたって、九州地方北部から本州地方西部にかけて、広い地域で少量の有文土器に多量の無文土器が伴う共通の器種構成が共有される。少量の有文土器の共通性は比較的高いが、無文土器の調整技法などに地域色が現れるようになる。このあり方は土器型式が変化しても継続し、共通の器種構成が広い地域で継続することになる。ただし、後期初頭の中津式期の東海地方と近畿地方で無文土器の比率に大きな差があるように、有文土器の共通する地域が一様に共通する器種構成を有するわけではない。逆に、北部九州で鐘崎式にかなりの比率（6割以上）で無文土器が含まれるなど、土器型式の異なる地域で器種構成に類似性が認められる場合もある。

　中津式については、広域土器圏の典型と考えられているが、筆者は高山寺式や船元式のように土器型式圏の統合の結果として生じた広域土器圏とは、この

点で異なると考えている。つまり、後期になると、有文土器で共通性の見られる地域内での小地域色が明確化し、これが持続するという点で、明らかに地域分化の傾向が認められる。その一方で、広い地域で共通する器種構成を長期にわたって維持するようになる。この器種構成の共有する地域は、たとえば中津式の有文土器が共通する地域とは、その境界が必ずしも一致するわけではない。このようなあり方は、基本的には各地域の人口規模の増大に伴い、安定的な地域間関係が維持されていることを示すと同時に、各地域の自立性が相対的に強まったことを示唆していると考える。

　後期の土器型式圏の変化は、必ずしもこのような面だけではなく、流動的な側面もあり、各地域の小刻みな遺跡数の変化、ひいては人口規模の変化を指摘することは容易ではある。しかし、早期後半の瀬戸内地方のように、ほぼ遺跡が存在しないような地域は認められなくなり、人口規模は総体として数倍以上増加していることが、土器型式圏の変動の仕方を小さなものにしていったと考える。そして、このような各小地域の安定性の高まりが広い地域で共通の器種構成を共有し、全体として有文土器の共通性もゆるやかに維持するような後期の土器型式の広域性の基盤になっていたと考える。

（6）本州地方と九州地方との関係

　以上のような認識にもとづけば、本州地方と九州地方との土器型式圏の関係について、これまでとは違った見方が可能になる。従来は、本州地方と九州地方との土器型式圏の関係の変革期を、後期の磨消縄文土器の出現期に求めていた。この土器型式圏の関係の変化は東日本の文化要素の波及とセットになって考えられてきたものである。すなわち、土偶・石棒・打製石斧・石囲い炉・埋設土器など、従来九州地方に存在しなかった文化要素が後期になって出現する現象を東日本からの文化要素の伝播として把握し、このような文化要素の伝播と対応する現象として、土器型式における磨消縄文土器の波及を問題にしてきた（前川 1972、田中良 1980など）。

　筆者も後期における土器型式圏の変化を重視する点に変わりはないが、先に

述べたように、この後期の土器型式圏の変化は西日本全域で共有される質的な変化であると考えている。何よりも、本州地方と九州地方との一体化という点でいえば、中期までの間に、より強固に一体化が進んだ時期が指摘できるわけである。この点については、中期初頭・轟式・押型文土器の編年観の相違について、述べる必要がある。

　従来の認識によれば、轟式・曽畑式・並木式・阿高式という九州地方独自の土器型式が系列的に存在し、本州地方の土器型式は、九州地方内で地域を違えて分布するような客体的なものであると考えられてきた。しかし、第7章で述べたように、曽畑式と並木式は連続せず、中間に春日式が介在することが明確になった（矢野 1995）。この春日式の先行型式として、深浦式を位置づける見解もあるが、すでに論じたように、出土状況や層位例からみて、深浦式は船元式と同時期に九州地方南部に分布するのではなく、前期末から中期最初頭に位置づけられると考える。中期初頭には船元Ⅰ式新段階～船元Ⅱ式が主体的に分布し、この時期、本州地方と九州地方全域との共通性は、後期以降に比べて格段に強いといえるのである。

　轟式に関しても、筆者は従来と異なる認識を示した（矢野 2002a）。これは山陰地方の轟式と在地の西川津式等との出土例の検討によるものである。従来は、山陰地方の轟式は九州地方系として理解し、在地の土器型式と同時期であると考えられてきた。しかし、屈曲形の轟式については、単独で出土する事例があり、共伴とされる事例においても、遺跡により出土比率に差があることから、山陰地方においても屈曲形の轟式が主体となって分布すると考える。これは、轟式を九州地方の独自の型式とみなす考えに再考をうながすもので、ひいては、この時期の九州地方が本州地方西部のかなりの部分と土器型式を共有することを示すものである。

　押型文土器については、九州地方南部において、桑ノ丸式等、在地の型式と同時期であるという見解が強い。しかし、たとえば、鹿児島県窪見ノ上遺跡において出土した押型文土器と桑ノ丸式とは、明らかに主たる出土地点が異なっており、同時期のものとみなすことはできない（鹿児島県立埋蔵文化財セン

ター 2005a)。鹿児島県においても、押型文土器は単独で出土する時期があると考えてよい（水ノ江 1998）。

　いずれの場合も、従来、同時期の系統差と認識されていたものが、実際は時期差であることが指摘できる事例である。系統差を前提として土器型式の変化を想定する考え方そのものが常に問題があると主張するつもりはない。しかし、型式変化の選択肢をあらかじめ系統的に分別したうえで土器型式の変化を追う場合、系統相互の同時性が確認されていなければならない。この同時性の確認は、実際は非常に困難な作業である。なぜならば、遺跡内や遺構内で共伴とされる事例が蓄積しても、一つの遺跡での層位的出土例やある系統の単独出土例が確認されれば、蓄積されてきた共伴例はすべて偶然の所産とみなしうるからである。

　筆者の編年の検討は、系統差を前提とせずに、地域内での編年を行うとどのような結果になるか、という単純な問題意識にもとづいたものである。このような手法自体は当たり前のものであり、とりたてて問題にすべきことではないかもしれないが、土器編年の議論では、多くの場合、この点が議論の焦点となってきたように思う。

　いま一つ、筆者の認識と従来の認識に差があると感じる点がある。それは、ある地域内で土器型式は必ず連続するはずだという認識が強いために、出土例が少ない土器型式を異系統とみなし、出土例の多い在地の土器型式と同時期に存在するものと考える傾向が、従来の認識には強いように思う点である。たしかに、鹿児島県で押型文土器や船元式が単独で主体をなすならば、前後の時期に比べて遺跡数は減少することになる。また、山陰地方での轟式も同様であろう。筆者は、地域内での遺跡数の増減は縄文時代において常に生じており、安定的に持続的な土器型式の連続が認められることの方がむしろめずらしいと考えている。そして、人口規模の小さい中期までは、早期後半の瀬戸内地方にほとんど遺跡が存在しないように、無人に近い状態が生じていても不思議ではないと考える。

　もっとも、このような認識は実際の編年の結果導かれたものであるから、今

後資料が増加すれば、変更する余地は大いにある。しかし、先に述べた土器型式圏の統合や分化は、遺跡数の増減、ひいては人口規模の大小と、直接的に関係していると考えており、流動的な人口移動を伴う土器型式圏の変化が中期までの特色であり、人口規模が増大する後期以降の様相と異なる点は将来も変わらず観察できる現象であると考える。

九州地方と本州地方との関係は、中期まではこのような流動的な土器型式圏の変化、すなわち分化と統合の過程の中において、時期により変化したと考える。その変化の中で、両者が一体化することもあれば、かなり異質な土器型式圏に分かれることもあったとみている。

後期以後の東日本の文化要素の流入についていえば、石囲い炉が近畿地方や瀬戸内地方に導入される中期末からかなり遅れて、後期中葉の鐘崎式期に九州地方に出現する。時期が遅れる点は埋設土器も同様である。このように時期がずれて波及するあり方は、早期の炉穴と似ており、早期のトロトロ石器や前期の玦状耳飾などとは普及の仕方が大きく異なる。土偶については、後期前葉に少数出現する点は同様である。打製石斧の増加期は両地域とも後期中葉で、大きな差はない。このように、各文化要素の本州地方西部から九州地方への伝播のあり方は各文化要素によって差があり、九州地方で文化要素が受容される時期も厳密にいえばずれる。しかし、受容される時期が鐘崎式という時期にまとまる傾向があることは注意してよいだろう。この鐘崎式の時期は九州地方北部において遺跡数が急増する時期である。しかも九州地方で成立した独自の型式であり、本州地方の土器型式の影響が強まる時期に文化要素が「流入」したとはいいがたい。中期前葉におけるような土器型式圏の統合とはまったく異なる形で土器型式が存在する時期に、文化要素の共有が生じているわけである。この問題については、第11章第1節で石囲い炉を例にとり再論する。

このように、後期において問題となる文化要素の波及は、土器型式の特徴に関しては、各地域の独自性が損なわれない中で生じている。つまり、安定的な地域性の持続の中で、各文化要素は受容されたものであるといってよいが、この時期、鐘崎式は無文土器の比率が比較的高い点で、瀬戸内地方や近畿地方と

第9章　土器型式圏の統合と分化　253

器種構成上の共通点を有する。このような器種構成の類似も、有文土器の特徴の相違を超えてみられるもので、人口規模の増大を背景にした、各地域の自立性の強まりと比較的安定的な地域間関係の継続によって生じた現象であると考える。

　縄文晩期末には突帯文土器という共通する土器型式が本州地方西部に広く分布する。このような広域性も各地域の自立性の強まりを前提にした比較的安定的な地域間関係が継続して維持された結果と考える。ただし、弥生時代の土器の様相と比べれば、縄文後晩期の土器型式圏は小地域性に乏しく、流動性も高いのは確実だろう。第13章で論じるように、特に晩期の一時期、西日本で広く人口規模が減少する時期があり、晩期の土器の広域性の解釈には、この点も念頭におく必要があろう。しかし、大きく見れば、弥生時代と縄文時代後晩期の間には、根底に人口規模の格差があることは明らかである。

　西日本の縄文文化は、このような土器型式圏の様相からみれば、中期末を境に大きく二分され、後晩期という段階は中期までの段階と弥生時代との間の中間的な様相を示しており、巨視的に見て人口増加が継続したことが前提にあると判断できる。このように、方向性を有する段階的な変化を示す点は、東日本の縄文文化との相違の一つといえる。

第2節　九州縄文中期土器の系統論的理解に対する批判

（1）編年私案の概要

南九州の編年　第7章で述べたように、深浦式については相美伊久雄（相美2000・2006b）、春日式については東和幸の編年（東 1989）に従う。基本的には、深浦式→船元式→春日式→並木式→阿高式となる。深浦式と船元式との同時性を認めるか否かで、筆者と相美との間で論争がある。筆者の編年案における型式学的変遷において、特に強調したい点は次の2点である。
①深浦式最終末の鞍谷段階は上水流式に連続し、これは桐木耳取式へと連続する。桐木耳取式は、刻目隆帯を特徴としており、船元Ⅰ式新段階・船元Ⅱ式

を介在させることで、型式変遷はある程度、スムーズなものとして理解できる。この編年は、鹿児島県桐木耳取遺跡の平面分布と鹿児島県上水流遺跡の層位例から証明できる。
②九州地方の船元式には、桐木耳取式から継承した刻目隆帯もしくは幅広隆帯など、本州地方とは異なる地域色がある。

本州との併行関係　遺跡での出土状況と型式学的比較から、深浦式日木山段階が里木Ⅰ式に併行すると考えるが、船元Ⅱ式以前の併行関係については、確証に乏しい。筆者は、轟B式を羽島下層Ⅱ式以前に位置づけており（矢野2002a）、羽島下層Ⅱ式〜北白川下層Ⅱc式に曽畑式とその前後の諸型式が併行すると考えている。

船元Ⅰ式とⅡ式は、地域色があるにせよ、九州全域に分布する。春日式前谷段階〜南宮島段階が船元Ⅲ式〜里木Ⅲ式に併行するのも明らかである。したがって、矢部奥田式が中尾田Ⅲ類など並木式直前の諸型式および並木式に併行する。また、北部九州の西和田式が後期初頭に位置づけられると考えている。阿高式は西和田式より古いので、阿高式は中期におさまるはずである。

本州の土器型式との関係からみて、深浦式から阿高式まで、中期を中心とする時期を4期に分けて理解できる。

Ⅰ期：深浦式〜桐木耳取式。南九州の独自性が強まるが、遺跡数は減少傾向にある。北部九州は遺跡数が少ない。

Ⅱ期：船元Ⅰ式新段階-船元Ⅲ式（春日式北手牧段階）。南九州の独自色が弱まり、本州西部との共通性が高まる。北部九州は遺跡数が増える。

Ⅲ期：春日式前谷段階〜春日式南宮島段階。南九州の独自色が強まる。北部九州は遺跡数が減る。

Ⅳ期：中尾田Ⅲ類〜阿高式。南九州の独自色が弱まるが、北部九州を含めた広域で、本州とは異なる地域色が維持される。北部九州は遺跡数が増える。

このように、南九州の独自色が強まる時期には、特に北部九州の遺跡数が少ない傾向があり、北部九州は土器型式圏の境界地域となっている。逆に、北部九州から本州西端にいたる地域で遺跡数が増える時期には、南九州にもその地

域と共通する土器型式が分布し、独自色が形成されにくい。このように、前節で述べたように、土器の地域色は一貫して存在する、というわけではなく、地域間関係によって変化する。筆者は、地域間関係の基本は土器製作者の婚姻関係にあると考えており、この観点から土器型式の変化を考えている。

（2）九州縄文中期土器編年論争

九州縄文中期土器編年論争とは　九州の縄文土器編年は、アカホヤ火山灰に着目した編年の修正が進み、早期、前期、草創期、中期の土器編年が一新されてきた。この編年の修正はまだ完全には終わっていないが、約30年間かけたこの編年の修正はほぼ終わりつつある。九州で中期最初頭に位置づけられてきた並木式が中期後葉に位置づけられ、轟式や曽畑式といった九州系の土器と連続しないことが明確になったのも、この一連の編年の修正の成果の一つである。

　しかしながら、この編年の修正の余波として、土器編年の説明の仕方および土器編年の目的に関する研究者の見解の違いが先鋭化し、論争が生じた。具体的には、①並木式と曽畑式との中間に深浦式などの九州特有の土器を主体として位置づけるのか、②それとも九州特有の土器の系譜が断絶することを認めるか、という点が論点になっている。

　筆者は、第7章で述べたように、九州特有の土器を主体として位置づける相美伊久雄らの立場を批判した。さらに前節で、磨消縄文土器の九州への波及を説く前川威洋、田中良之を批判したが、前川、田中、相美の立場は共通している。その共通点は、伝播論的思考である。

伝播論とは　もちろん、筆者は伝播という現象を否定するわけではないし、そういう現象はしばしばある、と思っている。ここでいう伝播論とは、伝播という現象を基軸としてものごとの変化を説明する論、という意味である。したがって、伝播論的な説明は、変化の理由を常に外部に求めることになる。だから、伝播論への批判とは、変化の理由を外部に求めることに対する批判であり、変化の理由を内部に求めようとする。

　変化の理由を内部に求めるためには、通常、「内的発展」もしくは「内的変

化」あるいは「在地的変化」という現象に着目することになるのであるが、実は、伝播論への批判をこれとは違った形で行うことができる。それは、内部と外部の境界をなくしたり、境界を変更したりすることである。九州特有の土器という場合、九州が内部、本州が外部であるが、そのような境界が存在しないとなれば――たとえば、深浦式が内部、船元式が外部というような区別はない、ということになれば――船元式が外部から伝播した、という議論は成立しない。

　こうしてみると、伝播論とは内部と外部との境界が伝播論者が想定するように存在していることを前提にした議論であり、その境界は多くの場合、本来的なものと認識されていることに気づく。したがって、在地とか系統性といった考え方は、ある地域の内的な変化を説明するのに使用することもできるが、実は、外来の影響を強調するためにも容易に使用できるのである。というよりも、固有の伝統、在地の系統といった考え方は、外部からの伝播、という考え方と表裏一体の関係にある。

　筆者は地域間関係の変化に注目する観点から、このような意味で把握した伝播論への批判を行うが、それは内部と外部の関係、つまり内外の境界もしくは関係の変化に注目することに他ならない。

　伝播論的議論の系譜　本論で問題にする九州縄文中期の土器編年における伝播論的議論を３段階に分けたい。最初は、前川威洋の論（前川 1979）で、中期まで九州固有の土器（並木式や阿高式）が分布する一方、九州瀬戸内側に本州系の土器（船元式）が分布し、後期に本州系の土器（磨消縄文土器）が九州全体への影響力を強める、という議論である。最も単純であるが、以後の基本的な枠を形成する論である。これを「単純伝播論」とよぶ。

　第２段階の議論は田中良之の論（田中良 1982・1987）で、基本的編年観は前川と同様だが、後期における伝播の過程を説明している。田中は、後期に九州在地の系譜にある阿高式が粗製化（無文化）し、本州系の磨消縄文土器が精製土器（有文土器）として上位に位置するような階層的構造が出現することを説いた。前川は単に伝播すると主張したが、田中は、いかに伝播するかという

問題、すなわち、伝播の過程を論じたのである。これを「伝播過程論」とよぶ。

　第3段階の議論は、並木式が中期後葉に位置づけられることを前提にしたうえで、かつ南九州で深浦式や春日式が中期前・中葉に固有の系統を維持することを主張する桒畑光博、相美伊久雄の論（桒畑 1993、相美 2000・2006a, b）である。船元式が南九州まで伝播し、またその影響を受けて春日式が成立することを主張する点に力点があるので、第2段階までとはかなり異なる。しかしながら、前川や田中が後期の磨消縄文土器伝播の前提とみなした、九州瀬戸内側での本州系土器（船元式）の存在をより動的に把握し、南九州において外来の系統（船元式）と在地の系統（深浦式）が混在するとみなした点は、前川や田中の論の変形版とみなしうる。したがって、これを「伝播系統論」とよぶ。

　これらの3段階の議論に共通しているのは、九州対本州という対立の構図である。九州の土器の変化を本州からの影響で説明しているので、九州が内部、本州が外部となる。この九州とは、地理的な九州島ではなく、文化的伝統としての九州であるから、一部は本州化していてもよい。したがって、第1段階の時点ですでに九州島内部に境界が設定されており、第3段階の議論は第2段階までの議論から境界がさらに南に移動している。

　第1段階と第2段階の議論においては、「九州」と「本州」との対立の構図は非常に明確であったが、その明確な構図が編年的に成立しないことが証明された。その後の第3段階の議論は、「九州」の維持を主張する立場へと継承されたわけである。

　伝播論と系統論の関係　伝播論においては、論者が伝播の源に身を置いて論じることはあまりない。伝播論は、多くの場合、伝播を受ける側の問題として議論される。これは当然で、伝播の源は変化せず、伝播を受ける側が変化するので、伝播という現象が深刻に問題にされるのは、常に伝播を受ける側だからである。

　何が伝播を受けたのかというと、九州という文化的伝統である。その文化的伝統の消失もしくは変質こそが伝播論の課題なのであるが、もし、その文化的

伝統の境界が一貫しないもの、つまり、境界が出現したり消失したりするものであったとすれば、それはもはや、どこが内部でどこが外部かわからなくなり、他地域からの伝播を論じることが困難となる。

伝播論においては、伝播を受ける側の境界が一貫して存在している必要がある。伝播論が成立する条件は、伝播を受ける側の一貫性なのである。

実際、第1・第2段階における前川や田中の縄文中期の九州系土器の系譜の一貫性に関する説明は、縄文後期の磨消縄文の伝播を説くために必要だったのである。第3段階の議論においては、九州系土器の系統の一貫性が崩れたので、そこが修正され、その一貫性が南九州で維持されていることを主張する議論が改めて展開されたとみなしうる。

こうしてみると、伝播論とは、伝播による地域の文化的伝統の消失もしくは変質を説くように見えて、実は、その伝統の本来性を主張し、そこに注意を向けるための議論として、作用しうる。実際、第3段階の議論では、船元式の伝播という現象を当然として認めつつ、それに対する注意や分析よりも、深浦式との同時性を根拠にした（南）九州の文化的伝統の一貫性が、前面に出ている。第2段階の議論に比べて、船元式の分布域が大幅に南に拡大しているのは否定できない事実であるから、第3段階の相美らの主張は無理のある議論だと思えるのだが、実は、伝播という現象を強調し、在地の系統と外来の系統が混在する様相を描出する中で、在地的文化的伝統の根強さを、これまでよりも際立たせることができるのである。このように、諸系統を内部と外部とに区別する系統論は、伝播論が変形したもので、伝播を受ける側の文化的伝統を強調する。

（3）同時性の認定

深浦式と船元式との同時性の認定　船元式は深浦式など九州在地の系統と共伴していると主張されているが、考古学的にいかなる状態の場合、同時性の根拠として認定されるべきなのか。同時期の場合は、原則として、一定地域において、常に同じ比率でともに出土する必要がある。遺跡によって、共伴したり、

しなかったり、また、出土する比率が遺跡によって違っていれば、同時性を証明できるどころか、同時性を否定する証拠となるはずである。これは、大原則である。

詳しくは繰り返さないが、田中が述べた船元式と並木式・阿高式との共伴事例も、共伴の有無や比率が不安定であり、同時性を否定する事実として認識されるべきであった。相美が述べる船元式と深浦式などとの共伴事例も、同様に不安定であるから、筆者はこれを両者が同時期ではない証拠と考えている。山崎真治は曽畑Ⅲ式・轟C・D式・尾田式と大歳山式・鷹島式などとの同時性を想定しているが（山崎 2007）、この共伴事例も非常に不安定であるから、両者の同時性を否定する証拠として使用すべきである。

また、ある地域で100の遺跡で共伴したとしても、一つの遺跡でそれぞれが単独で出土する事例が確認されれば、同時性は否定される。同時性を認定するのは、本質的に非常にむずかしいのである。船元式は本州系、深浦式は九州系という判断を前提として認めてしまうと、同時性の認定を議論すること自体、無意味になるはずであるから、避けなければならないはずである。文化的伝統としての（南）九州の継続的存在を暗黙の前提として設定し、その前提に合致する共伴例を抜き出して同時性の証拠としてとりあげるのは循環論法である。共伴が規則的に生じなければならない理由をこのように述べれば、「ある遺跡には深浦式を利用する九州系の集団が住み、その近くに本州からやってきた船元式を利用する集団が住むことはありうる話ではないか。また、九州系の集団の中に単独で本州系の土器製作者が移住してくる場合もあろう。共伴の有無や共伴の比率は遺跡ごとにばらばらでよいはずである」という反論を受けるだろう。

これに対しては、次のように考えるべきである（矢野 1998）。本州系と九州系が同じ地域内で別々に住んでいたとする。その場合、本州系の住居が廃絶した後、九州系がその場所で住居を築いたり、その逆もありうるだろう。その場合、本州系の遺物の堆積が九州系の遺物の堆積より上位だったり、下位だったりするはずである。単に両者がともに出土するという状態では、両者の堆積が

同時なのか、時期の異なるものの混在なのか、区別できない。したがって、本州系と九州系が同時に活動していたことを証明するためには、混在の可能性を排除する必要がある。その場合、あるときは本州系が上位、あるときには九州系が上位、というような相互に矛盾する層位が確認されたとき、両者の同時性が確認できることになる。

　さらに、次のようなことも考えてよい。土器型式の型式学的特徴は斉一的であり、折衷土器も折衷土器としての斉一性を維持している。したがって、土器型式の特徴は、1集落や1個人の意思が及ばない、より広い範囲を結果的に拘束する社会的規制または慣習によって決まっていると考えるべきである。深浦式と船元式とは、相互に折衷土器を生じさせないほど、それぞれの系統内で土器製作伝統が完結しているような状況を想定する必要がある。そのような強い自己完結性は、土器製作伝統がそれぞれの系統内で広域的に強い拘束力を有する規制や慣習に影響を受けているからこそ、発現するはずである。

　この広域的な規制や慣習とは、婚姻関係におきかえてみると、それほど強圧的なものではない。たとえば、ある地域では、通常は同じ土器型式圏内に配偶者を求めるが、それが無理な場合は隣接する他の土器型式圏で探す、という社会的慣習があった。「それが無理な場合」は、ある時期には10人に1人程度だったので、異系統土器の比率は10分の1程度の比率におさまっていた。このような状態が数十年間持続すれば、この地域では、すべての遺跡で、その程度の比率で異系統土器が共伴しているはずである。成人の余命を20年と仮定すれば、成人10人の村がその人口規模を維持し続けるためには、4年間に2人の婚姻が必要で、うち1人が婚姻のために集落外に転出し、1人が集落内に転入してくる必要がある。したがって、40年間に1人、80年間で2人ほど、他の土器型式圏から転入してくる土器製作者がいた可能性がある。つまり、異系統土器の比率は遺跡によって大きな差はないはずである。先に述べたように遺跡間で異系統土器の比率に差が大きい場合は、共伴を疑う理由になる。

　もちろん、通婚による土器製作者の移動とは、必ずしも土器製作者だけが単独で移動するとは限らない。土器製作者の兄弟姉妹や親子が婚姻先に連れ立っ

て移動することも少なくないはずである。また、いったん婚姻によって関係が生まれた集落や地域相互では、そのつてを頼って、婚姻とは直接関係のない人の移動が生じる可能性がある。したがって、遺跡で出土する異系統土器は、婚姻による土器製作者の移動以外に、婚姻を基本とした社会関係によって派生した土器製作者の移動も少なからず含まれている、と考えるべきである。ただし、このような移動も含めて、すべての移動は社会慣習に従っているはずなので、個別的、単独的に特異な状況が生じる場合は稀であって、原則的には規則性があるはずである。

（4）ミネルヴァ論争との共通性

ミネルヴァ論争の本質　ミネルヴァ論争とは、昭和初期、喜田貞吉と山内清男とが東北地方における縄文時代の終末時期に関して議論した論争であり、喜田の誤った歴史認識を山内の科学的考古学的分析が打破した、という認識が通説だが、大塚達朗は、山内の鎖国的単系的縄文文化観を批判して、喜田の複系的縄文文化観を評価している（大塚 2000a）。喜田は東北地方の独自性（後進性、周縁性といいかえることができるが、要点は中央とは異質な地域であるということ）を強調して、縄文文化のあゆみが一律ではないことを主張した、とも解釈できるわけである。

しかしながら、喜田は遅くまで続いた東北地方の縄文文化は、中央政府による圧力によって終わる、と述べる。文化の伝播と同様、外的圧力によって、東北地方の在地文化が変質した、と述べているのであるから、喜田の立場は一種の伝播論である。先に述べたように、伝播を受ける地域の伝統を強調し、伝播を受ける主体を確立することは、伝播論にとって、大前提である。喜田が東北の独自性を強調するのは、その後、東北が中央と一体化する事実を重大視するためには、不可欠の前提であるからである。東北対中央という系統の対立は、伝播という現象を説明するために必要なのである。

山内は、縄文文化が一体となって推移していることを強調し、喜田に反論した。山内は、東北という地域が他と孤立して独自の系統を維持しているわけで

はなく、各地域と広く、相互に関係を維持しながら、存在したことを主張した。各地域の独自性を否定するわけではないが、各地域の自己完結性を否定したのである。

　同時期の系統差か時期差か、という議論は、九州縄文中期に限らず、さまざまな地域や時期において主張されているが、その原型はミネルヴァ論争にある。ミネルヴァ論争とは、地域的伝統を重視する立場と、地域間の関係を重視する立場との論争でもあるが、自己完結的な伝統の強調は、外部からの影響を強調することと一体化しているわけである。したがって、ミネルヴァ論争の本質は、外部からの影響に依拠した伝播論的説明を目指すのか、縄文文化全体を内部とみて、内部の変化に依拠した進化論的説明を目指すのか、という点にあったはずである。あったはずだというのは、山内自身が、自らの説明を十分に展開できず、縄文から弥生への変化の主要因を、結局大陸からの伝播を前提とした説明に終始せざるをえなかったからである。その主要因が、東北地方を含めた縄文文化のほとんどの地域に同時に作用した、と考えた点においてのみ、伝播論者との相違を見せる。ある要因が広く同時に作用すると考えるのは半ば、伝播論の否定でもある。山内が説くような各地域間の関係性、縄文文化の一体性、単系性は、伝播論的説明を否定する前提として再評価すべきだと思う。

　ミネルヴァ論争を越えるために　九州縄文中期編年論争のように、同時期の系統差か時期差か、という論争は数多く繰り返されている。そこでは、ミネルヴァ論争と同様、同時性の認定が主要な論点となり、問題となる土器の両者が時期差なのか、同時期の系統差なのかが議論される。問題となる両者の土器を時期差と考える場合、広い範囲で共通する変化が共有されているという認識に立つ場合が多い。逆に、同時期の系統差と考える場合、多系的変化が前提となる場合が多い。多系的変化を前提とすれば、変化の説明として、ある系統の変化を他の系統からの影響で説明しがちで、伝播論的説明に依拠する場合が多くなる。

　しかしながら、時期差と考える場合も、共通する時期的変化の微妙な時間差

に注目し、結局は伝播論的説明に依拠する場合も多いのである。筆者は、土器型式圏相互の人口規模と関係変化に注目して、各地域の人口増減に起因する土器型式の統合と分化、が土器型式変化の説明の基礎になると考えている。伝播論的説明に依拠しないで土器型式の変化を説明することに成功しない限り、ミネルヴァ論争は繰り返されるはずである。

　筆者は、日本の土器編年論争の多くは、ミネルヴァ論争と共通する論点から生じていると考えており、九州中期土器編年論争はその典型の一つと認識している。この問題については、次章の第2節で詳述、再論する。

第10章　地域主義的縄文文化論批判

　前章では、土器型式の系統性や地域の固定性を強調する見解に対する批判を個別的に展開したが、筆者は、この批判は日本の縄文研究一般に通用すると考えている。本章では、まず、第1節において、日本の考古学研究において最も一般的に認識される東西の地域差の問題を、筆者の土器型式の地域性変化の流動性という観点から見れば、批判的に論じることができることを明らかにする。特に縄文研究における固有の論点を整理しながら、研究史を概観しつつ、批判的に論じる。

　さらに、第2節において、土器に象徴される地域差の認識において出発点であると同時に決定的に重要な位置を占める土器編年研究一般を批判的に論じる。この批判は、筆者自身の土器編年研究をも含めた批判であり、その克服が筆者自身の課題となる。

第1節　縄文文化の東と西

(1)「東と西」という問題

考古学的東西差の重要性　日本列島は東西、および南北に長く延びている。考古学において、日本列島の地域性を検討することは、重要な課題であることはいうまでもないが、考古学的に地域性の検討が重要視される理由はおもに、次の三つの観点にまとめられるだろう。

　生態学的観点：自然環境と人間活動との関わり。気温や降雪量、植生や動物
　　相、平野部と山間部、海岸部と内陸部、などの差が人間の活動や文化、ひ
　　いては社会といかに関わっているかを検討する観点。人間の文化や社会の
　　地域性の根拠を自然環境にいかに求められるかを分析する視点。

歴史学的観点：文化や社会、あるいは政治組織の分布状況の起源や推移。ある種の遺物や遺構の広がり、共通性の強い文化や社会組織の分布状況、あるいは国家の領域が、どこからどのように広がったか、あるいは移動したかを歴史的に探る観点。人間の文化的、社会的、政治的諸活動を人間の活動自体から歴史学的に分析する視点。

形質人類学的観点：形質人類学的差異から人種的差異を見出し、その差異の成り立ちを検討する観点。形質人類学的差異そのものの分析に終始する場合も多いが、文化や社会の地域性と重ねあわせて解釈する場合も多い。日本人の成り立ちを議論するときに不可欠の視点。

以上の三つの観点は、一般的に考えれば、相互にまったく無関係とはいえないが、かなり異なっていることは明白である。自然環境の差は生業や家のつくりなど、生活に密着した側面に大きく影響するだろうし、文化領域や国家の領域は、自然環境が影響しないわけではないが、社会的な関係がより強く影響するだろう。形質人類学的差異は、社会的な関係に強く影響を受けることもあろうが、形質人類学的共通性が社会的な共通性を意味するわけでもないし、その逆でもない。つまり、基本的にはこの三つの観点から導かれる地域性は、それぞれ別個のものだと考えるべきである。また、自然環境が影響を与えるといっても、平野部と山間部の差の違い、気温の高低による違い、降雨量による違い、はそれぞれ異なった形で影響を及ぼすので、地域性の表れ方は非常に複雑になるはずである。これは、歴史学的観点や形質人類学的観点にもいえることで、地域性とは、いずれか一つの観点から見たとしても、簡単にまとめられる性格のものではない。

ところが、縄文文化の「東と西」という表題では、縄文文化が二分されることが前提となっている。縄文文化だけではなく、旧石器文化も弥生文化も古墳文化もそれ以降も現代も、東と西に分かれていると考えるのは常識的である。この常識を疑うのが考古学の使命であるはずなのに、現実には、この常識を追認する形で考古学的研究が行われている、といっても過言ではない。「縄文文化の東と西の差は何に起因するのか」という問いは縄文研究者が必ず一度は頭

を悩ます問題だが、この問い自体、東西という二分性を前提としているのである。

他分野における考古学的東西差に対する注目　世界が東洋と西洋に分かれている、という認識は、ヨーロッパと対ヨーロッパという地理的かつ民族的主観である。同様に、日本が東西に分かれている、という認識は政治、経済、社会、文化のすべてにわたって、首都圏（東京）と関西圏（大阪・京都）という二つの中心が日本全体に大きく影響を及ぼしている現状に由来することはいうまでもない。したがって、常識的には、民俗、方言などで観察される文化的な東西差は、このような国の構造が成立した頃から出現したと考えてよいはずだが、民俗学者や国語学者、あるいは歴史学者は、このような東西差が、日本文化、ひいては日本民族の系統の二分性に起因する、と考えたがる傾向が強い。つまり、日本の東西差は予想以上に古くから存在し、現在の東西差も非常に古くから存在するものである、と考えがちである。

そのときに、必ず、引き合いに出されるのが、考古学的事実として観察される東西差である。考古学的東西差として最も注目されるのは、弥生時代の遠賀川式の分布や金属器の分布からみた東西差であるが、その東西差が縄文時代、さらには旧石器時代にもさかのぼる、ということも注目されている。特に、「照葉樹林文化論」とそれに影響を受けた生態学的議論（上山編 1969、安田 1980、渡辺誠 1981など）は縄文文化の東西差が植生の東西差に起因するという説を普及させ、学界に広く強い影響を及ぼした。

なぜ、民俗、方言などの文化的東西差が、弥生時代や縄文時代までさかのぼると考えられがちなのであろうか。この点について、代表的な見解をいくつかみてみたい。

民族学者の大林太良は、文化領域そのものが生態学的領域と対応するか否かについては多くの議論がある、と述べた上で、日本の東西の二つの領域は生態学的領域としての枠組みが成立した後、歴史時代の東西の二つの中心の並立によって、東西差が強化された、と述べる（大林 1990）。つまり、民俗や方言などの個々の文化要素の成立が縄文時代に起源するわけではないが、文化の枠組

みとしての地域の成立はきわめて古いもので、その枠組みに沿って、さまざまな文化要素の地域差が生じた、と考えるわけである。つまり、根源的な地域の枠組みは生態学的要因と関係する、と考えているのである。

民俗学者の宮本常一は、風習に地域差が見られる場合、稲作と関係したり、雪と関係すると推測している。この場合、民俗の地域差が生業や生態の地域差に起因すると推測されるのは自然である。両墓制の有無に見られる地域差は、さまざまな葬制が日本列島外から伝わり、重層的に地域差を生じさせたことと関係すると述べる（宮本常 1981）。東西の牛と馬の比率の差については、両者が大陸から伝わった点は同じだが、水田が広い西日本では犂を使うため、牛が普及したことに起因する、と述べる。このように、宮本は、稲作も含め、大陸や南方から伝わった風習が、各地の生態学的条件に適応するなかで、東西の地域差を生み出す場合があったと考えている。すなわち、外部からの文化の伝播とその受容の様相が地域差を生じさせる一つの要因と考えているのである。

国語学者の大野晋は、奈良時代の方言で確認できる「アヅマ」（東国）とされる地域には3種あり、その3種の境界がそれぞれ異なる考古学的分布（遠賀川式、弥生青銅器など）と一致することを述べ、この東西差は縄文早期の押型文土器と沈線文土器の分布にまでさかのぼることを述べる（大野晋 1957）。そして、前者を東南アジア系の社会組織や神話、後者を北方アジア系のそれに対比させ、日本語の系統に二つあることを推測するのである。つまり、東西差を日本文化および人種の系統差と関係させるわけである。

ここに挙げた三つの事例によって、考古学的な地域性分析の三つの観点、すなわち生態学的、歴史学的、形質人類学的視点が網羅されている。ここにいたって、日本における東西差の問題は、じつは非常に単純な問題なのではないか、その分、非常に根深い問題なのかもしれない、という疑いを抱く。

日本文化の多様性とその国際性　日本列島を東と西に分けて理解することは、考古学以外の民俗、方言、歴史を説明するときの常套手段であり、民俗学者や歴史学者は、そういう地域区分の起源として、考古学上の地域区分に注目する。そして、弥生時代や縄文時代、場合によっては旧石器時代にも、民家や親

族組織などの地域差と同じような東と西という区分が存在することを知る。その結果、縄文時代の東と西の区分は、現代の民俗などにみられる区分の深層に相当する、と解釈される。

　この区分、すなわち日本の二分性が縄文時代までさかのぼることを確認する見解は、基本的には、日本文化や日本社会が一枚岩ではなく、複数の系統から成立している点で一致する。その複数性こそが日本の特色であるとみなし、東と西、あるいは北と南を多様性の両極と位置づけ、それらの混合体を日本として把握する点で一致するのである。したがって、場合によっては、東西の２区分ではなく、多数の地域性区分を主張する場合もあるが、この場合も、東西の２区分を否定するわけではなく、東西の２区分の細分とみなしうる場合が多い。また、この東西の区分は畑作／稲作、山／里という文化の二分的理解（坪井洋 1982）と、深層において通底する。

　このような見方は、大林、宮本、大野以外に、佐々木高明（佐々木 1985）や網野善彦（網野 1982・1984）ら、考古学以外の他分野の著名な学者が強調しており、広く、日本文化や日本社会の特徴であると信じられている。考古学でも、小林達雄（小林達 1983）、渡辺誠らの見解が、他分野の学者によって引用され、山田昌久（山田昌 1990）らの見解も、こういった見解に呼応する専門的な根拠を提供している。

　日本の多様性に関して、網野は、日本という統一体の虚構性を暴くために、それを強調する。つまり、現代の日本国家は、本来的なものではなく、不自然な存在と位置づけるために、日本内部の多様性に目を向けるのである。しかしながら、たとえば、大野晋は「日本語」の起源を複数系統の累積のなかに探ろうとしており、この場合、結局、統一体としての日本語の成立過程を支持するものとして、縄文文化の地域性が例示されているのであるから、現代における統一体としての日本で観察される多様性が古くさかのぼることは、統一体としての日本の古さの強調と相容れないわけではないことになる。つまり、複数系統の存在の古さは、統一体としての日本の存在の古さの証拠にも転化するのである。古い日本に多様性が顕著だという網野の主張もじつは、多様性がありな

がら統一的な現在の日本のあり方が古くさかのぼる、という主張とあまり変わらない。

　もう一つ、網野や大野、あるいは佐々木など、多くの見解に強調されている点は、日本の多様性が、東アジアの他地域、すなわち、日本列島外部の地域差と関係している、と意義づける点である。九州の海人は朝鮮や中国に往来し、日本語の音節構造はパプア・ニューギニアの言語と一致し、西南日本の照葉樹林はネパールにもあり、そのことが日本の地域差、系統差を形成する原因となっている、とみなすのである。つまり、日本の多様性は、日本の国際性に起因すると見るのである。一方、大林は日本の多様性の原因を生態学的多様性に求める。つまり、自然環境との関わりにおいて、多様性が形成されたと見る。この場合、日本列島外部との系統的関係を重視しないが、日本の地域差成立の原因を地理的理由に求めている点は同じである。

　このように、日本のさまざまな地域差、系統差を強調し、その差を日本列島外部との関係から理解しようとする態度が、日本の東西差に注目する理由であり、縄文文化の東西差の問題は、この問題に深く寄与するものとして、幅広く、注目されているわけである。

　「東と西」の問題の本質　結局、「東と西」の問題とは、①日本が統一体として存在するときに内包する地域差がどこまでさかのぼるのか、②日本の地域差を日本周辺の地域との系統的関係、もしくは自然環境によって説明できるかという問題である。系統的関係というのは日本列島の地理的関係によって決定し、自然環境も人間の力の及ぶ問題ではないので、ようするに、日本の地域差がいかに決定的に固定されているか、が追究されているのである。ここで注意すべきは、「東と西」の地域差の問題とは、日本という統一体の成立の問題と表裏一体の関係にある、という点である。東も西も、日本という全体の一部分として認識され、その各部分がいかなる起源を有するか、が問題になるのである。

　すなわち、「東と西」の問題とは、「日本」の起源の問題と等しい。つまり、「東と西」の問題とは、東と西の境界の問題のように見えて、じつは、東と西を含む日本という全体の輪郭の問題でもある。境界の問題は、場合によって

は、全体の輪郭が当然のように前提とされ、場合によっては故意に輪郭が曖昧にされ、境界の問題として論じられるのである。そして、日本という全体の輪郭は、東アジアのなかで浮き彫りになるのであるから、東西の境界をはさんだ日本の各地域の意味も、東アジアのなかで解釈される。ようするに、「東と西」の問題とは、「日本」の成立に関する問題であり、問題が単純になりがちなのも「日本」の成立に関する議論は、特に考古学においては、非常に単純な形で進行してきたからである。

　筆者は東と西との二分性の問題は、首都圏と関西圏という二つの中心の存在に起因するだけではなく、考古学の学史および学史的条件にもとづく考古学的成果に起因する部分も大きいと考える。言語学や民俗学、歴史学が考古学的現象に依拠する理由は、考古学こそが、「日本」全体の輪郭と東西の境界の成立の問題を同時に扱い、最も単純な図式を提供しつづけたからである。

（2）考古学における「東西差」の起源

原日本人説と弥生文化の認識　統一体としての全体の認識と内部の境界に関する認識が同時に確立する形で、考古学的な東西差は認識されたはずである。統一体としての全体の認識は大正期の原日本人説（浜田 1918、浜田・辰馬 1920、清野・宮本 1926）によるところが大きい。それまでは、アイヌやコロボックルなど先住民族を想定し、石器時代の人種に当ててきた。これらは全体としての日本にとっては異質な要素であり、日本文化の重要な構成要素とはみなされなかった。日本はより純粋であり、異質なものを包括していなかったのである。小熊英二は人種交代説に立った坪井正五郎や鳥居龍蔵が日本人の多民族性を強調したと述べるが（小熊 1995）、彼らは、当時の日本国家が多民族を包括してきた歴史性を強調しているのであって、「日本人」あるいは「固有日本人」とよんだ朝鮮半島から渡来してきた日本人の祖先を別格視していた。つまり、坪井や鳥居が主張した多民族性の実態とは、先住民族と考えられていたアイヌやその他の少数民族と、文化的に先進的な多数派としての日本人が混合していた、というものであって、その意味で、この場合の多民族性とは、真の

第10章　地域主義的縄文文化論批判　271

日本を中心におき、異質な要素を周縁に配置する構造を指す。

ところが、現在のアイヌと日本人との共通の基盤的人種を想定する原日本人説は、他民族を侵略的に内包していくというものではなく、本来一つであったものから多民族性が創出したと考える点で、日本民族の起源についてコペルニクス的転換をもたらした。原日本人説は汎アイヌ説（松本 1919、長谷部 1920）に影響を受けており、アイヌ近縁の人種と日本人との間に直接的な系統関係を想定したのである。原日本人は南北の諸民族と混血したはずであるから、地域差が拡大するのは当然だ、と述べられたり（清野 1943）、そもそも原日本人自体、日本列島外からさまざまな人種が渡来したものが複合したものだ、と述べられた（浜田 1938）ので、原日本人が純粋だと主張されたわけではない。アイヌと日本人の起源が同一視されたのである。

浜田耕作は1938年においても「日本人」の成立はあくまで「満州朝鮮系人種」渡来後、すなわち弥生文化成立後であると述べ、それ以前の「アイノイド」とは明確に区別しているが（浜田 1938）、清野謙次はアイヌを含めた「日本人種の独自性」を説いた（清野 1943）。

この原日本人の統一性は、日本列島以外の同時代の人骨の分析を経て確定したものではないので、いわば理念的想定であった。むしろ、大きな役割を果たしたのは浜田耕作の土器系統論で（浜田 1918）、これは清野謙次の人種系統論と同一といってもさしつかえないものであった。両者とも、文化と人種を同一視するのはおかしいという理由で人種交代説を批判するが、皮肉にも、それに代わる説は土器と人種を置換可能なものだった。しかし、そのことは重要な問題ではなくなった。異質なものとして除外されていたアイヌを根源的に内包する日本は、混血や渡来による人骨の形質的特徴の多様性を許容するのであるから、彼らを日本人とよぶかどうかの判断においては、日本列島に居住しているという事実が優先されたからである。

文化においても同様で、日本列島に展開する文化は「混血」や「渡来」をくり返すが、一括できる程度の統一性があれば、それはいわば「原日本」文化である。浜田は、「原始縄文土器」は西では半島や大陸の影響を強く受けて弥生

土器に変化し、東ではその影響を受けずに「アイヌ縄文土器」に変化する、と考えた。統一体としての原日本は、かつて日本から除外されていたアイヌを内包するものとして成立した。重要なのは、日本に対峙する存在として、朝鮮・中国が明確に日本の外部として位置づけられたことである。日本の外部である朝鮮・中国の影響を強く受けて文明化した西と、外部からの影響が遅れた東に分かれた、とみるのである。人種交代論における大和民族とアイヌとの関係は侵略／被侵略の関係であったが、ここでは、東西への分化という形で説明される。

　半島や大陸から伝来した稲作や金属器は、想定された原日本には存在しない高度な文化であり、それを先進的に保有していた半島や大陸は、原日本の外部であった。したがって、弥生文化とは、外来文化であった。東西差とは、外来的な要素の強い地域と土着的な要素の強い地域との差でもあって、それは先進地域と後進地域との差でもあった。上方と東国、関西と関東、ひいては西日本と東日本という差は、弥生と縄文という差ときわめてよく合致した。弥生文化が西を中心とするのは、半島や大陸から伝来したものだから当然であり、縄文文化が東を中心とするのは、弥生文化の影響が及ばずに遅くまでつづいたから当然、と認識された。

　縄文文化の輪郭　この認識に必ずしも同意しなかったように見えるのが山内清男である（山内 1932・1933）。まず、山内は縄文文化が全国一律に終了すると述べる。西は西なりの縄文文化があり、東は東なりの弥生文化があり、縄文文化から弥生文化への移行は各地域同時に進行したと考えたのである。縄文文化から弥生文化への移行の担い手は新たに渡来した弥生人も含めて当時の日本列島に居住していた人間である。縄文文化とは縄文式土器の文化であり、弥生文化とは弥生式土器の文化である。ここで、縄文文化と弥生文化の輪郭が決定した。日本列島内部に展開する先史文化の二つの階梯であって、外部の影響いかんにかかわらず定義できるものになった。

　当然ながら、この山内の認識は「原日本人」説や浜田の土器系統論を継承するものである。要は、アイヌと日本人を同一起源とみなし、この「原日本」人

が日本列島に居住していた、とみなす。これに対して、弥生文化は日本固有の文化ではなく、朝鮮・中国からの外来文化であり、日本列島に居住していた人種によって受容された、とみなす。

　山内は、縄文文化は地域色を有しながらも各地域が関係を有した構造をもっており、半島や大陸とは別個の独自の展開をとげたと考えた。同じ頃、森本六爾や小林行雄らは、弥生文化の初期に半島や大陸から渡来文化の影響が東に強く及んでも、その受容のされ方によって種々の地域色が生じ、それら各地域が関係を有して、一体的な弥生文化を形成していると考えた（森本・小林 1939）。鳥居竜蔵（鳥居 1918）が想定した「固有日本人」がアイヌを追いやった状況とは異なるのである。中期にはそれが各地で根付き、地域色が強まり、後期にはふたたびその地域色が弱まり共通性が高まる、という日本列島内での弥生文化の完結的な展開が認識された。森本や小林の弥生文化観は山内と対照的に比べられることが多いが、実は、相互に補完しあう。縄文研究も弥生研究も日本列島が舞台であり、朝鮮・中国は日本列島外部である、と明確に認識された。縄文文化も弥生文化も、閉じられた日本列島内部での展開を基本とし、節目節目に外部からの影響を受ける、と考えられたのである。

　つまり、縄文文化も弥生文化も多様性を有するものの、多様性を有する各地域は相互に関係を有する全体を構成し、その全体の輪郭はほぼ日本列島に相当する、と認識された。このような認識は、日本列島内の分化によって、アイヌと日本人が生じたという「原日本」人説に起因する。同時に、朝鮮・中国は日本列島外部の異質なものとしてはっきりと認識された。なぜ多様性の起源が分化として認識されたか、という問題を考える際も、この両面性に注意する必要がある。アイヌと日本人が「同化」する形で日本が多様化する一方で、朝鮮・中国が「異化」され、その点では日本が純粋化したのである。輪郭が固定された日本は、限定的に「多様」な形で、朝鮮・中国とは異なる存在として、認識されたのである。

　南北二系統論　このような日本列島内部の多様な構造の起源は、内部と外部との関係が一時的に強くなるときで、それが時代の節目である。縄文文化や弥

生文化のはじまりとは、そのように外部からの強い影響が内部に及ぶときである。弥生文化については、遠賀川式土器の波及がその強い影響の範囲を示す、と考えられ、その影響が及ばない範囲との間に、東西の地域差が生じると考えられた（森本・小林 1939）。この東西の地域差の認識は、浜田の土器系統論における弥生土器と「アイヌ縄文土器」との地域差を編年的により正確にした結果であり、根底には外来の弥生文化と土着の縄文文化との2系統が東西差を形成するという浜田の認識が継承されている。しかしながら、遠賀川式土器の分布という短期間の文化現象によって、伝播という外部からの強い力を動態的に示した、という点で、東西の境界の成立に関して、これまでよりも説得力があるのである。

縄文文化のはじまりについても、押型文土器と沈線文土器という南北の二つの土器分布圏の違いに着目して、日本列島外部の南北両端から文化が伝播もしくは渡来し、縄文文化が構成された、という説が提起された（江坂 1944）。原日本人が種々の人種の混血だという考えはあったが、土器型式という短期間の文化現象で、外部からの伝播もしくは渡来という動態を具体的に示したという点で、遠賀川式の分布によって弥生文化の成立を説明する考え方と、対をなす。南というのは東南アジアや南太平洋との関係が想定されており、民族学的影響がうかがえる。

遠賀川式の分布にせよ、南北二系統論にせよ、これはある短期間の事象であり、その後の経緯によって、文化の境界は変動するはずである。しかしながら、遠賀川式の分布と南北二系統論における押型文土器の分布は大きく東西（あるいは南北）を二分する基準となる、という点で一致する。当然のことながら、両者の境界の成因はまったく異なる歴史事象に起因するものなので、考古学的には、本来、関係のない偶然の一致にすぎない。しかしながら、そのような偶然の一致に通底する意味を見出すのは、考古学以外の分野にとどまらず、考古学者のなかにも存在する。

東西の境界は、それまでは弥生文化と縄文文化との境界であったので、遠賀川式の分布はその境界の成立を実証的に示したという意味以上に新鮮さはな

かったはずだが、南北二系統論は、縄文文化にも弥生文化とは関係のない類似した境界が存在し、その存在は縄文文化の成立期こそ明確であることが示されたわけである。縄文文化の遺跡が西日本よりも東日本に多いという認識は明治時代にはすでに存在したが、そのような認識を含めて、東西差は弥生文化の波及の問題を超えて、縄文文化内部の問題として議論される基盤が整った。縄文文化における南北二系統論は、弥生文化における遠賀川式の分布と、同じ意味をもつ。縄文文化の輪郭とその内部の地域差は、時代を超えて持続する「原日本」文化の特色として注意された。考古学以外の分野においても考古学においても、その特色は、現在の日本にも看取できる特色と関係すると考えられたのである。

照葉樹林文化論　この南北二系統論は、縄文文化の起源に関する系統論だが、時期を違えて（あるいは時期を問題にせず）南北の系統が混合しているという議論は、民族学者が好んだ。たとえば岡正雄は、縄文文化初期には北方アジアの影響が強いが、縄文中期からメラネシア（および東南アジア）など南方アジアの影響が強くなる、と考えた（石田ほか 1958）。

南方アジアと考古学的文化要素との関係は明治時代からしばしば問題にされたが、この考えを、生態学的に説明したのが、照葉樹林文化論である（上山編 1969、上山ほか 1976）。照葉樹林文化論は、西南日本の縄文晩期の文化が東南アジアひいてはネパールなどの「照葉樹林文化複合」の影響を受けて焼畑などによる稲や雑穀を主体とする畑作農耕が開始されたと主張する。この主張自体は考古学の側のみからの主張とはいいがたいものの、論を主導した上山春平は藤森栄一の影響を強く受けており、考古学的成果が多く盛り込まれている。また、その後、東北日本について、渡辺誠の「ブナ帯」文化論（渡辺誠 1981）や安田喜憲の「ナラ林」文化論（安田 1980）など落葉広葉樹を主とする文化が対照的に設置されたのも、照葉樹林文化論の成果であり、生態学的に地域差を説明するという視点自体、考古学に非常に強い影響を与えた。

植生における東西の違いは日本列島外の北方アジアや南方アジアとのつながりが強く意識されているものの、照葉樹林文化論に対抗したり補足する形で提

唱された落葉広葉樹林文化論では、東西の遺跡数の差、すなわち食料生産性の差が強く意識されている。この東西の遺跡数の規模の差についての最初の説明は、山内清男のサケマス論である（山内 1964）。山内は東西差の問題を日本列島外部との関係から系統差の問題として説明するのではなく、日本列島内部の食料生産性の違い、ひいては環境の違いとして問題視した。日本列島外部との系統的関係よりも、生態系による地域差に注目する点は渡辺誠らに共通する。

「東と西」の地域差を見る視点の推移　以上述べてきた考古学における東西の地域性に関する関心は、日本の成り立ちを説明しようとする試みだが、大きく見れば、文化の系統論的視点から生態学的視点へ変化してきた、といえる。系統論的差異に関する視点は日本の原型としての「原日本」という概念が成立したときに確立した。アイヌなど一部の異質な民族を内包しつつ、朝鮮・中国に対峙する日本の原型としての概念が成立したとき、必然的に日本内部に限定的な多様性が埋め込まれた。この多様性は、①外来文化としての弥生文化の受容の差による東西差（朝鮮・中国という外部の文化要素の密度）として現れるだけではなく、②「原日本」の限定的な多様性の起源としての南北差として現れたりした。

このように、日本の多様性は、日本列島の内部における明確な境界を持った地域差として、認識が確立していった。内部の境界が明確であるということは、外部と内部との境界、すなわち輪郭が明確であることと呼応している。多様性の認識がこのような単純な地域差として認識され、しかもその地域差が固定的に持続したり、繰り返したりすることは、系統論的解釈にとって不利である。さらに、東西の境界をはさんで遺跡数に大きな差が認められるという認識が常識化したことも、系統論的観点から生態学的観点へと移行した理由の一つであろう。量的な差は、自然環境に起因する食料生産性の差で説明しやすいからである。

現在、東西の地域差を説明しようとする視点は、遺跡が東に多く西に少ない理由はなぜか、という問題意識につきる。これは、東が縄文文化の中心で、西が周縁なのはなぜか、という問いに変えると、縄文文化の北方起源説を生む基

盤となる。このことからもわかるように、系統論的説明は生態学的説明へ変化し、その逆も生じうる。

（3）縄文文化の東西差の解釈

遺跡数の格差 現在、東と西との遺跡数の差については、まず、そのような遺跡数の差が本来の人口の差を反映しているのかという問題がある。西田正規（西田 1985）は、小山修三（小山 1984）の想定した東西日本の人口格差（根拠は遺跡数の差）がアフリカの熱帯雨林と砂漠との差よりも激しいと疑問を呈し、沖積地に遺跡の多い西日本と台地上に遺跡の多い東日本との差が遺跡の発見数に影響を及ぼしていると考えている。しかしながら、弥生時代の遺跡の立地は縄文後晩期と大きな違いはないにもかかわらず、弥生時代には東西日本の遺跡数の差は逆転する。また、小山の集計には現れていないが、東西の遺跡数の格差は縄文時代の各時期によって異なる。縄文前・中期に最も激しく、縄文草創期・早期や縄文後・晩期には格差は激しくない。遺跡の発見率の違いだけで遺跡数の格差を説明できないのである。

遺跡数の差から想定される人口の差については、①サケマス論、②植生による堅果類の生産性の相違、と見る見解がある。いずれも生態学的理由、すなわち人為を超えた理由に縄文文化の東西差を見るのだが、まず、サケマス論には批判が根強い。批判はＡ．サケマスの骨の出土が稀（渡辺誠 1967、高山 1974、大塚 2000b）、Ｂ．西日本にはサケマスが少ないもののコイなど他の魚類は豊富（西田 1985）というものである。

植生による堅果類の生産性の相違については、支持者は多いが（安田 1980、渡辺誠 1981、泉 1985b、佐々木 1985など）、根拠が確実なわけではない。西田は照葉樹林の方が堅果類の生産量が多い可能性も想定している。遺跡数が最も多い縄文中期の中部高地には堅果類の貯蔵穴が少なく（今村 1989）、堅果類の生産量の拡大がこの時期の人口増加に結びついたとは考えにくい。

サケマス論にせよ植生にせよ、気候の変動により動物の生息域や植物の分布域は変化するはずであるから、自然環境が人口差の要因であれば、人口差の境

界も時代に応じて変化したはずである。この点についても西田や家根祥多が問題にしている（西田 1985、家根 1997）。実際に西日本の出土堅果類を見ると、九州では早期以後は照葉樹が主流で、近畿では中期までは落葉樹が目立ち、後期には照葉樹主体だが、晩期にはふたたび落葉樹が目立つ。照葉樹よりも落葉樹の生産量が高ければ、近畿は後期に遺跡数が減少するはずだが、実際は中期よりも遺跡数が増加する。また、九州では近畿よりも遺跡数が少ないはずだが、実際は九州のほうがほぼつねに近畿より遺跡数が多い。また、中部・関東で後期に遺跡数が減少するのは気候の寒冷化が影響しているようだが、この寒冷化が落葉樹の生育にはたして悪影響を与えたのだろうか。むしろ、低地にまで落葉樹が広がり、より好ましい環境になったのではないか。サケマスについても同様で、後期の寒冷化は中部・関東のサケマスの捕獲には好都合の結果をもたらしたのではないか。このように考えると、サケマスや植生の差で人口格差を説明することは、西田が述べるように不可能である。

　人口格差を最もよく説明すると思える文化要素は打製石斧の比率である。中部・関東の前期後半から中期にかけて人口が急増する現象と打製石斧の増加が軌を一にするのは周知の事実である。縄文後期後半の中九州でも同様の現象が見られる。第13章で述べるように、人口増減に関しては、他の事例では人口移動が大きく関わっているが、中部・関東の事例と中九州の事例は急増後に急減するという点でも一致し（矢野 2004b）、打製石斧を利用した限界を超えた食料生産が人口変化の要因になっていることをうかがわせる。東西の人口格差が最も顕著なのは縄文中期であって、縄文早期や縄文後・晩期には格差は縮小し、西田が述べるような遺跡の立地の差による発見率の差によって解釈しうる。

　東北地方においても三内丸山遺跡のような大集落が存在するが、これは降雪地域特有の集住による集落の大規模化とも解釈できるので、人口規模の比較については、広範囲の地域全体の比較を必要とするはずである。また、亀ヶ岡文化についても東日本の縄文文化の隆盛の事例とされるが、同時期の西日本の突帯文土器と比べて遺跡数において大きな差があるようには思えない。

したがって、東西の人口格差の問題の核心はなぜ、中部・関東で打製石斧が普及したのか、という点にある。打製石斧の普及は前期後半という海退期に相当する。憶測だが、関東平野は海進・海退の影響を最も強く受けた地域であり、その環境の変化に対応するために、新しい食料生産の手段が考案され、それが関東・中部に普及したのではないか。

東西の縄文文化の質 東西の縄文文化については、環状集落の有無や、土偶、石棒の数、あるいは縄文土器の装飾など、文化要素の質にも差がある。しかし、これらの差は優劣で語れるものではない。環状集落は関東・中部における集落の立地上の制約を受けて人口増加期に発達したものと理解しうる。東北北部や西日本では列状やブロック状の住居の配置が見られる場合がある。環状になる、ならないにかかわらず、双分的な構造が見られる点は注目に値する。環状集落を有する社会とそうではない社会とで社会組織上の共通性を想定することもできるのである。

土偶や石棒は東日本で発達した。縄文文化は、土偶や石棒、あるいは過剰な土器の装飾を促す精神性によって特色づけられる面もあるが、そのような精神性は一側面であり、集住や打製石斧による食料増産の結果として人口が増加した地域で発達したようである。人口が増加した地域社会の婚姻や出産に対する管理、あるいは人口増に伴う社会の不安定感を解消する手段として、そのような精神性が必要とされたように思える。土偶や石棒が後期に西日本に波及する現象は、西日本の人口増加に伴い、東日本で発達した精神文化を受容する基盤と必要性が生じたからであろう。前・中期に一時的に際立った人口格差が再び解消されていくことと合わせて理解できる。

石囲炉や埋設土器は中期に西日本に波及するが、これは中期末における中部地方と近畿地方との関係強化によるものである。このように、各文化要素の広がりはそれぞれの歴史的経緯から説明できるものであり、生態学的理由で説明できるものではない。

東西の境界 西田（西田 1985）も家根（家根 1997）も東西の境界だけでなく土器型式圏が植生と対応しないことを強調する。これはたしかにそのとおり

だが、西田も家根も土器型式圏の境界をかなり安定的なものと考えている。特に、西田は植生は変わるが土器型式圏の東西の境界は中央構造線付近にありつづける、と考えている。西田は、東西差が固定的にあり続ける理由を生態学的には説明できないとして、日本列島に人が居住し始めた頃からの社会のネットワークが中央構造線付近で二分されていた可能性、すなわち系統論的説明に立ち返ってしまうのである。

筆者は、前章で述べたように、土器型式圏は固定的ではなく流動的に変化すると考えている。たとえば、押型文土器前半の大川式の分布圏は伊勢湾周辺を中心とするが、神宮寺式にいたって近畿、中四国地方に大きく分布を拡大する。高山寺式では、中央構造線をまたぎ、両側に分布圏が広がる。押型文土器の時期だけでも目まぐるしく分布圏は変化しているのである。

基本的に、土器型式圏は人口の増減とともに統合と分化を繰り返す。その過程で、境界域とよんでよい遺跡数が非常に少ない地域が出現する。近畿地方中央部は、早期後半には土器型式圏の境界域となり、遺跡数が減少するが、前期には北白川下層式土器の分布圏の中心となる。東西の境界という場合、諸磯式と北白川下層式が岐阜・愛知県付近を境界として東西に分立している事例がよくあげられるが、両者は土器型式の内容を見ても、密接な関係にある。境界とされる岐阜・愛知ではこの時期の遺跡が少なくなく、この事例は東西がいかに密接に関わっているかを説明しているのであり、境界の説明にはならない。この時期の境界としてより適切な事例は、曽畑式と北白川下層式との境界であり、中四国地方西部は遺跡数が非常に少ない境界域に転じる。

中期末から後期初頭にかけての時期や、後期中葉の堀ノ内式と北白川上層式の時期なども、東西の土器型式の密接な関係が明白であり、中央構造線付近を東西の境界と見るのが不適切な事例である。このような事例は、むしろ、各時期を通じて一般的であり、真の境界域、つまり両側を分け隔てる遺跡数の少ない地域は、日本列島全体を見渡せば、中央構造線とは別の場所に存在していることが多いのである。中央構造線に東西差を見出すのは、現在の東日本と西日本との差を意識しすぎたために生じる錯覚である。

第10章　地域主義的縄文文化論批判　281

　境界域が頻繁に移動するような土器型式圏の統合と分化の結果、突帯文土器の分布圏が出現するのであるが、その分布域は歴史的な経緯によって決定しているのは明らかであり、そこに生態学的な意味はない。突帯文土器分布圏内でも、水稲耕作普及度に大差があるのである。土器型式圏の等質性は、人間集団の関係の強さによって決定しているのは明らかであるが、その関係の基本は婚姻関係にあると考えられる。土器の分布圏は婚姻関係が比較的密であった地域を表しており、その意味で、他と区別される共通の文化を維持していた社会的領域である。
　筆者は、縄文時代草創期以来、土器型式圏は統合と分化を繰り返し、土器型式圏の境界域は頻繁に移動していると考えている。このような度重なる統合と分化が生じた地域は日本列島に限定できる。半島や大陸とは同じ頻度で統合や分化が生じていないことは明白である。したがって、そのような頻繁な統合や分化が生じた範囲を、世界的に見て他と区別することが可能であり、その範囲を縄文文化とよぶことに違和感はない。その範囲のなかには固定的な境界は存在せず、容易に統合したり分化するような下位の文化が多数存在したのである。縄文文化はなかったという言い方（大塚 2000a）もあるが、もしそのような言い方が正しいならば、縄文文化と同じく多様性を内包する押型文土器文化も亀ヶ岡文化もなかった、といわなければならなくなる。

第2節　繰り返されるミネルヴァ論争

　本節は、前節で述べた東西の地域性を重視する議論に代表される縄文文化の多様性をめぐる議論について論じる。多様性というのは、特にここでは地域的多様性を意味する。縄文時代を一つの時代として論じることができるかどうか、という問題は、地域的多様性の問題と直接には関係しないが、間接的に関係する部分について、最後に触れる。
　縄文文化が多様であるという認識は、現在、通説化しているといってよい。この認識は網野善彦（網野 1982・1984）によれば日本という統一体の不自然

さの傍証ともなり、日本という全体の枠組みが自然ではなく人工的であることを強調する手段となる。しかし、現在の日本が多様であることはいうまでもなく、地域的多様性の強調は、場合によっては、各地域の起源が縄文時代や旧石器時代にさかのぼり、あるいは各地域の輪郭が自然に根ざしていることを強調することになる。地域的多様性の強調は、地域の独自性の強調でもあり、地域的「ナショナリズム」に容易に転化する。

　縄文土器編年論争で往々にして問題になるのは、そのような地域の独自性の問題、地域的系統の持続性の問題であり、結局は、縄文文化という全体と地域という部分との関係をどのように理解するか、という問題である。縄文文化と日本との関係については、多岐にわたる議論が必要だが、地域という、いわば中立的な単位を媒介にすれば、現在と縄文時代あるいは旧石器時代は、比較的抵抗感なく結び付けることが可能になる。地域的多様性の強調は、全体の枠組みを否定するほどのものではないので、現在と結び付けられた縄文時代の地域は、その継続性を主張することで、結局は全体の枠組みの継続性を示唆することになる。逆に、地域の継続性を否定する場合、全体の枠組みを際立たせることになるので、この種の論争は、地域を強調しても否定しても、全体の枠組みを強調しこそすれ、否定する方向には向かわない。

　第9章第2節で示したように、この種の縄文土器編年論争は、昭和初期、石器時代が「原日本」として認識された頃に議論された縄文時代の終末をめぐる論争、「ミネルヴァ論争」と共通点がある。本論では、ミネルヴァ論争の地域版として、縄文土器編年論争が論じられてきたのではないか、という筆者の認識を説明し、そのことを出発点として地域的多様性を主張することの本質を見極めたい。縄文研究、ひいては日本考古学がミネルヴァ論争から抜け出す道筋を筆者が明確に示しうるわけではないが、最後にその点について触れる。

（1）土器編年論争における地域の問題

　時期差か系統差か　縄文土器の編年論争では、その地域である土器型式が単独で主体をなすのか、それとも、その土器型式が異系統のものであって、別の

在地の土器型式と共存するのか、が問題になることがしばしばある。問題となる土器型式は出土例が少なく、他地域に広く分布しているので、異系統であるとみなされやすい。もし、それが異系統ではなく在地の土器型式であるならば、その地域の在地の土器型式の伝統が希薄になったり断絶した状況を想定しなければならなくなる。筆者が関係した土器編年論争だけをとっても、時期差なのか、同時期の系統差なのかが問題となった土器型式として、縄文早期の立野式／樋沢式（中部地方）、縄文中期の矢部奥田式／里木Ⅲ式（瀬戸内地方）、縄文前期末～中期初頭の船元式／深浦式（南九州地方）などがあり、縄文土器の編年論争の多くは、時期差か同時期の系統差かが問題となる。

九州縄文中期土器編年論争　ここでとりあげるのは、第7章で詳述した南九州地方における船元式／深浦式の問題である。この両者の関係について、筆者は時期差とみなし、南九州地方の研究者は同時期の系統差とみなしている（相美 2000・2006a, b、矢野 2005a, b・2008a）。この論争は、第9章第2節で述べたように、縄文後期における磨消縄文土器の九州地方への伝播を説く議論（前川 1972・1979、田中良 1982・1987）の延長線上にある。縄文後期に東からの影響が強くなる現象の前提として、縄文中期までは九州地方の独自性が顕著だったことが強調されていた。それは縄文前期の曽畑式から中期の並木式にかけて、滑石含有土器が継続することによって裏付けられており、「本州系」の船元式は「九州系」の並木式と共存すると認識されていた。その後、船元式が並木式よりも古く位置づけられることが明確になり、船元式が単独で存在することが想定されたために、九州地方の独自の系統性が途絶えることになった（東 1991、矢野 1993c・1995、徳永 1994）。このとき、それまで前期末に位置づけられていた南九州の深浦式を、船元式と共存する九州独自の土器型式として、中期前葉に下げて位置づける編年案が、南九州地方の研究者から主張されるようになる（桒畑 1993、相美 2000）。筆者はこの案に反対し、論争が続いている。

ミネルヴァ論争との共通性　深浦式と船元式との共存を主張する議論は、①遺跡で両者は共伴しており、②船元式は南九州に伝播してきた異系統のものであ

るから、旧来の在地の土器型式の伝統と共存する、と主張する。これは、1936年のミネルヴァ論争における喜田貞吉の立場（喜田 1936a）と共通する。喜田は在地の土器型式を特定するかわりに、宋銭に代表される新しい文物と縄文土器との共伴を主張した。喜田は、縄文以降の新しい文化は東北地方へ伝播し、旧来の縄文土器と共存する、と考えたのである。一方、これに対立する筆者の立場は、①遺跡での共伴は混在にすぎず、②南九州にも船元式が主体的に分布する、と主張する。この考え方は、ミネルヴァ論争における山内と同様で、東北地方にも弥生式があり、広い地域が連動して変化する、という山内の考え方と共通する。

　こうしてみると、時期差か同時期の系統差かという議論は、ミネルヴァ論争の繰り返しにすぎない。もちろん、それぞれの土器編年の問題は個別に決着すべき議論であるが、この種の論争には共通の背景があり、その背景は昭和初期の問題意識にまでさかのぼることを、われわれは少し立ち止まって考えるべきだと思うのである。

　縄文土器と弥生土器　縄文時代と弥生時代との境界が特に問題となるのは、この境界が稲作や金属器の開始などから見て、日本の歴史を二分するかのような重大な意義をおびると考えられるからである。だが、縄文土器と弥生土器との違いを問題にすると、土器の即物的な差よりも、土器の製作者や使用者としての集団の差が前面に出てくる。したがって、土器の差は縄文人と弥生人の差になり、「住み分け論」（中西 1984）や「共生論」（秋山 1999）が土器の出土状況をもとに論じられてきた。この「縄文人」「弥生人」とは突帯文土器使用者や遠賀川式使用者を越えた系統性を有する存在である。

　縄文中期研究における船元式や深浦式も、本州系、南九州系、とよばれるように、単なる土器型式を超えた集団の系統差が意識されている。突帯文土器と弥生前期土器との共伴問題がミネルヴァ論争における縄文土器と宋銭との共伴問題の現代版であるのと同様、深浦式と船元式との共伴問題はミネルヴァ論争の九州版であり、系統性を有する人間集団相互の関係の問題なのである。このように、細部に拘泥しているかにみえる土器編年論争は、明治大正期の壮大な

人種論争の延長線上に位置している。

土器編年における地域　したがって、土器編年論争における地域というのは、系統性を有する集団、すなわち「部族」「人種」へと容易に移行し、時期差か同時期の系統差か、という問題は地域固有の集団の存続問題に直結する。ある地域が土器型式の空白地域でない限り、何らかの土器型式を連続させることで遠い過去に遡ることが可能であり、そこに地域集団の系統性を与えることはできる。地域における土器編年とは、①土器型式存続の確認の有無、②その土器型式における地域色の有無、を明らかにしていくことにほかならない。この手続きは土器編年の正統的な研究法であると同時に、地域の存続、すなわち地域集団の存続の証明であると認識されがちである。筆者はこの認識は誤解であると考える。地域色は全体像の中でしか評価できないので、全体が不明な状態では、地域色を評価できない。全体の認識こそがまず、問われるべきなのである。それはともかく、地域色の指摘を目的とする研究法こそが、土器編年の充実によって「地域主義」的縄文文化観を招きやすい原因となっている。

（2）ミネルヴァ論争の意義

喜田と山内との相違点　1936年のミネルヴァ論争において、喜田貞吉は東北地方では縄文土器が平安末頃まで使用されたということを、縄文土器と宋銭との共伴事例をもとに主張した（喜田 1936a）。この主張は大和民族によってアイヌが北に追いやられたという人種交代説と呼応しているかに見えるが、実際の喜田の見解は人種の交代よりも同化を強調している。すなわち、喜田によれば、アイヌその他の先住民族あるいは諸集団は、「天孫種族」に征服されただけではなく、積極的に同化していった場合もあり、結局、アイヌを含めた先住民族諸集団は現日本民族の主要な構成要素になっているのである（喜田 1915）。これを日本民族の母体とみる喜田によれば、日本民族は本来的に多様性に富むことになり、縄文時代においても南北で人種が異なると考えている。

　山内はアイヌ文化の成立を遅く考えている点、喜田とは大きく異なり、縄文文化の担い手を「縄文民族」とよぶなど（江上ほか 1936）、「汎アイヌ説」（松

本 1919、長谷部 1920)「原日本人説」(清野・宮本 1926)の影響が濃厚である。すなわち、日本民族成立以前には、日本列島に一元的な民族性が見られると考えている。

このような喜田と山内の日本列島の集団に関する見解の相違は、縄文文化の終末が全国一律か否かという問題と密接に関係していることはいうまでもない。喜田は地域的(すなわち「人種」などの人間集団の)多様性を強調するので、時代の変化も地域によって異なるのが当然だと考え、山内は一元的な集団は一律の歴史を歩むと考えているわけである。

もう一つの相違点として重要なのは、縄文文化から弥生文化(およびそれ以降)への変化を、喜田が西からの影響一辺倒で考えているのに対し、山内は、明言しないが、西からの伝播をただちに肯定せず、自律的な変化を想定しているように見える点である。第9章第2節(262頁)で述べたように、筆者は、喜田と山内の決定的な相違点はこの点にあるべきだったと考えている。だが、山内は、この自律的な変化を詳述しなかったばかりではなく、結局、伝播論的説明に依拠しており(山内 1939)、本来の相違点が見えなくなっている。

喜田と山内の共通点　ミネルヴァ論争で論じられることのなかった「本来の相違点」は別にして、当時の状況において、相違点よりも重要だと考えるのは、両者の共通点である。先に述べたように、喜田は先住諸民族が日本民族に同化し、その構成要素になっていくと述べる。つまり、日本列島では集団の交代というよりも、統合、一元化が進行していくわけである。系統性の断絶ではなく、継続が強調される。このような喜田の見解は、ミネルヴァ誌上ではごく断片的に指摘されるにとどまる。ミネルヴァ誌上では、縄文文化の終末をめぐる現象面での主張が繰り返されるので、喜田の真意がわかりにくい。

山内も、ミネルヴァ誌上では、喜田説への批判に終始するため、その真意を汲み取りにくいが、喜田とは別の意味で時代変化の継続性を強調している。たとえば、座談会においても、山内は弥生時代の青銅器は異質だと指摘し、弥生時代は実質的に石器時代であるから、東北地方に青銅器が存在しないのは自然だと述べる(江上ほか 1936)。山内は縄文時代から弥生時代への変化が断絶的

なものではなく、連続的である点に注目しているのである。山内はミネルヴァ論争とは別の場所で弥生文化が縄文文化から継承した要素を列挙しており（山内 1939）、日本文化に直結する（と認識されていた）弥生文化の中に組み込まれていった縄文文化の要素を想定していた。

　喜田は人種論的傾向が強く、山内はそこを意識的に避けているように見受けられるが、両者とも日本と縄文との関係を強く意識している点、共通する。文化の多系性を信じる喜田も、縄文文化の一系性を主張する山内も、そろって日本との関係を強く意識しつつ、土器編年をめぐる論争に精力を注いだのがミネルヴァ論争なのである。

　日本に対する認識　このように考えれば、ミネルヴァ論争において、暗黙の了解のように共有されていた喜田と山内との共通認識、すなわち縄文と日本との連続性に関する問題意識が、喜田と山内のみならず、座談会の出席者全員に前提のように提示され、出席者はそのことを意識していたのではないか、と思える。

　縄文時代の終末をめぐる問題が、これほどの大問題として激しく論じられたのは、その問題が現状の日本をいかに認識するかという問題に深く関わる、と考えられたからである。山内は、喜田のような考えは「歴史時代以後、日本の文化が西部に於いて高く、東北に於いて遅れたという事実に発する」と述べ、喜田を批判した（山内 1936）。一方、喜田は、一律に文化が伝わると考えるのは、明治以前の僻地に原始的な生活が残存していたことを忘れた最近の人間の考えだと述べ、山内を批判する（喜田 1936b）。両者とも、対立する歴史認識が現代的な感覚にもとづくものだと批判しあっているのである。

　縄文研究の意義　このことは、日本の現状に対する認識が両者の間で違っている、少なくとも違う部分に焦点を当てていることを示している。その食い違いは些細なものであるはずだが、立場がかたくなになるのは、両者とも、考古学的事実を明らかにすることによって、現状とは異なる日本の姿を示し、おそらくは、現状認識に批判を加えたいからである。そのような歴史研究の意義にもとづき、山内は東北の後進性を否定し、喜田は一律的な文化的生活を否定す

る。そして、その部分が強調される一方で、宋銭と縄文土器との共伴という専門的かつある意味では微妙な問題に関する意見の対立が固定化し、拡大する。

　つまり、重要なのは、喜田も山内も、縄文時代の研究が現状の日本を理解したり批判したりする上で意義を持つ、と考えていた点である。その点において両者の縄文研究の意義は一致しており、縄文研究のみならず考古学研究全般で、日本の原型を考察するうえでの縄文研究の意義がより強く自覚され、現在に至るわけである。

　大正期との相違　喜田も山内も大正期の「汎アイヌ」説や「原日本」人説の影響を受けているわけだが、直接的には浜田耕作の「原始縄文土器」説のような縄文文化と日本文化との関係を主張する見解を推進させたということになろう。浜田は「原始縄文土器」が弥生土器と「アイヌ縄文土器」に分化し、日本の土器文化は弥生土器のみに継承されたと考えているが（浜田 1918）、喜田も山内も、東日本の「アイヌ縄文土器」も弥生文化（山内）やそれ以後の日本文化（喜田）に組み込まれていくと考えており、縄文文化と日本文化との関係を浜田より強く意識している。

（3）「地域主義的」縄文文化観の位置づけ

　文化系統論　前節でも述べたように、縄文文化が一系的か多系的か、という問題は日本列島外と関係が強いか弱いか、という問題と組み合った形で、議論されてきた。

　文化系統の差を論じる議論として重要なのは、江坂輝弥の南北二系統論である（江坂 1944）。この南北二系統論は、戦後、多系統論に変化するが（江坂 1973）、江坂に共通する議論として、グロートの説がある（Groot 1952）。江坂が土器編年の定説的理解に忠実であるのに対し、グロートは諸磯式が縄文前期から中期にわたって長期間継続すると述べるなど、独自の編年観を有する。さらに、グロートは「縄文時代」という用語は用いるが、「縄文文化」というような等質的な文化は存在しないと考え、「諸磯文化」「大森文化」「亀ヶ岡文化」といった土器型式に準じた文化を最上位の文化と認識する。また、それらのさ

まざまな文化が日本列島外の影響を受けているとみなす。

江坂やグロートの多系的な縄文文化観は、①各地域系統の完結性、固有性を重視し、②各地域の日本列島外との関係を重視する点で、山内とは対称的で、縄文文化の一系性を批判する説と共通する（宮本一 1990、山田昌 1990）。また、対外的な関係とは別に、各地域系統の完結性を主張する説も、主張されている（岡本孝 1990、大塚 2000a）。

生態学的文化論 南北二系統論の系統を植生に置き換えたような形で存在するのが「照葉樹林／落葉樹林文化論」で、植生などの自然環境を細分することで、地域色豊かな土器型式圏にもこの議論は対応可能となる（上山編 1969、佐々木 1971、上山ほか 1976、安田 1980、渡辺誠 1981など）。そもそも照葉樹林文化論は、縄文文化を含めた日本文化の系譜を東南アジアに求めた点で、江坂の南北二系統論（江坂 1944）（および柳田国男［柳田 1961］の稲作起源論）と共通する系統論的認識を基礎においている。自然科学的な新しい装いの中に、戦前臭が色濃く残っている。

前節で述べたように、本来的に、文化系統を論じる議論は生態学的議論に変化しやすく、両者は一体的に論じられる場合も多い。系統論は文化の出自を説明し、生態学的議論は地域性の持続を説明するのに適しているので、両者を組み合わせれば、説得力のある説明が可能になる。

系統性と地域性 この文化系統論と生態学的文化論の共通点は、両者とも文化の多系性の根拠となる地理的、自然環境的理由を積極的に求めることにある。この地理的、自然環境的理由は、人間が改変しにくいものであるから、文化の多系性が決定的といえるほど深く根付いていることを示しうる。

両者ともミネルヴァ論争における喜田の立場に有利なように見えるが、サケマス論にみられるような生態学的議論を自ら提起している（山内 1964）。

山内が江坂やグロート、あるいは照葉樹林／落葉樹林文化論と決定的に違うのは、縄文文化の諸系統や諸地域がそれぞれ完結性の高いものではなく、相互に密接に関係し、截然と区分しがたい、と考えていた点である。大塚はこの点を、山内型式学の「漸進主義」とよんでいる（大塚 2000a）。つまり、同じ系

統や地域を見ても、江坂やグロートは輪郭を見て、山内は連続的関係を見た。

「地域主義的」縄文文化観　本来、地域主義というのは、政治、社会、経済の分野で用いられる思想的な用語であり、このような場で用いるのはふさわしくないかもしれない。しかしながら、国家などの全体よりも地域という部分を重視し、部分としての地域の独自性や固有性を意図的に尊重する、という点で、共通するので、この場でも括弧付で用いることにする。

ここでは、この「地域」という意味を、固定化された空間というよりも、全体に対する部分、という意味合いで用いたい。したがって、特に文化系統という意味合いで用いられるような「亀ヶ岡文化」「撚糸文文化」というような系統的な単位も含めている。

ここで「地域主義的」縄文文化観とよぶものは、縄文文化に内包される諸系統や諸地域の輪郭を強調し、縄文文化の多様性を強調する見方である。このような見方は先に述べた文化系統論や生態学的文化論に影響を受けていると思われるが、より直接的には、土器型式の大別的見方を基礎としており、その代表的なものとして、小林達雄の「土器様式」をあげることができる（小林達1989）。

小林の大別的観点は、江坂らの文化系統論的見解とは異なり、日本列島外との関係を考慮していないが、土器様式に象徴される集団の輪郭をかなり鮮明にイメージしている点は共通する。小林自身は土器様式を「気風」と表現しており、集団とは断定していないが、持続する様式の境界から、日本列島を地域区分しており（図70）、様式もしくは様式の系統を人間集団になぞらえているのは明らかである（小林達1984）。

小林による地域境界の設定手法は繰り返されたり持続する境界を抽出するもので、その境界の質にはこだわらない。この点は向坂鋼二の地域史的研究と同様で（向坂1970）、いずれも地域（もしくは地域の単位）の抽出を意図したものである（図71）。戦後、そして現在において一般化したのは、このような全体ではなく部分としての系統や地域の輪郭（境界）とその持続を強調する「地域主義的」縄文文化観なのである。小林や向坂の研究法は、全体からみた価値

を問わないまま地域色の抽出を目的とする点で、先に述べた地域編年の手法と共通する。

縄文文化の多様性の実態 全体ではなく部分を強調するとはどういうことか。全体を細分するのではなく、ある程度の大きさの部分を強調するのである。部分が小さすぎると、全体が漸移的に変化することになるので、逆に一体性が強調されてしまう。多様性を示すためには、あくまで、ある程度の大きさを保った部分、すなわち「大別」が必要なのである。

このように考えると、「地域主義的」縄文文化観とは本来的な意味での多様性の強調

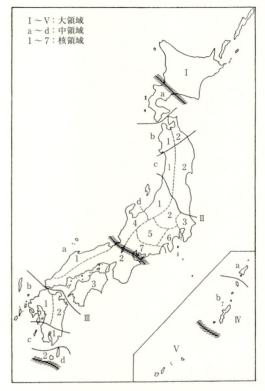

図70 小林達雄による縄文時代の領域
（小林達1984）

というよりも、それぞれが画一的な内容を有するある程度大きな単位を析出することである。この単位の完結性について筆者には疑問がある。

たとえば、突帯文土器は、北部九州では弥生文化（早期）、それ以外の地域では縄文文化（晩期）とみなす位置づけにも十分な正当性があり、同じ範疇で一括することに反対する意見があってよいはずである。その一方で、突帯の文様がかなり異なる東海地方も含めて、西日本全体で同じように粗製深鉢と精製諸器種（浅鉢主体）で構成される点は共通する。この問題は第8章第2節で論じたが、そしてその器種構造は、縄文後期初頭以来、日本列島の広い地域で

292　第3部　土器型式圏の広域性と流動性

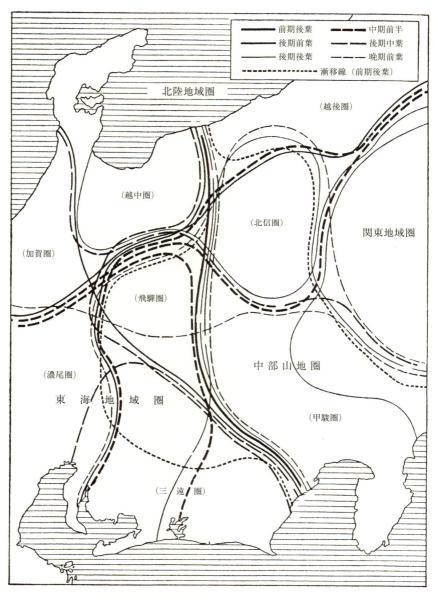

図71　向坂鋼二による縄文時代の地域圏（向坂 1970を一部改変）

種々の土器「様式」によって共有されてきた粗製／精製構造の帰結であり、突帯文土器「様式」は縄文後晩期土器として広くくくられる統合と分化が繰り返されてきた文化の一つの断片にすぎないことは明白である。

このような器種構造は東日本でも共有されており、深鉢を中心とする粗製器種と浅鉢などを中心とする精製器種が広く系統的に存続するようになるのは、西日本と同じ後晩期であり、突帯文土器と対比される亀ヶ岡式土器もその点では、同列におくことが可能であるし、その中間地域では、独自性を持ちつつ、それぞれと関係する類似した器種構造が存在する。このような器種構造の共通性は、文様の違いを超えて共有される縄文後晩期の土器の特徴であり、そこに、たとえば韓国新石器時代の土器などとは異なる独自性と一体性を見出すことは可能である。

当然のように強調されるようになった大別的地域文化の実態は、ここに指摘したような共通性を背景に、あらためて考えるべきではないか。

多様性の「固定化」 縄文文化が多様である、というのは反論できないほど当然の事実である。だが、その根拠として、各部分の輪郭が強調されれば、文化系統論や生態学的議論で論じられたような系統や地域の固有性、本来性の強調に終始し、多様性の様相がいわば固定化する。

時期や地域が近接した場合、その輪郭をどこに求めるかはむずかしい場合が多く、見方によって大きく変わる。大別的単位は、便宜的な性格をおびているにもかかわらず、いったん流布すれば、その輪郭が固定化し、多様性が固定化する。その結果、縄文時代にさかのぼる「原日本」は、「現状の日本でも残存している各地域の多様性は、多少姿を変えて、縄文土器の地域色として、より明確に確認できる」と認識できるかのように、戦前よりも深く、縄文時代の中に埋め込まれたといってよい。

小林達雄や向坂鋼二が注目した持続する地域境界への注目は、各単位の質を問わないので、各境界の質も問われない。たとえ、地理的境界をなぞるように土器型式の境界が繰り返し現れるとしても、その土器型式の内実や関係の質は異なっているはずである。質の差を問わなければ、縄文早期の土器分布圏の東

と西の境界が、遠賀川式の分布の東限と一致することに東西日本の地域境界としての意義を見出すことと本質的には同じである。

　地域ではなく、土器型式の大別的系統の強調も、多様性の固定化と無関係ではありえない。佐藤達夫や大塚達朗は異系統間の関係を異系統土器や折衷土器から強調する（佐藤達 1974、大塚 2000a）。この種の議論は、各大別的系統が、それぞれ輪郭の明確な統一体として存在していることを前提としている。そして、そのような統一体相互の関係が縄文時代という時代を超えて、どのように連続的に推移するか説明されていないので、固定化された印象がより強くなる。

　土器型式分布圏変化が人口減少と関係することは今村啓爾が説いている（今村 1977）。筆者は、縄文文化や弥生文化は旧石器文化よりも地域差が大きく、「地域」として抽出される空間の規模も旧石器、縄文、弥生の順で小さくなる、と認識している。たとえば、縄文時代草創期に隆起線文土器が広く分布するのは、人口が少ないからであろう。中期の中部・関東地方で地域色が豊かなのは、人口が増えたからであり、同時期の西日本に船元式が九州地方に広く分布を広げるのは九州地方の人口が少ないからであろう。つまり、前章で述べたように、土器型式の地域色の規模は、基本的には人口の増減と関係していると考える。

　もちろん、小地域色の安定性を背景として広域的な共通性が生まれる場合もあり、縄文後晩期はそれが顕著である。このような小地域色を有する広域的な共通性は弥生時代や古墳時代にも見られるので、縄文土器の広域的共通性を弥生土器や土師器と比較して論じれば、縄文土器の大別的地域色の評価を行うことができるだろう。縄文土器という枠の中だけの説明では、地域色の意味の解釈には限界がある。

　冒頭に言及した九州縄文中期土器編年論争にもどるが、南九州の土器系統の存続を主張する論者は、土器の地域色の消失を認めず、本州系の船元式が輪郭をはっきりと維持したまま、同じく輪郭のはっきりした南九州系の深浦式と共存する、と主張する。このように、地理的な区分に依拠した地域的系統の輪郭

を明瞭化し、地理的基盤を維持した形で、系統の持続を主張するので、結局は、地域の持続を主張している。

　縄文時代の中期に継続性を主張された地域は、縄文後晩期には消失する、あるいは希薄化すると考えられたとしても（実際はそのようには考えられていない）、地域の本来性の根拠として、十分に機能する。そのような「原地域」の集合体として、すでに戦前から「原日本」が準備されている。戦後の土器型式、土器様式の研究は、結局、地域レベルで日本の原像を精緻化していったことになり、縄文文化の多様性の強調はそのように機能していると考える。

　ミネルヴァ論争の再現　結局、縄文文化が一系的か多系的かという問題は、縄文文化が斉一的か多様か、という問題であると同時に、縄文文化の下位に位置する地域系統、地域文化の輪郭がどれだけ明瞭か、という問題である。喜田はそれが明確であると考えた。土器型式相互の関係を説く山内は、土器型式＝部族としての輪郭よりも、全体としての共通性を重視していた。

　筆者はすでに述べてきたように、山内の見解に賛同し、土器型式は統合と分化を繰り返すと考えている。南九州の地域性を強調する論者や縄文文化の一体性を否定する論者は、喜田的立場である。ミネルヴァ論争は繰り返され、再現され続けている。筆者は、「地域主義的」縄文文化観が日本の原像を縄文に求めることに寄与していると述べたが、筆者のような縄文文化の一体性を強調する見解も、現在の日本の一体性を縄文に求めることに寄与することに変わりはない。縄文文化が多様であれ、斉一的であれ、日本そのものが多様であり、かつ斉一的であることに変わりはないので、われわれは論争を通じて、詳しく、深く、日本を確認し続けていることになる。多様か、斉一的か、見方によって議論が分かれる問題を論じ続けることによって、曖昧な形で縄文と日本は結びつけられてきたのである。

　山内が縄文文化が一律に終了することを主張したのは、自律的な縄文社会の変化を叙述することを予想、ないし期待したからであろう。文化が西も東も同時に変わるということは、文化が西から東に伝播することを否定することに直結する。しかし、山内はその自律的な変化を叙述せずに、縄文文化は弥生文化

が伝播して終わると考えた。喜田の立場は典型的な伝播論である。両者とも伝播論に縛られており、文化系統論も生態学的文化論も同様である。

　近年、縄文後晩期における農耕の問題や階層化の問題が積極的に論じられ、自律的な縄文社会の変化が論じられるようになってきた。農耕の問題は、根幹に関わる問題である。筆者は、土器型式圏の流動性の消失および器種構造の安定的持続という観点から縄文社会から弥生社会への連続的自律的変化を見とおすことができると考えている。階層化の問題は、縄文社会の中だけしか通用しないような小さな変化が強調されているという指摘があるが（今村 2010）、農耕にせよ、土器型式圏にせよ、縄文時代の枠を超えて、縄文時代の内部の変化の歴史的推移の意義を説明できるか否かが重要であり、同時にさまざまな事象を有機的に関連づけて推移を説明したうえで、そのような新しい説明に即して、縄文時代や弥生時代はその存在意義を問われることになる。

　同様の観点から地域的特徴の再検討が行われれば、歴史的推移の共有の仕方から、各地域の独立性が明確になり、さらに同様の観点からの日本列島外部との比較から、その独立性の意味を問うことができる。

第4部
縄文集落の小規模性

　これまで述べてきたように、縄文土器編年研究を基盤とする土器型式圏の地域性変化は、広域的に流動的に変化する特徴がある。縄文土器の地域性は広域的に連動しながら、流動的に統合と分化を繰り返す。特に中期までは、この流動性が著しく、後期以降、西日本の人口増加とともに、地域性変化の流動性は安定化する傾向がある。

　このような土器型式の広域性と流動性の原因を集団間の社会関係に求めて説明しようとするとするのが、第4部の趣旨である。商品流通的な物資流通およびこれに伴う文化の変化は、縄文時代のような原始社会においては生じていない、と考えてよい。サヌカイトなどの石材流通において、交換対象は何かということが問題になることがあるが、この問いは、物資の価値が当該社会において、その機能的価値や必要性に応じて決まっていたという前提にもとづくものである。つまり、物資そのものに、社会的に共有される価値が内在しているという前提である。

　もし、そのような前提が成り立つのであれば、たとえばサヌカイトやひすいなど、特定物資の産地は偏在するのであるから、産地付近に富が集中したり、産地付近が文化的中心として存在する傾向が看取できるはずであるが、縄文時代にはそのような傾向はない。つまり、物資の価値はその物に内在せず、したがって産地がその価値を占有することはできない。サヌカイトなどの物資の価値は、社会的な関係の中にこそ存在し、交換価値で

はなく社会的関係の価値に応じて流通するはずである。広域的な政治的支配を想定しにくい原始社会において、社会的関係の基礎は婚姻関係以外には考えにくい。

　婚姻関係とは配偶者の交換であるから、集落や集団を維持するためには、外部から配偶者を受け入れ続ける必要がある。一方で食料生産性に限界がある非農耕社会においては、外部に配偶者を供出し続け、集落や集団の人口を一定に維持する必要がある。望ましい集落の人口は、このような理想的な婚姻関係の維持によって維持されるはずである。ところが、食料生産性の低い社会では、各集落の人口密度は低く、したがって地域人口も少ないため、婚姻関係を広域に維持する必要があると同時に、その関係は不安定になる。

　筆者は、これまでに論じてきた土器型式圏の広域性と流動性の原因は、理想的な婚姻関係の維持が根本的にむずかしい人口密度の低い社会の特質に起因すると考える。第4部では、その点を実証的に考察する。人口の問題を論じるにあたって、縄文社会が定住的であったかどうかの確認が前提となる。この点に関して、第10章で論じる。そのうえで、住居や集落からみた地域人口に関する事例研究を第11章で行い、縄文時代の西日本の人口動態について第12章で論じる。第10章で論じるように、集落人口を住居から明らかにするには集落における住居の配置が集落の輪郭が明確な形で存在する必要があるが、西日本の縄文集落は、その点不利である。そこで、貯蔵穴や墓など、集積した群の輪郭が明確な遺構から集落人口を推定する試みを第13章で行う。

第11章　縄文集落の定住性と定着性

第1節　用語の定義と縄文集落の移動

（1）定住性に関する議論と用語の定義

　縄文時代の社会を議論するときに必ず問題となるのが、「定住性」という用語である。われわれは一般的に旧石器時代を遊動性に富んだ生活様式を有する社会としてイメージし、定住の開始を縄文時代の初頭、ないし、縄文時代初期のある時点として理解している。このような通説的な理解は主として人類学における諸民族の生活形態の分類を、人類史に投影させたときに生じたものであろう。人類学における「定住性」の概念は短期間の観察から得られたもので、その概念をただちに長期間におよぶデータに応用してよいかどうか、問題が残っていると考える。

　具体的に述べれば、西田正規（西田 1984）が唱える「定住革命」における「定住」、および西田の見解をふまえて雨宮瑞生（雨宮 1993b）が南九州の縄文草創期について述べるときの「定住」は、一つの具体的な生活様式を指している。それは、季節移動を行わずに通年、居住地を固定するということであり、それ以外の移動については、「定住」の基準とはいっさい関係ない（ただし、夏と冬の居住地がそれぞれ別個に固定されている場合、これを定住とよぶ場合もある［渡辺仁 1990］）。このように、人類学の色彩の強い場においては、定住とは非常に明快な簡単な基準なのである。

　ところが、考古学において、定住という用語はこのような意味よりも「一つの場所に長く住む」というイメージが強い。極端にいえば、縄文時代において10年ごとに居住地を変えるような生活様式が一般的であれば、縄文社会が定住

社会であったという人はいなくなるのではないか。現在、縄文時代に関する定住性をめぐる議論がなお続いているが、そこでの議論は、季節移動の問題と、このような1居住地の継続性をめぐる議論とに分かれる。にも関わらず、季節移動の問題と居住地の継続性の問題が定住性の名のもとに地続きの状態で議論されているように思える。

　筆者は問題を明確にするために、定住性とは季節移動の有無に関する問題、定着性とはいかなる範囲にいかなる程度居住が継続したかという問題として把握し、用語を別にすることを提唱している（高松・矢野1997）。

　定住性については基準が明確であるが、実はいかなる時代においても考古学的検証が困難な問題である。貯蔵穴、屋内炉など冬季居住を可能にする施設の出現を定住の証拠とする見方は根強い。雨宮はさらに多くの（その分、定住との関連性は弱くなるが）基準を設けて、季節移動の有無を検証している。このような方法では定住可能か否かは判断できるが、実際に定住したかどうかは断定しがたい。また逆に、このような方法で旧石器時代において季節移動を行わずに定住していた可能性を否定するのもむずかしい。

　1年以内に移動した確実な証拠を見つけるのはほぼ絶望的な感があるが、筆者は高地と低地との遺跡分布の差に注目して、季節移動の有無を推論したことがあるので、後述したい。

　一方、定着性に関しては考古学では集落の継続と移動の問題として古くから論じられている。考古学での「定住」に関する議論の多くは筆者のいう定着性に関する議論であるといえる。集落の継続する時間の指標は土器型式であるから、この議論は土器の編年研究と深く関わる。この点、日本における定着性に関する議論は世界に類を見ない独特のモデルを形成しているのではないかと思う（高橋護1965、泉1985b）。定着性に関する議論で、特に重要と考えるのは集落の移動する範囲である。単に、1カ所で集落が継続する場合以外に、ある一定の範囲内を移動しながら集落が継続する場合があり、このとき、それが2kmにおさまるのか10kmに及ぶのか、といった点が問題となる。このような範囲が旧石器時代から縄文時代、弥生時代とどのように変わるのか変わらな

いのか、という観点から「定住革命」とは異なる、地域に対する定着性の歴史を人類史的観点から描くことも可能であろうと考える。

集落の移動と継続の問題は結局、遺跡分布の密度（密集度）や遺跡数の増減に関する解釈に負うところが大きい。このような点に関する地域ごとの差から意味のある範囲を推定していくわけだが、このとき、遺跡の増加と減少が広い地域間で連動して生じる場合が多々あることに注意したい。問題とする地域の遺跡数増減がいかなる範囲まで連動して生じているかはこれまであまり問題にされてきていない。移動距離に応じてさまざまな移動が想定でき、移動の問題を階層的に理解する必要がある。さまざまな移動を総合化するためには、移動の受け皿としての集落や地域の継続性の問題と、移動の主体としての集落構成人員の移動の問題を組み合わせて理解する必要がある。本論では、とりあえずさまざまなレベルでの移動を指摘し、階層的理解のためのステップとしたい。

（2）季節移動の問題―定住性の分析

もし、高地と低地を往復するような季節移動が生じていたとすれば、土器型式レベルでは、高地と低地に同じ土器型式が出土する遺跡が存在するはずである。つまり、高地の集落の移動先が低地に存在するはずである。高地に遺跡の多い時期に低地にも遺跡が多く、高地に遺跡の少ない時期に低地にも遺跡が少ないならば、高地と低地はセットで利用されていたことになり、この両者を往復するような季節移動が存在した可能性がある。

このような観点から、筆者は限られた範囲の高地と低地の遺跡群が同じような調査密度で調査されている地域の遺跡群を分析したことがある（高松・矢野 1997）。埋蔵文化財の行政調査では開発の及ぶ範囲が調査の対象となりやすいので、低地の遺跡の調査密度は高地に比べて著しく高くなりやすい。筆者が分析した兵庫県北部八木川上・中流域（旧関宮町を主とする地域）はその地域を熟知した一人の郷土史家が長年にわたって分布調査を行った地域で、開発の有無とは直接関係ない形で調査を行っているため、調査の精度が比較的均一に保たれている。このような条件で、しかも高地と低地両方に遺跡が比較的数多く

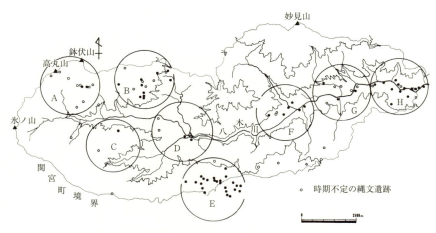

図72　兵庫県八木川上・中流域の縄文遺跡分布

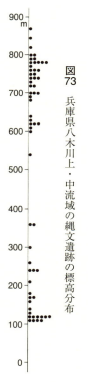

図73　兵庫県八木川上・中流域の縄文遺跡の標高分布

分布している地域は非常に限られると思う。その意味で、このデータは表面採集による分布調査が主であるものの、貴重であると思う（図72～74、表19）。

　もし、冬季に積雪を避けて夏に山を下りるような移動を行っていたとすれば、高地と低地に同じ時期（同じ土器型式）を共有する遺跡が分布するはずである。筆者は結論として、この地域における季節移動について否定できなかったものの、季節移動が行われたことについては懐疑的である。その理由はまず、縄文時代全期間を通じて高地にも低地にも遺跡が比較的均等に分布する時期はごく限られるということである。もし、この地域内で季節移動を行っていたとすれば、その期間はかなり限定されるので、季節移動が一般的であったとはいいがたい。また、他の地域へと季節移動を行っていたならば、10km 以上におよぶ地域を少数の集団が占有していたことになり、後述するように、これも想定が困難となる。さらに、高地と低地で同一土器型式を共有する時期にも

第11章 縄文集落の定住性と定着性　303

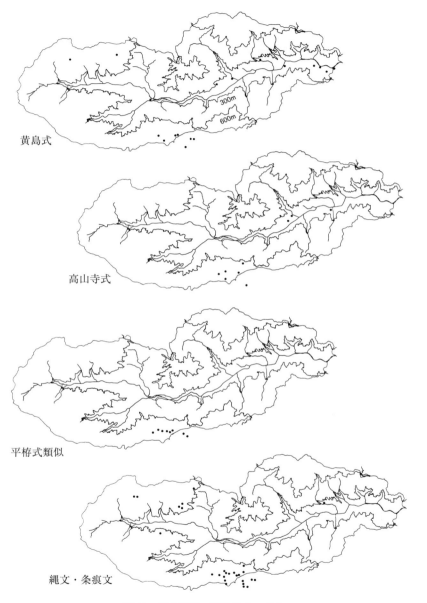

図74 縄文早期の遺跡分布の変化

304　第4部　縄文集落の小規模性

表19　兵庫県八木川上・中流域の縄文遺跡の継続性（1）

時期	群	A				B							C	D			E															
	番号	1	2	3	4	5	6	7	8	9	10	11	12	13	14	15	16	17	18	19	20	21	22	23	24	25	26	27	28	29	30	31
	遺跡 型式	ハチ高原1〜3	ハチ高原7	別宮妻ノ平	別宮荒田	別宮家野	別宮シデ原	外野柳	外野ハズ	外野柳	別宮北谷	葛畑坂根	葛畑中野	梨ケ原向山	小路頃才ノ木	出合赤道	杉ケ沢26	杉ケ沢13・14	杉ケ沢9	杉ケ沢8	杉ケ沢7	杉ケ沢10	杉ケ沢16	杉ケ沢19	杉ケ沢4	杉ケ沢5	杉ケ沢2	杉ケ沢1	杉ケ沢12	杉ケ沢11	杉ケ沢27	杉ケ沢28
草創・早	大川 神宮寺 神並上層 黄島 高山寺 礎谷 平栫式類似 縄文・条痕文																															
前	羽島下層II 北白川下層Ia 北白川下層Ib 北白川下層IIa 北白川下層IIb 北白川下層IIc 北白川下層III 大歳山																															
中	鷹島 船元I 船元II 船元III 船元IV 里木II 中期末																															
後	中津 福田K2（古） 福田K2（新） 布勢 北白川上層1 北白川上層2 北白川上層3 一乗寺K 元住吉山I 元住吉山II 宮滝 滋賀里I																															
晩	滋賀里II 滋賀里IIIa 滋賀里IIIb 滋賀里IV 船橋 長原																															
標高(m)		870	840	700	720	690	600	630	620	610	640	620	540	680	360	360	820	740	800	790	800	740	700	700	780	780	790	780	770	760	760	750
文献		1,3,4,5	1,2,3,4,5		1,2,3,4,8		3		2,3,4			1	3		2,3,4,9		10	3,4,10		3,4,10	3,4,10		3,4,10		3,4,10	3,4,10	3,4,10	3,4,10		2,3		

第11章　縄文集落の定住性と定着性　305

表19　兵庫県八木川上・中流域の縄文遺跡の継続性（2）

時期 \ 型式 \ 遺跡	群	E							F						G			H											
	番号	32	33	34	35	36	37	38	39	40	41	42	43	44	45	46	47	48	49	50	51	52	53	54	55	56	57	58	59	60	61
		杉ケ沢30	杉ケ沢29	杉ケ沢22	杉ケ沢17	杉ケ沢18	杉ケ沢32	杉ケ沢33	轟東	吉井光寺林	吉井円ノ田	関宮鳥ケタワ	関宮西野	相地上向田	相地下向田	尾崎城ケ谷	和多田野々木	万久里向山	大谷中野	大谷山崎	三宅タイコ山	三宅耳堂	三宅滝ノ尻	三宅栗園	三宅前川向	三宅ツキダシ	三宅早詰	三宅中島	三宅田尻	三宅大熊	八木西宮
草創・早	大川																														■	
	神宮寺																															
	神並上層		■																												■	
	黄島		■		■	■																			■		■					
	高山寺		■		■	■				■	■	■																				
	穂谷																															
	平栫式類似																															
	縄文・条痕文	■																														
前	羽島下層Ⅱ									■																						
	北白川下層Ⅰa																															
	北白川下層Ⅰb																													■		
	北白川下層Ⅱa												■																			
	北白川下層Ⅱb																													■		
	北白川下層Ⅱc																															
	北白川下層Ⅲ																															
	大歳山	■			■																											
中	鷹島											■		■			■															
	船元Ⅰ																															
	船元Ⅱ		■																													
	船元Ⅲ																															
	船元Ⅳ																								■							
	里木Ⅱ																															
	中期末																			■												
後	中津																															
	福田K2（古）					■	■																									
	福田K2（新）																													■		
	布勢																									■						
	北白川上層1																															
	北白川上層2																															
	北白川上層3																															
	一乗寺K																															
	元住吉山Ⅰ																															
	元住吉山Ⅱ																															
	宮滝																															
	滋賀里Ⅰ																															
晩	滋賀里Ⅱ																															
	滋賀里Ⅲa																															
	滋賀里Ⅲb																					■										
	滋賀里Ⅳ																															
	船橋																															
	長原																															
標高(m)		740	730	780	780	760	750	720	620	260	210	240	240	180	170	240	160	140	120	120	130	120	120	300	110	110	170	110	110	110	120
文献		3,10	3,10	3,4,10	3,4,10					2		7				2,3,4		3				2,3,4									2,3,4,6	

高地の遺跡群が比較的安定的であるのに対して、低地の遺跡群は不安定で、冬季のみ居住地が変わることが多い。これは通常想定しうるケースとは逆で、高地と低地の遺跡群が同一集団の往復によって形成されたものであったとしても、主となる住居は高地にあり、低地は派生的ないし一時的な利用によるものである可能性が高い。ないしは、低地には高地とは違う集団が居住していたと解釈した方が自然である。

このように、季節移動を完全に否定できないまでも、それが行われたことを想定すれば変則的な季節移動を想定しなければならなくなるので、季節移動が存在した可能性は低いと思う。また、縄文時代後期以降は低地の遺跡が急増し、高地の遺跡が減少する傾向があるので、仮に中期まで季節移動が行われていたとしても後期以後はその可能性はなくなるといってよい（図75・76）。

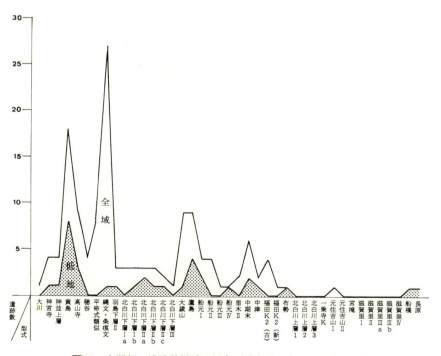

図75　山間部の遺跡数増減の傾向（兵庫県八木川上・中流域）

(3) 広域におよぶ地域間の移動

土器型式圏レベル 縄文時代を通じて、人口の変動が著しいことが小山修三(小山・杉藤 1984)による遺跡数にもとづく人口推定から明らかになっている(図77)。中部高地や南関東の住居数を絶対年代で補正した値のグラフは中期のある時期に住居数が激増し、以後激減することを示している(359頁の図84参照)。住居数の変動が人口の変動と直結しないと解釈する余地はもちろんあるのだが、人口の急激な変動が生じていること自体は他のデータとの比較からも明らかである。

このような住居数(ひいては人口)の急激な変動は西日本でも生じている

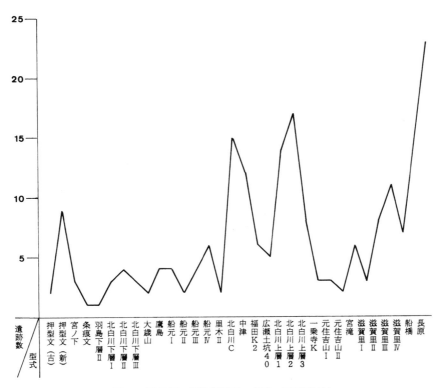

図76　低地部の遺跡数増減の傾向(京都盆地)

308　第4部　縄文集落の小規模性

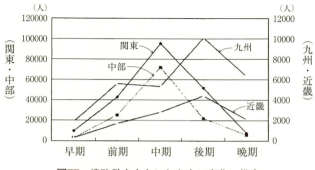

図77　遺跡数をもとにした人口変化の推定

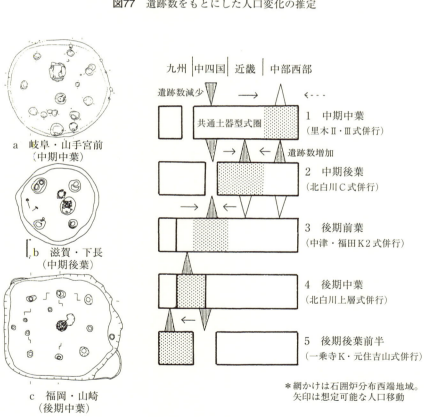

図78　遺跡数変動と石囲炉の波及

(362頁の図85および367頁の図88を参照)。近畿地方では縄文中期後葉（北白川C式期）、北部九州（福岡県）では縄文後期中葉（鐘崎式期）に住居数が急激に増加する。

興味深いのは住居数増加の時期が各地域でずれていることである[1]。このずれは各地域における人口の増加が隣接地域からの人口の移動を伴うものであったと考えれば理解しやすい。

中期以後の各地域の遺跡数増減についての詳細なデータはないが、現在までの知見にもとづき、各地域の遺跡数増減を模式的に表現してみた（図78）。これは、特に遺跡数増加の時期が西にいくほど遅れるという点を強調したもので、たとえば後期の近畿、中部西部については遺跡数増減について表示していない。遺跡数の増加する時期は地域ごとにずれがあり、隣接地域では全体的に遺跡数が増加しないか、減少する傾向がある。

ここでいう地域は細かな地域色を無視した土器型式圏ないし、本州西部全体といったより広域におよぶ土器型式圏内で大まかな地域色が出現する地域に相当する。

100km以上におよぶ地域全体で遺跡数が増加したり、減少したりということを繰り返して、土器型式圏の範囲が変動しながら、その中核となる地域も移り変わっている。中核となる地域には隣接地域からの集団の移動を想定できる。

遺跡数が増加する地域が西にずれていく点を強調しているが、その動きと連動しているのは石囲い炉の伝播である。遺跡数が増加する西端の地域は石囲い炉が出現する西端の地域と一致するのである。

このことはいわゆる後期における東日本的文化要素の伝播と関連させて理解できるが、伝播というイメージから想定されるような短期間の一方的な流れがこの時期に生じているわけではないことに注意したい。まず、石囲い炉の伝播は1000年近い年月をかけて生じたもので、一時的に強い影響を受けて西に波及したものではない。

隣接地域に波及するだけでも100年間以上の期間を要している。このことは

石囲い炉の伝播が単に情報だけ、あるいはその情報を有した少数の集団の移動によって生じたものではないことを示唆している。

また、石囲い炉が導入される地域での隣接地域からの人の集中は双方向の場合が多い。結果的に西にいくほど遺跡数増加の時期は遅れるわけだから、総体として見れば東からの移動量が西からの移動量を上回っていると考える方が合理的ではあるが、個々の局面をみれば、中間地域に双方向からの人の移動によって中核地域が形成されるという段階をふんでいる。この人の移動はおそらく数十年間におよぶ累積的な移動の結果であろう。

このように、石囲い炉という施設がその地域で一般化するには長期間を有する人の移動があってはじめて可能になるといえるわけで、その背後に石囲い炉の導入にとどまらない生業や調理法に関わる文化の伝播があったと推測可能である。その総体的な文化の導入が隣接地域からの人の移動を生じさせているのではないだろうか。

打製石斧の伝播が石囲い炉とセットになった可能性はあるが、中部地方と西日本が異なるのは、石囲い炉にせよ、打製石斧にせよ、その普及率は低い場合が多いという点である。中部地方における人口の増加がこれらの生業や食生活に関わる文化要素と関連しているとすれば、さらに西日本でも同様であるとすれば、西日本における人口の増加が中部地方に比べてゆるやかな場合が多いことを普及率の低さから説明できる。普及率の低さは他の生業や食生活に関わる文化要素への依存度が高かったことを意味する。中部地方において、急激に人口が減少するのに対して、西日本ではいったん増えた人口は比較的長期間継続する。これも普及率の低さ、特定の文化要素への依存度の低さに起因するとみてよいのではないだろうか。

なお、遺跡数の増減に伴う広域におよぶ人口の移動は、早期や前期についても指摘できることを付言しておく。

遺跡数増加の一因としての立地の変化　京都盆地では中期末から後期にかけて遺跡数が増加するが、八木川上・中流域では中期末の遺跡数の増加は京都盆地ほどではなく、後期には逆に遺跡数が減少する（図75・76）。つまり、中期末

における遺跡数の増加は山間部よりも低地部において顕著であり、同時に山間部の遺跡も徐々に低地部に集中していく傾向が指摘できる。

　このことが近畿地方全体に共通する特徴であるならば、中期末において近畿地方で遺跡数が増加する要因の一つとして、発見率の高い低地部の遺跡の相対的な増加を考慮に入れる必要がある。つまり、東日本からの人口の流入量をさほど高く見積もらなくてもよい可能性はある。

（4）定着性に関する分析

　定着性とは集落がどの程度の期間、継続していたかという問題であるが、一定の範囲を集落が移動しながら継続していたことを想定する必要がある。その移動の範囲について、次のような推定を行ったことがある（高松・矢野 1997）。

　兵庫県八木川上・中流域では遺跡が集中する範囲を仮に2.5km径の円で囲んで、この中を集落が移動することによって集落の継続期間が延びるかどうか、調べてみた（図72、表19）。この2.5km径内の遺跡群は八つの円で想定できたが、そのうち、この円内の移動によって集落の存続期間が延びるのはわずか1例にとどまった。つまり、2.5kmの範囲内ではある一つの集落の継続期間がその圏内の全集落の存続期間にほぼ等しいということになる。逆にいうと、2.5km径の円内の集落の継続は中核的な一つの集落の継続が条件となるということである。5km径の円を想定すると、遺跡の分布が2群に分かれる事例がでてきて、意味のある遺跡の集中が描けなくなる。

　したがって、2.5km程度の範囲が中核的な集落の領域で、その圏内に別の集落があっても派生的な一時的なものと考えてよい。その一時的な活動拠点群は中核的集落の存続期間内に出現しては消えていく。したがって、派生的な一時的な活動拠点群は中心的な集落にとって必須のものではない。この領域の持続は土器型式で数型式に及ぶのが一般的で、数百年間の継続性がある。京都盆地の遺跡群も同様で、2.5km程度の圏内の集落の継続期間はその中心的な集落の継続期間にほぼ等しく、数型式におよぶ。

しかし、次節以下で述べるように、集落の大半は5棟以下で、1、2棟であることもめずらしくない。2.5kmの圏内にせいぜい5棟程度の住居が同時に存在していたとすれば、その集落の規模は成人10〜20人程度であって、数百年間の継続期間を想定するのは無理がある。また、2.5km圏内の遺跡数を集落規模と考えると、集落規模は時期に応じて変化しており、他集落との間で構成人員が居住地を変えるような移動が生じていたはずである。

八木川上・中流域においては、全体の遺跡数が少ないのにある遺跡の存続期間が長期に及ぶ現象がある。たとえば前期の北白川下層式の時期である。このとき、10km以上におよぶ地域相互の集団の移動頻度は高かったはずである。

第2節 定住の指標

（1）定住の定義

前節で述べたように、定住という用語は遊動という用語に対比させて用いられているが、基本的には年間を通じて同じ場所に居住するような生活様式を意味すると理解している。人類史的な観点から「定住革命」という概念を提唱した西田正規（西田 1984）も、定住とは1年間を通じて同じ場所に住むことであると考えている。つまり、季節移動を行っていたかどうかが問題となるわけである。

しかし、実際の定住に関する議論は季節移動の有無に焦点をしぼったものばかりではなく、季節性とは直接関係ない居住期間の長さに焦点をあてているものも多い。居住期間の長さを問題にすることは、もちろん有意義なことであるが、同じ場所に住む期間が数年か、数十年か、という問題は、季節移動が行われていたかどうかとは別に論じるべき問題である。

筆者はこの点を明確にするために、季節移動が生じていたかどうかという点を定住に関する問題として限定し、季節移動とは無関係の居住期間に関する問題は定着性という別個の概念として扱うことを提案している（高松・矢野 1997）。ここでも、定住とは季節移動を行わずに生活のための本拠地を年間を

通じて 1 カ所に固定している状態をさすことにする。
　このような筆者の用語の定義と抵触するのは「季節的定住」という概念である。これは季節を限った拠点を複数設けて、その拠点を固定させているような状態をいう。渡辺仁（渡辺 1990：16-20）は住居移動のパターンとして、夏冬それぞれの恒久的な住居を固定する「定住型」といずれかの季節の住居を恒久的に固定する「半定住型」「半遊動型」を設定している。「季節的定住」というのはこれらのパターンを幅広く含むようである。筆者の用語法によればこれは季節移動を行っているので、定住ではないということになる。
　このように、定住の概念を季節移動の問題に限定するのは、考古資料を解釈する際、季節移動の有無の判断と居住期間の長さの判断は異なる指標を用いる必要があるからである。「季節的定住」の場合、①季節により居住地を変えていた、②その居住地に毎年、回帰していた、という二つの条件を満たす必要がある。すなわち、①居住地における活動が季節的に限定されていることを証明する必要があり、②その居住地における季節的活動がある程度長期間、累積している、という判断を必要とするわけである。つまり、「季節的定住」は、定住性と定着性という二つの概念を併用することによってのみ、証明可能となる。
　このように、いかなる生活様式も季節移動の有無と居住期間の長さを組み合わせれば説明できるので、筆者のいう定住性と定着性という概念で網羅できることになる。
　本節で問題にしたいのは居住地の移動や固定の指標となる考古資料の解釈において、移動や固定が季節性をおびたものかどうか、という点に対する判断が不十分な場合がある、という点にある。居住地の移動や固定の証拠となる指標が、季節性をおびたものか、単なる居住期間の長さを示すものか、という判断を問いたいわけである。
　本節では、この点を問題にし、定住すなわち季節移動の有無の証明の指標として用いられてきた基準の中で有効な指標は何かということを議論する。雨宮瑞生（雨宮・松永 1991、雨宮 1992・1993a, b）は定住性についてさまざまな

指標を設定して詳細な議論を行っているが、小林謙一（小林謙 1995）は各指標が機械的なチェックリストして用いられれば、多様な生活形態を見失う危険性を指摘している。この危険性を防ぐには、指標の意味を厳密に問うことが必要である。特に、西日本では縄文時代に季節移動を行っていたという見解が提起されている（坂口 2003：138-141）。また、関西地方の縄文社会が「季節的定住」を中期中葉まで行っていたという主張を瀬口眞司が展開している（瀬口 2001・2002b・2003a, b, c）。これらの議論においては、貯蔵穴のあり方も重視されている。このような議論が適切か否かについても検討し、定住にとって密接に関係すると考えられている貯蔵穴の意義についても論じる。

（2）定住に関する議論

1年間を通じて居住地を固定したかどうかを証明するためには、たとえば遺跡や遺構・遺物からその場所における活動が季節的に限定されるような条件を想定したうえで、そのような条件を満たすか否かを検討する必要がある。この条件は、特に魚介類の獲得、動物の狩猟、堅果類の採集、といった食料獲得活動の季節的な偏りが遺跡において認められるかどうかという検討や、住居や貯蔵穴など遺構のあり方や石器組成などの遺物のあり方に季節性を反映した2種類以上の型が認められるかどうかという検討から導くことが可能となる。

西田（西田 1980）は季節的な偏りを有する食料獲得活動が福井県鳥浜貝塚において、多様な形で行われていることに注目し、縄文時代前期における定住生活の証拠とみなした。雨宮瑞生は西田の観点を特に人工遺物に対して適用し、人工遺物から定住生活の証拠を探るための指標を提唱し、定住の指標に対する認識が高まった。雨宮は、①土器、磨石類、石皿の量、②磨製石斧の量、③装飾・呪術・祭祀用具の量、④住居の柱穴サイズ、の四つの指標を重視している。具体的には、土器と磨石類（本論では磨石、特殊磨石、叩石を磨石類として一括する）および石皿の石錐に対する比率、土器量の遺跡ごとの出土量の差、堅果類の貯蔵施設の存在、磨製（刃部磨製を含む）石斧の石鏃と磨石類に対する比率、磨製石斧の太さ、住居跡の柱穴サイズ、遺構に対する労力の投下

量、装飾・呪術・祭祀用具の石錐と磨石類の量に対する比率、土器の多様性、集落における季節風に対する配慮、集落周辺の植生への関与、といった実にさまざまな要素がとりあげられている。雨宮も定住の定義については西田と同様、通年居住をもって定住とみなしている。

雨宮が提唱した定住の指標については、後に検討するが、定住を季節性の問題から解釈する観点とは別に、居住期間の長さをもって定住を論じる観点が、縄文研究の中では比較的古くから存在した。高橋護（高橋護 1965）や泉拓良（泉 1985b）の集落研究がその代表例で、両氏は土器型式の存続期間から定住集落の存在を証明しようとしたのである。つまり、連続する土器型式の出土はその集落が長期間居住されていることを証明する一方で、土器型式の断絶は居住の断絶を意味する。その連続と断絶の関係において集落の移動も描写できることになる。

末木健（末木 1975）や石井寛（石井 1977）の移動論は、遺構内の遺物堆積状況などを根拠にして、高橋や泉が想定したよりも居住期間を短く見積もり、土器型式の連続がそのまま居住の連続を意味するのではなく、断続的な居住の累積結果によって生じるものとみなした。末木の場合、集団の入れ替わり、石井の場合、集団の回帰的居住を想定している。ただし、両氏とも季節移動の証明を第一義的に念頭においているわけではない。

このような移動論の流れの中で、羽生淳子（羽生 1993）や黒尾和久（黒尾 1988）らのように、大規模遺跡を小規模な居住活動の累積とみて、頻繁な集団の移動を想定する議論が活発化するわけである。この議論において、居住期間の短さが強調される中で、季節移動もとりあげられるようになる。ただし、黒尾にしても羽生にしても、季節移動を問題の焦点においているわけではなく、食料獲得活動において移動を含めた戦略パターンを重視した議論をすべきだという主張にとどまる（羽生 1990）。

したがって、先に述べた雨宮の議論はこの種の議論とは前提が異なる。雨宮の議論はあくまで季節移動を焦点においた議論であり、居住期間の長さに焦点を当てた議論ではない。両者の議論はともに縄文社会の生活形態を論じなが

ら、すれ違いに終わる可能性をはらんでいたわけである。

　雨宮による季節移動の有無に関しての議論は、草創期の南九州の遺跡が早期以降と変わらず定住的であることを、先に述べた四つの指標からみて草創期も早期以降も大差ないことから証明しようとしたものである。氏の論法からいえば、早期以降が定住的であるという前提が崩れれば、つまり、早期以降の縄文集落が季節移動を行っていたとすれば、草創期も季節移動を行っていたということになる。この点、居住期間の短さからさらに踏み込んで、住居形態の相違（武藤 1995）や貯蔵穴の有無（堀越 1991）および石器組成の差（末木 1987）などを根拠に、縄文社会一般における季節移動の可能性を想定する議論は、雨宮の議論の前提を疑うことになる。現在、この季節移動を想定する議論が十分な支持を得ているとはいいがたいものの、先に述べた坂口や瀬口の見解はこのような議論に大きく影響を受けている。そして、東日本よりも西日本の方が縄文時代の資料数が少ないため、この小規模性を解釈する上でも季節移動を行うような遊動性の高い社会を想定しやすい。

　縄文社会における頻繁な移動を想定する議論において領域の観念が希薄であるという批判を谷口康浩が行っている（谷口 1998a）。筆者は、前節で論じたように、季節移動の有無に関して、領域を関係させたより直接的な判断が可能ではないかと考えた（高松・矢野 1997）。より直接的な判断というのは、夏の居住地と冬の居住地を仮定し、同一土器型式期間内に両者が並存するかどうかを判断しようとしたのである。降雪のため、越冬に困難が予想される標高の高い場所の遺跡を夏の居住地と仮定した場合、冬の居住地は低地に存在することになる。このような標高差のある遺跡が一定地域内にセットで存在するのであれば、季節移動を行った可能性が生じてくる。この観点は、ある一定地域内で季節移動を行ったかどうかを検討する場合、有効であるが、その地域を越えて季節移動を行ったという想定が困難な場合は、セット関係にある標高差のある遺跡が一定地域内に存在しなければ、季節移動を否定する根拠となりうる。

　前節で述べたように、筆者の分析では、中期まではある限られた時期に季節移動を想定することは可能ではあるが、変則的な条件を必要とするため、季節

移動の存在については、懐疑的な結論を導かざるをえなかった。季節移動を行っているかどうかという判断をより確実に下すためには、動植物資料の分析が有効である。この分析が可能な資料は限られているため、多くの遺跡にこの分析を適用することは無理だが、この点に関するデータが蓄積されつつある。遺跡における食料獲得活動の季節性に関して、滋賀県粟津湖底遺跡第3貝塚の分析は画期的な成果をもたらした（滋賀県教育委員会ほか 1997）。この遺跡のデータが画期的であったのは、堅果類の層と貝層が互層になる形で検出された点にある。貝の成長線の分析からその捕獲時期が7月から9月を中心とする時期であることが明らかになり、堅果類の加工は貝類採取が低調になる11月以後から、貝類採取が再び活発化しはじめる3月頃までに集中的に行われたと推定できる。また、イノシシの歯の萌出状況から、その捕獲が冬を中心としつつも年間を通じて分散する傾向が明らかにされている。これほど明瞭な形で、遺跡における活動が通年におよぶ例が証明された例はない。この成果を一般化すれば、イノシシ等獣骨を出土することの多い貝塚で、堅果類の出土が確認されれば、通年にわたって食料獲得活動が同じ場所で行われた可能性が高いことになる。

　その後、瀬口眞司（瀬口 2001）は関西地方の縄文社会が中期中葉までは季節移動を行っていたことを積極的に主張するようになる。氏は前期の鳥浜貝塚や中期前葉の粟津湖底第3貝塚という典型的事例を例外とみなすのである。氏は、春夏は水産資源、秋冬は植物質食料を利用するために、春夏は湖岸部、秋冬は内陸部に移動するのが、中期中葉までの滋賀県の縄文遺跡のあり方であり、このような季節移動の存在は関西地方の縄文社会全体に対して想定できると考えている。氏が季節移動の根拠としているのは、①竪穴住居は秋冬の住居に限られ、春夏は平地住居を利用した、②石器組成が遺跡により大きく異なり、これは遺跡の活動の季節性を反映している、という2点である。そして、中期後葉以後は平地住居と竪穴住居が同一遺跡に存在し、石器組成に偏りがないものが出現するので、年間を通じて同じ場所に住むようになったと説く。氏は貯蔵穴の増加が中期後葉以後認められることを季節移動がなくなることの要

因と考えている（瀬口 2003c）。瀬口が問題にした個々の観点はすでに議論されてきたものであるが、そのような観点を総合化し、時期的な推移を描出し、なおかつ中期末葉以後の遺跡数の増加や、それ以前の資料の少なさといった西日本特有の現象を遊動的性格の強いいわば後進的な姿と理解することが可能であるため、東日本と西日本との対比も合わせて説明可能となり、東日本において縄文社会一般を問題にして季節移動を想定する見解と比べて、ある意味では対立的な議論ではなく、従来のイメージの補助的な説明を行ったものと理解しうる。したがって、東日本の尖鋭的な議論に比べて受け入れられやすいという性格を有する。

問題は、瀬口が定住の指標としてとりあげた住居形態や石器組成の差といった指標の有効性である。住居形態の差が季節性を示すというのはある種の民族例からの類推であり、縄文社会においてその差が季節性を有すると見る見解は一般的ではなく、検証されていない。石器組成についての差もしばしば言及されてきたが、その集落の生業差が季節移動によってのみ生じると判断するのは早計で、季節移動とは無関係の一時的な活動、あるいは立地による特色により、石器組成に差が生じることは十分予想できる。季節移動が一般的であったかどうかは、居住期間の短い一時的な活動が一般的であったかどうかによらず、縄文人の生活様式の根幹に関わる前提となる重大な問題である。一時的な活動は縄文時代以降もしばしば行われたことは想像に難くないが、水稲耕作普及以後も季節移動が一般的に行われていたと想定する人は皆無であろう。縄文時代に季節移動が行われていたかどうかは決定的といってよいほど縄文社会のイメージを左右するという点で、重大な問題なのである。したがって、その判断には慎重を期すべきで、粟津貝塚第3貝塚のように確実に定住が証明された遺跡が、その指標から判断してどのような特徴が看取できるかという点を検討する必要がある。また、ある指標にもとづく判断と別の指標にもとづく判断が矛盾すれば、指標のいずれか、あるいは両方に問題があるということになる。したがって、各指標にもとづく判断に矛盾がないかどうか、検討する必要がある。

(3) 定住の指標とされているものの有効性

　季節性を直接的に反映する指標については、先に述べたように、動植物資料がまずとりあげられる必要がある。これに関して、粟津湖底第3貝塚のような場合、議論の余地なく年間の居住地であることを判断できるわけだが、そうではない場合がある。同じ滋賀県の赤野井湾浚渫 A 遺跡（早期）の動植物資料の分析例から、この遺跡が季節的居住地であったという判断が加えられており（内山・中島 1998）、瀬口はこの分析例を前提として議論を進めている。この点についてまったく逆の結論を導くことが可能であることを示し、動植物資料を指標とする場合の判断について議論しておきたい。

　まず、この遺跡で季節性を示す根拠となったのはイノシシの歯の萌出状況の分析であるが、赤野井湾で分析資料となった歯はわずか2点である。この2点の資料が4月から8月までの季節限定に用いられている。一方、堅果類の出土が少ないことが秋冬に居住していない理由としてあげられるが、少ないながらも出土している点は重視すべきである。少数の堅果類は秋冬の活動を示すか、あるいは堅果類が貯蔵されていたかのいずれかを示すと判断しうる。貯蔵されていたとすれば、すぐ近くに貯蔵場所が存在するはずである。離れた貯蔵場所に堅果類を加工するたびに堅果類を取りにもどっていたならば、季節移動を行う意味がなくなる。つまり、この遺跡ではいずれにせよ、季節移動を行っていないことになる。

　また、堅果類の少なさは廃棄場所や遺存状況によって説明しうる。堅果類の廃棄場所は他の獣骨やこの調査区では出土していない貝類などとともに調査区域外に存在する可能性がある。また一般的にいって、貝塚を含むいかなる遺跡においても堅果類の出土は少ない。もし、堅果類の少なさを季節性の根拠として取り上げるならば、大半の遺跡は春夏の居住地ということになる。筆者はこの遺跡も通年にわたって活動が行われていたことを示す遺跡と考える。動植物資料の分析は季節性を判定する有力な手段となるが、その遺存の状況は人工遺物以上に考慮しなければならない。

　次に、季節移動を判断する材料として用いられている指標について、動植物

遺体以外のものについて、その有効性を判断したい。季節移動を行わない定住の証拠として、雨宮が重視しているのは、

　①土器・磨石類・石皿の量
　②磨製石斧の量
　③装飾・呪術・祭祀用具の量
　④住居の柱穴サイズ

である。もちろん、動植物遺体から季節性を直接把握できればよいわけで、実際はそのような分析が限られるため、いわば次善の策として、このような条件を問題にしている、と理解してよい。また、氏の指標はあくまで、定住が確実な資料と、それが不確実な資料を比較するための基準として設定したものであり、数値だけから、たとえば、どの程度の土器量があれば定住といえるか、ということは比較の対象がなければ議論できない性格のものである。

　このような限界があることを認めてもなお、雨宮が想定した指標の多くは季節性の指標として有効とはいいがたいと考える。まず、②の磨製石斧の量は木材加工の程度を示すものであり、それが多ければ木材加工が活発であったということを意味するわけだが、これが耐久性の高い住居の構築を示すといった漠然とした居住期間の長さを示す指標とはなりうるにせよ、季節性との関連は説明困難である。磨製石斧の太さについても同様である。③の装飾・呪術・祭祀用具については、西田の説明を引用し、実際の移動の頻度が減れば、「心理的空間移動」を行うようになる、といった説明が与えられている。仮に、そのような心理現象が一般的であるとしても、減少する移動が季節性をおびた移動に限定できるわけではない。④の住居の柱穴サイズについては、雨宮は住居の耐久性の指標として把握するが、これについても同様で、夏冬の住居を固定的に設営する場合、季節移動を行わない集落の住居と大差ない耐久性を有するはずであり、柱穴サイズに差が生じるとは考えられない。その都度、住居を設営しなおしたとすれば話は別であり、その場合はこの指標が有効であるとする考えもあろうが、その場合でもその住居が単なる居住期間の短さによる回帰的居住によるものか、季節移動によるものかを区別することは困難である。

なお、坂口は東日本に比べて西日本の縄文住居が堅牢ではないことを季節移動を認める根拠としている。積雪量の多寡が住居形態に差を生じさせることは十分ありうるが、これは季節移動の有無にかかわらず生じる差である。

①の土器、磨石類、石皿の量については、雨宮は2点から問題にしている。一つは土器や石皿など移動が困難なものが増加するということは移動の減少を示す、という観点である。たしかに、季節移動を行う集団は季節的な居住地を固定したにせよ、移動困難な装備の量は、季節移動を行う場合、少ない方が都合がよい。しかし、移動頻度の差が季節移動から生じたとは限定しえない。土器の種類や大きさの問題も移動頻度と関係すると解釈したとしても、その移動頻度が季節移動によって生じたと限定できない限り、季節移動の指標とはなりえない。

もう1点はこれらの量は植物質食料の加工の頻度を示す、という観点である。筆者はこの点のみが定住にとって有効な指標であると考える。ただし、土器よりも磨石類や石皿の方が堅果類の加工との関係は深いはずである。植物質食料の加工が活発になることは、植物質食料の貯蔵が進んだことを意味する。貯蔵により、越冬が可能になったというのは通説だが、植物質食料の貯蔵が定住を可能にするならば、堅果類の加工量も増え、ひいてはこれを加工する道具も増えるはずで、雨宮もそのように理解している。雨宮は石鏃の量との比較において問題にしており、石鏃の量が増減するという現象が生じない限り、この指標は妥当と考える。居住期間の長さによってこれらの量が増えることはありうるが、この点も同様に増えるはずの石鏃の量を分母としてみれば、問題はない。

このように、雨宮が問題にした指標は、季節移動の有無を判断する指標ではなく、漠然と居住期間の長さと関係するものが多い。季節移動という現象はもちろん居住期間の長さとも関連する現象ではあるが、両者を区別しない限り、季節移動を否定も肯定もできない議論が続くことになる。そして、居住期間の長さと関連することが漠然と想定できる指標もその居住期間が数年なのか数十年なのか、といった具体的な長さとの関係を問題にできない限り、その指標の

意味する現象を具体化しえないので、居住期間の判断にとっても有効性を欠くように思う。

次に、瀬口（瀬口 2003c）の提唱する「住居形態」（竪穴住居か平地住居か）、「石器組成」（石鏃類、石錘、磨石類、打製石斧の4器種の量比）という二つの基準は季節移動の判別において有効なのであろうか。氏の述べるところに従えば、中期中葉までの生活形態とは

  ①春夏の拠点：湖岸部＝平地住居＝水産資源の獲得

  ②秋冬の拠点：内陸部＝竪穴住居＝植物資源の獲得

という図式的理解が成立する。また、氏が中期後葉以後に出現すると述べる定住集落は、

  ③通年の拠点：内陸部＝平地住居＋竪穴住居＝各種資源の獲得

ということになる。①の場合、氏の理解に従えば、石錘など漁労具が多い「1器種突出型」の遺跡となるはずである。また、②の場合、磨石類などが多い「1器種突出型」の遺跡となるはずである。③の場合、「1器種突出型」ではなく、2器種以上が多い「複合型」もしくは「総合型」となるはずである。

瀬口の石器組成の分析法と解釈については、大下明が批判しているが（大下2003）、筆者も石器の器種の抽出に問題があると考える。瀬口が対象とした四つの器種（石鏃類、石錘、磨石類、打製石斧）のうち、打製石斧は後・晩期に普及する。また、早期〜中期中葉の石器組成の資料の多く（8遺跡中6遺跡）に切目石錘が普及していない早・前期の資料を用いている。打製石斧も切目石錘も普及していない時期には、ある器種への偏りが激しくなるのは自明であり、「1器種突出型」を指摘しやすい。逆に、これら4器種とも普及する中期末葉以後は「複合型」「総合型」が指摘しやすいのも当然である。瀬口が指摘した器種の偏りは、季節性を反映したものではなく、器種の普及度を反映したものなのである。

そして、瀬口の石器組成の分析法と解釈を前提としても、瀬口の描いた図式に合致しない例が多いのである。たとえば、年間を通じて活動していたことが確実な中期中葉の粟津湖底第3貝塚の石器組成は石鏃の比率が非常に高い1器

種突出型である。この遺跡が年間の活動の場所であったことは、瀬口も例外として認めており、氏が「１器種突出型」と判断した遺跡には年間の活動拠点であった遺跡がおそらくはかなり含まれることを示している。しかも、石器の組成は鳥浜貝塚でも示されたように（前山 1991）、この遺跡でも層位によって変化する（瀬口 2003c）。すなわち、ここで「１器種突出型」とか、「複合型」とか判断された石器の総体は土器型式存続期間内のトータルの活動の総体であり、１年ごとの石器の組成を反映していない。

同じ粟津湖底遺跡の早期押型文の石器組成は総点数が17点と少ないが、磨石類に大きく偏る組成を有する。この資料も湖岸部にありながら、石器組成は瀬口が秋冬の活動を想定した型を呈するという点で、瀬口の図式と矛盾する。関西地方の他の早期の石器組成は岐阜・愛知と同様に「１器種突出型」もあれば、「複合型」や「総合型」もあり、普及度を考慮すれば、この点は中期後葉以降と大差ない（表20）。

湖岸部においても通年の食料獲得活動が行われていたことは先に述べた赤野

表20 縄文早期の器種別石器出土点数

竪穴住居出土遺物

遺跡名（時期）	石鏃	尖頭器	磨石類	石錘	打製石斧	主要器種
兵庫・上ノ山（早期後半）	2	0	4	0	4	
三重・大鼻（押型文）	43	1	3	0	0	石鏃
三重・西出（押型文）	20	0	4	0	0	石鏃
三重・鴻ノ木（押型文）	85	9	209	0	11	磨石類＋石鏃
愛知・織田井戸（押型文）	38	0	0	2	0	石鏃
岐阜・西田（押型文）	91	0	280	0	7	磨石類＋石鏃
岐阜・蘇原東山（早期後半）	539		197	20	16	石鏃＋磨石類
岐阜・上ヶ平（押型文）住居跡	92	0	7	0	0	石鏃
岐阜・上ヶ平（押型文）包含層	395	22	386	0	68	石鏃＋磨石類
岐阜・富田清友（押型文）	3	0	31	0	0	磨石類

貝塚出土遺跡

遺跡名（時期）	石鏃	尖頭器	磨石類	石錘	打製石斧	主要器種
和歌山・高山寺（押型文）	20	0	8	4	5	石鏃＋磨石類
愛知・二股（早期後半）	42	0	18	0	0	石鏃＋磨石類

＊［大下 2002］と［関縄研 2002］より作成。

井湾浅湊Aの解釈からも示しうると思うが、たとえば、早期の和歌山県高山寺貝塚においても、愛知県二股貝塚においても石錐と磨石類がともに多い。これは瀬口のいう「複合型」や「総合型」の組成を有しており、水産資源の獲得のためにのみ、海岸部付近に貝塚が形成された形跡はない。いずれの遺跡でも磨石類が比較的多く出土しており、堅果類の加工も同時に行われたことを示している（表20）。

竪穴住居についても、瀬口が述べるように竪穴住居が秋冬の住居であれば、中期中葉までの竪穴住居を有する遺跡は磨石類が多い「1器種突出型」の組成を示すはずであるが、このような傾向はなく、石錐が多い型や石鏃と磨石類がともに多い「複合型」も一般的である（表20）。ようするに、竪穴住居が秋冬の住居であることを認めれば、瀬口の分類した石器組成の型は季節性の指標とはなりえず、逆に石器組成の型が季節性の指標であることを認めれば、竪穴住居は季節性の指標とはなりえないことになる。このような傾向は中期後葉以後も同様で、竪穴住居を出土する遺跡の石器組成の型にはさまざまなものがあり、瀬口の指標にしたがっても季節性を認めることはできない。

竪穴住居について、若干、補足しておく。瀬口は、湖岸に立地する赤野井湾浅湊A遺跡に竪穴住居がないことをもって検出しにくい平地住居の存在を想定する。赤野井湾では赤野井南（弥生・古墳）、赤野井北（縄文晩期・弥生）といった遺跡があるが、住居跡は検出されていない。土器量からみて、近くに居住地があったのは間違いないので、住居跡が消失したか、すぐ近くの別の場所にあるか、検出できなかったか、いずれかであろう。縄文早期のみ、竪穴住居が検出されないことを平地住居の存在の根拠とするのは不合理である。逆に、縄文早期の竪穴住居は柱穴も小さく、他の時期に比べて検出がむずかしいため、他の時期よりもその存在の可能性を高く見積もる必要がある。

そもそも関西地方における平地住居の存在にはまだ確証がない。かりに、平地住居が存在するとして、それが春夏の住居だとする根拠はない。筆者は小川原遺跡（滋賀県教育委員会ほか 1993）では、炉が、竪穴住居が削平されたものとしては不自然なほど、同じ高さで検出されており、平地住居とされている

ものの中では、最も可能性が高いのではないかと考えている。瀬口によれば、これは夏の住居跡であり、近くに竪穴住居が存在するはずだということになろう。しかし、石器組成は典型的な「総合型」であり、氏の基準にしたがえば、通年の居住跡であるということになる。他は柱穴のみが検出されている状態で、竪穴住居が削平を受けたものかどうか、判断を下すことが困難である。

以上、これまでに問題とされてきた季節移動の指標としては、雨宮が問題にした磨石類・石皿の量が相対的比較規準ではあるものの、有効であると考える。瀬口が問題にした住居形態や石器組成の型は季節性の指標としては成立しない。

(4) 磨石類の量と貯蔵穴の量

磨石類・石皿の量を特に堅果類の加工との関連で問題にするのであれば、これは堅果類の貯蔵穴の量と比例関係にあるか否かが問題となる。関西地方を含む本州西部においては、後・晩期において貯蔵穴が増加する。この貯蔵穴の増加に従い、磨石類・石皿は増加するのであろうか。貯蔵穴を定住と関連させる意見は定説で、これまで定住を問題にする多くの論者が貯蔵穴を問題にしている。しかし、貯蔵穴が普及していないことが定住を否定する根拠となるわけではない。貯蔵方法は地下貯蔵に限られるわけではないからである。特に、西日本に多い低地の貯蔵穴については、越冬のための短期貯蔵説と食料欠乏時の備蓄としての長期貯蔵説があり、定説がない（今村 1988）。関西地方で後・晩期に増加するのはすべて、この低地の貯蔵穴である。

もし、貯蔵穴の増加が季節移動を不要にしたのであれば、堅果類の加工量の増加、ひいては磨石類・石皿の増加をもたらすはずである。逆に、貯蔵穴が増加しても堅果類の加工並が増加しないのであれば、すなわち、磨石類・石皿が増加しないのであれば、貯蔵穴の増加は単なる貯蔵方法の変化を意味するにすぎないか、日常の貯蔵方法として貯蔵穴が重視されていなかったか、いずれかだということになる。救荒時の蓄えとして長期貯蔵を主目的として貯蔵穴が設けられる場合、堅果類の加工量はさほど増えないはずだから、磨石類・石皿の

表21 貯蔵穴出土遺跡の磨石類の数

遺跡名（時期）	磨石類	石鏃	打製石斧
兵庫・佃下層中層（後期中・後葉）	22	245	0
奈良・本郷大田下（後・晩）	0	4	0
奈良・布留（晩）	0	12	0
京都・寺界遺（晩）	2	14	0
大阪・長原（晩）	0	26	0

＊［関縄研 2004］と［橿考研 2004］より作成。

量もあまり増加しないはずである。石皿の量は磨石類の量と相関するので、ここでは磨石類の量のみから、この点を検討する。

まず、貯蔵穴出土遺跡の性格を知る上でも、貯蔵穴出土遺跡の磨石類の量をみておきたい。少なくとも関西地方では、貯蔵穴を出土する遺跡において磨石類はむしろ少ない（表21）。関西地方では後・晩期における石鏃と磨石類の出土量比ははおおむね1：0.5となるが[2]、貯蔵穴出土遺跡における値はこの値を下回る。これは磨石類の廃棄場所や堅果類の加工場所が貯蔵穴のある場所とは違っていたことを意味する場合もあるが、おしなべて磨石類が少ないのは、貯蔵穴が日常の堅果類の加工のためのものとすれば、奇異である。佃遺跡（兵庫県教育委員会 1998）のように、貯蔵穴が大量に出土し、住居跡も検出されており、しかも水場と関係するらしい木道も出土しており、加工場が遺跡内ないしすぐ近くにあると考えられる遺跡でも磨石類が少ないのは、日常の堅果類の加工量は貯蔵穴を出土しない遺跡と比べて大差ないと考えざるをえない。貯蔵穴を出土する遺跡で磨石類が少ない反面、貯蔵穴を出土しない遺跡でも磨石類が大量に出土する例は一般的である。

粟津湖底遺跡第3貝塚は流路に面しており、堅果類の廃棄量からみて、近くでその加工が行われたことは明白である。この遺跡の石鏃と磨石類の出土量比は1：0.25であり、貯蔵穴出土遺跡における磨石類の対石鏃出土量比はすべてこの値を大きく下回る。粟津においては、堆積土のふるいかけが実施されており、通常より石鏃が多く検出されているのは確実なので、貯蔵穴出土遺跡との実際の磨石類の出土量比の差はさらに大きいものであったはずである。

この点については当然、異論があろう。貯蔵穴出土遺跡で磨石類が少ないのは廃棄場所の差であるかもしれないし、貯蔵穴を出土していない遺跡でも近く

に貯蔵穴はあるかもしれない。しかし、貯蔵穴の増加が堅果類加工量の増加とは必ずしも関係がないことについては、貯蔵穴の少ない時期と多い時期との磨石類の量の比較からも裏付けることができるのである。

さきほど、石鏃と磨石類の比率が後・晩期で1：0.5になると述べたが、貯蔵穴がほぼ存在しない早期において、近畿2府4県に三重・福井を加えた石器組成のわかる主な遺跡14遺跡では、合計値で石鏃よりも磨石類の方が多くなる（表22）。磨石類が特に多量に出土した奈良県宮ノ平遺跡を除いても、後・晩期の比率1：0.5を下回る傾向はない。遺跡ごとの量比をみても、磨石類が石鏃を上回る遺跡は14遺跡中7遺跡にのぼり（後・晩期では29遺跡中13遺跡）、早期における堅果類の加工量が後・晩期よりも少なかったとはいいがたいのである。もちろん、後・晩期の石鏃の量が早期よりも多いということになれば、結論は変わるが、その場合でも、石器組成からみる限り、早期における植物質食料に対する比重の高さは否定できない。

早期の石器組成は、①小型剝片石器の主体の遺跡と、②小型剝片石器と磨石類が主体の遺跡に2分されることを川添和暁が論じている（川添 2002）。この傾向は後・晩期にも共通する傾向ではないかとみており、早期にのみ特有の傾向とみるのは早計と考えるが、それでも、川添が述べるように、早期においては、炉穴や集石遺構などの遺構群が検出される遺跡には②の型が多いことを否定できない。筆者は遺跡群のなかでも特に、集石遺構の存在が磨石類の量と関係しているのではないかと考

表22　縄文早期の磨石類の数

遺跡名	磨石類	石鏃	尖頭器
兵庫・上ノ山	8	2	0
兵庫・鳥ヶタワ	16	3	2
兵庫・別宮家野	147	61	0
兵庫・神並	6	107	12
和歌山・高山寺	8	20	0
奈良・大川	32	199	5
奈良・宮ノ平	534	64	6
滋賀・赤野井湾浚渫A	38	3	1
滋賀・粟津流路	14	3	0
福井・鳥浜	2	9	0
三重・大鼻	3	38	0
三重・西出	4	20	0
三重・鴻ノ木	209	85	9
三重・勝地大坪	2	26	0
三重・花代	0	39	0
合　計	1,023	679	33

＊［大下 2002］と［関縄研 2002］より作成。

える。集石遺構には磨石類が他の礫とともに使用されることが少なくない。早期においては、磨石類が集石遺構に廃棄されることが多いために、集石遺構の検出の有無により、このような差が目立つのかもしれない。

いずれにせよ、磨石類の量は早期においても後・晩期を下回っていたとはいいがたく、磨石類の量からみれば、おおまかながらも、堅果類の加工が貯蔵穴が非常に少ない早期においても貯蔵穴が多い後・晩期と同様、活発に行われていた。すなわち、貯蔵穴の増加は堅果類の加工量の増加を意味するものではない。

つまり、貯蔵穴の増加は単なる貯蔵方法の変化を意味するにすぎないか、日常の貯蔵方法として貯蔵穴が重視されていなかったか、いずれかだという推定を支持しうる。貯蔵穴が救荒時の蓄えとして長期貯蔵を主目的として設けられた可能性も含まれる。また、低地の貯蔵穴が虫殺しなど堅果類加工の処理過程として必要とされただけであり、貯蔵を主目的としたものではないという解釈の可能性も残す。いずれにせよ、貯蔵穴の増加は堅果類の加工量の増加を反映しているわけではないので、貯蔵穴が増加しない段階で、貯蔵穴が増加した段階と同じ程度の定住を推定できるわけである[3]。

関西地方における貯蔵穴検出遺跡はまだ少なく、今後の出土例の増加によって、現状の把握に不備があることが明らかになる可能性があることを認めざるをえない。最近、特に九州地方において、早期の貯蔵穴の発見例が増加しており、関西地方においても今後増加する可能性はあると考えるが、現状では、貯蔵穴出土遺跡の増加期、特に群集する貯蔵穴が増加する時期は、後期中葉である（表23）。関西地方では標高の高い山間部の遺跡が少なくなり、平野部に増加する現象が中期末葉から後期前葉にかけて進行するが、この平野部への集中がほぼ完了するのが後期中葉である。低地の貯蔵穴が増加する時期はこの低地部への進出が完了する時期とも一致している。低地の貯蔵穴の増加はまず、このような遺跡の立地の変化と合わせて理解する必要があり、立地の変化に伴う貯蔵方法の変化が想定できる。山本悦世（山本悦 1992）も本州西部の貯蔵穴について低地部への遺跡立地の変化と合わせて理解している。

しかし、この場合でも、低地の遺跡が後期以前にも多いにもかかわらず、なぜ低地の貯蔵穴が非常に少ないのか、という疑問が残る。貯蔵目的の変化を考慮する余地があるわけである。

貯蔵穴の意義について、注意すべきは滋賀県穴太遺跡のように異なる種実が木の葉などをはさんで層状に堆積する事例である（泉 1987）。これは、日常的に堅果類の加工を行うのではなく、一時的に多種類の種実を利用することを意図した貯蔵法である。粟津湖底遺跡第3貝塚では、堅果類の層は貝層とは明確に区別して存在している。このことは、通年の活動拠点においても、堅果類の加工が少なくとも貝類の廃棄が開始される春までに完了していたことを示す。低地の貯蔵穴が普及しても、年間の加工量には差がないと考えられるため、粟津のような堅果類加工の季節性は引き続き継続したとみてよいだろう。したがって、低地の貯蔵穴が堅果類を春夏にも常に利用することを目的としたとは考えにくい。

表23 貯蔵穴出土遺跡と貯蔵穴数の推移

時期	貯蔵穴出土遺跡数	貯蔵穴数
早期	2	2
前期	4	12
中期	3	6
後期前葉	2	5
後期中葉	7	36
後期後葉	3	59
晩期	5	36

＊〔関西縄文研 2001〕の近畿2府4県のデータに〔橿原考古学研究所 2000〕のデータを加えて作成。

平地部の人口増加が進む後期中葉には打製石斧が大量に出土する遺跡が関西地方を含む西日本に出現する時期でもあり、堅果類以外の新たな植物質食料の獲得が本格化したと考えられる時期でもある。これが貯蔵穴の増加期と一致しているのが、現状の出土数から見た偶然ではないとすれば、次のような想定も可能になる。すなわち、人口増加によって、堅果類に余裕が少なくなったから、欠乏時の備蓄として、低地の貯蔵穴が増加すると同時に、打製石斧を用いた堅果類以外の植物質食料の獲得も必要とされた、という想定であり、筆者もかつて（矢野 2005c）、この見解を支持した。

しかし、低地の貯蔵穴の目的については、長期貯蔵説では説明しがたい点が指摘されており（奈良県立橿原考古学研究所 2000）、また、第14章第1節で述べるように、中期以前においては、比較的標高の高い場所において用途不明とされる土坑が乾地型貯蔵穴として利用されていた可能性もある（矢野

2009a)。今後の検討や出土例の増加を必要とするが、現状では、現象として観察できる貯蔵穴の増加や打製石斧の増加は、低地部への人口集中と関係している。貯蔵穴が増加する時期に堅果類の加工量が増加していないので、貯蔵穴の増加は人口集中の要因や定住の開始とは無関係であり、低地型貯蔵穴に頼る貯蔵方法が普及したため、と考えるべきだろう。

（5）結　語

これまで論じてきたことをまとめると、以下のようになる。

① 従来、定住の指標として用いられてきたものには一般的な居住活動の期間の長短を示すものも用いられているが、定住を季節移動の有無の問題にしぼれば、多くは定住の指標とはなりえない。定住の指標は季節移動の有無を判断しうる指標を用いるべきである。

② 季節移動の有無に関する判断は動植物遺体の分析が有効である。また、磨石類や石皿の量は堅果類の加工量、ひいては堅果類の貯蔵量の指標ともなるため、定住を判断する指標の一つとして有効である。

③ 関西地方において、磨石類の量は貯蔵穴が増加しても増加する傾向はない。したがって、関西地方における貯蔵穴の増加は堅果類の加工量の増加、ひいては堅果類の日常的な利用のための貯蔵量の増加を意味しない。したがって、貯蔵穴の増加を堅果類の貯蔵量の増加と直結させて定住の進行を想定することはできない。

④ 関西地方に多いのは低地型貯蔵穴で、現状では、これが増加する後期中葉は打製石斧の大量出土遺跡が出現する時期で、低地部への人口集中が完了する時期でもある。貯蔵穴の増加によって堅果類の加工量が増加する形跡はないので、低地型貯蔵穴の増加は貯蔵方法の変化を想定しうるものの、定住化、すなわち季節移動の減少とは無関係である。

以上のことを、特に雨宮や瀬口の議論を吟味しながら、議論してきた。季節移動の問題については、特に石器組成の差が問題の焦点ともなってきた。本論も磨石類の量を問題の核にすえているため、広い意味では石器組成論の一種と

いえるだろう。石器組成については個々の遺跡のデータの分類指標がまちまちであったり、さまざまな要因によって変化しうる組成の問題を単純化する危険性がある。本論では個々の遺跡の特殊性を捨象するため、多くの遺跡のデータを総合して比較する方法をとった。この方法から浮かび上がる事実がある一方で、捨象される事実も多いことは承知している。今後は、動植物遺体の分析例が増えることが予想されるので、その分析と石器組成との関連に注意することで、遺跡ごとの石器組成の差について、多くのことがわかるのではないかと考える。これは今後の課題である。

注
（1）ここでいう住居数は竪穴式住居のことで、平地式住居は除外される。平地式住居については機能も含めてその実態には解明すべき点が多い。筆者は遺跡数と竪穴式住居数の変動の相関を滋賀県を例にとり調べてみた。晩期後半以外はおおむね相関しているが、晩期後半には遺跡数が多いのに住居数が非常に少ない。したがって滋賀県（おそらく近畿地方全体）では晩期後半に平地式住居など検出困難な住居が一般化している可能性が高い。
（2）磨石類と石鏃の量比については、（矢野 2004c）の第4表（89頁）で磨石類・磨製石斧・打製石斧の点数を把握した遺跡のうち、兵庫・大阪・和歌山・京都・奈良・滋賀・三重の29遺跡について、磨石類と石鏃との出土点数を比較した数値である。合計値は磨石類1527点、石鏃2748点である。この第4表の中から、兵庫・片吹、和歌山・溝ノロ、京都・北白川追分町、奈良・橿原、滋賀・正楽寺、および福井県の遺跡については、集計上の理由から除外した。この第4表の遺跡は磨石類と打製石斧と量比を見るために、両者のうちいずれかが10点以上出土している遺跡を選んでいる。そのため、ここでとりあげた遺跡は磨石類が比較的多い遺跡が含まれていると判断してよい。石器類の点数は発掘の精粗や認定の基準によって変化するが、早期と後・晩期との量比の差を比較する場合は、大まかな比較として有効性をもつと考える。
（3）瀬口眞司は貯蔵穴の増加を定住の証拠とみる立場をくずしていない（瀬口 2009）。しかし、貯蔵穴の有無にかかわらず、冬季には食料の貯蔵がなければいかなる集団も生きのびられないはずである。つまり、旧石器時代から食料貯蔵は必須であった（矢野 2014）。ようするに、貯蔵穴の増加は貯蔵の増加を意味しないのである。

第12章　西日本縄文集落の構成と規模

第1節　西日本縄文集落研究の現状

　縄文集落研究は、その基本的なデータを東日本、特に中部、関東地方の発掘調査から得てきた。環状集落という縄文集落を語る上で基礎となる概念、また、住居群の配置から縄文時代の社会組織を解明する基礎的な手法は、いずれも東日本の調査データにもとづくものである。関東地方では1970年代後半から、住居址の埋没状態の分析から「移動論」として一括される新たな研究の観点が提起され、その後、住居出土遺物の接合状態などを手がかりに、同時存在住居を詳細に分析する手法が加わり、縄文集落研究は調査データの精密化がますます要求されるようになっている。

　これに対して、西日本の縄文集落研究は住居についての個別的な分析や遺跡群からみた集落の消長に関する研究はあるが、たとえば環状集落のような集落構成の全体像や住居群の配置構成についてのイメージが形成されずに今日に至っている。瀬戸内地域の遺跡を細別時期から分析し、集落の定住性についての分析方法を提示した高橋護の研究（高橋護 1965）や、この手法を応用して比叡山西南麓の遺跡群を分析し、東日本との集落規模の相違を植物相の差から予想した泉拓良の研究（泉 1985b）など、独自の視点を有する特筆すべき研究は西日本にもあるのだが、集落の具体像を有するか否かという点で、東日本とは前提が異なる。この点、筆者が行った兵庫県北部の八木川上・中流域の遺跡群の分析も同様である（高松・矢野 1997）。

　しかし、近年、住居出土遺跡が増えるとともに、集落の全体像をうかがうことのできる遺跡も明らかになりつつある。特に、関西と九州であいついで縄文

住居の集成が刊行され、西日本の縄文集落の現状が一覧できるようになった（関西縄文文化研究会 1999、九州縄文研究会 2000）。ここに収録された遺跡数は東日本と比べると非常に少ないものの、関西、九州それぞれの遺跡数は1986年に集成された関東、中部地方の各県の遺跡数に比肩できる程度の数はある[1]。すでに筆者は西日本と東日本との集落規模の比較を行ったことがあるが（矢野 1999）、その後の集成集の成果を検討する中で、集落規模の分析には修正を要する点もでてきた。本論では、まずこの点を論じ、東日本との比較を行いたい。基本的に集落規模が東日本よりも小さいと考える点は先行研究の推定を追認するにすぎないが、問題はこの小規模性をいかに把握するかという点にある。

　集落規模が小さな場合、他集落との関係の中で集落を群として考える必要が生じる。この群としてのまとまりが本来の集落のイメージであろう。この点を集落の領域の問題と関係させて論じたい。具体的には広域におよぶ遺跡群の分析を行う。領域の問題にとって重要と考えるのが遺跡の分布状況、とりわけ広い地域の中の限られた狭い区域に遺跡が偏在する現象である。この問題については、八木川上・中流域の事例研究で指摘しているが、一歩踏み込んで、東日本の事例も参照しながら論じたい。

　以上のように、本論では集落の小規模性と遺跡の偏在性に関する分析を通じて、集落のまとまりや領域をいかに把握するかという点を問題にしている。筆者はこの問題を考えるに当たって、石井寛の「移動論」（石井 1977）、およびこの延長線上にあると考える移動の頻度の高さに賛同する研究、さらにこれらに対する反論や研究史的位置づけに関する論文を読んだが[2]、石井の移動論に関する大方の理解に筆者と相違がある。東日本の縄文集落研究に関する筆者の現状認識を明かにするためにも、石井の「移動論」の意義について、筆者の見解を述べておきたい。

　単位としての集落を別の単位集落との間隔からみた領域の広さとしての問題に関連させて論じたのは市原寿文の分析（市原 1959）が嚆矢だろう。氏は拠点的な住居群を出土する遺跡とそのまわりに点在する遺物散布地を群として把

握し、他の同様の群との間隔を10kmから10数kmと想定している。氏の論に従えば、環状集落も拠点集落の一種と考えられ、10kmから10数kmの間隔をおいて、散在するはずであることになる。

遺跡の増加により、この間隔の想定は変化するはずであるが、われわれが縄文集落あるいは縄文社会をイメージするときの基本的な前提は市原と大きく変わることがなかった。ようするに、集落には拠点があり、この拠点が距離をおいて点在する。そのような集落がいわばおおむね等質的に各地に認められるはずであり、縄文集落は狭い地域内に定着していたことになる。この領域を意味のある集落領域の最小単位として限定する。このような論を本論では単位領域限定論とよぶ。

石井の「移動論」は移動という現象そのものに対する賛否が問題となってきた。しかし、石井の論は最小単位の領域を限定するかわりに、これより1段高いレベルの領域を意味のあるまとまりとして選んだことに最大の意義がある。石井は従来の単位領域限定論が想定してきた（和島誠一が南堀貝塚で想定したような）単位としての集団が存在することを想定している。その領域が限定（固定）できないこと、さらに社会集団としての意義を十分反映していないのではないかという危惧から、縄文社会の意味のあるまとまりの把握を1段高いレベルにゆだねた。石井は従来の最小単位の領域はあくまで食料獲得のための生活維持領域であるとしている。単位領域限定論も同様の想定を基礎にしている。石井が求めた上位の結びつきはそのような意義よりも食料獲得システムの管理を念頭においた社会的に意義のあるまとまりである。

この問題は移動という現象に関わらず、議論可能な問題である。移動という現象は従来の想定より広い領域の中での集落相互の結びつきを説明するために、用意された一つの仮説であって、移動が生じていない場合でも、何らかの形で、上位のレベルの結びつきが説明できれば、単位領域限定論が把握した最小単位の領域が想定可能か否かに関わらず、石井の論旨の中核は成立しうる。

繰り返すが、石井は最小単位としての領域を否定しているのではなく、より上位の結びつきはあくまで最小単位の基礎の上に成立することを論じている。

最小単位の領域が流動的であるというのは、たとえば、土器型式内での短い時間幅の中で細かな遺構の同時性を証明できるならば、その時点での最小単位の領域を限定できるということになる。

　石井の議論はこのように単位領域限定論の単なる批判ではなく、その展開の方法を示したものと認識している。その後、このような観点に沿った議論は集団領域の重層的把握という点に重心が移り、遺跡群が重視されるようになってきている。この方向は従来の単位領域限定論の系譜にあるもので、石井の議論に近づいてはいるものの、集落を縄文社会の最小単位とみなして高い安定性を想定する点、石井の議論とは隔たりがある。一方、石井の議論における移動の頻度の高さに賛同する論はその後相次いでおり、石井以後の集落論の大きな流れを形成している。しかし、この種の議論では縄文社会の遊動性や小規模性のみが問題とされ、領域の問題など社会組織の把握（の仕方）については漠然としたままという印象をもつ。

　こうしてみると、縄文社会の意味のあるまとまりをあくまで拠点集落を中心とする最小単位に求めるか、複数の最小単位の関係レベルでとらえるか、という点において重要な問題を提起した石井の議論はなお、この点について議論を深める余地が大きい。理論的に想定される最小単位の独立性や安定性はどの程度か、これよりも上位のレベルのまとまりが恣意的ではなく本来的なものであったかどうか、という2点についてがこの議論にとっての重要な判断基準である。両者に沿って検討する中で、どのレベルが縄文社会の存続にとってより重要かという点を明確にすることができる。本論は特に西日本を対象にしており、分析の素材や手法が関東地方を対象にした議論とは異なるが、この点に関して論じるつもりである。

第2節　住居群の構成と規模

　西日本の縄文集落の規模を想定する上で注目するのは、住居群が空白域をおいて2群以上に分かれる事例である。関東地方では住居出土土器の接合状態を

もとに同時存在数を推定する方法が提起されている。筆者はこの手法には疑念をもつが、そもそも西日本ではこのような分析例はない。同時存在住居数を推定する手がかりは、まず住居群の配置の規則性に求めるべきであると考える。谷口康浩は環状集落の原型として1棟ないし2棟の住居が空白域をおいて向き合う事例に求めている（谷口 1998b）。この場合、向き合う住居の同時性の根拠は、もちろん同一土器型式を共有するという前提の上で、住居群が向き合っているという配置の規則性そのものに存在することになる。

　この規則性が繰り返し、多くの事例として抽出されれば、また、遺跡内で複数型式が連続する中で、この規則性が連続すれば、1組の住居群が継続して存在したと考えられる。配置の規則性は住居群が距離をおいて向き合うような事例こそが最も説得性があり、住居群を単に群別にグルーピングするのはこれに比べれば説得性に欠ける。このような観点から、まず、2群が明確に対向する事例を典型例としてとりあげ、同時存在住居数を推定する手がかりとしたい。

　同一土器型式と判断される住居が対になる事例は早期と後期にある。いずれも九州地方の事例である。早期の事例は土器型式が未報告であるため、後期の事例に限って検討する。

(a) アミダ遺跡（福岡県嘉穂町）（福島 1989）（図79）

　縄文時代後期後半から晩期中葉にかけての集落で竪穴住居総数20棟、土坑49基以上を検出している。報告者は7期、水ノ江和同（水ノ江 2000）は9期に分けて住居群の変遷を分析している。報告者の分析では3～4期、水ノ江の分析では4～6期に住居群が2群に分かれる。当初は西群に住居が集中し、途中で2群に分かれ、最後は中央だけに住居が存在するという全体の流れは両者とも差がない。2群に分かれる棟数は、報告者の分析では6棟－2棟（3期）、4棟－3棟（1棟は報告書では土坑としている）（4期）である。水ノ江の分析では3棟－2棟（4期）、4棟－3棟（5期）、1棟－1棟（6期）である。

　この時期には中央に30m前後の住居空白域が生じており、住居群の外縁の距離は40～64mとなる。東西それぞれの住居群は20m程度の範囲におさまる。また、報告者は集落のほぼ全域を調査しえたとしているが、東群の方が検

出住居数が少ないのは、発掘面積が小さいせいかもしれない。

いずれの分析でも複数型式、2群に分かれる集落構成は維持されており、この集落構成は見せかけのものではなく、本来的なものであることを示している。1型式は数十年以上であるこ

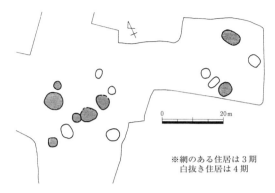

※網のある住居は3期
白抜き住居は4期

図79 福岡県アミダ遺跡の縄文住居の配置（3・4期）

とは確実で、最長100年程度であろう。2型式だけであれば型式期間いっぱいの存続期間を考える必要はないが、3型式にわたって2群構成が継続したことを示す水ノ江の分析において、中間の時期にも4棟-3棟の規模が維持されている点に注目したい。これは土器型式存続期間いっぱいの間、2群構成が維持されており、建て替えは数十年から100年以上の間で生じていることを考慮しなければならないことを示している。

1住居の存続期間については、関東地方の多重複住居の建て替え回数や復元住居の寿命から、10年～20年とみる見解がある。この見解に沿えば、数十年から100年の間に、1住居は最低2、3回、多ければ5～10回建て替えを行ったことになる。住居内には比較的近接した場所に柱穴がある例もあるので、床の拡張等は行わず、上屋だけ建て替えた可能性もあり、ここでは住居存続期間を25年と仮定する。

そうすると、4棟が間断なく100年継続するためには、同時存在数は1棟、50年継続するためには同時存在数は2棟が最大となり、3棟はありえない。各群の同時存在数は1～2棟と考える。報告者の分析では西群の3、4期とも大小の住居が同数ある。常に大小がセットになったとすると、西群では3期に大3棟（小3棟）、4期には大2棟（小2棟）となり、大小1セットずつ存在した可能性もある。この場合でも各時期の時間を最低50年と見る限り、西群では

大小各2棟、合計4棟が存在した時期は100年間のうちで25年間にすぎなくなる。

多くを仮定しているため、詳細な同時存在数の推定は無理だが、西群では平均して1～2棟が同時に存在し、短期間やや増加する場合もあったと考えるべきだろう。東群ではこれより規模が小さいが、発掘面積が比較的小さいため、ここでは西群と同数を仮定する。つまり、2群に分かれる各群は1～2棟ということになり、合計で2～4棟で、これをやや上回ることもありえたと考える。

(b) 中堂遺跡（熊本県人吉市）（和田好 1993）（図80）

後期後半から晩期末まで6期に分かれて、竪穴住居が63棟検出されている。ここで、住居群が2群に分かれる時期は2・3期と5期である。2期には西群6棟－東群1棟、3期には5棟－3棟、5期には10棟－8棟となる。この間の4期には西群だけに5棟が集中し、東群は0棟となる。2・3期と5期には西群と東群との中間にも住居があるが、この住居は各時期それぞれの西群と東群の住居に比べて大型である点、異質であるため、ここでは除外して論を進める。2期から5期までの4期間はおよそ400年間とみる。

住居群の内側は先に述べた大型住居以外には住居はなく、埋設土器が集中し

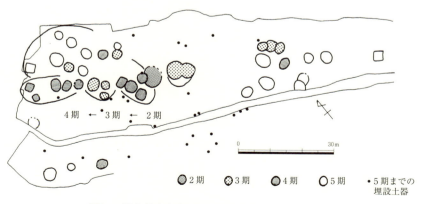

図80　熊本県中堂遺跡の縄文住居の配置（2～5期）

ている。住居群の内縁は平均して40m、外縁は70m～112mで、アミダ遺跡より一回り広い。また、中堂遺跡も調査面積が西半と東半で異なり、西半の方が広い。したがって、東群と西群の住居数の差は見かけほどの違いはなく、ほぼ同数と考える。東群だけに偏る4期にも、東群と対になる住居が西群の調査区域外に存在した可能性はあるが、その可能性は低いと思う。というのは、2期と3期には住居空白域に埋設土器が集中するが、4期の埋設土器は調査区域内に存在しなくなり、墓と住居の位置関係は変化しているからである。

西群では、2期には1棟だけ離れた地点に存在するが、他の5棟は長径20m程度の限られた地点に集中する。3期と4期には西群のすべての住居が長径20m程度の限られた地点に集中する。この点はアミダ遺跡と共通する。しかもこの住居集中地点は重なりあいながら、わずかずつ西にずれていく。このように住居集中地点が連続的に変化することは、まったく無関係の集団が一時的な利用を繰り返した結果とは考えにくい。ここに、2期から4期にかけての集落の継続性があらわれていると考える。

住居存続年数はアミダ遺跡と同じく柱穴が近接する事例があることから、25年とみる。1時期平均100年間として、建て替えを考慮すれば、同時存在数は西群では2～4期に1～2棟を原則としていることになる。したがって、2・3期には全体で2～4棟ということになるが、アミダ遺跡よりも各時期の住居数は多いので、アミダ遺跡よりもやや規模は大きい時期が長かったとみるべきだろう。4期は半分に減少するわけである。

ところが、5期には住居数が増加し、6期には激減する。5期に増加した住居群はあくまで中央の住居空白域を避ける形で外側に広がっている。したがって、それまでの集落構成が変化しているといっても、住居空白域は共有されているわけである。西群を見ると、住居群は4期の廃絶住居群をはさんで南北に分かれる。方形の住居がすぐ北に移動していることに着目すると、4期の住居（群）は北に移動し、南には新たに住居（群）が加わったと解釈すべきだろう。つまり、西群は同時存在の住居が少なくともある時期2倍に増加したと考える。

また、西群の北側の住居集中地点は2〜4期の住居集中地点より広がっている。これは同時存在住居数の増加を示唆している。2〜4期の西群を1集団とするならば、西群は北に1集団、南に1集団、計2集団を考えてよい。住居数でいうならば、北に1〜2棟、南に1〜2棟、西群合計は2〜4棟ということになる。東群には住居群を区分する手がかりがないが、西群と同様に住居数が増えており、住居集中域は広がっている。3期の2〜3倍は想定できる。つまり、4期に1集団とするならば、5期には東西合計4〜5集団、住居数では4〜10棟程度の規模を想定してよい。

(c) 鶴羽田遺跡（熊本県熊本市）（坂田 1998）

　報告者の分析によれば御領式の時期に住居群が東西2群に分かれる。西群5棟―東群4棟である。このとき、住居の各群の集中地点は、アミダ遺跡や中堂遺跡と同様に、20m程度の範囲におさまる。御領式の時期だけこのような構成がとられるので、アミダや中堂ほど構成住居数を確定できないが、アミダや中堂のこれまでの分析を一般化するならば、同様に各群1〜2棟の建て替えによって住居群が形成され、一時的に住居数が増えることはあっても合計数棟以上の状態が長期間連続したとは考えにくいといえる。

　住居群が2群以上に分かれる事例は、他に石の本遺跡群と蔵上遺跡がある（九州縄文研究会 2000）。いずれも九州地方で後期後葉から晩期前葉の事例である。筆者は2群に分かれることにことさら意味をもたせているわけではない。アミダ遺跡にせよ、中堂遺跡にせよ、住居検出数が多いといっても、発掘調査面積は限られている。たとえば、成人の一次葬用の墓地や貯蔵穴など必須と思える他の施設の遺構はいずれの遺跡でも明確ではないことからもわかるように、これらの遺跡は意味のある全体像を示していない。住居群のブロックも未発掘区に散在する可能性が残っている。

　発掘調査面積がこれらの遺跡よりも大きな遺跡では、住居群の配置がさらに広がる遺跡がある。宮崎県平畑遺跡（北郷・菅付ほか 1985）は、300m×200m程度の区域内に晩期前葉において34棟の住居が検出されている。部分的に住居が集中する区域があり、住居はところどころにブロックを形成しなが

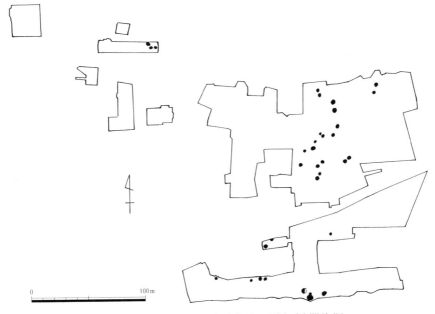

図81 宮崎県平畑遺跡の縄文住居の配置（晩期前葉）

ら、散在していると考えられる（図81）。

　これまで分析を加えた3遺跡の住居群のブロックがいずれも20m程度の範囲内での建て替えによって形成されていることを参考にして、34棟の住居をブロックに分け、1ブロックあたり4～5棟とみて、1ブロックの同時存在数を1～2棟とみれば、7～14棟程度の数を想定できる。この平畑遺跡が西日本で最も発掘面積の大きな縄文集落だと思う。この発掘面積の規模は青森県三内丸山遺跡の中核部分（球場予定地として発掘した部分）とほぼ一致しており、両者の住居検出密度は大きな差があるようである。

　縄文時代の人口密度の東西差については、古くから認識されているが、このように遺跡レベルでの住居の集中度にも大きな差があるわけである。中堂遺跡では住居空白域をはさんで住居群が対向する時期が長いが、東日本では住居空白域に対して住居群が環状に配置される特徴を有する集落が多い。また、切り

合いを有する住居が東日本には非常に多い。これらの違いは同一面積あたりの住居数に差があることから生じている。

　ここで指摘した住居密度（人口密度）の東西差はあくまで住居が集中する面積における東西差であって、西日本全体と東日本全体の人口密度差としてみてよいかどうかは別問題であるが、住居集中域においてたとえば倍の密度差があると仮定した場合、同じ広さの地域全体の人口密度が等しいとすれば、集落数（あるいは集落面積）は平均して西は東の倍あるはずだと考えなければならない。現状からは、この想定は晩期末などの例外的な時期をのぞけば論外である。集落数だけでも数倍（あるいはそれ以上）の差がある時期も多いので、集落内の人口密度にも倍程度の差があるならば、10倍以上の地域人口密度差を想定することも十分可能となる。

　さらに、これまでみてきた縄文集落は、住居群をブロックに分けることはできるが、環状集落のように範囲を限定できる集落構成を把握しがたい。西日本においては住居群のブロックが複数散在する大集落がごく少数存在すること、ブロックが一つしかない小集落が多数存在することはいずれも確実であるものの、このような集落の場合、意味のあるまとまりを認識することが遺跡レベルでは困難となり、遺跡群全体の把握を必要とする。特に小規模集落の散在をまとまりとして把握するためには、集落（遺跡）の集中度に注目する必要があり、この点は次章で検討する。

　筆者は西日本の縄文集落は1～2棟の住居が広域に散在しながら、場所によって集中箇所を形成していたと考える。この集中の程度によって遺跡としての差が生じる。平地に比較的密に集中している箇所が平畑遺跡の事例であって、この周囲にも住居などの施設が散在すると考える。住居群間の間隔は別の遺跡として認識されるほどの（数百m）間隔をおく場合も一般的に見られたと思う。中心的な広場などを中心に狭い範囲にまとまるのではなく、大小の集中箇所を形成しながら住居が広域に散在するような状態が西日本縄文集落の実態であると考える。

　これまで扱ったのはいずれも九州地方の後期後葉から晩期前葉の限られた事

第12章　西日本縄文集落の構成と規模　343

例であるが、たとえば草創期・早期の鹿児島県上野原遺跡もブロック状に住居群が散在し、平畑遺跡に準ずる規模を有している。住居集中箇所の最大規模は草創期・早期も大差ないようである。九州地方以外の地域においては発掘面積が小さいために住居群の構成が明確な遺跡が少ない。しかし、およそ岐阜県より西の地方では関東・中部地方前・中期に目立つ環状集落は検出されていないし、本来、環状集落が存在せず、先に述べたように住居群が広域に散在する状態が実態であると考える。環状集落が存在しないと考える理由は、これまで述べてきた九州地方の事例が環状にならないことに加えて、

①関東・中部地方で環状集落が多く見られる中期（関東では前・中期）は、遺跡数の多い時期であり、環状集落の形成は人口増加と関係すると考える。しかし、西日本の前期から中期中葉までは遺跡数自体が前後の時期に比べて少ない。したがって、関東・中部地方と併行する時期に環状集落が流行したとは考えにくい。

②西日本で遺跡数が増加している後期前葉の滋賀県正楽寺遺跡（植田 1996）で貯蔵穴と報告されている遺構群、平地式建物、竪穴住居が検出されているが、これらは環状とはならない配置である。縄文晩期の奈良県橿原市曲川遺跡（橿原市千塚資料館 2004）でも貯蔵穴群、土器棺墓群、竪穴住居が検出されているが、同様に環状にならない。

の2点をあげることができる。

第3節　集落、住居の偏在性

中堂遺跡では、1棟だけの時期が存在する可能性を指摘したが、その一方で5棟～10棟が同時に存在する時期も指摘した。このように、短期間、住居数が増大する現象は遺跡、地域の各レベルにおいて指摘できる。ここで注意したいことは、住居数（ひいては人口）の増加は地域全体において一様に生じるのではなく、ある地点、特定区域に集中することがあるという点である。

このことを近畿地方において遺跡数が増加する中期末から後期前葉の例でみ

ていくことにする。事例としてまず、とりあげるのは、滋賀県湖南地方から湖東北部にかけての地域である。データは瀬口眞司と小島孝修の1998〜1999年の集成（小島1998、瀬口1998・1999）を利用する。住居検出例だけをとりあげれば、総数がきわめて少ないため、遺跡数から検討を加える。遺跡の規模は発掘面積に左右され、遺跡の規模が比較的大きい発掘は限られるため、ここでは集落規模の評価は遺跡集中の度合いから想定する。すなわち、同時期の遺跡が集中していれば、他に比べて大規模あるいは長期に継続したと想定する。

具体的には遺跡が径2.5kmの円内に複数存在する場合、これを円で囲んで示した。特に4遺跡以上集中する場合、これを2重線で囲み、遺跡集中範囲とよぶことにする。遺跡集中範囲の形成がどのような形で認められるか、という点が特にここで問題にしたい点である。径2.5kmという想定は一般に想定されている縄文集落の領域に比べて狭いが、実際に遺跡集中範囲を探して行く場合、たとえば径5kmにすると、集中箇所が2群に分かれる場合が生じてくる。ここでは、直接の集落領域を想定することが目的ではないので、遺跡の集中度（偏在性）を明かにする作業上の問題から、この広さを選んだ。

まず、遺跡数の非常に少ない前期の遺跡の分布は散漫であるが、およそ3地域に分かれる（図82の1）。この3地域の間には遺跡の分布しない箇所がある。調査精度が地域により異なるので、遺跡の分布しない地域の評価はひとまず差し控えるが、現状を示すために遺跡空白域の存在を図示しておく。遺跡の分布する各地域はおよそ20km程度離れている。これらの地域はほぼ、湖南、湖東南部、湖東北部地域に対応する。

中期前半は遺跡総数も少なく、前期と大差ない。中期後葉に遺跡数が増加したとき、どのような遺跡分布があらわれるか前期と比較すると（図82の2）、愛知川と犬上川の間に1カ所遺跡が分布するが、前期に指摘した遺跡空白域は依然として同様の状況を呈する。湖南地域では径2.5kmの円内に4カ所以上遺跡が集中する遺跡集中範囲が1カ所だけ指摘できる。遺跡の増加はこのごく限られた範囲に集中するのである。湖東南部地域では遺跡数の増加の状況は大差ないが、現状では遺跡集中範囲が形成されず、数kmの距離をおいて遺跡が散

第12章　西日本縄文集落の構成と規模　345

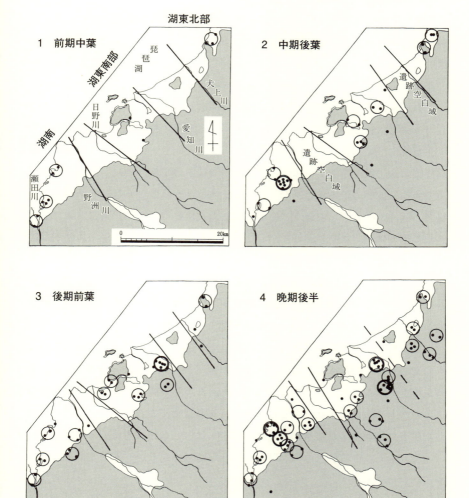

図82　滋賀県湖東・湖南地域の遺跡分布の変化

在する。

　後期前葉になると、湖南地域では遺跡数の変化はないが、遺跡集中範囲が消失している（図82の3）。逆に、湖東南部地域では遺跡数が2倍近くに増加する一方、遺跡集中範囲が1カ所認められるようになる。

最も遺跡数の増加する晩期後半になると、遺跡空白域が狭まっているが、遺跡分布の偏りは依然として指摘できる（図82の４）。湖南地域に２カ所、湖東南部地域にも２カ所の遺跡集中範囲が指摘できる。しかもそれぞれの地域の中で遺跡集中範囲は接近して現れてくるのである。
　このように遺跡集中範囲は同じ地域で遺跡数が変化せずとも出現したり消失したりする（湖南地域）。また、同じ地域で全体的に遺跡数が増加する場合でも、遺跡集中範囲が指摘できる時期は限られる。たとえば湖東南部地域では中期後葉に遺跡数が増加する場合は散漫な増加にとどまるが、後期前葉になると遺跡集中範囲内での増加は3.5倍、他は1.25倍という格差がある。つまり、この場合、遺跡集中範囲での調査精度が高かったとすれば、中期後葉においては遺跡数の増加は遺跡集中範囲外で顕著で、後期前葉における遺跡集中範囲内での遺跡数増加は他と比べて見かけ以上に急激であるということになる。このことからもわかるように、遺跡集中範囲の形成は発掘事情だけではなく、本来の遺跡数増加（そこから想定される遺跡集中範囲における集落規模ないし継続期間の増大）の傾向を反映していると理解してよい。
　では、遺跡集中範囲が本来の集落規模ないし継続期間の増加を反映しているものとして、その形成はどの程度の広さの地域と関わっているのだろうか。遺跡集中範囲の形成は後期までは20km程度離れた各地域において一つである。この一つという数は現状であるから、将来複数に増えることは十分ありうる。発掘調査の進展により複数に増加する場合、これらの地域を細分する形で、たとえば10kmの間隔をおくのか、５kmの間隔をおくのか、という点が問題になるわけである。
　このことを予想するにあたって、最も遺跡数の増加する晩期後半の状況が参考になるはずである。晩期において遺跡集中範囲が各地域で複数形成される場合、各地域を分割する形で現われるのではなく、近接して形成される。先に遺跡自体が遺跡集中範囲に偏在する現象を指摘したが、遺跡集中範囲自体が偏在しているのである。このことは、遺跡集中範囲の形成が各地域を細分する形で生じるのではなく、少なくとも約20kmの距離を必要とする（分布範囲そのも

第12章　西日本縄文集落の構成と規模　347

のは10〜20kmの）広い地域の中の集落間の関係から生じたものであることを示している。

　これよりも広い地域を必要としたかどうかは、遺跡集中範囲が集中する程度が各地域で大きく差が生じるかどうかという点から検討すべきであるが、晩期の状況を見る限りでは、2地域の遺跡集中範囲の距離が約20kmであることから、中期や後期でも同様に考えてよいと判断したことがあるが（矢野 2001）、第11章第1節で述べたように、兵庫県八木川上・中流域の遺跡分布状況をみると、縄文中期までは遺跡数が多い時期と少ない時期が10km程度の地域内で繰り返される。つまり、10kmの程度の距離を超えて集団が広域に移動し、10km四方程度の地域内の人口は持続的に安定していない。また、同じく第11章で述べたように、後期以降は高地での遺跡が減少する一方、京都盆地のような低地の遺跡数が増加し、継続性が増すが、それでも遺跡数の増減は繰り返されている（高松・矢野 1997）。したがって、中期までは10〜20kmを超える地域の移動も頻繁で、後期以降はそのような流動性が減少するものの移動は継続する、というように考えを修正したい。

　中期と後期では特に遺跡空白域が目立つので、ここに遺跡集中範囲が眠っているのではないかという想定も可能である。もし、そうであれば、晩期とは異なる状況が考えられるだろうか。しかし、いずれの地域でも中期と後期には遺跡集中範囲は各地域の中で遺跡空白域に近いところに偏って分布している。したがって、遺跡空白域に遺跡集中範囲が形成されるような遺跡の検出が相次いだ場合、地域区分そのものは修正を要するだろうが、遺跡集中範囲の偏在性そのものは、この場合でも指摘できるはずであり、遺跡集中範囲が約20kmの距離をおいて偏在する状況は変わらないはずである。

　このように、約20km程度の距離の中で、遺跡が偏在する状況は本来の集落あるいは活動拠点の密度が偏在していたことを示す。この偏在性が短期間に変化するので社会的要因を重視すべきだと主張したことがあるが（矢野 2001）、本節で後述するように、京都盆地の事例をみれば、遺跡集中範囲が長期間持続する区域は、かなり限られており、滋賀県湖南・湖東地方の事例でも、後晩期

の遺跡集中範囲は複数時期にわたって、遺跡集中範囲が重複するか、もしくは遺跡集中範囲に満たないまでも遺跡が重複して確認できるので、偏在性が短期間に変化するとはいいがたい。全体の遺跡数が流動的に変化するのに、遺跡が集中する箇所が限られるので、遺跡の偏在性の問題は、社会的要因というよりも、やはり遺跡の長期継続もしくは反復利用を可能にする立地条件による可能性が高いと考える。

　後に京都盆地の事例について述べるように、遺跡が集中する範囲は基本的には居住活動に利用された時間が長かった範囲である。ここから派生する問題であるが、人口増加に際して、そのような長期的活動拠点（現象的には遺構数や遺物量の増大による「大規模」集落として認識される）の形成が先か、集落数増加（領域の分節化）が先かという問題を、一般的な形ではあるが、予想することができる。前期、中期〜後期、晩期の3時期は、遺跡数がこの順に多くなる。このことを集落数の増加と解釈し、遺跡が集中する範囲を「大規模」集落と理解すると、琵琶湖湖南・湖東地域における「大規模」集落の増加は集落数の増加に比例する傾向がある。ということは、最初の「大規模」集落が出現するときは、集落数が十分に増加していないときということになり、長期的活動拠点と解釈しうる「大規模」集落は縄文時代初期の人口が少ないときから、数が少ないながらも存在することを予想できる。

　しかも、晩期にいたって、遺跡集中範囲が近接して増加するということは、長期的な活動拠点として成功している集団からの分化もしくは隣接地点への共住という形も想定できる。つまり、集落すべてが「大規模」集落と同程度の長期的活動拠点になるよりも前に集団間の格差が拡大する傾向がうかがえるわけである。このように考えると、一般的にいって、長期的活動拠点として活動が継続できる土地は限られており、集落は等間隔に分布するような形で存在するのではなく、偏在性が固定化される傾向があるといってよい。

　前稿（矢野2001）では、遺跡集中の程度を集落の規模と関係させて論じたが、後述するように、遺跡集中の度合いは集落活動の継続性に左右される度合いが強いので、このように解釈を修正したい（矢野2009b）。集落の格差が生

じるとすれば、その継続性を維持できるかどうかで決まるはずである。
　以上、考察した遺跡分布の時間の基準は土器型式レベルのものではない。土器型式レベルでどの程度の変動があるか、明らかにするために、土器型式レベルで遺跡の時間を特定している京都盆地を例にあげて、みていきたい。データは千葉豊（千葉 1993）が集成したもので、時期の特定も氏に従う（図83）。
　ここでとりあげるのは中期末から後期前葉、および晩期後半である。中期末から後期前葉にかけて、遺跡集中範囲が京都盆地北東部に一つ、南西部に一つ継続して指摘できる。遺跡分布の推移は土器型式ごとに大きく変動するというよりも、漸移的に推移する点をまず指摘したい。
　特に注目したいのは、南西部の遺跡集中範囲である。ここでは、北白川Ｃ式期には遺跡集中範囲が1カ所ある。この状況が変化するのは中津式期または北白川上層式1期である。北白川上層式1期には先に指摘した一つの遺跡集中範囲が消失し、分布のまとまりが2カ所に分裂している。中津式期にも分裂の傾向は指摘できるが、北白川上層式1期よりも遺跡集中の度合いは高く、北白川Ｃ式期に近い。北白川上層式2期には、その一つが遺跡集中範囲として浮上するわけだが、遺跡分布状況から見て、一つのまとまりが分裂した状況を引き継いでいると判断できる。
　ようするに、土器型式レベルでいえば、中期末から後期前葉にかけて、一つのまとまりが二つに分かれていく。この推移は漸移的である。したがって、この区域はおおむね連続的な居住が行われたと判断できる。一方で、その居住場所は徐々に変化していることが推定できる。固定しているわけではない。これに対して北東部ではより固定的な遺跡分布が認められるが、こちらはむしろ例外的な状況を示すと考える。というのは、先の滋賀県の事例においては、中期後葉から後期前葉においてより流動的な遺跡分布の変化が認められるからである。滋賀県の事例をより細かく時期区分するならば、京都盆地南西部よりも若干流動性が高い漸移的な遺跡分布の変化を指摘できることになろう。
　晩期後半における京都盆地の遺跡分布は、遺跡集中範囲を成立させる広さの問題と関わる興味深い事例である。晩期後半においても北東部と南西部に継続

350 第4部 縄文集落の小規模性

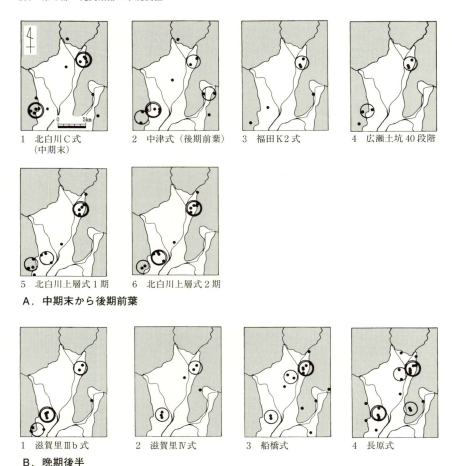

1 北白川C式（中期末）
2 中津式（後期前葉）
3 福田K2式
4 広瀬土坑40段階
5 北白川上層式1期
6 北白川上層式2期

A．中期末から後期前葉

1 滋賀里Ⅲb式
2 滋賀里Ⅳ式
3 船橋式
4 長原式

B．晩期後半

図83 京都盆地における遺跡分布の変化

して遺跡が集中する状況に差はないが、土器型式レベルでみると、両者の遺跡数は変動が激しい。初期の滋賀里Ⅲb式期には南西部の遺跡数が北東部の遺跡数をはるかに上回るが、滋賀里Ⅳ式期には拮抗し、船橋式期になると逆に北東部の遺跡数が南西部をはるかに上回る。

　このことは、北東部と南西部がそれぞれ、安定した地域として継続していな

かった、完結性の低い狭い地域であったことを示している。したがって、遺跡集中範囲を成立させる母体としての地域は、両者を含むより広い地域、あるいは両者がそれぞれ別の地域と深く関わり、それぞれ別個のより広い地域の中で遺跡集中範囲を形成していたと考えるべきだろう。この点、後期も同様と考えている。

このように、遺跡の分布状況を継続的に観察すると、縄文集落は数km程度に限定される小さな領域だけで安定して存在するのではなく、20km程度の距離をおいて10～20kmの広がりを超える広い範囲で、集落の分布状況が関係しながら分布状況を流動的に変化させながら諸集落が存在するものであることが示される。

しかしながら、このことは、それほどの広い地域の中で生業活動を連携して行っていたり、一つの大きな統一的な組織が存在していたことを証明するわけではない。この点については、終章でも述べるが、筆者はこの点の認識が曖昧で、（矢野 2001）でも広い地域での集落の連携が一つの組織的規範のもとに行われているかのような印象を与えている。たとえば、「筆者は、兵庫県八木川上・中流域の遺跡群の観察からこの地域では高地に偏在して分布する少数集落が20km程度の広さに及ぶ地域を占有可能である期間が長かったことを指摘した。今回、対象とした地域ではこの事例よりも推定集落数は多くなるものの、意味のある領域が同じ程度の広さに求められる点は変わらない」（矢野 2001）と記しているが、この中の「意味のある領域」という言葉は一つの集団組織による「占有可能である」領域と似たような意味で、集団間の連携が密な地域的組織を想定していた。

これは、遺跡集中範囲が10～20km程度の広がりの中で限られた区域に偏在して出現する現象を集落人口の多い中心集落を想定する点と共通する考え方で、地域的連携の中心集落が他の周辺集落の存続や移動にも関与するような地域的組織を考えたのである。

関東地方の事例でも、この程度の広がりの中で大規模な遺跡が拠点的に出現する現象がある。東京都野川流域における事例研究（広瀬・秋山ほか 1985）

によれば、おおむね20km 程度の距離の範囲内で比較的規模の大きな遺跡は数km 程度の範囲に偏在して現れる。前期～中期初頭においては下流域、中期末葉～後期初頭にかけては上流域に他の区域よりも規模の大きな遺跡が集中して偏在し、全域における中核的な遺跡群となっている。中期前葉～後葉は流域全体で遺跡が増加する時期で、セツルメントパターン A とされた最大規模の遺跡も 8 カ所出現する。この大規模遺跡も数km の範囲の上流域にこのうちの 5 カ所が集中している。関東地方のように遺跡数が多く、また遺跡規模をランクづけできるほど出土遺物や遺構が多い場合、遺跡集中の偏在性がより顕著になるわけである。数km 程度の限られた範囲に規模の大きな遺跡が集中して出現するのは、より広い地域（おそらく野川流域全体）が、大きな集落を維持するために重要な意味をおびており、その程度の広さの地域的組織も考慮すべきだと考えたのである。多摩ニュータウン地域でも同様の現象は指摘できる[4]。

　しかし、まず注意すべきことは、この大規模な遺跡は、人口規模が他より大きかったのではなく、居住活動の長期化によって生じたと考えるべきである。1 集落の規模については、住居の同時性の判断から推定されている小規模集落論（黒尾 1988、小林謙 1999など）の成果を見ても、またこれに批判的な見解を有する谷口康浩による環状集落の分析（谷口 1998b）の成果を見ても、短期間の同時存在数は数棟以内におさまる場合がごく一般的である。谷口によれば、環状集落の開始期は 2～4 棟程度の場合が多い。集落の開始期として認定される期間は、集落の終末期と同様、土器型式存続期間の一部にしかすぎないわけなので、住居同時存在数の算定を、実際の同時存在数に近い形で行うことが可能になる（もちろん、それでも実際の同時存在数の上限を提示できるのみで、実際は算定数を上限としてこれより少ない数しか同時に存在しなかった可能性を考慮すべきである）。開始期にその程度であれば、それ以降も似たような程度であったと考えるべきだろう。

　また、第14章で示すように、筆者は貯蔵穴や墓から、集落の人口規模を推定したが（矢野 2006b・2007・2009a）、その結果は、1 集落の最大規模が 4 棟程度を上限とするという想定を支持するものだった。終章で述べるように、貯蔵

穴という集団の存続に必要な生業活動によって残されたものや、墓という集団の組織を統合するために必要な儀礼的活動によって残されたものは、集団の意味のある実態を示すとみてよい。その点から見れば、生業活動や儀礼的活動を行う主体や場は、個々の小規模の集落にあり、集落の連携によって形成された地域ではないのである。

さらに、各地域では、遺跡はいっきょに出現したり消失したりするわけではなく、漸移的に数を増減させるのが通例である。つまり、地域の中心集落が指摘できるといっても、その集落が他の集落の地域外への転出をコントロールしているわではないはずである。地域内の集落の連携を否定するわけではないが、各集落の自立性は当然のことながら、十分に観察できる。

10～20km 程度の広さの中で、あるいはそれを超える広さで諸集落が連動的に分布を変化させているように見える現象は、人口の小規模な移動の蓄積によって生じており、生業活動の不振による居住地の移動、婚姻による配偶者の移動など、個々の集落の個別的事情によるものだろう。居住活動の長い大規模な遺跡や筆者のいう遺跡集中範囲が限定的なのは、安定的に生業活動を継続できる条件を有する集落が限られるからであろう。以上のように、前稿（矢野2001）における遺跡集中範囲および大規模遺跡に関する解釈を修正する。

第4節　移動論と単位領域限定論

以上、西日本縄文集落の特色を東日本と比較しながら、遺跡レベルと遺跡群レベルで述べてきた。遺跡群レベルの解釈において、遺跡の偏在の問題をとりあげた。各集落の領域の独立性は指摘できるのであるが、遺跡の分布状況からみて、このレベルの領域は格差が激しく、遺跡集中範囲が形成されるほど、居住活動が継続的である集落は、10～20km 程度の範囲でもごく限られることを指摘した。この点はすでに指摘したように、東日本でも同様であると考える。

移動の時間的間隔をどのように見積もるにせよ、分布状況からみる限り、10～20km 程度の範囲の移動の頻度が最も高いはずである。遺跡集中範囲の中で

の限られた居住地の変更か、あるいはその周辺の少数の散在する集落との間の移動が主となるわけだが、移動の頻度が各遺跡（集団）で同じと仮定すると、特に中期末の湖南地域においては、移動の大半は遺跡集中範囲の中で行われたことになる。すでに、石井寛（石井 1977）や谷口康浩（谷口 1998a）が大規模遺跡と小規模遺跡の住居棟数の比較から移動が行われたとしてもごく少数の大規模遺跡内（あるいは大規模遺跡間）の移動が多数を占めると指摘しており、これと同様のことがこの場合も指摘できるわけである。そして、共通していえることは、遺跡集中範囲以外の遺跡は住居があった（検出されていないにせよ）としても少数の遺跡が大多数を占めるはずであるから、短期間で居住が終了するため、小規模の散在する遺跡の同時存在数（その時に人が居住していた集落の数）は見かけ以上に少ないということである。すなわち、居住活動を安定的に維持するためには、狭い範囲での小刻みな移動を繰り返しながらも、その土地に定着する必要があったと考えられ、広い範囲の移動を繰り返しながら各地を渡り歩くような集団は、少なくとも一般的ではなかったと考えざるをえない。縄文集落は、どこかの土地に定着的に存在していた、と考えられるのである。

仮に住居の建て替え期間を10年とみると、たとえば200年間同一集落が継続するためには最低20棟の住居址が検出される必要がある。このような遺跡は時期を限らず近畿地方全体でみてもごくわずかである。実際は大半の遺跡が1～2棟の検出例にとどまる。したがって、遺跡レベルでは、大半の遺跡はせいぜい20年間程度で居住を終えており、狭い範囲（ここで述べる径2.5km程度の遺跡集中範囲）の中の地点を移動しながら集落を継続させていたということになる。
(5)

集落の小規模性を強調する論者は、移動を頻繁に認める。移動を強調する論は集落の小規模性を強調する点も含めて、定着的な縄文集落観に対する批判的な色彩が強い。定着的な縄文集落観とは、土地に定着している集落を中心に数km程度の比較的小さな領域を固定的に（1対1で）想定する見解に集約されると考える。本論ではこのような見解を単位領域限定論とよんでいる。

この単位領域限定論は縄文集落の領域を集落の分布、人口規模、バイオマスなどから想定することで、縄文集落の定着的な姿を浮彫りにしてきた点、縄文集落論の骨格を形成してきたと考える。これに対して、移動を強調する論はこの定着的な縄文集落像は一部の典型例を過大評価した見せかけのものであって、実態は頻繁な移動を繰り返す小規模な集落である、と批判している。

　だが、単位領域限定論においても移動という現象そのものはしばしば指摘されており、筆者は単位領域限定論の批判されるべき点はそこにはなく、集落の領域、あるいは領域間の関係を狭く限定して、その個別領域の等質性を主張してきた点にあると考える(6)。実際は領域を狭く限定すれば領域の流動性が高くなると同時に領域間の格差が激しくなり、等質的な領域が長期間存続したとする想定は困難になる。移動を強調する論から学ぶべき点は個別領域に対して疑念を提唱した点にあると考える。居住を安定的に継続できる恵まれた個別領域は、限定的にしか存在しないと考えるのは自然なことである。同時に、人口密度の低い社会では、生業が不振になれば、他の土地に移動することが比較的容易であり、移動によって集団の存続をはかることも可能であるはずである。

　そして、集落の維持とは、生業の維持だけではなく、後継者の確保、すなわち安定的な婚姻関係の維持が決定的に重要である。人口規模の少ない社会においては、配偶者のやり取りを調整することがむずかしいことは想像に難くない。人口規模を一定に維持しながら配偶者の交換を行うことに失敗すれば、生業面に問題がなくても、集落の廃絶にいたるであろう。もちろん、配偶者の確保にとって生業面の安定は必要条件であることはいうまでもない。

　移動を強調する論について批判すべき点は、移動の理由を、漠然と縄文社会を遊動的な社会に重ね合わせるイメージで想定している点にある。単位領域限定論の欠陥を補うためには、狭い領域の異質性を認め、そこに領域間の格差が生じ、安定的な居住活動が可能な領域が限られることに目を向け、そこに移動の可能性を見出す必要がある。しかし、移動を重視する論は基本的には移動の頻度の高さを季節移動や数年周期の移動など、遊動社会一般の現象として解釈し、単位領域限定論に対する有効な批判とはなりえなかった。筆者は先に論じ

たように、移動は生業面の不振からやむをえず行う場合や、婚姻関係を基盤とする社会関係の中で生じる小規模な移動の蓄積の結果として解釈できると考える。頻度も、成人にとって1～2度経験する程度であろう。このような移動に伴う集落の離合集散によって考古学的に観察できる遺跡分布の変化が生じるものと理解できる。このような移動は、定住性などの問題とは無縁である。

縄文社会のような人口密度の低い社会では、小規模集落の継続性が広い地域における社会関係によって可能となることを終章で述べ、本章を補足する。

注
- （1）『関西の縄文住居』（関西縄文文化研究会 1999）で集成した各県の縄文住居出土遺跡数は、三重40、福井13、滋賀24、京都18、奈良7、大阪13、和歌山4、兵庫35で、合計154、三重、福井以外の合計105。『九州の縄文住居』（九州縄文研究会 2000）で集成した各県の縄文住居出土遺跡数は、福岡45、佐賀14、長崎4、熊本43、大分24、宮崎47、鹿児島73で、合計250。1986年における鈴木保彦の集計（鈴木保 1986）によれば、中部・南関東の各県の縄文住居出土遺跡数は長野495、山梨80、神奈川361、東京476、埼玉211で、近畿全体、九州全体で関東・中部各県に比肩する程度の数となる。
- （2）全体的な研究史として長崎元廣（長崎 1980・1988）と谷口康浩（谷口 1998a・1999）の論文を参照した。移動の頻度の高さに賛同する研究には黒尾和久（黒尾 1988）、羽生淳子（羽生 1989）、小林謙一（小林謙 1999）らによるものがあり、これに反対する論文に山本暉久（山本 1987）、勅使河原彰（勅使河原 1989）、安孫子昭二（安孫子 1997）らによるものがある。
- （3）この方法は離れた場所における二つの層位（住居床面とか、覆土上層とか）の同時性がそれぞれの層位に包含される遺物の接合関係によって証明されるという前提にもとづく。しかし、一般的にいって、上下関係にある層位間で遺物が接合する事例はよくあるため、この前提は別の観点から検証されるべき問題であるはずである。
- （4）谷口康浩の示した図（谷口 1998a：71の図3）によれば、多摩ニュータウン地域（大栗川・乞田川流域）の中期の大きな遺跡（住居数20棟以上）は約12kmの距離内に5遺跡あり、そのうちの4遺跡は約3kmの距離内に集中する。また、小林謙一（小林謙 1994）によれば、中期前葉（勝坂式土器成立期）の住居が検出されている遺跡は多摩ニュータウン地域にはなく、約5km東の三沢川流域に集中する傾向がある。

（5）ここで問題にした小規模な集落は一時的なキャンプ地であって、遺跡が集中する場所のみが意味のある集落であるという疑念も残る。実際には小規模集落の多くには墓ないし貯蔵穴（多くは墓と考えているが）とみてよい土坑が設けられている。確実に墓である埋設土器も小規模集落に付随することは一般的である。その数は1住居あたり1基から、多い場合は10基近くに及ぶ。

（6）すでに谷口康浩は領域内の資源の非等質性を指摘している（谷口 2002）。谷口はほぼ同規模の広さの領域の比較を行っているので、領域内人口の非等質性が明らかにされている。この場合、資源量が同規模の領域を想定すれば面積が非等質的になるわけである。その場合、領域内人口は等質となる。

第13章　住居址数からみた西日本縄文社会の人口増減

第1節　遺跡数・住居址数と人口との相関

　縄文時代の文化の推移を考察する上で、人口の推移に関する把握は、本来ならば基礎となるべきものである。しかし、人口を直接把握することは無理なので、遺跡数や住居址数などから推定することになる。人口を数値であらわすことは多くの仮説を必要とするが（小山 1984、小山・杉藤 1984）、その推移の仕方そのものを把握することは人口の絶対数に比べれば、比較的容易である。本論で問題にしたいのは、そのような人口の推移、すなわち増減のあり方である。

　人口の増減のあり方が、地域によって異なることは指摘されてきた。たとえば、中部高地で中期に遺跡数ひいては人口が急増するのは、打製石斧の増加と関連した縄文農耕に起因すると解釈する見解が根強い。これは、非常に注目されてきた事例だが、これ以外に、人口の増減が地域によって生じていることはしばしば指摘されてきている。

　従来から、たとえば関西地方の遺跡数が中期の終わりに増加することなどが知られているが、住居址数のデータについても、近年西日本でも集成が進んでおり、中部高地などのデータとより詳しく比較することが可能になってきた。ここで、基礎とする中部高地のデータは、今村啓爾（今村 1997）が示した100年間あたりの住居址数の推移である。中部高地のデータは長野県と山梨県の数値を合計したものである。今村のデータの基礎は鈴木保彦（鈴木保 1986）が1984年度日本考古学協会山梨大会での集成をもとに集計した住居址数のデータである。まず、この今村の示した住居祉数の推移について、理解しておきたい

第13章 住居址数からみた西日本縄文社会の人口増減　359

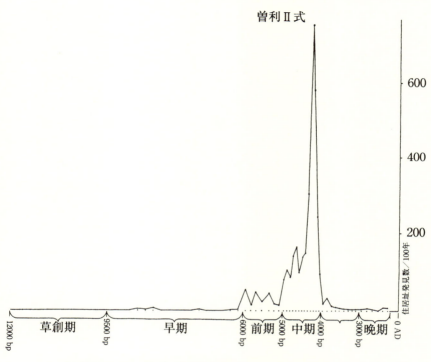

図84 中部高地における100年間あたりの住居址数の推移

（図84）。

　今村の示した住居址数の推移は、各土器型式あたりの住居址数の推移だが、草創期から晩期まで、各土器型式の存続時間は異なるので、これを100年間という単位時間あたりの住居址数に換算した点に特徴がある。また、住居址の帰属すべき土器型式が大まかにしかわからない場合、それを帰属が明確な住居址数の比率に応じてわりふっている。

　住居址数が人口と比例するかどうか、という点については、今村自身が問題点を論じている。今村は、住居址数と人口の比例関係を歪める要因として、発見された住居址数と本来存在したはずの住居数に差があり、ⓐ住居のある遺跡の消失、ⓑ住居のある遺跡の発見しやすさ、ⓒ住居の形態の発見しやすさ、そ

れぞれに差があることを問題にしている。本章では、遺跡の消失や発見のしやすさの度合いを一括して「発見率」とみなして、関西地方での高地と低地で発見率に差があれば、総数にどの程度影響を与えるか検討を加える。住居の形態による発見のしやすさの差については（たとえば平地式住居は発見しにくい）、遺跡数は多いのに、住居址数が少ない場合、それを予想できる。本論では、滋賀県を例にとり、この点を検討する。

　今村はさらに、実際に存在した住居数をかりに把握したとして、ⓓ１棟あたりの居住人数の差、ⓔ住居の耐用年数の差、ⓕ１集団が複数住居を有するか否か（たとえば季節移動）、ⓖ移動を数年単位で繰り返すか否か、が問題になるとしている。これは、ようするに、１棟あたりの住居の広さと１棟あたりの平均居住期間という問題である。この問題については、個別の研究を積み重ねる必要があるものの、住居址数の増減率が十分に急激であれば、これと反するような人口の増減を想定する必要は少なくなる。今村はこれ以外に土器型式の時間幅が一定ではないことによるゆがみを想定している。これについても、同一大別時期内で、住居址数の増減率が十分に急激であれば、問題は少ないと考える。

　西日本では住居址総数が少なく、遺跡数全体に関するデータも整備されていないので、今後のデータの充実に待つ部分も大きいが、現時点での認識を示し、批判を仰ぎたい。

第２節　関西地方の住居址数の増減

　関西地方では、関西縄文文化研究会（関西縄文文化研究会 1999）による住居址の集成が行われており、基礎的なデータはここから集計した。三重県と福井県のデータも集計されているので、加えてある。ここで集計した数値は表24に示したとおりである。平地式住居については、集計に含めていない。現状では、その認定に一定の基準を設定しがたいからである。データを細別型式ごとに集計したが、帰属型式を限定できないものも多いので、各大別時期を３区分

表24 関西地方における住居址数の増減

時期区分		細別型式	住居址数			時期不明分加算	100年間あたり
12000bp〜9500bp	草創期		4	4	4	4	0.1
9500bp〜8500bp	早期前葉	大鼻	8	73	83	73.9	7.4
		大川	2				
		神宮寺	19				
		神並上層	2				
8500bp〜7500bp	早期中葉	黄島	0	2		2	0.2
		高山寺	2				
7500bp〜6000bp	早期後葉	宮ノ下・石山諸型式	7	7		7	1.4
6000bp〜5600bp	前期前葉	前期初頭	1	2	24	3	0.5
		羽島下層Ⅱ	0				
		北白川下層Ⅰa	0				
		北白川下層Ⅰb	1				
5600bp〜5300bp	前期中葉	北白川下層Ⅱa	0	7		16.6	5.5
		北白川下層Ⅱb	0				
		北白川下層Ⅱc	1				
5300bp〜5000bp	前期後葉	北白川下層Ⅲ	2	2		4.5	1.5
		大歳山	0				
5000bp〜4600bp	中期前葉	鷹島	1	3	87	3.3	0.8
		船元Ⅰ	0				
		船元Ⅱ	1				
4600bp〜4300bp	中期中葉	船元Ⅲ	1	8		8.6	2.9
		船元Ⅳ	0				
		里木Ⅱ	5				
4300bp〜4000bp	中期後葉	北白川C	73	73		75.6	25.2
4000bp〜3700bp	後期前葉	中津	21	41	138	49.7	16.6
		福田KⅡ	2				
		四ツ池	4				
3700bp〜3400bp	後期中葉	北白川上層1	5	41		49.7	16.6
		北白川上層2	7				
		北白川上層3	2				
3400bp〜3100bp	後期後葉	一乗寺K	0	34	138	38.7	12.9
		元住吉山Ⅰ	5				
		元住吉山Ⅱ	0				
		宮滝	4				
3100bp〜2900bp	晩期前葉	滋賀里Ⅰ	0	2	29	3.2	1.6
		滋賀型Ⅱ	0				
2900bp〜2600bp	晩期中葉	滋賀里Ⅲa	0	5		8.1	2.7
		篠原	3				
2600bp〜2200bp	晩期後葉	滋賀里Ⅳ	0	11		17.7	4.4
		船橋	0				
		長原	2				

(註)「住居址数」における中央の欄の数値は左の欄の合計値に細別型式不明の住居址数を合計したもので、右の欄の数値は中央の欄の合計値に細別時期不明の住居址数を合計したもの。「時期不明分加算」の数値は、「住居址数」の中央の欄の数値に大別時期しかわからない住居址数を中央の欄の数値の比率に応じてわりふった数を加えている。

してまとめた。それでも帰属時期がわからないものは、わかるものの比率に応じて、わりふった。その3区分に絶対年代をわりふり、100年間あたりの住居址数を時期ごとに計算した。また、後期と晩期との境界は後期末に編入されるようになった滋賀里Ⅰ式から晩期とした。大別の境界の絶対年代は今村に準じたが、後晩期の境界を3100bpとしたのはそのためである。

100年間あたりの住居址数が飛躍的に増加するのは中期後葉である（図85）。この時期は土器型式の転換期にあたり、北白川C式という中部地方西部と強い共通性を示す土器型式が分布する時期である。中部高地で住居址数が増加する時期のピークは曽利Ⅱ式で、これは加曾利EⅡ式併行期にあたるが、北白川C式は加曾利EⅢ式およびEⅣ式に併行するので、住居址数増加の時期はやや遅れることになる。また、中期後葉に増加した住居址数は中部高地ほど急激に減少せず、比較的長期間維持される点が、中部高地と異なるもうひとつの点である。

ここで、当該期の近畿地方の現象として注意すべき点は、高地から低地への遺跡の立地の変化である。兵庫県北部の八木川上・中流域には標高300mを超える高地の遺跡が中期までは数多く立地するが、後期以後、その数が激減す

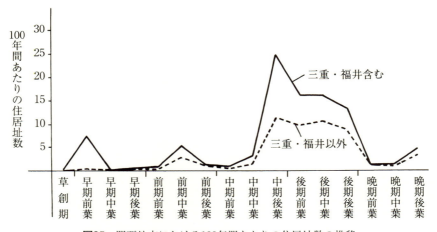

図85 関西地方における100年間あたりの住居址数の推移

る。逆に、京都盆地のように比較的標高の低い地域では後期以後、遺跡数が増加する（図76参照）。高地の遺跡の減少は早期と前・中期の間において生じているというデータもあるが（瀬口 2001：23の図5）、そのデータでも中期と後期を比べると、相対的に後期の遺跡の標高は低い。ここで問題とするのは後期の遺跡数増加が立地の変化によって生じた可能性はないかという点である。

つまり、一般に低地の方が開発が多く、遺跡の発見率も高いのに対して、開発の少ない高地では遺跡の発見率はかなり低いだろうと予想される点である。もし、低地の遺跡が増えたことにより、遺跡発見数が増加しているとすれば、住居址数の増加も発見率の高い低地での発見例が増加しただけで、住居址の本来の総数が増えたとは確定できない。この点を検証するために、次のような試算を行った。

本来の遺跡総数は増加しないと仮定したうえで、発見率の低い高地から発見率の高い低地へ遺跡がシフトした場合、どの程度遺跡は増加するのか。高地の遺跡発見率を α とし、低地の遺跡発見率をそれより k 倍多い $k\alpha$ とする。かりに高地と低地で同数の遺跡数 x がそれぞれ存在していたとすれば、高地と低地との合計遺跡発見総数は $\alpha x + k\alpha x$ となる。高地と低地で発見率が同じであれば（すなわち $k = 1$ ならば）高地と低地との遺跡数の割合がいかに変化しても遺跡発見総数は $2\alpha x$ のまま変化しないが、高地の遺跡がたとえば10分の1に減り（$0.1x$）、その分低地の遺跡が増えた（$1.9x$）と仮定したうえで、低地での遺跡発見率がたとえば高地の100倍であったとすれば、遺跡発見総数は $101\alpha x$ から $190.1\alpha x$ に増加するが、2倍近くにしか増えない（低地での遺跡発見率がいかに高くても2倍を超えることはない）。

住居址数についても同様に考えた場合、関西地方における住居址総数の増加は10倍を超えるほどなので、住居址総数の増加の要因として、①本来の住居総数が増加したか、②当初の高地での住居数が低地を大きく上回っていた、という（少なくとも）どちらかの要因を考慮する必要がある。本来の住居総数が増加せずに、高地から低地への立地の変化によって住居址発見総数が10倍程度増加したと想定するためには、立地による遺跡（住居）発見率の差を前述のよう

に仮定した場合、本来、高地には低地の5倍程度の住居があったことを前提とする必要がある。これほどまでに本来の高地での住居数（遺跡数）が低地を大きく上回る可能性は、縄文時代を通じて考えにくい（早期以前ではその可能性がまったくないわけではないが）。したがって、やはり本来の住居（遺跡）総数が増加したと考えるべきだろう。

次に、住居址数と遺跡数の相関についてみておきたい。ただし、細別時期での遺跡数のデータが整っている地域は限られている。ここでは、瀬口眞司（瀬口 1998～2000）と小島孝修（小島 1998・1999・2001）による滋賀県の縄文遺跡の集成をもとにデータを作った。遺跡数の時期区分は基本的には両氏のデータをもとにしており、筆者の住居の時期区分とずれている場合もあり、おおまかな傾向を見るにとどめる（図86）。

まず、遺跡数も住居址数も中期後葉に急激に増加する点は同じで、その増加の程度もよく似ている。増加した数がおおむね後期を通じて維持される点も同じだが、その間の増減に差がある。この差については平地式住居などが関係している可能性もあるが、積極的に評価してよいかどうかわからないため、ここでは触れない。晩期前・中葉（遺跡数では晩期前半）に大きく落ち込む点も共通するが、晩期後葉（遺跡数では晩期後半）においてかなりの差が生じてい

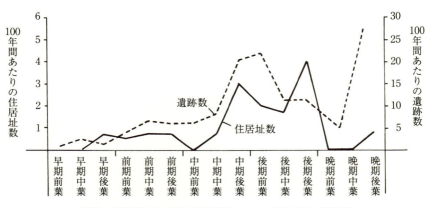

図86 滋賀県における100年間あたりの住居址数と遺跡数

る。両者の差が最も著しいのはこの時期で、この点について解釈を加える。

　従来から晩期後葉の凸帯文土器の遺跡については、遺跡数が多いのに小規模の遺跡が多いということがいわれている（泉 1985b）。また、この時期に大量の土器棺が使用されるようになり、時期のわかる遺跡として、土器棺検出遺跡が増加することが、住居址数に対して遺跡数が急増することの要因としてあげることも可能である。しかし、滋賀県における晩期後半の遺跡分布は後期に比べて面的に拡大する傾向があり、集落数の増加、ひいては人口の増加を示しているとみなしうる理由がある（345頁の図82）。したがって、住居址数の増加が遺跡数の増加に比べて顕著でないのは、平地式住居など発見が困難な住居形態が増加したことも要因として考慮しうる。いずれにせよ、晩期後葉をのぞけば、住居址数と遺跡数の増減は大幅には矛盾しない傾向にある。この傾向は住居形態に大きな差のない関西地方の他の地域でも同様であろう。

　なお、中期後葉の住居は主柱4本（あるいは主柱2本）の比較的しっかりとした住居形態が主流となる。この住居形態は検出しやすいために、中期後葉における住居址数の検出数が増えたという可能性も考えられるが、関西地方については、この可能性は考えにくい。というのは、①主柱4本の住居は近畿地方では中期後葉以前の船元式の時期や前期にもあり、②後期にいたって主柱の構造が不明確な住居も増えるが、住居址数は大きく減少しない、③さらに住居址数が増加する時期に遺跡数も増加するからである。

　以上をふまえたうえで、関西地方における住居址数増加の要因を次のように考える。まず、中期後葉における住居址数の増加は関西地方でもより東の地域（三重・福井）で顕著であり、これは中部高地で住居址数が減少する時期に相当している。岐阜・愛知のデータが欠落しているものの、当該期の土器型式の動向を考慮すれば、東から西への人口移動の結果をある程度反映したものとみてよい。同時にそれまで高地に存在した遺跡も低地に立地するようになる。この傾向は中部高地という標高の高い地域での遺跡数の減少と同時期に生じており、環境の悪化といった共通の要因を考えてよい。

　おそらくは中部高地からの人口の流出に端を発すると思われる人口の増加が

関西地方では特に東の地域で顕著に生じるとともに、人口圧による人口移動が東から西へと生じていると考える（特に三重・福井で減少が激しい）。同時に高地から低地へという移動が生じているので、低地での人口密度が以前に比べてかなり高まったはずだが、関西地方では増加した人口が長期間維持された。維持されたといっても後に指摘するように、小刻みな変動は生じている。また、人口が増加する形跡もないので、人口を許容する限界に近づいていたのではないか。ひるがえって、中部高地での住居址数の急増と激減の傾向は西南関東でも同様である。広範囲に一様に極端な人口増加が生じていることが、急激な減少を招いた要因ではないか。住居址数の増加の度合については、中部高地では中期中葉から後葉にかけて約4倍に増えているが、関西地方ではこれを上回る。にもかかわらず、関西地方で直後に急激な減少が生じていないのは、増加前の人口密度が非常に少なかったことを想定させる。

第3節　中四国・九州地方の状況

　中四国地方においては住居址検出数が著しく少ないため、有意義な比較を行えない。そこで、一例として、比較的遺跡数の多い岡山県における平井勝（平井 1987）による遺跡数の集計データをもとに推察する（図87）。平井の土器編年については、中期後葉について変更の必要があるが、遺跡数増加の時期が後期初頭にあるという点は変わらないであろう。これを人口増加とみなせば、関西地方より増加期が遅れることは確実である。岡山県以外の他の地域でも同様で、たとえば徳島県でも後期初頭に遺跡数が急増する（湯浅 1999）。この増加の度合いが関西地方に比べてかなり低いのかどうか、中四国地方の東と西でどの程度差があるか、今後の検討を要する。

　九州地方については、九州縄文研究会が行った集成（九州縄文研究会 2000）があり、これを利用して、住居址数を算出した。大別時期で住居址数を示したのが図88で、細別時期については福岡県と熊本県についてのみ行った。ただし、福岡県の柏原遺跡の草創期の住居址多数については、住居址ではない可能

性も考えられているため、ここでは除外している。これも関西地方と同様、各大別時期を3区分し、それぞれの100年間あたりの住居址数を示している（図89）。いずれも大別時期しかわからないものは、わかるものの比率に応じてわりふっている。

九州地方全域の状況をみると、早期と後期にピークがある点は関西地方と似ているが、前・中期の住居址数が極端に少ない点、奇異である。ただし、九州地方の前・中期の遺跡数に関しては早期や後晩期に比べて全般的にかなり少ないという印象をもっており、今後、遺跡数との比較を行う必要がある。早期についても押型文の遺跡や集石遺構の多さに比べて住居址数の少なさが目立つ。このような問題点はあるが、遺跡数についても住居址数と同様に増加期が中期や後期初頭で

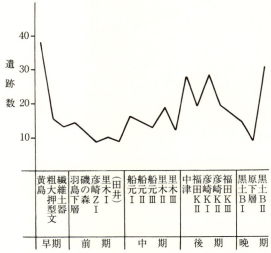

図87 岡山県における遺跡数の推移

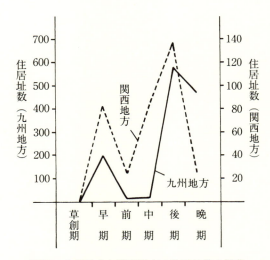

図88 九州地方と関西地方の住居址数の推移

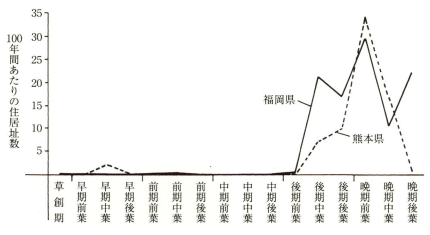

図89 福岡・熊本両県における100年間あたりの住居址数の推移

はなく、後期中葉（小池原上層・鐘崎・北久根山式およびその併行期）以後にあるのはまちがいないと考える。つまり、九州地方における住居址数の増加期は中四国地方よりもさらに遅れ、これは人口増を反映していると判断する。また、熊本県での住居址数の増加のピークは後期中葉よりも遅れ、後期後葉から晩期前葉にずれ込む。つまり、九州地方では北部より南部の方が住居址数増加のピークが遅れる。

第4節　西日本の住居址数および遺跡数増加に関する解釈

　以上、関西地方から九州地方にかけての住居址数および遺跡数増減から推測される人口の増減について概要を述べたが、要点を整理しておく。
①中部高地では中期後葉の加曾利EⅡ式併行期、関西地方ではこれよりやや遅れて加曾利EⅢ・Ⅳ式併行期、中四国地方では、後期初頭の中津式期、九州地方北部では後期中葉の鐘崎式期に住居址数や遺跡数が増加する時期がある。九州地方南部では後期後葉から晩期前葉に住居址数増加のピークがある。これから推測される人口の増加の時期は中部高地から西にいくほど遅れ

ることになる。

②中部高地では、急増した後に、住居址数が急減するが、西日本の他の地域では若干の増減は生じても、急増した住居址数（ないし遺跡数）は中部高地に比べて比較的長期間維持される。

③関西地方でも中部高地と同様かそれ以上に、住居址数増加の度合いが急激な時期がある。中四国地方は増加の度合いが低いかもしれないが、九州地方については関西地方と同様に増加の度合いが高い時期がある。

この現象の解釈について、関西地方については東の地域ほど住居址数の増加率が高いことなどから、中部地方西部からの人口の流入を推定した。では、中四国地方や九州地方について、東から西への人口移動の結果、住居址数や遺跡数が増加したという解釈が成り立つかどうか、検討したい。中四国地方では中津式成立に先立って北白川Ｃ式最終末と共通する型式が分布しており、後期初頭の中津式成立の基盤となっている。中期最末期から後期初頭に近畿地方との共通性が高まるとともに遺跡数が増加するのである。このことは中四国地方の遺跡数増加の要因として近畿地方からの人口の流入も考慮してよいことを示唆している。

しかしながら、中津式期に、近畿地方の住居址数が減少する形跡は、近畿地方中央部や西部にはほとんどない。仮に、中四国地方における後期初頭の遺跡数増加を他地域からの人口の流入によって説明しようとすれば、①関西地方で人口の増加が続き、その増加分が中四国地方などの周辺地域に流出した、②関西地方では、実は中四国地方など周辺地域への人口の流出のため住居祉数の減少も生じていたが、関西地方における高地から低地への人口移動によって、（低地での遺跡発見率が高いために）関西地方のみかけの住居址数が増加したため、住居址数の減少が生じていないようにみえる、③中四国地方では九州地方からの人口の流入によって、遺跡数が増加した、④関西地方ではこのグラフでは把握できない形で後期前葉における住居址数の減少が生じている、といった可能性を考える必要が生じる。

岡山県における後期前葉での遺跡数増加の程度はせいぜい２倍程度なので

(実際はより急激に増加している印象をもっているが)、これが中四国地方全体を反映しているとみなす限り、上述のいずれも可能性としては否定できない。本論では十分論じることはできないが、注意すべきは④の小刻みな変化である。関西地方では中津式期に比べて福田K2式の住居址数は極端に少ないし、京都盆地の遺跡数をみてもこの福田K2式の遺跡数は急激に落ち込む(307頁の図76)。③については、中津式の時期に磨消縄文をもたない沈線のみの土器が特に瀬戸内地方に多く、この系譜として九州地方の阿高式を想定しうることから、北部九州地方からの人口の流入も当然、想定しうるが、遺跡数増減にどの程度反映するかはわからない。以上のように、この間の動態については土器型式の推移も含めて、今後検討の余地が大きい。

　では、後期中葉における九州地方の住居址数の増加はいかに解釈できるのか。この時期は中四国地方では津雲A・彦崎K1式を主体とし、近畿地方では北白川上層式1〜3期に相当する。この時期の小池原上層式や鐘崎式の住居址数の増加は特に瀬戸内海沿岸部において生じており、中四国地方からの人口の流入も予想できるのであるが、小池原上層式や鐘崎式は北部九州地方(および中四国地方西端部)独特の型式である。その成立にあたっては、本州地方の影響を考慮する必要はあるものの、中四国地方全体からの大幅な人口の流入を考慮することは困難である。当該期に中四国地方、特に岡山県で人口の減少が生じている形跡はないからである(図87)。九州地方の住居数増加、ひいては人口増加を説明できる要因を次に述べたい。

　住居址数や遺跡数の増加期は中部高地から西にいくほど遅れるが、増加期と比較的合致する形で東から西に伝播する文化要素として、第一に石囲炉をあげることができる(第11章第1節参照)。関西地方、中四国地方では中期後葉、九州地方北部では後期中葉の鐘崎式の時期、九州地方南部でも後期中葉以後に出現する。しかしながら、石囲炉が何らかの食料加工技術の変化を伴う可能性はあるものの、これだけを人口増加と直接結び付けることはむずかしい。

　いま一つ人口の増加期と関連する可能性があるのは打製石斧の増加である。北部九州地方では鐘崎式の時期に打製石斧を大量に出土する遺跡が出現し、こ

れ以後、九州地方全域で打製石斧は多量に出土する遺跡が増加する。中四国地方や関西地方でも、後期中葉以後には打製石斧をまとまって出土する遺跡が確実に存在している。

この打製石斧の増加による生業の変化が人口増加の要因になっているとみなしても、これはあくまで後期中葉における増加を説明するにとどまる。中四国地方や関西地方では中期末葉ないし後期初頭において打製石斧が急増する形跡はないからである。また、中四国地方や関西地方で打製石斧が増加する後期中葉にこれらの地域で遺跡数ないし住居址数が後期前葉よりも増加する形跡もない。したがって、打製石斧の増加を人口増加と結び付けて解釈できるのは、後期中葉以後に人口が増加する九州地方に限定される。

北部九州の豊前地域ではほとんど必ずといってよいほど後期中葉の時期に打製石斧がまとまって出土するが、関西地方では桑飼下遺跡のような大量出土例は例外的といってよい。中四国地方でも、たとえば鳥取県では10点を超える遺跡は1遺跡のみなのに対し（山田・河合・稲田 2003）、島根県西部の山間部や山口県など、中四国地方西部では比較的出土例が多い（小南 2003、山田・河合・稲田 2003）。

こうしてみると、九州地方における住居址数の増加から推測できる人口増加は、他地域からの人口の流入によるよりも、この地域に導入された打製石斧による生業に依存する度合いが高いことから説明できるのではないだろうか。石囲炉や打製石斧の増加はいわゆる東日本文化複合体の東漸の結果とみなされることが多いが、少なくとも関西地方や中四国地方では個々の文化要素の波及の時期はずれている。九州地方では両者の導入の時期が遅れたために同時に受容する結果になったと考える。

以上、西日本の縄文社会における住居址数や遺跡数の増減を概観し、特にそれらが急増する中期後葉から後期中葉について、各地域における状況を検討し、考察を加えた。関西地方では中部高地の人口急減と関係する人口の流入を想定できるのに対し、九州地方での住居址数増加については本州地方からの人口の流入を想定しがたいことを述べた。中四国地方ではさらなるデータの集積

が必要で、他の地域でも細別時期による遺跡数の把握を進めていく必要がある。遺跡数と住居址数との相関については、滋賀県を例に検討したが、今後、検討事例を増やす中で有意義な示唆を得られるだろう。

　なお、考察については人口の特に増加する時期に限ったが、他の時期の、たとえば近畿地方の後期後葉から晩期前葉にかけての人口の減少については触れることができなかった。これについても、広域的な地域間の人口移動について説明できる部分とそうではない部分があると考える。中部高地や関東以外の東日本との比較についても今後の課題としたい。

第14章　遺構から推定する集落の人口規模

第1節　貯蔵穴の貯蔵量からみた集落の人口規模

　関西地方では、貯蔵穴は縄文後期に急増する。この現象について、いくつかの解釈がなされているが、群集する貯蔵穴は複数集落によって共有されたという議論がある。この点を確認するためには、群集する貯蔵穴にはどの程度の規模の集団の生存を支えることが可能な堅果類が蓄えられているか、という推定も有効である。筆者の結論は、群集貯蔵穴の堅果類の貯蔵量は小規模の集団を維持しうる程度であったというものである。貯蔵穴については、貯蔵目的についても定説がないのだが、この点についても、貯蔵量から推測を加える。

（1）縄文時代後晩期の集落と群集貯蔵穴

　本州地方西部においては、群集する貯蔵穴は縄文時代後期に増加する。これらの多くは低湿地にあり、湿地型貯蔵穴として分類されるものである。本州西部においては、湿地型貯蔵穴以外のいわゆる台地型貯蔵穴は非常に少ない。群集する貯蔵穴が増加する（ように見える）原因については、集落自体が低地に移行する傾向がある点と深くかかわるとする見方があり（山本悦 1992）、筆者もこれが一つの要因となっていることは確かであると思う。
　この低地型貯蔵穴については、日常の使用のためとみなす短期貯蔵説と飢饉に備えるためとみなす長期貯蔵説が対立している。低地型貯蔵穴が増加する要因については、どちらを支持するにせよ、集落の低地への移行という要因を考慮する必要はあると考えるが、それ以外の要因を考えようとすると、両者の説で選択肢が大きく分かれる。

筆者はかつて、長期貯蔵説を支持する見解を述べたことがあるが（矢野2005）、貯蔵量の問題を考えると、長期貯蔵説では説明しがたいことに思いあたり、現在では短期貯蔵説に立つ。この点については後述する。

　短期貯蔵説に立って群集貯蔵穴の増加を説明するとき、①貯蔵行為そのものが増加したとみるか、②個別に分かれて存在した貯蔵穴が群集するようになったとみるかで、説明の仕方が異なる。統計的な数から見れば、貯蔵穴の絶対数は増加した、ということになる。ただし、これは、発見され、貯蔵穴として認識されている遺構が増加した、という意味である。

　貯蔵行為が増加したのか　瀬口眞司は、後期における貯蔵穴の増加は1カ所に通年定住する生活様式が普及したため、と考えている（瀬口 2003a〜c）。瀬口は、貯蔵穴は秋に収穫する堅果類を春や夏の食料用に蓄えるために使用された、と考えるので、秋冬と春夏で居住地を変える場合が多い（と瀬口が想定する）中期までは、貯蔵穴が少ない、と考えるのである。秋冬しか利用しなかった堅果類を春夏まで利用するようになれば、堅果類の消費凪自体が倍増することになる。

　第11章第2節で述べたように、筆者は堅果類の加工に使用したものが多いと考えられる磨石・叩石（磨石類と総称）の量は縄文中期までとそれ以降とで変化がないので、貯蔵穴が増えても堅果類の消費量自体に変化はないと考えている（矢野 2005c）。したがって、瀬口のように、通年定住が普及したために貯蔵穴が増えたわけではない、と考える。

　また、東北地方にみられるような規模の大きな台地型貯蔵穴や倉庫であれば、貯蔵という行為が通年定住あるいはそれ以上の期間の定住を証明すると考えるが、低地型貯蔵穴というのは径1m深さ1m程度の小さなもので、一冬越すだけのために穴を掘って作ることも十分に想像できるので、通年定住か季節移動か、という問題を論じるには、低地型貯蔵穴の存在は根拠にならない。

　また、貯蔵施設そのものが欠落していることを季節移動の証拠として採用することにも、筆者は反対である。彼らは定住しようが移動しようが、どこかで食料を得ていたわけであるから、冬季において、何らかの形で食料を貯蔵（つ

まり保存）していたことは明白であるからである。旧石器時代にも、冬季の食料は貯蔵（保存）されていたはずである。

　つまり、貯蔵穴の増加そのものが貯蔵行為そのものの増加を意味するかどうかは、単に貯蔵穴が増加した事実からのみでは判断できない。また、実際に堅果類の消費量が増えた形跡もない。したがって、貯蔵穴の増加を通年居住と結びつけ、結果的に堅果類の消費量の増加を想定する必要がある瀬口の議論には賛成できない。

　分離して存在した群集穴が群集するようになったのか　縄文後期になると、貯蔵穴出土遺跡が増加するだけではなく、一つの遺跡で数十基におよぶ多数の貯蔵穴が発掘されるようになる。

　宮路淳子（宮路 2002）は、多数の貯蔵穴は複数集落により利用されたもので、食糧資源が複数集団によって管理されたことを示すと考えている。

　岡田憲一（岡田憲 2005）は、複数集団が貯蔵穴だけではなく墓地も共有していると論じている。宮路と岡田に共通する前提は、遺構数の増加はそれを残した集団の規模の増加を示す、とみなしている点である。筆者は墓地に関しては、遺跡継続年数を考慮すれば、複数集団の共同墓地を想定するほどの多数の墓が同時に作られていったと想定する必要はないと論じた（矢野 2006a・2007）。

　墓については、基本的に乳幼児の墓である土器棺を対象に、その推定死亡率の高さを根拠にして集団規模を想定したが、貯蔵穴の数については、堅果類の貯蔵量を推定し、その貯蔵量で養える集団規模を推定する必要がある。

　もちろん、この方法は、すべての堅果類を貯蔵穴に貯蔵したのか、発掘区域外にも貯蔵穴があるのか、そもそも堅果類が全食料に占める割合は正確にわかるのか、というような、さまざまな問題をはらんでいる。したがって、あくまで考え方の目安として推定する。そして、推定するためには、いくつもの前提をたてなければいけないが、その前提の検証こそが今後の研究課題を示しているわけであるから、少なくとも研究の一段階としては有用である。

　貯蔵穴を複数集団が共有するかどうか、という問題は、弥生時代初期の水田

の導入の際に、複数集団が共同で水田を開発したかどうか、という問題と関係すると考えている。弥生時代初期の神戸市大開遺跡にみられるような、環濠集落の小規模性からみて、弥生時代初期には筆者は数棟からなる小規模集落が単独で水田を開発したと考えている（矢野 2006a）。

もし、縄文後期に集落間で主食となる堅果類を共同管理する組織が成立していたのであれば、水田の導入とともにその組織が解体したことになる。しかしながら、そもそもそのような共同管理の組織が縄文時代に成立していないとすれば、弥生時代初期の水田開発は縄文時代からの伝統的組織によって可能であるということになる。

このような意味で、貯蔵穴の集団管理の有無の問題は、縄文から弥生への移行を考えるうえできわめて重大な意味を有すると考える。縄文から弥生への問題の本質は、このような経済活動の単位（もしくは規模）の問題なのである。本章は、この問題に寄与することを目的としている。

（2）貯蔵穴の貯蔵量算定のための前提

長期貯蔵か短期貯蔵か　低地型貯蔵穴が長期貯蔵のためのものだという説を唱えた今村啓爾は、長期貯蔵の目的は収穫量が少ない年のために長期にわたって貯蔵したもの、と考えている（今村 1988）。今村は水つかりの状態で保存することで堅果類を芽吹かない状態で長期にわたって維持したと考えている。前稿で、筆者は、縄文後期における本州西部の貯蔵穴の増加は、先に述べたように堅果類の消費量が増加したことを意味していないので、消費しない分も余分に貯蔵するようになったと考え、長期貯蔵説を支持した（矢野 2005c）。

今村は低地型貯蔵穴には消費されない堅果類が多量に残存していることを重視している。数千年間にわたって堅果類が芽吹かずに遺存しているのであるから、実際に長期貯蔵は可能であるはずである。

しかしながら、①貯蔵穴を出土する代表的遺跡である兵庫県佃遺跡（兵庫県教育委員会 1998）は、水場や住居よりも高い位置に低地型貯蔵穴と同様の形態の貯蔵穴が密集しており、縄文時代当時、水つかりの状態であったとは考え

にくい、②低地型貯蔵穴を長期貯蔵のためとすれば、後述する貯蔵量からみて、堅果類の短期貯蔵のための施設はかなりの規模のものが必要となるのに、そのような施設を指摘しがたい、③筆者が後期には堅果類を「余分に」貯蔵したと考えた根拠は、中期までの貯蔵穴が非常に少ないことにあるが、後述するように、中期までの土坑の中にはかなりの数の貯蔵穴が含まれていると考えるべきである、という点を考慮すると、低地型貯蔵穴は基本的には短期貯蔵のためと考える必要がある、と考えるにいたった。

もちろん、縄文後期には打製石斧が普及するので、堅果類とは別の植物質食料の利用が主流になったと考えることもまったく不可能とはいえないが、少なくとも関西地方では打製石斧の普及度は非常に低く、主流ではなく、補助的に利用されたはずである（矢野 2004c）。

したがって、低地型貯蔵穴は短期貯蔵のためのものであると考える。短期貯蔵とは次の年の秋まで貯蔵するための貯蔵を意味する。もし、次の年の秋に順調な収穫があり、前年貯蔵していた堅果類が余っていたとしたら、当然、前年の堅果類は遺棄されたであろう。低地型貯蔵穴に残存している堅果類はそのようにして遺棄されたものであろう。

貯蔵穴の利用季節　滋賀県粟津湖底遺跡第3貝塚（滋賀県教育委員会ほか 1997）では、トチノキとイチイガシなどの堅果類を主とする秋冬の層と、セタシジミを主とする春夏の屑が互層になっていた。セタシジミを主とする層にごく少量の堅果類は混在するものの、堅果類は貝とは廃棄の季節が異なる。つまり、堅果類は秋冬にのみ集中的に殻が投棄されていた。

したがって、（粟津では発見されていない）貯蔵穴に堅果類が貯蔵されていたとしても、春夏には貯蔵された堅果類はほとんど利用されていない。このことは、①秋冬にのみ堅果類を主食とし、春夏には根茎類や野草など別の植物質食料に頼っていたか、②秋冬にのみ堅果類を加工し、加工した粉などの保存食を春夏に食べていたか、いずれかを示唆する。

貯蔵穴に保存した堅果類以外の植物質食料の利用程度　以前の発表では、全食料のカロリーの50％を貯蔵穴内の堅果類で補ったと考えた（矢野 2006b）。この

点を少し修正したい。

　粟津第3貝塚の食糧残滓にもとづくカロリー計算では、堅果類の比率は約52％となっている。これが前回の発表の根拠である。しかし、これを重量比率に置き換えると、貝類の重量比率が2倍以上高くなり、逆に堅果類の重量比率は約40％程度に低下する。しかし、南川雅男（南川 1995）は同位体分析による瀬戸内縄文人のC3植物とC4植物の合計摂取率を乾重量比で約70％と推定しているので、この値が湖岸の粟津人にも応用できるとすれば、粟津では堅果類に加えて堅果類以外の植物質食料を堅果類1に対して0.8程度の重量比で摂取していたと想定しなければならない。

　つまり、粟津において残滓が遺存していない植物質食料が、遺存していたトチ、イチイガシ、ヒシと同程度摂取されていた可能性がある。この植物質食料はシイなど貯蔵穴に貯蔵されない堅果類か、根茎類や穀物、あるいは野草など、ということになる。

　本論では、植物質食料のカロリー比率を南川の分析結果を考慮して80％と仮定し、すべてを貯蔵穴に貯蔵してある堅果類でまかなう場合と、その2分の1、すなわち食料全体の40％のカロリーを貯蔵穴に貯蔵してある堅果類でまかなう場合を想定する。

　食料全体の40％しか貯蔵穴内の堅果類でまかなわない場合は、1貯蔵穴あたりの集団の規模はより大きくなる。

　貯蔵穴の容量　貯蔵穴は上部が削平されて検出される場合が圧倒的に多い。しかし、少数ながら、穴の上端がわかる事例がある。それは、穴の壁が外側に急に開く部分が残存している事例である。奈良県本郷大田下遺跡では直径が約1m前後の貯蔵穴がまとまって出土している。これらの中には、下部に堅果類の層が複数堆積しているものがあり、数年間繰り返し使われたことを示す。上端が残っているものを参考に、蓋をする部分も考慮しながら貯蔵容量を考慮して、平均60cm程度の貯蔵が可能であったと推定する。そうすると、約500ℓの貯蔵量となる。

　一方、大阪府讃良川遺跡（寝屋川市 1998）では直径約1.6mで深さ約1.0mの

貯蔵穴があり、上端がわかる。前回の発表では、この貯蔵穴のくびれ部まで貯蔵したとみなして約1000ℓと見積もったが、上端まで貯蔵するとすれば、最大容量が約2000ℓとなる。実際の貯蔵穴はこの500ℓから2000ℓの間におさまるものがほとんどであろう。実際の推定では、直径が1m程度であれば、500ℓの値を適用し、それを越すようであれば、2000ℓとみなして貯蔵量を推定する。

大きな容量（2000ℓ）を貯蔵穴の容量とみなした場合、1貯蔵穴あたりの集団の規模は大きくなる。

成人1人あたりに必要な貯蔵穴　成人1人あたりに必要な堅果類の量に関しては、松山利夫（松山 1982）の試算がある。松山は成人1人あたり1800kcalの熱量をすべて堅果類で補うとしてアク抜きによる減少分を考慮すればドングリならば1日約5.4ℓ、トチならば約3.6ℓ弱の量を必要とすると論じた。

このうち、先に述べたように、カロリーの80％を貯蔵穴に保存した堅果類で摂取する場合、ドングリならば1日約4.3ℓ（1年間約1500ℓ）、トチならば1日約2.9ℓ（1年間約1000ℓ）となる。カロリーの40％を貯蔵穴で保存した堅果類で摂取する場合、ドングリならば1日約2.2ℓ（1年間約800ℓ）、トチならば1日約1.4ℓ（1年間約500ℓ）となる。

アク抜きによるドングリの目減り分を考慮する必要がなければ、ドングリは1年間で約800ℓ（80％の場合）か、400ℓ（40％の場合）となる。

成人1日あたり1800kcalという熱量は、比較的少ない。このように1人あたりの消費熱量を少なく見積もれば、1貯蔵穴に対する集団の規模は大きくなる。

1住居に必要な貯蔵穴の数　1住居には成人4人に相当する食料を消費する集団が居住していたと仮定する。平均的住居（直径3m強）は成人2人子供4-5人が居住すれば限界に近いだろう、という推定にもとづく。この場合、成人4人の1日あたりのドングリ消費量はアク抜きを必要としなければ約3200ℓ（80％の場合）から約1600ℓ（40％の場合）となる。これは、小さな貯蔵穴約6.4基分から約3.2基分、大きな貯蔵穴約1.6基分から約0.8基分となる。

トチの場合は約4000ℓ（80％の場合）から約2000ℓ（40％の場合）となるの

で、小さな貯蔵穴約8基分から4基分、大きな貯蔵穴約2基分から1基分となる。つまり、ドングリの場合で考えてみると、小さな貯蔵穴4基しか見つからない場合、その貯蔵穴が同時に存在したと仮定しても、せいぜい1棟の住居しか想定できないことなる。逆にいえば、1棟の住居には4基（40％の場合）以上8基（80％の場合）以下の小さな貯蔵穴か、1基か2基の大きな貯蔵穴が必要となる。ドングリがアク抜きを必要とする場合、この2倍、つまり、小さな貯蔵穴ならば8基以上16基以下の貯蔵穴が1棟の住居のために必要となるはずである。

貯蔵穴の耐用年数　奈良県本郷大田下遺跡のように、貯蔵穴内に堅果類の層と土砂の層が互い違いに堆積している場合がある。これは、土砂で埋まった貯蔵穴を数回にわたって再利用している例であり、このような事例は一般的であったとみてよい。先に述べたように、貯蔵穴を利用する季節は秋と冬に限られるのであるから、春と夏は土砂が流れ込んで埋まってしまうことが多いはずである。したがって、次年度、それを再び掘り返して利用し、土砂の堆積が著しい場合は、その穴を放棄し、新しい穴を掘ることを繰り返したと考えられる。

したがって、貯蔵穴は土砂に埋まることを前提に作られていたものであり、数回掘り返して使うといっても、耐用年数は住居のような恒久的利用を意図したものに比べて短いはずである。

貯蔵穴の掘り返しによる堆積の回数は、層位学的に確認できる範囲では5回に達することは少ないようなので、掘り返して使用しても、5年程度で廃棄されていると思われる。したがって、住居の耐用年数を10〜25年程度とみれば、貯蔵穴の耐用年数は住居の2分の1から5分の1程度と見積もってよい。本論では、貯蔵穴の耐用年数を住居の耐用年数の2分の1の場合、3分の1の場合、5分の1の場合の3通りを仮定する。

この場合、住居が耐用年数いっぱいに使われたとすれば、貯蔵穴の数はそれぞれ2倍、3倍、5倍の数が累積するはずである。ただし、もし、貯蔵穴の耐用年数の期間内に住居が廃絶すれば、つまり、数年間で住居が廃絶するのであ

表25 n基の貯蔵穴小（500ℓ）で維持できる住居数

	耐用年数内で住居廃絶	住居が耐用年数の2倍存続	住居が耐用年数の3倍存続	住居が耐用年数の5倍存続
40％利用	n／3.2棟	n／6.4棟	n／9.6棟	n／16棟
80％利用	n／6.4棟	n／12.8棟	n／19.2棟	n／32棟

表26 n基の貯蔵穴大（2000ℓ）で維持できる住居数

	耐用年数内で住居廃絶	住居が耐用年数の2倍存続	住居が耐用年数の3倍存続	住居が耐用年数の5倍存続
40％利用	n／0.8棟	n／1.6棟	n／2.4棟	n／4棟
80％利用	n／1.6棟	n／3.2棟	n／4.8棟	n／8棟

れば、このような累積を見積もる必要はない。このことは次のようにいい換えることができる。すなわち、貯蔵穴の耐用年数を一定とみなせば、住居が貯蔵穴の耐用年数内で廃絶する場合は、貯蔵穴の累積を見積もる必要はないが、住居が貯蔵穴の耐用年数を超えて存続する場合は、貯蔵穴の累積数を2倍、3倍、5倍まで仮定しなければならない。

累積を見積もる場合、住居に対する相対的な貯蔵穴の耐用年数を2分の1とみなせば、すなわち、住居の存続期間を貯蔵穴の2倍と見なせば、1貯蔵穴に対する集団規模は大きくなり、相対的な耐用年数がより少ないとみなせば（つまり、住居の存続期間を貯蔵穴の3倍、5倍とみなせば）、1貯蔵穴に対する集団規模は小さくなる。

貯蔵穴数と住居数との対応関係　以上の前提に従い、貯蔵穴数から想定する集団規模を住居数によって示したい。貯蔵穴が小の場合と大の場合で異なる。さらに、堅果類の利用率によっても異なる。また、貯蔵穴の耐用年数によっても異なる。このような違いを次のような表に示す（表25・26）。ここでは、アク抜きを必要としないドングリの場合を想定する。

（3）貯蔵穴の数から集団規模を推定する

ここでは、奈良県本郷大田下遺跡（奈良県立橿原考古学研究所 2000）、兵庫

県佃遺跡（兵庫県教育委員会 1998）、神戸市本庄町遺跡（兵庫県教育委員会 1991）、奈良県布留遺跡三島地区（天理大学附属天理参考館分室 1995）の4遺跡を事例としてとりあげる。前2者は貯蔵穴の出土数では全国的にも屈指の数であり、西日本では最大規模である。後2者は小規模な遺跡の典型例である。

本郷大田下遺跡　42基の貯蔵穴がおおむね30m×10m程度の範囲内に集中している（図90、表27）。この発掘区域外にも貯蔵穴は存在しているはずであるが、発掘区域の中央部に貯蔵穴は最も切りあって集中しており、発掘区境界付近の分布は散漫になる。したがって、この貯蔵穴集中ブロックに関しては、発掘区域外に分布する数は少ない、と推定してよい。

貯蔵穴はイチイガシおよびアカガシ亜属のドングリが主となるものと、トチ

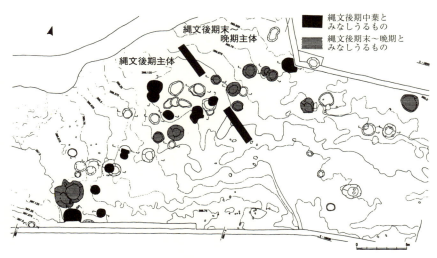

図90　奈良県本郷大田下遺跡の貯蔵穴群の区分

表27　24基の貯蔵穴（小）で維持できる住居数（本郷大田下）

	耐用年数内で住居廃絶	住居が耐用年数の2倍存続	住居が耐用年数の3倍存続	住居が耐用年数の5倍存続
40%利用	7.5棟	3.8棟	2.5棟	1.5棟
80%利用	3.8棟	1.9棟	1.3棟	0.8棟

が混在する率が高いものとがある。SK124 と SK68 よりも東のものはトチが混在する比率が高く、花粉分析でもトチノキが優先する貯蔵穴が東に集中する。東には放射性炭素年代で 2800〜2900BP を示すものを含んでおり、その一つには晩期前半の篠原式の土器片を含む。

　これに対して、SK107 と SK103 よりも西のものはイチイガシやアカガシ亜属のドングリが主となるものがほとんどで、3400〜4000BP の放射性炭素年代を有するものが含まれる。出土土器は後期前半の北白川上層式3期のものが多い。この西半の貯蔵穴26基のうち宮滝式が出土した SK62 と晩期の土器が出土した SK64 をのぞいた24基を後期の貯蔵穴と考える。この24基を北白川上層式3期のものと仮定するが、放射性炭素年代には幅がある。したがって、24基という数は同時期のものとしては多く見積もりすぎている可能性がある。しかしながら、東半にも後期の貯蔵穴が存在している可能性はあるし、発掘区域外のものを考慮すれば、多すぎるとはいえない。厳密な推定は公表データからでは無理だが、この24基を同時期とみなしても、多すぎるとは思えない。

　しかしながら、これよりも著しく多い数、たとえば倍の48基を想定することは無理である。発掘区域外は不明といっても、貯蔵穴の群集の中心は発掘区域の中心付近にある。発掘区域外に多数の群集貯蔵穴が存在したとしても、それはここで問題にしている群集貯蔵穴とは別のまとまりとみなすべきである。したがって、この24基は、あるまとまりをもって群集する一時期の貯蔵穴の数として、意味を有する数値と考えるべきである。

　この24基の貯蔵穴はすべて、アク抜きを必要としないイチイガシが主であり、しかも多くは貯蔵穴小として分類できるものである。先の表26を適用すると、表27のようになる。

　つまり、7.5棟が理論的な上限である。しかし、本郷大田下では、貯蔵穴の切りあいが多くみられ、3回切りあっているものもあるので、貯蔵穴の耐用年数を超えて住居が存続したことは疑いない。したがって、上限は3〜4棟とみなすべきである。

　兵庫県佃遺跡　この遺跡では「縄文中層」（元住吉山1期〜宮滝式）におい

て、39基の貯蔵穴が検出されている（表28）。堅果類の遺存は少ないが、イチイガシが主体とみなしうる。いずれも貯蔵穴は小に分類できる。貯蔵穴は発掘区の南側と北端部分では分布が減少しており、発掘区域外の南北には非常に少ないと判断できる。発掘区の東側と西側にはさらに増える可能性はある。もし、貯蔵穴の群集が東西に広がり、分布の外縁が円形になるとすれば、2倍程度にはなるだろう。そこで、39基を最小数とみなし、78基を最大数とみなし、それぞれ、本郷大田下と同様に、表25に即して、住居数を計算する。

しかしながら、この遺跡でも貯蔵穴の重複が数箇所認められるので、貯蔵穴の耐用年数内に住居が廃絶したことはありえない。したがって、最大存続住居数は3.0棟以上、12.2棟以下、ということになる。

ところが、この貯蔵穴群は3型式にわたって存続した可能性が高い。したがって、最大存在住居数は12.2棟の3分の1以下、つまり4棟以下とみなすのが、妥当ではないかと考える。最大規模の群集貯蔵穴に対応する住居数以上、近畿地方においても西日本においても最多の部類に属する貯蔵穴を出土した遺跡について検討を加えたが、その場合、多めに見積もっても4棟程度の同時存在住居数しか維持できないことが明らかになった。なお、この推定値は、土器型式の存続幅を無視している。ここで利用した土器型式の存続幅は1型式100年間程度であるから、もし、土器型式の存続幅いっぱいに貯蔵穴が利用されたとすれば、100年間を住居耐用年数（10〜25年間程度）で割った数、つまり4

表28　佃遺跡の推定住居数

	耐用年数内で住居廃絶	住居が耐用年数の2倍存続	住居が耐用年数の3倍存続	住居が耐用年数の5倍存続
40％利用	12.2棟	6.1棟	4.1棟	2.4棟
80％利用	6.1棟	3.0棟	2.0棟	1.2棟

	耐用年数内で住居廃絶	住居が耐用年数の2倍存続	住居が耐用年数の3倍存続	住居が耐用年数の5倍存続
40％利用	24.4棟	12.2棟	8.1棟	4.9棟
80％利用	12.2棟	6.1棟	4.1棟	2.4棟

～10程度の数で割らなければならない。その場合、本郷大田下は最大で1棟程度、佃も同じく1棟程度、ということになる。

　この数値は次のように解釈できる。つまり、本郷大田下ではもし4棟が同時存在したのならば、それは25年間程度であり、他の75年間は無人の地であった。もし2棟が同時存在したのであれば、それは50年間程度で、他の50年間は無人の地であった。もし、100年間通じて存続したことを想定するのであれば、せいぜい住居1棟程度であった、ということである。

　佃の場合は、複数型式にまたがるので、解釈が複雑になるが、基本は同時存在数を高く見積もれば同時存在数が少ない時期、もしくは無人の時期を長く見積もる必要が生じてくるということである。本郷大田下の場合、4棟程度の時期が短期間あり、その前後は1～2棟もしくは無人に近い状態であったのではないか。佃の場合、その程度の住居の増減が2、3回繰り返されたのではないか。

　すなわち、最大数の貯蔵穴の群集についても、複数集落の共同利用を想定するのは妥当ではない。1集落のみに対応すると考えるべきである。

本庄町遺跡　神戸市本庄町遺跡では、イチイガシを主とする小さい貯蔵穴が6基出土している（表29）。これらは北白川上層式1期の時期におさまる。いずれも切りあわず、比較的距離をおいて分布している。発掘区域内の分布範囲は南北は10m程度で、分布状態と地形からみて、これは南北の分布の境界を

表29　本庄町遺跡の推定住居数

	耐用年数内で住居廃絶	住居が耐用年数の2倍存続	住居が耐用年数の3倍存続	住居が耐用年数の5倍存続
40％利用	1.9棟	0.9棟	0.6棟	0.4棟
80％利用	0.9棟	0.5棟	0.3棟	0.2棟

	耐用年数内で住居廃絶	住居が耐用年数の2倍存続	住居が耐用年数の3倍存続	住居が耐用年数の5倍存続
40％利用	3.8棟	1.9棟	1.3棟	0.8棟
80％利用	1.9棟	0.9棟	0.6棟	0.4棟

示している可能性が高い。

　貯蔵穴分布の東西端は発掘区域外にあると考えてよい。これまで見てきた本郷大田下と佃の場合、群集貯蔵穴の分布範囲は最大で20mの範囲におさまっている。したがって、この遺跡でもこれを目安にしたい。その場合、発掘区域の東西の距離は約10mなので、発掘区域を越えて、東西20mにわたって貯蔵穴が分布する可能性がある。したがって、この密度で分布すると仮定すれば最大で12基を見積もることができる。

　このように、6基、12基の両者に、先の表25の計算式を当てはめる。

　この遺跡の場合、貯蔵穴は切りあわないので、貯蔵穴の耐用年数内に住居が廃絶した可能性が高い。つまり、数年間しか存続していない可能性が高い。この短期間に2〜4棟程度の住居、すなわち1集落におさまる集団がこの貯蔵穴を利用したことになる。

　おそらく、この状況が長く続けば、本郷大田下や佃のような貯蔵穴の累積に至るはずである。つまり、貯蔵穴の数の多寡は、継続期間によるところが大きい。住居の同時存在数には大きな差を見出せないのである。

　布留遺跡三島地区　この遺跡では比較的大きな晩期中葉の貯蔵穴が切りあわずに7基見つかっている（表30）。群集する状況から判断して、発掘区域を越えて分布する可能性は低い。ただし、何を貯蔵していたのかがはっきりしない。本郷大田下では晩期にはトチが主体となるので、トチを例として計算し、

表30　布留遺跡の推定住居数

	耐用年数内で住居廃絶	住居が耐用年数の2倍存続	住居が耐用年数の3倍存続	住居が耐用年数の5倍存続
40％利用	7棟	3.5棟	2.3棟	1.4棟
80％利用	3.5棟	1.8棟	1.2棟	0.7棟

	耐用年数内で住居廃絶	住居が耐用年数の2倍存続	住居が耐用年数の3倍存続	住居が耐用年数の5倍存続
40％利用	8.9棟	4.4棟	2.9棟	1.8棟
80％利用	4.4棟	2.2棟	1.5棟	0.9棟

イチイガシの場合と対比させてみる。

　この場合、すべて切りあっていないので、最大で7～9棟が同時に存在した可能性がある。出土土器が少ないが、型式がわかるものは晩期中葉であり、複数型式にわたって存続した可能性は低い。

　筆者が知る限り、近畿地方では、この遺跡が住居数を最も多く想定できる遺跡である。つまり、最大限に見積もっても9棟ということになる。ただし、全食料の80％を堅果類で補うならば、4棟程度となる。7-9棟という住居数は、2集落程度の共同利用を想定することが可能な数値であるとはいえ、この遺跡の場合のみ、そのような想定をあえてする必要があるだろうか。

　したがって、次のように結論づけたい。貯蔵穴の数から同時存在住居数を推定した結果、多くは数棟が住居数の上限であり、一部ややそれを上回るものがある。この推定は住居の最大存在数を高く見積もっているので、複数集落が貯蔵穴を共同で利用するような状況は想定困難である。もし、そのような状態があったとしても、例外的な状況であると判断しうる。

（4）貯蔵場所は貯蔵穴に限られるのか

　以上の試算は最初に述べたような前提のもとに成り立つ。諸前提に関する検討は、今後の研究課題であり、その成果によって試算の前提は変わってくるだろう。ただし、本論では、必要とする貯蔵穴の数を多く見積もるような前提を立てたので、前提が変わっても試算した集団規模を上回ることは想定しにくい。

　前提として論じなかった点として、最も重要な問題と思われるのが、堅果類の貯蔵場所が貯蔵穴だけなのか、という問題である。住居の一角や特別な倉庫に保管する場合、貯蔵穴の数は少なくてすむはずである。低地型貯蔵穴を長期貯蔵のためとみなし、短期貯蔵の場所を貯蔵穴以外の場所に求める場合も、同じ想定をする必要がある。

　1住居あたり必要な貯蔵量は、アク抜きを必要としないイチイガシの場合（つまり、貯蔵量が少なくてすむ場合）、植物質食料の80％をイチイガシでまか

なうとして、約3200ℓを必要とするのであるから、米俵約44俵分である。40％のみをまかなうとしても、その半分の約22俵分が必要となる。

　これだけの量を、成人4人が寝泊りするには窮屈と思える径3m強の竪穴住居に貯蔵するのが困難であることは明らかである。では、特別な倉庫があるのか。西日本には一部、通常の住居とは違った竪穴住居や、平地住居が存在しているが、非常に数が少ない。常時、このような貯蔵施設を利用しているのであれば、竪穴住居数棟に1基程度の割合で（つまり、米俵にして100～200俵程度の貯蔵量を有している建物を想定している）、各集落に最低1棟は検出されてしかるべきだろう。西日本の数多くの集落にはこのような状況はうかがえない。つまり、堅果類の貯蔵場所は、一部、倉庫が利用されたにせよ、ほとんどは貯蔵穴であったと考えるしかないのである。

　もし、通常の居住用の住居とまったく変わらない構造の竪穴住居の中に貯蔵専用のものが含まれているとすれば、話は別になる。しかしながら、そうなると居住用の竪穴住居1棟につき、貯蔵専用の竪穴「住居」1棟程度を想定する必要が生じるため、通常、われわれが実際の発掘事例から想定している西日本の縄文集落の同時存在平均住居数（2棟～5棟程度）の実際の住居数は、多くは1棟で最大でも3棟程度という極端に小さな規模を想定しなければならなくなる。また、もし貯蔵専用の竪穴住居がこれほどの頻度で存在するのであれば、住居内の堅果類大量遺存例がこれまで数多く注意されてよいはずであるが、皆無である。

　つまり、西日本においては、堅果類の貯蔵場所は、貯蔵穴以外の場所が頻繁に利用されたことはない、と考えてよい。一部の堅果類が貯蔵穴以外の場所に貯蔵される事例があったかもしれないことを否定するわけではないが、本論で行ったような大まかな試算にとっては無視してよい。

　なお、以上の推定は堅果類を殻つきのまま貯蔵したとみなしている。厳密な試算を行っていないものの、殻を剝いた状態や粉にした状態を想定したとしても、せいぜい貯蔵体積は半分程度に減るだけだろう。つまり、1住居あたり米俵10～20俵は、いかなる状態であれ貯蔵する必要が生じたであろう。このよう

な状態での保存は、床面ではなく、屋根裏が適当であるが、西日本の小さな竪穴住居に、そのようなスペースを想定するのはむずかしい。米俵10〜20俵の重量に耐えうるほどの構造とは考えにくい。したがって、貯蔵場所が貯蔵穴に限られるという結論には影響を与えない。

　この結論は、冒頭に述べたように、低地型貯蔵穴を長期貯蔵用とみなす説に対する反論ともなる。つまり、低地型貯蔵穴を長期貯蔵用と見なした場合、短期貯蔵用の貯蔵施設を指摘できなくなるのである。

（5）中期までに低地型貯蔵穴が少ない理由

　近畿地方では低地型貯蔵穴を含めて貯蔵穴自体が中期までは少ない。しかし、九州地方では早期後半から低地型貯蔵穴は数多く利用されている。一方、新潟県では中期までは台地型の貯蔵穴が多いが、後期以後は西日本と同様の低地型貯蔵穴が卓越する。つまり、低地型貯蔵穴は九州では古くから利用され、本州西部および中部では、後期以後一般化するのである。

　近畿地方で縄文後期以後、低地型貯蔵穴が増加するのは集落の立地自体が低地に移行したことと関係しており、堅果類の利用が後期以後増加したからではない。この点については、冒頭で説明したとおりである。

　そのように考えた場合、中期以前にも貯蔵穴を保存しておく施設が必要となるはずである。前章で述べたように、中期以前においても、貯蔵穴以外の貯蔵施設が一般化していたことは想定しがたい。したがって、中期以前においても、後期と同様に貯蔵穴は存在したはずである、と考えなければならない。

　近畿地方には中期までの遺跡数や住居数は、後期以降（正確には中期末以降）に比べてかなり少ない。このことが、中期までの貯蔵穴の少なさにかなり影響しているはずである。後期以降において貯蔵穴が増加するといっても、本郷大田下や佃のように数多く出土する遺跡はごく限られる。後期以降においても、住居や墓の発見数に比して、貯蔵穴の発見数は少ないので、住居などの遺構が少ない中期以前には貯蔵穴の発見数が非常に少ないことは自然である。

　新潟県では、中期までは台地型が多く、後期以降は低地型に移行している。

この場合、遺跡の立地の変化だけではなく、貯蔵穴の形態も小型化している。近畿地方では新潟県にみられるような大型の台地型貯蔵穴は指摘されていないが、台地上の土坑に注目する必要がある。これまで貯蔵穴とは認識していなかった用途不明の土坑や落とし穴とされている土坑の中には、貯蔵穴であるとみなした方がよいものが含まれているのである。

たとえば、兵庫県の外野波豆遺跡（兵庫県教育委員会 2000）は高原上に立地する前期末から中期初めにかけての遺跡であるが、落とし穴、貯蔵穴、および性格不明と報告される円形の土坑が多数見つかっている。発掘時の遺跡を実見した筆者は、西日本の貯蔵穴は低地型に限られると考えていたため、すべて落とし穴だろうと考えていた。報告者は落とし穴は7基、貯蔵穴は3基、とみなしている。両者を区別する基準は直径と深さとの比率で、落とし穴は小さくて深いもの、貯蔵穴は大きくて浅いもの、ということになる。しかしながら、形態は非常に似ている。両者とも底面に小穴を持つものと持たないものがあり、直径は1〜1.5m程度である。比較的深い落とし穴とされているものには、フラスコ状にオーバーハングするものもある。しかも、落とし穴と貯蔵穴は切りあう例がある。

この遺跡では、他に性格不明の土坑が多数出土している。性格不明というのは、落とし穴と貯蔵穴の中間的な様相を呈する、ということであり、基本的な形態は共通する。直径2〜3mの比較的大きなものは、平坦部に集中し、切りあうものもある。この性格不明とされる比較的大きな土坑も含めて、これらはすべて台地型の貯蔵穴とみてよいのではないだろうか。

①土坑の大きさにばらつきが見られること、②切りあいがみられること、③土坑が円形であること、④平坦地に集中すること、⑤オーバーハングするものがあること、⑥土坑内に土器などの遺物が比較的多く投棄されていること、この6点は落とし穴よりも貯蔵穴の特徴である。底面に小穴を有するものは、東日本の台地型貯蔵穴にはめずらしくない。

縄文早期の事例としては、京都府いななきの岡遺跡があげられる（京都府 1994）。ここでは底面にくぼみや小穴がある直径0.3〜0.7m程度の円形土坑が7

基出土している。これらは落とし穴とみなされており、発掘時の遺跡を実見した筆者もそのように考えていた。しかしながら、これも貯蔵穴であることを否定できるわけではない。土坑の分布の散漫さや大きさのばらつき、配置の不規則さは落とし穴よりも貯蔵穴を想定した方がよいのではないか。

また、用途不明の土坑はいつの時代にも多い。縄文早期の集石土坑には、集石が円形の土坑底面からかなり浮いた場所にあるものもめずらしくない。これは、円形の廃棄土坑を再利用したものであろう。その場合、礫がつまっていない土坑で再利用可能な集落内の遺構としては、貯蔵穴が最も可能性がある。

以上、述べたように、中期までに近畿地方で貯蔵穴が少ないのは、遺跡自体が少ないことと、落とし穴や用途不明の土坑などの中に、貯蔵穴が存在しており、それを見落としているからだろう、と考える。今後は、貯蔵穴＝低地という既成概念にとらわれずに検討を加える必要があると感じる。その場合、貯蔵穴の可能性があるものに対しては、微細な炭化物の分析が不可欠となる。

なお、本論の趣旨に関する研究成果を最初に公表した際、関西地方では中期までは主に落葉樹の堅果類を利用しており、照葉樹の堅果類利用が増えると、低地型の貯蔵穴が増える、という趣旨の発表をした（矢野 2006b）。水浸する場所に貯蔵穴を設けるのは、イチイガシのように煮沸する必要がないものでも水浸することで微量のアクが抜ける効果を期待したためだろうと考えた。いち早く照葉樹の利用が普及していた九州地方からその慣習が伝わり、照葉樹の利用が拡大するにつれて低地型貯蔵穴が本州西部に普及したと考えた。その慣習は後期以後は落葉樹を貯蔵する場合にも一律に応用された、とも考えた。

前期の福井県鳥浜貝塚の貯蔵穴は照葉樹主体（網谷克彦の教示）、中期前半の大阪府讃良川遺跡の貯蔵穴は落葉樹主体（濱田延充の教示）とのことであるが、中期以前の貯蔵穴の様相は不明な点が多いので、この点は課題としたい。

（6）結　語

以上、本論で述べてきたことをまとめると、以下のようになる。
①縄文時代の低地型貯蔵穴に貯蔵されている堅果類は、カロリー比で全食料の

40%から80%をまかなったと仮定すれば、貯蔵穴が群集する遺跡における同時存在住居数は4棟程度が最大許容数である。計算上、これを上回るものもあるが、諸条件からみて、これより住居数が少ないとみなすか、もしくは例外と考えてよい。

②西日本の縄文集落に必要な貯蔵量を満足させる貯蔵施設は貯蔵穴以外に考えにくい。したがって、低地型貯蔵穴は1年間に必要な堅果類を貯蔵するための短期貯蔵用とみなすべきである。

③本州西部で縄文後期に貯蔵穴が増える（ようにみえる）のは、全体の遺跡数自体が増えることに理由の一端がある。いま一つの理由は、低地以外に立地する土坑の中に相当数の貯蔵穴が含まれているのを見落としているからである。貯蔵穴はおそらく、磨石類が普及する縄文早期以来、縄文後期以降と同様に数多く存在したであろう。その中には相当数の台地型貯蔵穴があると考える。

④以上より、縄文後期以降、貯蔵行為が増加したとはいえない。また、縄文貯蔵穴の群集は1集落のためのものであり、複数集落による貯蔵穴の共同管理を意味しない。貯蔵穴の累積は小規模集団によるものと判断できるからである。

今後は、西日本において、低地型以外の、つまり堅果類が遺存していない貯蔵穴を本格的に探す必要を感じる。微細炭化物の分析は不可欠であるし、これまで落とし穴とされてきた遺構も含めて、既存の土坑を全面的に再検討する必要を感じる。

また、このような集団規模の分析は、幅のある結論になるとはいえ、縄文集落のイメージを把握するために必要である。本論では近畿地方の一部の遺跡だけを分析したが、全国各地の遺跡で試算を行う必要がある。

なお、本論の試算の諸前提は、その正しさを判断すること自体が重要な研究課題となりうる。すなわち、①貯蔵穴の利用季節、②食料にしめる堅果類のしめる割合、③貯蔵穴の容量、④堅果類の加工方法と加工による消失量、⑤1住居あたりの居住人数、⑥貯蔵穴の耐用年数、⑦貯蔵穴の同時存在数、などであ

る。特に⑦は、放射性炭素年代法を1貯蔵穴内の多数の堅果類、および遺跡内の多数の貯蔵穴に対して実施することで、示唆が得られるはずである。

第2節　墓からみた集落の人口規模

（1）大規模な墓域を形成するために必要な人口規模

　西日本には大規模な墓域が少ないが、これに該当する可能性が最も高いものは、島根県益田市匹見町の水田ノ上遺跡（縄文後期末～晩期前葉）で、確認されている弧状部分は30mに及ぶ。下部に土坑を有する集石が集積しており、環状になるとみる復元案もある。環状になるならば外周は径80mに及ぶことになる。ほかに、愛媛県久万高原町山神遺跡（縄文後期末・晩期）にも礫の集積が弧状に配置されるものがあり、これは弧状部分が18mに及ぶ。これが墓がどうかは判然としない。礫の集積は途中で切れる部分があり、環状にめぐる可能性は非常に低い。いずれも縄文時代晩期のものである。

　これとは別に、各辺が直角をなし、方形に礫の集積が構成される例が、熊本県大津町瀬田裏遺跡（縄文早期）にある。これは長辺21mに及ぶ。この長方形の配石は縄文時代早期の押型文土器期に特有のもので、長野県大町市山ノ神遺跡、や鳥取県米子市上福万遺跡に類例があるが、いずれも比較的規模が小さく、瀬田裏例とは規模の点では一線を画する。これも墓であるかどうかは判然としない。

　このような比較的規模の大きな配石遺構はいずれも下部の調査が不十分で墓の集合なのか祭祀遺構なのかという点も含めて、全体像や性格づけが充分ではない。そこで、これらが墓にせよ、祭配遺構であるにせよ、どの程度の規模の集団のためのものか、という点について、考えてみたい。

　西日本の配石遺構全般については、すでに家根祥多の分類と概観がある（家根1990）。家根は47遺跡を集成した上で、配石遺構を墓ではないと考えうるものと、墓と考えうるものに大きく2分し、それぞれを分類した。墓と考えうるものとは配石の下部に墓穴と考えられる穴のあるものだが、厳密な区分は困難

である。また、家根は墓以外の配石遺構を祭祀を行うための施設と述べるが、日常の調理遺構としての集石炉や、礫が遺棄された貯蔵穴は、祭祀のための配石遺構と区別がむずかしいものがある。

家根は、墓ではなく、祭祀を行う場としての配石遺構を2～5m程度の大形のもの（A類）とそれ以下の小形のもの（B類）に分類し、それぞれを、「Ⅰ. 比較的大きい石を面的に配するもの」、「Ⅱ. 比較的大きな石を周囲に巡らせ、その内側には石を配さないもの」、「Ⅲ. 小礫を面的に配するもの」に細分し、これをさらに、「a. 下部に土壙を伴わないもの」「b. 下部に落込み等の遺構を伴うもの（墓の可能性の高いものは除外）」に分けている。配石墓については、土壙の上面に配石を持つもの（A類）、土壙の中に配石を持つもの（B類）、土器棺の周囲ないし上に配石を持つもの（C類）に分け、さらに細分を試みている。

墓以外の配石遺構のA類とB類とは、相対的な規模の差である。中村友博は配石遺構を「大配石」「中配石」「小配石」の3者に分類しており（中村友1993）、家根のA類は中配石、B類は小配石に相当する部分もあるが、中村は個々の単位としての遺構の集積の規模も考慮に入れており、この点、単位の規模に限定した家根の区分とは異なる。個々の単位としての遺構の規模の差は、祭祀の対象となる墓の数の差（ようするに、墓域全体を対象とするのか、その一部を対象とするのか）などを反映しているかどうかは、個々の遺跡内での比較から論じるべき問題である。たとえば、縄文早期末～前期初頭の大分県朝地町大思寺稲荷岩陰遺跡では、岩陰奥に7体の成人骨、手前に9基の配石遺構があるが、この中に1基だけ径2mを越えるものがあり、この墓域の中心的遺構といえる。一方、縄文後期の愛媛県鬼北町岩谷遺跡では、径2m程度の規模の配石遺構が数基隣接しており、中心的な遺構を選択しがたい。

ただし、単位となる配石遺構の規模が5m程度までの場合、その配石遺構はあくまで個別の墓域もしくは集落に一般に付随するものとみなしうるので、複数の集落に共有されるような異例のものではないといってよい。問題となるのは、このような単位としての配石が累積して円形や弧、あるいは方形に配置

される場合、すなわち、水田ノ上、瀬田裏遺跡などの配石遺構（もしくは配石墓）で、中村が大配石としたものの規模の解釈である。

このような大規模な配石遺構は特に西日本では非常に数が少なく、その希少性から地域の中心的遺構として位置づける場合が多い。しかし、その規模はどの程度大きいのかという点を客観的に判断してみると、さほど大きくはないのである。

まず、円形や方形に配置されない通常の配石遺構を伴う墓地の広がりはどの程度の規模か。縄文早期の上福万遺跡で墓を含む21基の配石遺構が集中する範囲は25m程度におよぶ。縄文後期の京都市京大植物園遺跡では、墓を含む少なくとも14基（大9基、小5基）の配石遺構が確認されているが、その範囲は20m以上におよぶ。同じく後期の岩谷遺跡では5〜10基程度の配石遺構の集積が列状に認められるが、その範囲16m以上におよぶ。このようにみてみると、墓の集積である可能性が高い水田ノ上遺跡の確認部分はこれらの配石遺構もしくは配石墓の集積と、規模の上でほとんど差はない。

西日本では、縄文後期から晩期にかけては、墓（と考えられる土坑墓や土器棺墓）が大量に累積する事例が多い。大阪府泉南市向出遺跡では東西30m、南北150mほどの範囲に縄文後期後葉の宮滝2式期の土坑87基が検出されており、多くは墓と推定されている（山元ほか 2000）。奈良県橿原市曲川遺跡では東西30m、南北150mというほぼ同じ広さの中に縄文晩期中葉の土器棺墓72基が検出されている（橿原市千塚資料館 2004）。問題はこの広さの墓地を占有する住居と集落についてである。曲川の土器棺の7割（50基）を子供の墓とみて、1世帯あたり平均3基の子供の墓を作ったとすれば、16.7世帯が遺跡継続期間内に存在したことになる。遺跡継続期間は縄文晩期中葉の篠原式を中心とする時期で、この期間を100年間程度と見積もり、1住居の継続期間を25年間と見積もれば、同時存在住居数は4.2棟となる。もし、遺跡継続期間を200年間程度と見積もれば、同時存在住居数は2.1棟となる。また、1住居の継続期間を12.5年間と見積もれば（こちらの数値の方が蓋然性が高いと思うが）、同時存在住居数はさらに半減する。1世帯平均2基の子供の墓を設けたとすれば、

この数値の1.5倍の同時存在住居数を想定すればよい。

　この推定は諸条件により相当の幅を与えて考えるしかなく、大まかな見積もりにすぎないものの、東西30m、南北150m 程度の墓域を占有する住居数は多くても6棟程度がせいぜいで、その半数以下の2、3棟の場合も十分に想定できる。これは1集落で十分対応しうる数になる。再葬墓が多いことが予想されている向出遺跡の場合も少数世帯の墓地と考えうる点は同様で、この点は後述する。

　このように考えると、前段で述べた上福万遺跡、京大植物園遺跡はいずれも1集落の同時存在住居数棟の墓域の一部として十分に説明でき、水田ノ上遺跡の場合も確認部分はおろか、推定されている外周80m の環状列石も1集落同時存在住居数棟の墓域として説明しうる可能性が出てくる。この水田ノ上遺跡は、部分的な調査にとどまるものの、土坑を伴うものがあり、多くは配石墓の集積であるとみなしうる。確認部分では約40基の配石遺構が集積しており、外周80m の復元案にしたがえば、200基程度の配石遺構が存在することになる。仮に結婚後の成人の平均余命が25年間とみなし、10人の成人からなる集落が100年間その人口規模を維持したとすれば、成人の墓が100年間で40基できる。水田ノ上遺跡の場合、土器型式の存続幅は元住吉山Ⅱ式前後から篠原式前後にいたる数百年間以上におよぶので、200基程度の成人墓が1集落によって築かれたとしても不思議ではない。また、この遺跡では配石墓の中に子供の墓や再葬墓、および墓以外の遺構が含まれる可能性が高いので、人口規模がより小さく、存続期間がより短い集落を想定することも可能である。そうなると、このような環状土坑群の存在する場で行われたと考えられる祭祀も基本的には1集落のためのものと考えざるをえない。

　縄文時代早期の瀬田裏遺跡の長方形の配石列も特異にみえるが、規模という点だけからいえば、集石炉にして20～30基分程度の累積と考えうる。この遺跡では集石炉139基を含む231基の集石遺構が検出されており、長方形配石列は1集落を超える共同作業を必要とするような規模のものではない。

　以上みてきたように、礫の集積が環状、弧状、方形に配列される大規模な配

石もしくは配石墓は、非常に類例が少ないものの、規模から考えれば1集落を超える複数集落の共同施設として存在したと考える必要はない。このような遺構を有する集落は同時存在数が数棟の住居数であり、その集落のために遺構が構築されたことを予想できる。ただし、西日本には同時存在数が1〜2棟で、短期間に廃絶する集落も数多く存在しているので、同時存在数が4〜6棟であっても10km四方程度の地域内での中核的集落である。したがって、そのような集落は、その程度の地域の中核にあったと考えることも不可能ではないだろう。しかし、より小規模の集落にはそれなりの小規模の墓地や配石遺構が付属している。したがって、祭祀が墓地で行われ、配石遺構が墓地に付属する限り、大規模墓地での祭祀は基本的にはあくまでその墓地を築いた成員のためのもので、場合によって（分村した場合など）、地域全体の祭祀の場となりうる場合がある、と考えるべきであり、埋葬行為自体は各集落で執り行われ、複数集落の共同墓地という形で存在したわけではない、と考える。

　そのほか、大規模な配石遺構以外の配石遺構も含めて、特徴的な点を補足しておく。

　まず、縄文早期には墓とわかる遺構は非常に少ないが集石遺構は多い。集石遺構の多くは集石炉とみなされており、墓や祭祀のための配石遺構と考えられているものは、大分県別府市十文字原第一遺跡や鳥取県米子市上福万遺跡など、比較的少数しかないが、確実に存在する。一方、配石遺構や配石墓が西日本で盛行するのは縄文時代後期以後であり、早期のものと系譜的に連続するかどうか、中間の時期の様相がはっきりしていない。

　この点に関して、留意すべきと考える点は、早期にも後・晩期にも、類例は少ないものの、方形の配石遺構が確実に存在している点である。早期では、瀬田裏、上福万の例が該当し、後期では、大阪府縄手、滋賀県穴太、晩期では、神戸市篠原B遺跡などの例が指摘できる。

　また、配石遺構を含む墓域と住居域との関係がわかる例もある。宮崎県田野町本野原遺跡では人為的に形成されたとみなされている窪地の中央に比較的大きな礫が存在する。この礫の分布は散漫だが、その位置からみて環状にめぐる

土坑墓群や立石群の中心を意図して配置されたのだろう。この墓域は墓域の外側に存在する住居群の大部分より新しく、住居がおそらくはすぐ近くの他の場所に移動した直後に形成されている。滋賀県甲良町小川原遺跡でも平地式住居と報告されている柱穴群よりも配石遺構群が新しいことが指摘されており、旧住居域に墓域を形成していることになる。ただし、小川原遺跡の報告書では、この配石遺構群は墓とは異なるものとみなしている。

(2) 向出遺跡の集落構成の推定

　前述したように、大阪府阪南市にある向出遺跡（図91）は数多くの土坑が検出され、大規模な墓域とみなされている。この大規模な墓域は複数集落の共同墓地だという見方があるが、土坑が墓だとして、はたして複数集落を必要とするほどのものなのか、検証してみる。

　向出遺跡の発掘区域内の復原　基本的に発掘区域内は墓地だといわれてきたが、土坑が全部、墓というわけではない。

① 特に注目されるのは木柱痕（図92）。これは、柱よりも柱穴がかなり大きいので、単なる木柱ではなく、重量のある建物を支える柱である可能性が一番高い。これは、発掘区内の1区域に集中している。先に述べたように、当時の地表面は数十cm削られているのだから、この太い柱を支える補助的な細い柱のための浅い柱穴は、削られて消失した可能性がある。そのため、太い柱のための柱穴が、10m近い間隔をあけて、残ったのだろう。

② 焼土がある土坑（図93）。儀礼用の穴であろう。動物の骨が出土するので、動物をそこで調理したり、生贄にするための穴かもしれない。あるいは人間を火葬するための穴かもしれない。具体的にはよくわからないが、墓以外の儀礼用の穴であろう。

③ 確実な墓（図94）。人骨が出ているもの以外に、石をきれいに並べた穴は墓であると考える。それ以外に土坑の形態や大きさからの分析は岡田憲一の分析（岡田憲2000）に従う（表31）。

④ ほかにも用途不明な小さな穴がたくさんあるが、仮に縄文時代の住居の柱穴

第 14 章　遺構から推定する集落の人口規模　399

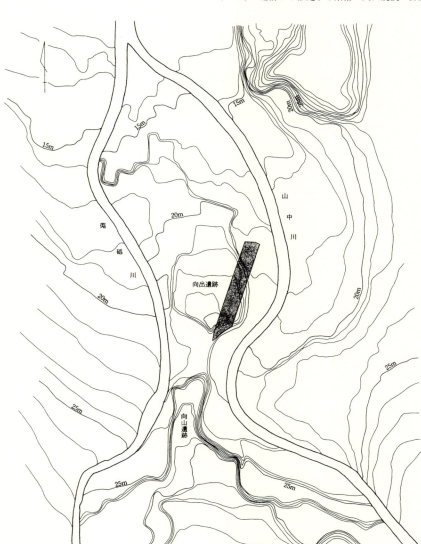

図91　向出遺跡の大阪府分発掘調査区270

400 第4部 縄文集落の小規模性

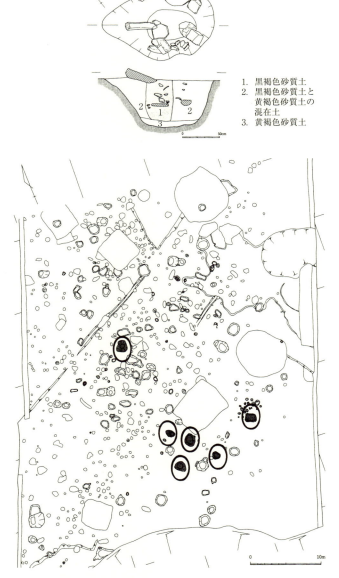

1. 黒褐色砂質土
2. 黒褐色砂質土と黄褐色砂質土の混在土
3. 黄褐色砂質土

図92 木柱痕のある土坑（上）とその分布（下）

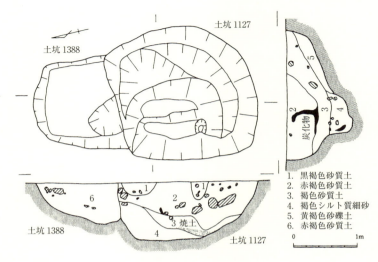

図93 焼土のある土坑

と考えた場合でも、平地式建物とみなすべきである。というのは、古墳時代の竪穴住居が検出されているこの遺跡において、古墳時代の竪穴住居よりも縄文時代の竪穴住居の方が深いところに存在するはずなのに、縄文時代の住居の床面が検出されていないということは、縄文時代の竪穴住居は本来なかったことを示唆するからである。したがって、通常の住居ではない平地式建物が存在したとすれば、それは、通常の住居ではなく、墓に関係する建物、もしくは住居以外の特別な建物、と考えた

図94 配石墓

表31　岡田憲一（2000）による土坑の分類とその数

	対象数	I期	II期	III期 宮滝1	宮滝2	宮滝	滋賀里	後期	IV期	後晩期	弥生・古墳	土師・須恵
長狭形	5				1	1	1	2	3	5		
小型正形	59		2	2	2	5	3	25	11	53		6
小型略正形	51		3	2	5	9	1	27	13	47		4
小型長形	37			1	2	2		13	14	31	2	4
正形	22		2	1	2	4		11	7	20	1 2	1
略正形	44		2	2	4	6		19	9	35	1 2	7
長形（乳幼児）	54	1		4	2	5	2	33	8	48		6
大型正形	38		4	2	16	18	6	33	2	37		1
大型正形C	20				16	16	3	19		20		
超大型	4				1	1		2	2	4		
大型略正形A	10		1	2	2	4		6	3	9		1 2
大型略正形B	19	1	1	1	6	7	1	13	2	16	1	2
大型略正形C	5				3		2	5		5		
長形（北村）	22		1	2	2	4	2	10	7	21		1 2
（滋賀里）	47	1	5	7	9	17	1	28	13	45		
（伸展）	10			2	3	5		7	1	10		
（超伸展）	6			3	1	5		6		6		
有段底型	11			2	5	7	1	9	1	10	1	
その他	3				2	2			2	1		
小計	467	3	26	30	87	124	23	270	97	425	7	35

方がよい。

　つまり、発掘区域内には、墓、儀礼用の穴、特別な建物があった可能性を考えてよい。これらは、全体として、発掘区域内が墓地であることをしめしている。

　向出遺跡発掘区域に隣接する区域の推定　では、発掘区域外はどうか。墓を多く含むと考えられる土坑の分布から見て、土坑の数が多い宮滝2式の時期には、土坑の分布密度は発掘区南半の中央部で高く、発掘区の境界付近で低い（図95）。したがって、土坑は発掘区の外には少ない、と推定できる。また、大阪府の発掘とは別に、阪南市の調査地点（大阪府の発掘区のある丘陵の西部分）では、縄文晩期の墓の可能性もある遺構が出土しているが、出土土器は縄文晩期のみで、確実な縄文後期の遺構はない（田中 2005）。したがって、縄文後期の墓は、発掘区域外には少なかったと推定できる。では、墓以外の遺構として、竪穴住居や貯蔵穴はどこにあるのか。

①竪穴住居は発掘区域の中にはない可能性が高い。先述したように古墳時代の

竪穴住居が遺存しているので、それよりも深いところに存在するはずの縄文時代の竪穴住居も、もし存在していたのであれば、遺存しているはずである。したがって、縄文時代の竪穴住居が発掘区域内に出土していないということは発掘区域内には本来竪穴住居はないと考えるべきである。

②貯蔵穴は、特に縄文時代後期と晩期には、川の近くあるいは低いところにあることが普通である。したがって、可能性があるのは、山中川もしくは菟砥川のそばである。以上より、貯蔵穴が発掘区域の東側もしくは西側の標高の低い部分に存在した可能性が高いとすれば、住居は逆に、発掘区域のすぐ西側の標高の高い部分に存在した可能性が高い（図96）。

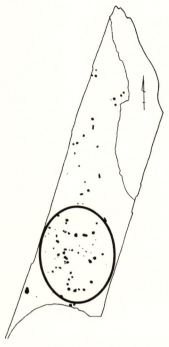

図95 宮滝2式期の土坑の分布

では、発掘区域外に住居が何棟あるか。岡田の分析によれば、宮滝2式には、確実に一次葬である成人の墓は14しかない。時期がはっきりとわからないものもあり、発掘区域外にある墓も計算に入れる必要はあるが、30を超えることは考えにくい。20から30ほどが宮滝2式の成人の墓だろう、と推定する。

先の仮定をそのまま援用する。すなわち、仮に、ある集落に10人の成人が住んでおり、縄文時代の成人（15〜20歳）の平均余命を25年とみなす。もし、その集落の人口が10人の成人を維持したとすれば、25年間で10基ずつ墓が増えていくことになる。そうすると、50年間で20基、100年間で40基、というように増えていく。宮滝2式の存続期間が50年間より短いことは考えにくい。その前後の型式の遺構や遺物も出土しているので、向出の集落は宮滝2式の存続期間いっぱい存続したはずである。したがって、向出遺跡の発掘区域内の墓地は、

404 第4部 縄文集落の小規模性

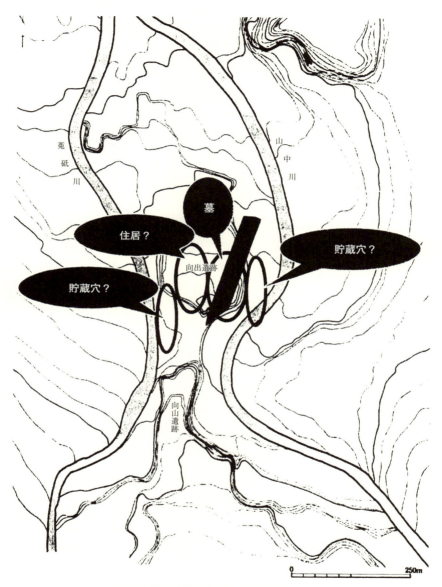

図96 宮滝2式期の向出遺跡の集落構造の推定

多くても10人程度、場合によっては数人の成人からなる集団によって利用された、ということになる。

　したがって、竪穴住居内に平均成人2人前後が住んでいたとすれば、この墓地に対応する住居数は平均5棟を超えることは考えにくく、場合によっては平均2棟以下のこともありうる。つまり、向出遺跡の墓地は、一つの集落に対応するものである。この集落規模は小規模だが、縄文時代の集落としては、平均的なものである。

　縄文集落の構造　向出遺跡から集落の復原を試みる場合、参考になるのが、奈良県曲川遺跡（縄文晩期）である（橿原市千塚資料館 2004）。ここでは、住居、墓、貯蔵穴が100×200m程度の範囲で、それぞれ場所をずらして、出土している（図97）。近年の調査で、調査区の南西部にも同時期の住居群が存在していることがわかっている。ここで、貯蔵穴が出土する範囲は径50m程度の範囲で、これは関西で最も多くの貯蔵穴が出土した奈良県本郷大田下遺跡（奈良県立橿原考古学研究所 2000）とほぼ同じ広さである。したがって、本郷大田下遺跡の貯蔵穴群も、曲川遺跡と同じような広さの集落の一部と考えてよい。

　向出遺跡の発掘区内で墓などの遺構が集中する広さは150×50m程度で、曲川遺跡で墓が集中する範囲と同じような規模である。したがって、向出遺跡においても、曲川遺跡と同じような広さの範囲に、住居や貯蔵穴が存在したと推定でき、そこは発掘区域外にある。

　向出遺跡の墓の数から推定すると、集落人口は成人10人を超えない規模になるが、前節で述べたように、本郷大田下遺跡の貯蔵穴の数から推定した集落人口も、同じく小規模になる（矢野 2009a）。成人10人とすれば、未成人を合わせれば20〜30人程度となるので、住居数からみれば、5棟前後となる。

　このような小規模な集落は、集落人口が増減し、場合によっては、場所を近くに移動することもあったが、縄文時代後期後半の宮滝2式を中心とするその前後の時期、300年間程度は継続している。このように長期間存続するのは、この集落が比較的有力な集落であったということを示している。

　このように小規模でありながら、集落を存続していくためには、遠く離れた

406　第4部　縄文集落の小規模性

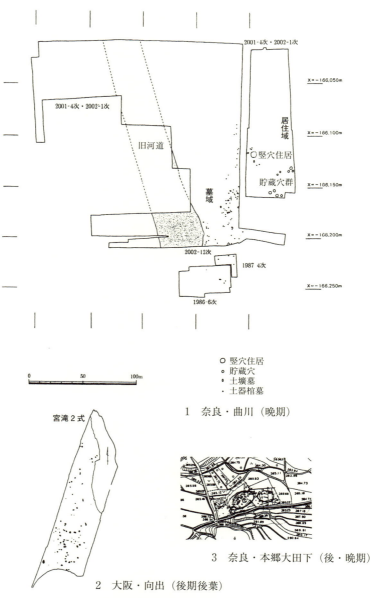

図97　奈良県曲川遺跡の集落構造と他遺跡との比較

諸集落と婚姻関係を維持し続ける必要がある。成人10人の規模の集落を維持するためには、成人の平均余命を25年間とみなせば、25年間に10人の後継者が出現し続ける必要がある。その半数がその集落出身者とすれば、25年間に他集落から5人を迎え入れ、その代わりに5人を送り出さなければ人口規模を一定に維持できない。したがって、後述するように、5年間に1人が婚姻のため転出し、1人が婚姻のために転入する必要がある（矢野 2009b）。このような婚姻による転入転出の均衡が揺れ動き、場合によっては集落が廃絶するにいたるような、集落人口増減の一つの重要な要因となるのだろう。

　もう一つ考慮すべき点がある。奈良県曲川遺跡にしても比較的短時間で別の場所に移っている。向出遺跡も、移動を繰り返したはずで、断続的な居住の累積が、長期間に及んでいる可能性がある。この場合の移動とは、京都市北白川遺跡群のように、数kmの範囲で集団が小刻みな移動を繰り返す移動である。

　滋賀県の琵琶湖の東南の大津市から彦根市にかけての遺跡の分布を見ると、縄文後期には、10km四方の地域に五つ、遺跡が集中する径2.5kmの範囲がある（345頁の図82）。阪南市においても、似たような規模の集落が5〜10個くらい存在していたと考えている。ただし、向出遺跡のように長期間継続するものは、数が多くはないので、その点で、阪南市程度の広さの中で、中心的な集落であったといえる。

注

（1）乳幼児の土器棺3基という想定は、中橋孝博（中橋 1989）による弥生時代の甕棺墓の分析から導き出した年齢ごとの死亡率の推定を参考にした。中橋によれば、乳幼児の死亡率は約5割にのぼり、2人に1人しか成人にならない。もし、成人2人あたり後継者として2人の成人しか存在しない場合、人口は徐々に減少するので、人口を維持するためには3人以上の成人の後継者を必要とするはずである。乳幼児の死亡率が5割であれば、成人2人が後継者として成人3人を有するためには、そのために3人の乳幼児の死亡を必要とすることになる。すべての乳幼児の墓があると仮定してのことだが、そのためには土器棺が3基存在することになる。このように、筆者の計算は、種々の仮定が必要であり、その仮定の妥当性の検討は研究課題として残される。筆者の計算の仮定については岡田憲一

（岡田憲 2012）が丁寧に反論している。筆者は筆者への批判としての岡田の再分析をすべて認めることに何ら抵抗はない。岡田の再分析によれば、大規模に見える墓地を形成するために必要な人口規模は筆者の想定よりも小さくなる。したがって、大規模に見える墓地が少ない人口規模で可能であり、1集落で十分大規模な墓地が形成されるという筆者の主張は、岡田の再分析によって、より強固に裏付けられたことになる。岡田は1～3棟からなる集落を想定しているが、そのような集落にも墓群や貯蔵穴群が独占的に付属すると考えるべきであり、集落群がそれらを共同利用するという想定は不要なのである。

終章　小規模集落の長期定着性

第1節　縄文集落論の動向と課題

（1）小規模集落論

　石井寛らの移動論（石井 1977）の影響を受けた小林謙一、黒尾和久らの集落景観の細分論（小林謙 1999、黒尾 1988）、羽生淳子の小規模集落論（羽生 1989・1993）、またそれらの影響を受けたと思われる谷口康浩の環状集落の構造論（谷口 1998b）などの成果は、比較的大きな環状集落でも住居数は多くない、というイメージを定着しつつあると思う。論者によって、集落の平均規模には幅があると思えるが、直径数十ｍの環状集落でも数棟の住居から構成されるとみる見方が常識的であり、南堀貝塚など、初期の環状集落のイメージと比較すれば、学史的に見ても穏当な意見であると思う。

　問題は、このような小規模集落がどのように継続するのか、という点にある。個々の集落が一つの基本的な単位となるのか、個々の集落はより大きな社会組織の断片にすぎず、個々の集落は一時的に選ばれた偶然的な居住場所にすぎないのか、という問題である。この問題は集落成員の移動頻度、ひいては集落の継続性の問題と関係する。集落の継続性は、生業を含めた縄文社会の生活様式の問題と理解されがちで、定住性の問題として議論されることが多いが、この問題の本質は、社会組織をどのように維持したか、という社会構造の問題にある。

　谷口は環状集落を社会組織の基本単位とみなし、環状集落以外の集落も含めて、それらが複数集合する地域が形成され、その中に中核的な環状集落が存在するという社会構造を描いている。そのような階層的な地域構造を広く横断す

る組織として、出自関係（ひいては婚姻関係）を維持する原理としての双分制の構造が存在した、と考えている。これに対して、小林、黒尾、羽生らは個々の集落のまとまりをそれほど重視せず、集落の成員（たとえば一つの住居）の自立性を認め、その成員が広い地域に所属し、移動する、というイメージを持っているように思う。この広い地域は、谷口が想定する中核集落によって維持される地域よりも広いように思うが、その規模はあまり明確ではなく、流動的に考えているようである。小林らは双分制についても特に強調することはない。つまり、小林らは集落成員の集落からの自立性を強調し、谷口は集落組織の拘束性を強調している。このように、「横切りの集落論」ともいわれている議論は、環状集落を実体と見るか否かという議論にとどまらず、集落と集落成員との関係に関する問題提起を含むものなのである。

（2）西日本の議論

　西日本では、縄文中期までと後晩期とでは、社会の性格が違うと考える場合が多い。瀬口眞司は縄文中期までは移動性の高い縄文集落を強調するが、後晩期には定住的な社会を想定する（瀬口 2003c）。全体としてみれば、小林、黒尾、羽生らと近く、集落そのものよりも、集落の成員に基礎をおく社会を想定しているようである。集落の小規模性や移動性を強調すればするほど、集落そのものに重きを置く必要はなくなるので、集落が小規模であると考えられている西日本では小林、黒尾、羽生らの議論に同意しやすい。

　この点で、注目されるのは、縄文後晩期の群集貯蔵穴や大規模墓地を、小規模集落の共同利用のためのもの、とみなす見解である。この問題は、宮路淳子が群集貯蔵穴について提起し（宮路 2002）、その後、住居址を伴わない墓地が注目され（大野薫 2002）、大阪府向出遺跡の発掘を契機に、大規模墓地が問題とされ、岡田憲一が総括的に議論した（岡田憲 2005）。住居を伴わない墓地および貯蔵穴群があると考えるのは瀬口も同様で（瀬口 2008）、大野薫も、岡田の議論に従っている（大野薫 2008）。これらの議論に共通するのは、住居群が小規模で一時的であるのに対して、貯蔵穴群や墓地は大規模で継続的であると

終章　小規模集落の長期定着性　411

理解する点である。小規模の住居群が複数集まる組織の存在が、大規模な貯蔵穴群や墓地によって顕在化している、と見ているのである。その顕在化した組織を集落とよぶ立場も当然、存在するはずだが、宮路、岡田、大野はいずれも、それを集落と見なさず、小規模な住居群を集落と見て、それらが集まった組織を集落群、もしくは集落の連合体、と考えている。その前提として、縄文集落は、基本的に小規模で移動性が高い、という瀬口と共通する集落観があり、そのような小さな非力な集落が発展していくためには、集落同士が連携する必要があり、その連携は縄文時代の後半に実現された、と考えているように思える。つまり、彼らは、谷口が想定する階層的な社会構造は西日本では後晩期に東日本とはやや違った形で実現した、と考えているようにも思える。しかし、谷口の想定する基本単位としての環状集落は住居、墓、貯蔵穴が一体になった継続性の高いものであるから、そのような集落は、岡田らが想定する集落群、もしくは集落の連合体に相当する、とみなすべきである。つまり、岡田らの議論を認めれば、西日本では、東日本よりも階層的構造が１段階低い、いわば未熟な集落構造のまま、弥生社会に推移した、と考えなければならなくなる。瀬口も後晩期については、岡田らと似たイメージを有しているようである。このように、急速に広く流布した西日本の集落構造に関するイメージは、小林、黒尾、羽生ら、集落よりも集落の成員に重きをおく議論とも異なる特徴がある。このような、いわば、西日本独特の縄文社会構造のイメージが、90年代後半から10年間ほど活発に議論されてきた西日本縄文集落論の一つの帰結なのである。

　筆者は、実は、当初、距離にして10km程度の地域内の小規模な集落における集落成員の移動性の高さを認め、また、その程度の広さの地域内に中核的集落が１カ所存在することを認め、集落の成員は、個々の集落よりも、その広い地域内を移動して、全体としての地域が存続した、と考えていた（矢野2001）。この時点で、西日本の縄文集落とは、住居群が距離にして数百m程度の範囲に、複数のブロックを作って散在しているのが実態であろう、と考えていた。同時に、関西地方では、遺跡が集中する範囲を集落と考えるような不十

分な分析しかなしえないが、その範囲は2.5km程度以内、と考えると説明しやすい。したがって、個々の集落は、その程度の範囲内で近距離をわずかに移動しながら、長期間継続した、と考えていた。そのような長期間の間に、集落の成員は増えたり減ったりする。その主たる原因として、10km程度の地域内の他の集落との集落成員の出入りが考えられる、と思ったのである。

しかし、現実問題として、10km程度の地域が実体としてどの程度、個々の集落、および個々の集落成員を拘束していたか、という問題は、議論していなかった。この問題については、集落の成員は、地域内での移動にとどまっていたのか、地域外に流出したのか、という点が重要な論点になるが、そのことを考える手がかりが不十分だったからである。

筆者はその後、住居、墓、貯蔵穴の分離を主張する岡田らの議論に対して、大規模と考えられた墓地や貯蔵穴群が、実は数個の住居の成員によって残されたと考えれば、十分説明できることを示し、反論した（矢野2006a, b・2007・2009a, b）。大規模な墓地や貯蔵穴群は西日本の大方の研究者が想像するような大規模な集団によって残されたものではなく、まさに小規模集落によって残されたものなのである。本論では、そのような住居、墓、貯蔵穴を完備した小規模集落が数百年間以上、小刻みな移動を繰り返しつつ、存続し続けることはめずらしくないことを確認したうえで、そのような継続性の高さが実現するためには、集落成員は距離にして10km程度の地域内よりも、数十kmを超える土器型式圏内を移動する必要もあったことを述べたい。

ここでいう、集落成員の移動とは、通婚による移動を念頭においている。集団の継続には、婚姻関係の維持が不可欠であり、乳児死亡率や出産時の女性の死亡率が現在よりもはるかに高かった縄文時代には、社会にとっての婚姻関係の重要性は現在の比ではなかったはずである。社会組織の根幹は、その点にある。

第2節　集落の小規模性

（1）小規模である根源的理由

　最近の西日本の縄文集落論では、集落が小規模であることを、集落が流動的で継続性に乏しいと解釈しているわけだが、論理的に考えれば、この理解は間違っている。なぜ、集落が小規模なのか、といえば、食料資源を確保する領域を分割しているからであり、この点については、西田正規や泉拓良の分析がある（西田 1980、泉 1985b）。つまり、縄文人は、集落を長期間にわたって継続させるために集落を小規模にしているのである。もし、短期間で移動を繰り返す流動的な生活に満足するのであれば、集落の規模は大規模化してよい。ちょうど、旧石器時代の大型動物狩猟を主目的とした集落のイメージに近い。

　限られた食料資源のもとで長期間にわたって集落を存続させるためには、各集団が小規模化し、それぞれの集団が経済的に自立することによって、共倒れを避ける必要がある。各集団が経済的な依存関係を持たないことは、集落が小規模であることと表裏一体の必要条件である。もし、依存関係を持つのであれば、大規模化すればよい。

　このように考えると、宮路が想定した群集貯蔵穴の共同利用は、小規模集落にとっては自殺行為に等しい。自らが小規模であることの根源的な意味を否定する行為である。だが、この群集貯蔵穴が余剰食料の貯蔵（飢饉の時の蓄えなど）を主目的としたものだと考えるならば、話は違ってくる。この点について、筆者は余剰食料貯蔵説に賛成したが（矢野 2005c）、現在では、貯蔵量の分析から余剰食料の貯蔵を主目的としたものではないと考えている（矢野 2006b・2009a）。また、群集貯蔵穴が増加したように見える縄文後期を通じて、住居数は増加する傾向にはなく、頭打ちで、逆に減少気味であるから、余剰食料の貯蔵は、それほど進まなかったはずだと考える。

（2）事実としての小規模性

　大規模に見える集落が実は大規模ではない、発掘された事実をうのみにしてはいけない、という分析は、黒尾、小林、羽生らの集落論で明示された。ところが、岡田や大野らは、「大規模な墓地や貯蔵穴群がある」と主張している。そのような大規模な墓地や貯蔵穴群は、小規模な集落が単独で利用するものではない、と彼らは考えている。

　ここで問題にすべき点は、①墓地や貯蔵穴群は一時期の景観として大規模であるのかどうか、②集落は小規模であるのかどうか、という2点であり、この2点を証明する必要があるわけである。

　筆者は、1時期の住居の数を遺跡から推定するために、九州地方の集落を分析し、縄文集落の住居数が少ないこと、すなわち小規模であることを確認した（矢野 1999・2001）。しかし、同時に、西日本は環状集落が盛行する関東地方とは異なり、集落の境界が不明瞭なため、縄文集落の住居数を推定するのがむずかしいことに気づいた。ましてや、関西地方は発掘面積が狭いため、発掘された遺跡から集落の住居数を推定するのはまず、無理である。この点、関西地方の縄文集落が本当に小規模なのかどうか、大いに疑う余地があるわけである。

　そこで、筆者は、墓や貯蔵穴は、その群集の境界を住居群よりも推定しやすいことに注目し、墓や貯蔵穴の数から人口を推定する方法を思いつき、分析した。その結果、大規模といわれている貯蔵穴群や墓地も、4・5棟の住居によって利用されていたと考えてよいことがわかった。この4・5棟という住居数は上限であり、これ以下の場合もありうる。

　上限4・5棟という住居数から考えて、大規模とみなされてきたが実は小規模な墓地や貯蔵穴群を利用した集落が複数に及ぶことは考えにくい。つまり、①墓地や貯蔵穴群は一時期の規模として小規模（上限4・5棟の住居による利用）であり、②集落も小規模（上限4・5棟）である、という2点が同時に証明されたことになる。この集落規模は、西田や泉が食料資源獲得領域から想定した縄文集落の規模と一致する。また、東日本の平均的な環状集落の規模と大

きく変わらない。

第3節　西日本縄文後期における集落定着性の強化

（1）縄文後期における集落数の増加

　西日本では、中期から後期にかけて、集落数が飛躍的に増加し、第13章で述べたように、関西地方では住居数が約10倍以上増加する（矢野 2004b）。当然のことながら、このような急激な人口増加は社会に大きな影響を与えた。ここでは全般的に論じる余裕はないので、集落の定着性に関する側面を指摘したい。定着性とは、筆者が提案している用語で、集落が地域に定着している度合いを示す概念である。集落の継続性という概念に近いが、一定の範囲を移動しながら継続する場合を含めるために定着性とよんでいる。

　人口密度が少ないときには、人が住んでいない場所が多いので、ある地域で食料確保に失敗しても、移動することによって食料を確保できる可能性が高い。したがって、彼らは好き好んで移動したわけではないにせよ、食料確保に失敗すれば、移動を躊躇しないだろう。ところが、人口密度が10倍以上に増加すれば、人が住んでいる場所も10倍に増えたのだから、食料確保に有利な場所はすでに占拠されている可能性が高くなる。そこで、各集落は、食料確保に失敗しないように、必要以上の森林を確保したり、堅果類以外の食料（穀物、ヒシなど）を確保しようとするだろう。移動できなくなったので、その場所で集落を継続させる必要にますますせまられたのである。もちろん、集落内の居住人口を増やせば、集落廃絶の危険性を増すため、集落の小規模性を維持することは絶対条件である。

（2）墓の増加と定着性強化との関係

　縄文後期以後、墓の数が増加する。そもそも、大規模（に見える）墓地とは、墓の数が増えた現象と関係している。人口が10倍以上に増えたのだから、墓も10倍以上に増えるのが自然である。

しかし、墓は、おそらく30倍以上増えている。というのは、子供の墓が中期末以後出現し、後晩期を通じて一般化していくからである。墓に葬られる対象が拡大しているのである。この現象は、集落の定着性強化という現象と呼応している。墓とは死者をその土地に固定する行為である。いわば、死者の定着性が強化されたのである。当然のことながら、死者を葬る生者の定着性は、強化されたはずである。生者は死者を永久に弔うために死者を葬るのであるから、死者を土地に永久に固定することによって、生者は死者に固定され、つまり死者の葬られた土地に固定される。生者は死者を弔うために、その土地に定着するはずである。京都盆地で「遺跡の集中する範囲」の分布から推定すると、集落が数百年間以上、継続する場所は2カ所ある（矢野 2001）。しかし、それ以外の集落は短期間しか存在しない。このように、長期継続集落と短期継続集落とに分かれるのは、以前にも見られるが、当然のことながら、人口の増えた後期以後は長期継続集落、短期継続集落、ともに増加した。その結果、移動の余地は少なくなった。

　このように、移動の余地が少なくなっても、結局、長期継続集落は京都盆地で2カ所しか存続しえなかった。他は移動を余儀なくされたか、あるいは離散（少人数になれば有力集落への統合、あるいは隷属も可能だろう）、という道を選ぶしかなかったはずである。

　つまり、食料生産性の限られる縄文社会で生き抜くために、各集落は小規模であり続けることを選択せざるをえず、自らの集落が生き延びるために、隣接集落が他に移動したり、離散したり、といった状況は日常的に生じていたと考えられる。長期間継続する集落は、集落居住人口を増やすことはできないので、富や直接的な権力を獲得できないはずだが、地域や社会の状況（人間関係や土地の生産性など）を知っているという理由で、地域社会においてそれなりの地位を獲得し、中心的な立場にあったとみるのが自然である。

　このような長期継続集落が京都盆地（径10km程度）に2カ所あった。あるいは2カ所しかなかった。このような長期継続集落の継続期間は、数百年間以上に及ぶ。短期継続集落も土器型式で2・3型式に及ぶことも多い、すなわ

終章　小規模集落の長期定着性　417

ち、短期継続集落といえども、集落の継続期間は予想以上に長く、1人の人間の一生を超えている。切那的に居住地を移動することはなく、選んだ土地に永続的に住む努力をし、永続的に住むことができる土地を慎重に選んだはずである。それでも、そこに住み続けられなかったので、移動したのである。縄文時代の人間が住む場所を簡単に移動したと考えるのは、集落継続期間が現代人の予想以上に長い、という事実を見ていない空想である。

第4節　小規模集落が継続する論理

（1）婚姻関係を維持する距離

以上のように、縄文集落は小規模であり、その小規模集落が長期間継続している。縄文集落が小規模でなければならない理由は、すでに述べた。食料の生産在が低いからである。縄文集落が長期間継続しなければならない理由も先に述べた。集落の密度が増えたからである。では、なぜ、移動せずに、集落を存続させることができるのか。遠方の集団と婚姻関係を維持しているからである。なぜ、近隣ではなく、遠方の集団と婚姻関係を維持する必要があるのか。第一に、近隣の人口が少ないこと、第二に、遠方との婚姻関係の維持によって、近隣では得られない食料、道具、装身具などを得ることができる交易関係を維持できるからである。小規模集落が数百年間にわたって移動せずにすむ第一の条件は集落人口の維持にあるが、そのためには遠方の諸集落との間に、おそらくは交易と一体化した婚姻関係を長期間にわたって維持したり、新たに結んだりしていたはずである。

1集落の成人の人口を大阪府向出遺跡の成人の墓の数から推定すると、10人程度になる（矢野　2009b）。滋賀県琵琶湖東南岸の10～20km四方の地域には、このような集落が5カ所程度あるので、100～400km^{2}程度の広さ（京都盆地程度の広さ）には成人が50人程度住んでいる。縄文後期以後、土器型式の地域色が出現する最小の広さは、このような成人50人程度が済んでいる地域が5～10個程度集まった広さに相当する。つまり、土器型式圏の最小の広さには成

人が数百人住んでいる、と考えてよい。

　通婚の頻度が高い地域は最小限、この程度の規模を必要としたはずで、これよりも狭い広さ、たとえば京都盆地程度の広さ（10〜20km四方）では、通婚はなかったとはいえないにせよ、頻度は高くなかったと考えるのが自然である。つまり、婚姻関係を継続的に維持できる集落は、近隣よりも遠方にあるはずである。集落が小規模でなければならないのは生業上の理由にもとづくが、集落が小規模であっても継続できる条件は、遠方との婚姻関係の継続にある。

　このように見れば、成人が500人程度住んでいる最小の土器型式圏は、通婚の頻度が高い広さを示していると考えてよい理由がある。第9章第1節で示したように、筆者は中期までと後期以降とでは、西日本の土器型式圏の構造が違っているとみている。後期以降は小地域の地域性が格段に強まるが、この地域というのが、ここで問題にしている最小の土器型式圏である。中期までは、西日本の土器型式圏の最小単位は、これよりはるかに広いのが普通である。後期以降は、以前に比べて10倍以上人口が増加したからこそ、このような径数十km程度の広さの通婚の頻度が高まり、最小の土器型式圏の広さが狭くなったと考えてよい。

　しかしながら、後期以後の土器型式圏の重要な点は、最小の土器型式圏を越えて、広範囲で共通の土器型式の特徴が維持される点にある。土器型式圏だけではなくサヌカイトの交易圏も拡大する傾向にある。原始時代の交易は経済的損得だけではなく、社会関係（本質は婚姻関係）を伴うものと考えるのが自然で、このような土器や石器などの流通圏の拡大は、遠方との婚姻関係の維持が社会的規制として（強制的に）要請されたことを示唆している。

　人口増加にもかかわらず、遠方との婚姻関係がそれまで以上に重視されたのは、交易上のメリットからだけではない。人口増加によって土地の占拠が進み、各集落の移動が困難になった結果、その土地に長期間定着する必要が格段に増し、それまで以上に婚姻関係を維持することが各集落の存続を左右する重要な条件として認識されたからである。婚姻関係の維持とは、集落構成員の出入りの問題であるから、出入りが常に差し引きゼロになるように、調節しなけ

ればならない。集落人口は増えても減っても困るのである。そのためには、おそらくは複雑な婚姻関係の秩序が維持されたはずで、そのための社会的規制や宗教的儀礼が、抜歯、土偶、石棒などを用いて行われた、と考えている。いずれも西日本では、縄文後期以後、導入される。

（２）近隣集落との関係

このように考えれば、個々の集落にとって本質的に重要な婚姻関係を維持する対象は近隣よりも、遠方にあるのである。では、近隣集落とはどのような関係を持ったのか。近隣集落は、日々の生活において時に協力し合い、時に反目しあうような、いわば一時的な隣人である。近隣集落どうしが血縁関係を持つことは十分にありうるだろうが、近隣集落どうしだけで血縁関係が永続することはありえない。各集落は近隣集落を超えて血縁関係を維持しなければ、自らの集落を維持できず、その血縁関係こそが集落維持の本質なのである。

つまり、近隣集落は、あってもよいし、なくてもよい程度のものであって、現実には近くに隣村があった方が心細くないだろうが、それは集落継続の本質的要件ではない。その証拠に、どの地域においても、地域の集落数は常に漸移的に変化している。新たな集落がある地域に突然、出現する現象は一般的である。地域間で集落数の増減には格差があり、ある地域に集落が増え、別の地域で集落が減る、という現象は一般的であるから、ある地域に新たに出現する集落の多くは他地域からの移住とみなすべきである。つまり、集落の移動は、集落の意思によって生じており、地域の意思によるものではない。岡田や大野が想定するように、意思が統一している集落群によって地域がカバーされているのであれば、集落の移動は、集落群の移動、つまり地域全体で一挙に集落群が消失したり、一挙に集落群が出現したり、という劇的な変化をとげているはずであるが、そのような兆候はない。集落数の増減は常に漸移的なのである。

そもそも、小規模集落にならざるをえない理由は食料の生産力に乏しい、ということに起因するのだから、人口が増えれば、近隣集落とは競合関係にあることが少なくなかったことは容易に想像できる。小規模集落が継続するために

は、他集落に依存せず、他集落から侵されず、という「距離」を維持する必要があった。その「距離」を維持するためには、武力行使を必要としたこともあったはずである。そのような「距離」を保った関係にある近隣集落との間に、墓を共有するという「距離」を消失させる親密な関係が生まれたとは、考えにくい。

　大野は、大規模墓地に加えて大型建物を近隣集落との共同利用（共同作業）の結果と考えた（大野薫 2009）。小規模集落の自立性を強調する西田正規は、ほとんどの活動は単独集落で可能だったと考えているが、木柱列などの特殊な大規模遺構は近隣集落の援助を受けたと考えている。筆者は、縄文時代の「大型建物」は、成人10人程度で建てられるものが多かったと思う。西日本の大型建物といわれているものは、後期中ごろ以後増加する。大野は「非常に少ない」というが、それほど少ないわけではない。集落に必須の群集貯蔵穴群の方が少ない。筆者は、いわゆる大型建物は有力な集落にはめずらしくない普通の施設であったと考えている。小規模集落の成員だけでは建設が無理ならば、近隣集落にしか依頼できないかどうかも疑問である。もし、それが墓地に付属するものであれば、婚姻関係を維持した遠方から手伝いにくる方が自然だろう。仮に、近隣集落と共同で作業したり、共同で儀式を行ったことがあったとして、そのことが、墓地の共有へと進むというわけでもない。

第5節　縄文集落から弥生集落へ

（1）縄文集落の構造と原理

　以上述べてきたように、縄文集落はその土地に定着するために、1集落が数棟の住居から構成される小規模性を維持した。近隣集落と依存しあうことなく、自立していた。各集落には貯蔵穴が設けられ、墓地もあった。発見される貯蔵穴群や墓地は、住居群を伴わない場合も多いが、これは、単に住居域と貯蔵穴や墓の場所を区分しているからである。貯蔵穴群や墓地は大規模に見えても、1集落が長期間利用することによって、その規模が大きくなったのであ

る。
　このように、縄文集落の小規模性とは、集落の自立性と表裏一体の関係にある。また、集落が遊動的であってよいのであれば、離合集散を繰り返せばよいのだから、小規模であり続ける必要はない。つまり、集落はその土地に長期間定着したいからこそ、小規模であり続け、自立しているのである。
　近隣集落と貯蔵穴を共有することは、集落が生存する基本をおびやかすことになるし、そのように生活の糧を異にする近隣集落と、墓地を共有することは考えにくい。各集落は近隣集落とは、つかず離れずの関係を維持しようとしたはずだが、集落の人口を維持するために、遠方の集落とは婚姻関係を維持した。この遠方との婚姻関係の維持こそが、各集落存続の本質的要件であり、近隣集落との友好関係は好まれたはずだが、必要不可欠な要件ではなかった。
　西日本では、縄文中期までは人口密度が少ないので、その土地で集落を存続させることに失敗すれば、他地域に移動することでやりなおすこともできた。しかし、後期以後は、人口密度が10倍以上に増加した結果、集落に好都合な土地の多くは占拠され、移動しても不利な土地しか残っていない、という状態になった。その結果、各集落はその土地で何としても存続したいと願うようになったはずで、遠方との婚姻関係の強化に加え、食料の生産力も高めようとした。土器型式圏の広域的安定交易圏の拡大は前者の証拠で、宗教的儀礼や規制の発達も前者と関係する。後者と関係するのは、打製石斧の増加や集落の低地への移動で、これらの現象はヒシ、穀物、根茎類の利用拡大を示唆し、堅果類の管理栽培も進んだはずである。

（２）弥生集落の排他性と縄文集落との連続性

　神戸市大関遺跡のように、弥生時代最初期の環濠集落は小規模である。この小規模な初期弥生環濠集落は縄文集落の延長線上にある（矢野 2006a）。環濠集落は、集落を防御しているのであって、地域を防御しているのではない。このような弥生集落の排他性は、縄文集落の自立性の延長線上にある、と理解できるのである。

縄文集落が自らの食料生産領域を人工的に造ったときに、各集落の自立的な性格は、はっきりと排他的な傾向を示すことになる。つまり、弥生集落の環濠は、縄文集落の自立性の強化によって成立したものであって、縄文から弥生へは、地続きなのである。

　このように考えれば、縄文集落と弥生集落とは本質的に似ている、と考えてよい。両者とも、住居、墓、貯蔵施設をセットとして持っている。弥生の大型環濠集落はこれに井戸が加わるが、井戸は環濠集落の防御機能が強化された結果とみてよい。このような大型環濠集落が成立する背景として、水田を共有する近隣集落との間で統合が進んだと考えてよいかもしれないが、大型化しても、集落単位の排他性、すなわち自立性は存続していたわけである。

注
（1）291組の夫婦が住むタイの農村の集落内での内婚率は75.6％（220組が内婚）というデータがある（矢野暢 1970）。1872年の滋賀県愛知郡稲村大字薩摩（現在の彦根市南西部）では、57組中部落内内婚率は71.9％（41組が内婚）というデータがある（中村治 1948）。縄文時代後期の関西地方では、成人50人程度が住む10～20km四方内での内婚率は60％程度はあっただろう。成人500人程度が住む最小土器型式圏では内婚率は95％程度以上はあったと思う。

参考文献

あ行

会田進・市川二三夫・伊藤直澄・小津由香利・小林康男・島田哲男・寺内隆夫・前田清彦 1988「向陽台遺跡」『一般国道20号（塩尻バイパス）改築工事埋蔵文化財包蔵地発掘調査報告書』

秋田かな子 2006「関東地方後期前・中葉にみる土器型式の展開─型式の変化と維持をめぐって─」『縄紋社会をめぐるシンポジウムⅣ─土器型式をめぐる諸問題　予稿集』縄紋社会研究会・早稲田大学先史考古学研究所

秋本真澄・漆畑稔・鍵山一郎 1980『長者ケ原大平遺跡群発掘調査概報』大仁町埋蔵文化財調査報告 5

秋山浩三 1999「近畿における弥生化の具体相」『論争吉備』189-222頁　考古学研究会

安達厚三・徳松正広 1976「原始時代の八百津」『八百津町史』63-106頁　八百津町

安孫子昭二 1997「縄文中期集落の景観─多摩ニュータウン No446遺跡」『東京都埋蔵文化財センター研究論集』ⅩⅥ　19-58頁

阿部芳郎 1997「判ノ木山西遺跡出土土器の分類と編年」『シンポジウム押型文と沈線文　本編』215-229頁　長野県考古学会縄文時代（早期）部会

阿部芳郎 2000「縄文時代における土器の集中保有化と遺跡形成」『考古学研究』47-2　85-104頁

網谷克彦 1987『岩の鼻遺跡Ⅱ─1986年度調査概報』福井県立若狭歴史民俗資料館

網野善彦 1982『東と西の語る日本の歴史』そしえて

網野善彦 1984「東と西の歴史」『東と西─二つの日本』光村図書

雨宮瑞生 1992「最後の遊動生活─南九州縄文草創期資料を取り上げて」『筑波大学先史学・考古学研究』3　31-51頁

雨宮瑞生 1993a「研究展望・縄文時代の定住生活の出現およびに定住社会に関する史的諸問題」『古文化談叢』29　1-19頁

雨宮瑞生 1993b「温帯森林の初期定住─縄文時代初頭の南九州を取り上げて」『古文化談叢』30　987-1027頁

雨宮瑞生 1995「小林謙一氏への回答」『南九州縄文通信』9　24-29頁

雨宮瑞生・松永幸男 1991「縄文早期前半・南九州貝殻文円筒土器期の定住的様相」『古文化談叢』26　135-150頁

有明町教育委員会 2001『大野原遺跡』有明町文化財調査報告書第12集

有明町教育委員会 2003『黒葛遺跡（第1次・第2次）、牧原遺跡、牧原A遺跡、大迫遺跡、飯野A遺跡、本村遺跡』有明町埋蔵文化財発掘調査報告書 3

飯田市教育委員会 1998『美女遺跡』
池田朋生 1998「縄文時代前期末～中期初頭における土器の展開―中九州を中心として」『肥後考古』11　103-116頁
池谷信之 1990『広合遺跡（b・c・d区）・広合南遺跡発掘調査報告書』沼津市文化財調査報告書49
池谷信之・守屋豊人 1999「列島における縄文土器型式編年研究の成果と展望　関東・中部・東海地方早期（押型文系土器）」『縄文時代』10　3-13頁
池畑耕一・西園勝彦 1998「鹿児島県日置郡松元町前原遺跡」『日本考古学年報』49（1996年度版）559-602頁
石井　寛 1977「縄文社会における集団移動と地域組織」『調査研究集録』2　港北ニュータウン埋蔵文化財調査団
石井　寛 1984「堀之内2式土器の研究」『調査研究集録』5　港北ニュータウン埋蔵文化財調査団
石井　寛 1991「横浜市内の撚糸文終末期資料とその評価」『調査研究集録』8　横浜市埋蔵文化財センター
石川治夫 1985『寺林南遺跡発掘調査報告書』沼津市文化財調査報告33
石黒立人 2002「弥生土器の系統研究」『弥生土器の様式と編年 東海編』859-867頁　木耳社
石田英一郎・江上波夫・岡正雄・八幡一郎 1958『日本民族の起源』平凡社
泉　拓良 1982「西日本縄文土器再考」『考古学論考』
泉　拓良 1984「遺物（縄文土器）」『粟津貝塚湖底遺跡』滋賀県教育委員会・（財）滋賀県文化財保護協会
泉　拓良 1985a「中期末縄文土器の分析」『京都大学埋蔵文化財調査報告 Ⅲ―北白川追分町縄文遺跡の調査―』163-181頁　京都大学埋蔵文化財研究センター
泉　拓良 1985b「縄文集落の地域的特質―近畿地方の事例研究」『講座考古地理学』4　45-64頁　学生社
泉　拓良 1987「植物質食料」『季刊考古学』21　63-67頁
泉　拓良 1988「船元・里木式土器様式」『縄文土器大観Ⅲ　中期Ⅱ』299-302頁　小学館
泉拓良ほか 1989『福田貝塚資料 山内清男考古資料2』奈良国立文化財研究所史料32
泉　拓良 1990「西日本凸帯文土器の編年」『文化財学報』8　55-79頁
泉拓良・玉田芳英ほか 1985『片吹遺跡』龍野市文化財調査報告書Ⅵ
伊丹　徹 1990「様式論と関東」『神奈川考古』26　39-62頁
市原寿文 1959「縄文時代の共同体について」『考古学研究』6-1　8-20頁
伊藤　純 1992「小林行雄の＜様式＞概念の変化―「初期」小林の＜様式＞論」『考古学史研究』1　38-48頁
稲田孝司 1969「尖頭器文化の出現と旧石器的石器製作の解体」『考古学研究』15-3　3-18頁

参考文献　425

今村啓爾 1977「称名寺式土器の研究（上）・（下）」『考古学雑誌』63-1・2　1-29頁・22-60頁

今村啓爾 1988「土坑性格論」『論争学説日本の考古学2　先土器・縄文時代Ⅰ』223-257頁　雄山閣

今村啓爾 1989「群集貯蔵穴と打製石斧」『考古学と民族誌』61-94頁　六興出版

今村啓爾 1997「縄文時代の住居址数と人口の変動」『住の考古学』45-60頁　同成社

今村啓爾 2006「縄文前期末における北陸集団の北上と土器系統の動き（上）・（下）」『考古学雑誌』90-3・4　1-43頁・36-51頁

今村啓爾 2010「縄文時代観の形成」『縄文時代の考古学1　縄文文化の輪郭』33-49頁　同成社

岩佐今朝人 1981「頭殿沢遺跡」『長野県中央道埋蔵文化財包蔵地発掘調査報告書―茅野市その4・富士見町その3―昭和51・53年度』

岩崎信輔編 2007『出水市埋蔵文化財発掘調査報告書16　市内遺跡（上場遺跡他）発掘調査等報告書：平成13～17年度の調査　報告及び上場遺跡発掘調査成果報告』出水市教育委員会

宇井忠英 1973「幸屋火砕流―極めて薄く拡がり堆積した火砕流の発見」『火山』18-3　153-168頁

植田文雄 1996『正楽寺遺跡』能登川町教育委員会

上野晃・畠中清隆 1986『岩の鼻遺跡―1985年度調査概報』

上野佳也 1967「押型文文化の諸問題―土器文様を中心としての研究―」『考古学雑誌』53-3

上原真人 1997『歴史発掘11　瓦を読む』講談社

上山春平編 1969『照葉樹林文化―日本文化の基層』中公新書

上山春平・佐々木高明・中尾佐助 1976『続・照葉樹林文化―東アジア文化の源流』中公新書

打田知之 2002「帝釈峡弘法滝洞窟遺跡（第16次）の調査」『広島大学文学部帝釈峡遺跡群発掘調査室年報』ⅩⅥ　20-31頁

内山純蔵・中島経夫 1998「第Ⅴ章第8節　動物依存体Ⅱ（渡深A調査区）『赤野井湾遺跡』琵琶湖開発事業関連埋蔵文化財発掘調査報告書2　滋賀県教育委員会・財団法人滋賀県文化財保護協会

宇野慎敏・山手誠二 1985『勝円遺跡（C地点）』北九州市埋蔵文化財調査報告書41

梅澤裕・山田猛 1987『大鼻（二～三次）・山城（三次）遺跡』一般国道1号亀山バイパス埋蔵文化財発掘調査概要Ⅲ

浦　宏 1939「紀伊国高山寺貝塚発掘調査報告―押型文土器の単純遺蹟に就て」『考古学』10-7　389-407頁

漆畑　稔 1985『薗蒲ケ池A遺跡発掘調査報告書』大仁町埋蔵文化財調査報告7

漆畑　稔 1986『長者ケ原大平遺跡群第Ⅱ次調査概報』大仁町埋蔵文化財調査報告10

江上波夫ほか 1936「座談会 日本石器時代文化の源流と下限を語る」『ミネルヴァ』創刊号 34-46頁
江坂輝弥 1944「廻転押型文土器の研究」『人類学雑誌』59-8 297-301頁
江坂輝弥 1950「縄文式文化について（4）」『歴史評論』4-8 90-95頁
江坂輝弥 1964「縄文式土器・各詮Ⅰ 早期の土器」『日本原始美術 第1巻 縄文式土器』159-161頁 講談社
江坂輝弥 1973「縄文人の技術と生活」『古代史発掘2 縄文土器と貝塚』講談社
大井晴男 1970「型式学的方法への試論」『考古学雑誌』55-3 1-22頁
大井晴男 1982「土器群の型式論的変遷について（上）・（下）」『考古学雑誌』67-3・4 22-37頁・28-47頁
大井晴男 1987「学説史 日本考古学における方法・方法論」『論争・学説 日本考古学1 総論』
大江まさる 1973『炉畑遺跡発掘調査報告書』各務原市教育委員会
大江まさる・石原哲弥・吉朝則富・藤本健三・德田誠志 1982『糠塚遺跡』高山市埋蔵文化財調査報告書5
大下 明 2002「近畿地方と東海地方西部における押型紋土器期の石器群について」『縄文時代の石器—関西の縄文草創期・早期』29-42頁 関西縄文文化研究会
大下 明 2003「関西における縄文時代前・中期石器群の概要と組成の検討」『縄文時代の石器—関西の縄文時代前期・中期』11-39頁 関西縄文文化研究会
太田三喜・矢野健一 1988「奈良県天理市布留遺跡縄文時代早期の調査」『考古学調査研究中間報告』14 埋蔵文化財天理教調査団）
大塚達朗 1988「縄紋草創期土器研究の回顧と展望」『埼玉考古』24 119-124頁
大塚達朗 2000a『縄紋土器研究の新展開』同成社
大塚達朗 2000b「『サケ・マス論』とは何であったか」『生業の考古学』39-55頁 同成社
大林太良 1990『東と西 海と山—日本の文化領域』小学館
大野 薫 2002「近畿地方の縄文後晩期集落の空間構造」『月刊考古学ジャーナル』485 20-23頁
大野 薫 2008「近畿地方における縄文文化の終焉をめぐる諸問題」『月刊文化財』542 36-41頁
大野 薫 2009「縄文時代の集落と墓地」『今、よみがえる向出遺跡—西日本縄文集落墓地の転換期を考える』向出遺跡評価検討委員会シンポジウム発表要旨集 39-50頁
大野 晋 1957『日本語の起源』岩波新書
大野政雄・佐藤達夫 1967「岐阜県沢遺跡調査予報」『考古学雑誌』53-2 23-37頁
大参義一・浅野清春・岩野見司・安達厚三 1965「北替地遺跡発掘調査報告」『いちのみや考古』6
大山真充・真鍋昌宏 1988『瀬戸大橋建設に伴う埋蔵文化財発掘調査報告Ⅴ 大浦浜遺跡』香川県教育委員会

岡崎正雄ほか 1985『丁・柳ケ瀬遺跡発掘調査報告書』兵庫県文化財調査報告書30
岡田憲一 2000「土坑「墓」認定の手続き」『関西の縄文墓地―葬り葬り去られた関西縄文人』第2回関西縄文文化研究会発表要旨集　73-82頁　関西縄文文化研究会
岡田憲一 2005「大規模葬祭空間の形成」『関西縄文論集』2　69-84頁
岡田憲一 2012「関西縄文集落の一時的景観と時間的累積―墓地の分析から矢野健一氏の批判に応える」『関西縄文論集』3　13-32頁　関西縄文文化研究会
岡田茂弘 1965「縄文文化の発展と地域性―近畿―」『日本の考古学Ⅱ　縄文時代』193-210頁　河出書房
岡本　勇 1953「相模・平坂貝塚」『駿台史学』3　58-76頁
岡本　勇 1982「縄文土器の生成から発展へ」『縄文土器大成1　早・前期』114-124頁　講談社
岡本孝之 1990「縄文文化の範囲」『古代文化』42-5、1-15頁
岡本東三 1980「神宮寺・大川式押型紋土器について―その回転施紋具を中心に―」『藤井祐介君追悼記念考古学論叢』117-136頁　藤井祐介君を偲ぶ会
岡本東三 1988「シンポジウム雑感」『埼玉考古』24　143-145頁
岡本東三 1989「立野式土器の出自とその系統をめぐって」『先史考古学研究』2　91-118頁
岡本東三 2013「西部押型紋土器文化圏への旅立ち」『日本先史考古学論集―市原壽文先生傘壽記念』29-65頁　六一書房
岡本東三 2014「西部押型紋土器文化圏への旅立ち―第二章―神宮寺式・桐山和田式をめぐって」『型式論の実践的研究Ⅱ』（『千葉大学人文社会科学研究科研究プロジェクト報告書』276）1-36頁
岡本東三 2015「西部押型紋土器文化圏への旅立ち―第三章――系統論か、二系統論か」『千葉大学文学部考古学研究室　考古学論攷Ⅱ―柳澤清一先生退職とともに』51-88頁
岡山県古代吉備文化財センター 2005『長縄手遺跡』岡山県埋蔵文化財発掘調査報告189　岡山県教育委員会
小熊英二 1995『単一民族神話の起源』新曜社
小田富士雄・河口貞徳ほか 1975『薩摩国府跡・国分寺跡』
小都　隆 1976『洗谷貝塚』福山市教育委員会
乙益重隆 1965「縄文文化の発展と地域性―九州西北部」『日本の考古学Ⅱ　縄文時代』250-267頁　河出書房
遠部　慎 2006「瀬戸内地域における縄文時代早期の諸問題―高知県香美市刈谷我野遺跡を中心に―」『第17回中四国縄文研究会　早期研究の現状と課題―前葉を中心に』発表要旨集　93-104頁　中四国縄文研究会
遠部　慎 2009「上黒岩遺跡の押形文土器の炭素14年代測定」『国立歴史民俗博物館研究報告』154　511-523頁

遠部　慎 2011「西日本における押型文土器群の年代とその環境」『第12回関西縄文文化研究会　押型文土器の諸相』第12回研究集会発表要旨集・資料集　707-716頁　関西縄文文化研究会
遠部慎・小林謙一・宮田佳樹 2008「飯田市美女遺跡の土器付着炭化物の炭素14年代測定」『飯田市美術博物館研究紀要』18　123-134頁
遠部慎・宮田佳樹 2007「別所辻堂遺跡出土土器試料の炭素14年代測定」『県営圃場整備事業田原東地区における埋蔵文化財発掘調査概要報告書Ⅱ』205-210頁、奈良市埋蔵文化財センター
遠部慎・宮田佳樹 2008「宮崎県における土器付着炭化物の炭素14年代測定—縄文時代前半期を中心に」『宮崎考古』21　41-54頁
遠部慎・宮田佳樹 2009「三重県における縄文時代早期土器付着炭化物の炭素14年代測定」『研究紀要』18-1　17-24頁　三重県埋蔵文化財センター
遠部慎・宮田佳樹・熊谷博志 2007「近畿地方における押型文土器の炭素14年代測定」『古代学研究』179　37-46頁
遠部慎・宮田佳樹・小林謙一 2012「東海地方における縄文時代草創期から早期の土器の炭素14年代測定」『国立歴史民俗博物館研究報告』172　197-207頁
遠部慎・宮田佳樹・増子康真 2008「岐阜県恵那市内遺跡出土試料の炭素14年代」『古代人』68　71-80頁

か行
角田徳幸編 1991『主要地方道浜田八重可部線特殊改良工事に伴う埋蔵文化財発掘調査報告書』島根県教育委員会
鹿児島県教育委員会 1975『花ノ木遺跡』鹿児島県埋蔵文化財調査報告書 1
鹿児島県教育委員会 1981『中尾田遺跡』鹿児島県埋蔵文化財発掘調査報告書 5
鹿児島県教育委員会 1983『成川遺跡』鹿児島県埋蔵文化財発掘調査報告書24
鹿児島県教育委員会 1987『榎木原遺跡』鹿児島県埋蔵文化財発掘調査報告書44
鹿児島県立埋蔵文化財センター 1996『一湊松山遺跡』鹿児島県立埋蔵文化財センター発掘調査報告書19
鹿児島県立埋蔵文化財センター 1997a『神野牧遺跡』鹿児島県立埋蔵文化財センター発掘調査報告書20
鹿児島県立埋蔵文化財センター 1997b『干迫遺跡』鹿児島県立埋蔵文化財センター発掘調査報告書22
鹿児島県立埋蔵文化財センター 2003『山ノ脇遺跡 石坂遺跡 西原遺跡』鹿児島県立埋蔵文化財センター発掘調査報告書58
鹿児島県立埋蔵文化財センター 2004『桐木遺跡』鹿児島県立埋蔵文化財センター発掘調査報告書75
鹿児島県立埋蔵文化財センター 2005a『農業開発総合センター遺跡群Ⅰ』鹿児島県立埋蔵

文化財センター発掘調査報告書83

鹿児島県立埋蔵文化財センター 2005b『桐木耳取遺跡Ⅰ～Ⅳ』鹿児島県立埋蔵文化財センター発掘調査報告書91

鹿児島市教育委員会 1986『大龍遺跡』鹿児島市埋蔵文化財発掘調査報告書7

鹿児島大学埋蔵文化財調査室 1993『鹿児島大学埋蔵文化財調査室年報』Ⅷ

橿原市千塚資料館 2004『平成14年度埋蔵文化財発掘調査成果展 かしはらの歴史をさぐる 11』

片岡 肇 1970「手向山式土器の研究」『平安博物館研究紀要』1 65-98頁

片岡 肇 1972「神宮寺式土器の再検討―特にその施文原体を中心として」『月刊考古学ジャーナル』72 9-19頁

片岡 肇 1974「近畿地方における押型文土器文化について」『平安博物館研究紀要』5 1-27頁

片岡 肇 1978a「神宮寺式系押型文土器の様相」『小林知生教授退職記念 考古学論文集』79-109頁 南山大学考古学研究室

片岡 肇 1978b「押型文土器における特殊な施文方法について―岐阜県九合洞穴出土例―」『古代文化』30-4

片岡 肇 1979「押型文土器の起源について―押型文土器群の編年のために」『日本古代学論集』35-61頁 財団法人古代学協会

堅田 直 1983『高山寺貝塚発掘調査概要』帝塚山考古学研究所

片山長三 1957「神宮寺遺跡の発掘について」『石鏃』11 1-29頁

加藤晋平・土井義夫 1974『秋川市二宮神社境内の遺跡』秋川市埋蔵文化財調査報告書1

可児通宏 1969「押型文土器の変遷過程―施文原体の分析を中心とした考察―」『考古学雑誌』55-2 22-33頁

可児通宏 1989「押型文系土器様式」『縄文土器大観1 草創期 早期』266-273頁 小学館

鎌木義昌・亀田修一 1986「朝寝鼻貝塚」『岡山県史 第18巻 考古資料』41-46頁

神村 透 1968・1969「立野式土器の編年的位置について」『信濃』20-10・12 21-3・5・7・9

神村 透 1983a「二本木遺跡・稲荷沢遺跡」『長野県史 考古資料編 全1巻（3）主要遺跡（中・南信）』26-32頁

神村 透 1983b「立野遺跡」『同上』

神村 透 1986a「押型文土器―長野県の遺跡から―」『月刊考古学ジャーナル』267 14-17頁

神村 透 1986b『開田高原大原遺跡』開田村教育委員会

河瀬正利 1977「中国山地における縄文早期文化の二、三の問題」『考古論集』87-106頁 松崎寿和先生退官記念事業会

川添和暁 2002「早期後半（表裏条痕文期）石器群の概要」『縄文時代の石器―関西の縄文草創期・早期』43-48頁

河野一隆 1998「丹後町平遺跡の調査と課題」『第6回京都府埋蔵文化財研究集会発表資料集』21-42頁
関西縄文文化研究会 1999『関西の縄文住居』
関西縄文文化研究会 2001『関西縄文時代の生業関係遺構』
関西縄文文化研究会 2002『縄文時代の石器―関西の縄文草創期・早期』
関西縄文文化研究会 2003『縄文時代の石器―関西の縄文前期・中期』
関西縄文文化研究会 2004『縄文時代の石器Ⅲ―関西の縄文後期・晩期』
神崎 勝 1992「熊野部遺跡」『兵庫県史 考古資料編』125頁
北浦弘人・浅川美佐子 1986『上福万遺跡Ⅰ』鳥取県教育文化財団報告書22
喜田貞吉 1915「日本太古の民族について」『史学雑誌』27-3
喜田貞吉 1936a「日本石器時代の終末期に就いて」『ミネルヴァ』1-3 1-9頁
喜田貞吉 1936b「「あばた」も「えくぼ」・「えくぼ」も「あばた」」『ミネルヴァ』1-5 1-6頁
九州縄文研究会 2000『九州の縄文住居』
京都府埋蔵文化財調査研究センター 1989『志高遺跡』京都府遺跡調査報告書12
京都府埋蔵文化財調査研究センター 1994「いななきの岡遺跡」『国道176号関係遺跡発掘調査概要』京都府遺跡調査概報57
清野謙次 1943『増補日本原人之研究』萩原星文館
清野謙次・宮本博人 1926「津雲石器時代人はアイヌ人なりや」『考古学雑誌』16-8 7-29頁
清見村教育委員会 1990『はつや遺跡発掘調査報告書』
金峰町教育委員会 1998『上水流遺跡 第1次調査』金峰町埋蔵文化財発掘調査報告書9
久保穣二朗 1991「鳥取県出土の押型紋土器の様相」『鳥取県立博物館研究報告』28 37-52頁
久保穣二朗 1985『上福万遺跡・日下遺跡・石州府第一遺跡・石州府古城群』鳥取県教育文化財団調査戦告書17 財団法人鳥取県教育文化財団
熊谷博志 2006「智頭枕田遺跡の編年的位置付け―黄島式の成立過程について」『第17回中四国縄文研究会発表要旨集 早期研究の現状と課題―前葉を中心に』中四国縄文研究会
熊谷博志 2011「前半期押型文土器編年の再検討」『第12回関西縄文文化研究会 押型文土器の諸相』第12回研究集会発表要旨集・資料集 53-70頁 関西縄文文化研究会
熊本県教育委員会 1993『岡田』熊本県文化財調査報告書135
倉吉市教育委員会 1985『取木遺跡・一反半田遺跡発掘調査報告書』倉吉市文化財調査報告書37
栗山葉子 2005「変形撚糸文の原体復原」『南九州縄文通信』16 27-38頁
黒尾和久 1988「縄文時代中期の居住形態」『歴史評論』454 9-21・45頁
黒尾和久・小林謙一・中山真治 1995「多摩丘陵・武蔵野台地を中心とした縄文時代中期

の時期設定」『シンポジウム 縄文中期集落研究の新地平〔発表要旨・資料〕』1-21頁 宇津木台地区考古学研究会
桒畑光博 1993「南部九州における縄文時代前期末から中期前葉の土器について」『鹿児島考古』27 93-107頁
桒畑光博 1997「文化交流の進展（前期～中期）」『宮崎県史 通史編 原始・古代1』184-210頁
桑原久男 1989「弥生土器の推移と画期」『史林』72-1 1-43頁
国府町教育委員会 1988『宮ノ下遺跡』
河野典夫 1988『落合五郎遺跡発掘調査報告書』
紅村弘・原寛ほか 1975『金屋・星の宮遺跡』坂下町教育委員会
国立歴史民俗博物館年代測定研究グループ・香美市教育委員会 2006「高知県香美市刈谷我野遺跡の炭素14年代測定」『第17回中四国縄文研究会 早期研究の現状と課題―前葉を中心に』発表要旨集 106-110頁 中四国縄文研究会
小島孝修 1998・1999・2001「近江における縄文社会の展開過程に関する覚え書き―地域の検討11・12・14」『紀要』2・4・6 15-29頁・18-26頁・1-12頁 財団法人滋賀県文化財保護協会
小杉 康 1987「樋沢遺跡押型文土器群の研究」『樋沢押型文遺跡調査研究報告書』郷土の文化財16 79-136頁 岡谷市教育委員会
小杉 康 1995「土器型式と土器様式」『駿台史学』94 58-131頁
小杉 康 2003『先史日本を復元する3 縄文のマツリと暮らし』岩波書店
小林謙一 1994「縄文時代中期前葉の南多摩中部域」『東京考古』12 1-36頁
小林謙一 1995「雨宮瑞生・縄文時代草創期研究をめぐって」『南九州縄文通信』9 10-23頁
小林謙一 1999「縄紋時代中期集落における一時的集落景観の復元」『国立歴史民俗博物館研究報告』82 95-122頁
小林謙一 2004『縄紋社会研究の新視点―炭素14年代測定の利用―』六一書房
小林謙一 2008「縄文時代の暦年代」『縄文時代の考古学2 歴史のものさし』267-269頁 同成社
小林達雄編 2008『総覧 縄文土器』アム・プロモーション
小林達雄 1966「縄文早期前半に関する問題」『多摩ニュータウン遺跡調査報告Ⅱ』多摩ニュータウン遺跡調査会
小林達雄 1978『縄文土器』日本の美術145
小林達雄 1984「縄文時代領域論」『坂本太郎博士頌寿記念日本史学論集 上巻』吉川弘文館
小林達雄 1989「縄文土器の様式と型式と形式」『縄文土器大観4 後期・晩期・続縄文』248-257頁
小林達雄 1994『縄文土器の研究』小学館

小林行雄 1932「第二編 吉田土器及び遠賀川土器とその伝播」『考古学』3-5 21-27頁
小林行雄 1933「先史考古学に於ける様式問題」『考古学』4-8 223-238頁
小林行雄 1938a「第二 様式」『弥生式土器聚成図録 正編』東京考古学会学報1
小林行雄 1938b「第十一 後説」『弥生式土器聚成図録 正編』東京考古学会学報1
小林行雄 1943「第四章 土器類（遺物一）」『大和唐古弥生式土器の研究』京都帝国大学文学部考古学研究報告16 41-94頁
小林行雄 1958「大阪府枚岡市額田町西ノ辻遺跡Ⅰ地点の土器」『弥生式土器集成 1』
小林行雄 1959「けいしき」『図解考古学辞典』296-297頁
小林行雄 1971「解説」『論集 日本文化の起源1 考古学』1-86頁
小松 虔 1976「栃原岩陰遺跡の押型文土器」『長野県考古学会誌』27 6-15頁
小松 虔 1966「栃原における考古学的調査概要」『信州ローム』9 8-11頁
小南裕一 2003「山口県・九州東北部地域の縄文石器」『中四国地域における縄文時代石器の実相』第14回中四国縄文研究会
小山修三 1984『縄文時代―コンピューター考古学による復元』中公新書
小山修三・杉藤重信 1984「縄文人口シミュレーション」『国立民族学博物館研究報告』9-1 1-40頁
近藤尚義 1988「縄文時代早期前半の土器―八窪遺跡出土第1群土器の検討―」『中央自動車道長野線埋蔵文化財発掘調査報告書2 ―塩尻市内その1―』（財）長野県埋蔵文化財センター発掘調査報告書2
近藤尚義・寺内隆夫・百瀬忠幸・百瀬長秀・百瀬久雄 1988「八窪遺跡」同上

さ行

坂口 隆 2003『縄文時代貯蔵穴の研究』未完成考古学叢書5 アム・プロモーション
坂田和弘 1998『鶴羽田遺跡』熊本県文化財調査報告168
酒詰仲男・岡田茂弘 1957「大川遺跡」『奈良県文化財調査報告（埋蔵文化財編）第2集』1-29頁 奈良県教育委員会
相美伊久雄 2000「深浦式系土器の再検討」『人類史研究』12 179-203頁
相美伊久雄 2006a「条痕文土器と縄文施文土器―南九州における縄文時代前期末～中期前葉土器群の再整理」『大河』8 45-58頁
相美伊久雄 2006b「南九州における縄文時代中期初頭～後葉の土器様相―深浦式と春日式と船元・里木式」『Archaeology from the South 鹿児島大学考古学研究室25周年記念論集』45-61頁
坂本嘉弘 1994「西日本の押型文土器の展開―九州からの視点」『古文化談叢』38 1-22頁
佐々木高明 1971『稲作以前』日本放送出版協会
佐々木高明 1985「縄文文化の東・西」『創造の世界』53
笹津海祥・瀬川裕一郎・関野哲夫・杉山治夫 1976「清水柳遺跡の土器と石器」『沼津市

歴史民俗資料館紀要』1
定森秀夫・南博史・原真一 1984「縄文時代中期・後期の遺物」『篠原A遺跡』財団法人古代学協会
佐藤達夫 1974「土器型式の実態―五領ケ台式と勝坂式の間―」『日本考古学の現状と課題』吉川弘文館
佐藤広史 1985「型式の空間分布から観た土器型式」『赤い本 片倉信光氏追悼論文集』
佐藤由紀男 1999『縄文弥生移行期の土器と石器』雄山閣
佐原 真 1970「土器の話（3）」『考古学研究』17-2
潮崎 誠 1992「中谷貝塚」『兵庫県史 考古資料編』152-154頁
滋賀県教育委員会・財団法人滋賀県文化財保護協会 1993『小川原遺跡Ⅰ』ほ場整備関係発掘調査報告ⅩⅩ-3
滋賀県教育委員会・財団法人滋賀県文化財保護協会 1997『粟津湖底遺跡第3貝塚（粟津湖底遺跡Ⅰ）』琵琶湖開発事業関連埋蔵文化座員発掘調査報告書1
滋賀県教育委員会・財団法人滋賀県文化財保護協会 1998『赤野井湾遺跡』琵琶湖開発事業関連埋蔵文化財発掘調査報告書2
滋賀県教育委員会・財団法人滋賀県文化財保護協会 1999『粟津湖底遺跡自然流路（粟津湖底遺跡）』琵琶湖開発事業関連埋蔵文化財発掘調在報告書3-2
静岡県埋蔵文化財調査研究所編 2011『丸尾北遺跡』静岡県埋蔵文化財調査研究所調査報告210
志布志町教育委員会 1979『野久尾遺跡』
潮見 浩 1968「月崎遺跡」『宇部の遺跡』37-70頁 宇部市教育委員会
清水芳裕 1973「縄文時代の集団領域について」『考古学研究』19-4 90-102頁
下澤公明 1988「阿津走出遺跡」『本州四国連絡橋陸上ルート建設に伴う発掘調査Ⅱ』岡山県埋蔵文化財発掘調査報告71
下村登良男・奥義次 1981a『上寺遺跡発掘調査報告書』松阪市文化財調査報告 5-2
下村登良男・奥義次 1981b『鐘突遺跡発掘調査報告書』同上 5-3
下村晴文・菅原章太 1987『神並遺跡Ⅱ』
遮那藤麻呂 1973a「上伊那郡赤坂遺跡における押型文土器と遺構」『長野県考古学会誌』16
遮那藤麻呂 1973b「石小原遺跡」『長野県中央道埋蔵文化財包蔵地発掘調査報告書』昭和47年度・飯田市内その2
白崎高保 1941「東京稲荷台先史遺蹟―稲荷台式系土器の研究」『古代文化』12-8
新東晃一 1978「南九州の火山灰と土器形式」『ドルメン』19 40-54頁
新東晃一 1982「九州地方」『縄文土器大成1 早・前期』142-145頁 講談社
新東晃一・中島哲郎・井ノ上秀文 1981『九州縦貫自動車道関係埋蔵文化財調査報告Ⅶ―中尾田遺跡』鹿児島県埋蔵文化財発掘調査報告書15
末木 健 1975「移動としての吹上パターン」『山梨県中央道埋蔵文化財包蔵地発掘調査

報告書―北巨摩郡長坂・明野・韮崎地内』山梨県教育委員会
末木　健 1987「縄文時代集落の継続性（Ⅱ）―縄文中期八ヶ岳山麓の石器組成より」『山梨県考古学協会誌』創刊号　3-20頁
杉原壮介 1943『原史学序論』
杉原荘介・芹沢長介 1957『神奈川県夏島における縄文文化初頭の貝塚』明治大学文学部研究報告　考古学2
杉原和雄・長谷川達ほか 1979『裏陰遺跡発掘調査概報』大宮町文化財調査報告1
鈴木公雄 1964「土器型式の認定方法としてのセットの意義」『考古学手帖』21　1-5頁
鈴木公雄 1969「安行系粗製土器における文様施文の順位と工程数」「信濃』21-4　1-16頁
鈴木公雄 1981「型式・様式」『縄文土器大成4 晩期』159-164頁
鈴木公雄 1984『考古学入門』
鈴木茂夫・天野暢保・鈴木昭彦 1981『馬場遺跡概報』足助町教育委員会
鈴木徳雄 1993「称名寺式の変化と中津式―型式間交渉の一過程」『縄文時代』4　21-52頁
鈴木裕篤・石川治夫・小野信義 1981『八兵衛洞遺跡群発掘調査報告書』沼津市文化財調査報告書26
鈴木裕篤・杉山治夫・関野哲夫 1980『長井崎遺跡発掘調査報告書』沼津市文化財調査報告書18
鈴木裕篤・早弓友子 1990『大谷津遺跡発掘調査報告書』沼津市文化財調査報告書50
鈴木保彦 1986「中部・南関東地域における縄文集落の変遷」『考古学雑誌』71-4　30-53頁
鈴木正博 1980「婚姻動態から観た大森貝塚」『古代』67　17-30頁
澄田正一・安達厚三 1967「岐阜県九合洞穴」『日本の洞穴遺跡』188-201頁
澄田正一・安達厚三・近藤正市・中島義二・夏目邦次郎 1965「萩平（Ｃ）遺跡」『昭和39年度豊川用水路関係遺跡調査報告』新城市教育委員会
澄田正一・大参義一 1956『岐阜県山縣郡九合洞窟遺跡調査報告』名古屋大学考古学研究室紀要1
澄田正一・大参義一・安達厚三 1967「萩平遺跡Ｄ地点」『川路萩平遺跡　竹広馬場遺跡発掘調査報告書』新城市教育委員会
関野哲夫 1988a「東海地方おける押型紋段階の様相」『縄文早期を考える―押型文文化の諸問題』151-275頁　帝塚山考古学研究所
関野哲夫 1988b「高山寺式土器の編年―その細分と西日本地域との関係について―」『先史考古学研究』1　69-97頁
瀬口眞司 1998・1999・2000「近江における縄文社会の展開過程に関する覚え書き―地域の検討 1・3・5』『財団法人滋賀県文化財保護協会紀要』11-13　1-14頁・1-17頁・1-20頁

瀬口眞司 2001「縄文時代の琵琶湖周辺における人類の適応―環境の変化と居住形態の推移から考える」『環境と人間社会―適応、開発から共生へ』第50回埋蔵文化財研究集会発表要旨集
瀬口眞司 2002a「住まいの移ろい」『往還する考古学　近江貝塚研究会論集１―例会100回記念』
瀬口眞司 2002b「定住度の高まりに伴う石器組成の複合化・総合化」『究班Ⅱ―埋蔵文化財研究会25周年記念論文集』
瀬口眞司 2003a「縄文時代における貯蔵穴の数と容量の推移―関西地方での貯蔵経済の出現と展開に関する基礎的検討」『紀要』16　1-6頁　財団法人滋賀県文化財保護協会
瀬口眞司 2003b「関西地方における縄文時代の集石遺構と貯蔵穴―「減少・小型化する遺構／増加・大型化する遺構」と居住形態の関わり」『続文化財学論集』745-754頁　文化財学論集刊行会
瀬口眞司 2003c「関西縄文社会とその生業―生業＝居住戦略の推移とそれに伴う諸変化」『考古学研究』50-2　28-42頁
瀬口眞司 2003d「粟津湖底遺跡第３貝塚出土石器群の構成」『縄文時代の石器Ⅱ―関西の縄文前期・中期』123-134頁　関西縄文文化研究会
瀬口眞司 2005「関西地方の縄文集落の規模と構成―その小規模性の理解」『西日本縄文文化の特徴』第１回西日本縄文文化研究会発表要旨集　19-26頁
瀬口眞司 2008「関西地方の縄文集落」『西日本の縄文集落―その実像と研究の到達点』考古学研究会岡山例会第12回シンポジウム発表要旨集　3-9頁
瀬口眞司 2009『縄文集落の考古学　西日本における定住集落の成立と展開』昭和堂
芹沢長介 1958「縄文文化」『世界陶磁全集２　日本古代編』159-176頁
芹沢長介 1962「日本の旧石器文化と縄文文化」『古代史講座　第２巻』301-332頁　学生社
園田芳雄 1970『桐生市菱町郷土資料考古編』両毛考古学会

た行

高鍋町教育委員会 1991『大戸ノロ第２遺跡』高鍋町文化財調査報告書5
高橋信武 1989「轟式土器再考」『考古学雑誌』75-1　1-39頁
高橋　護 1958「土器とその型式」『考古学手帖』1　1-4頁
高橋　護 1965「縄文時代の集落分布について」『考古学研究』12-1　16-20頁
高橋　護 1991「縄文時代―文化の発展」『岡山県史　第二巻　原始・古代Ⅰ』90-102頁
高畑知功ほか 1993「矢部奥田遺跡」『山陽自動車道建設に伴う発掘調査6』（『岡山県埋蔵文化財発掘調査報告82』）
高松龍暉・矢野健一 1997「縄文集落の定住性と定着性―八木川上・中流域における事例研究」『考古学研究』44-3　82-101頁

高見宣雄 1983「度会郡大宮町樋ノ谷遺跡」『昭和57年度農業基盤整備事業地域埋蔵文化財発掘調査報告』三重県埋蔵文化財調査報告60
高山　純 1974「サケ・マスと縄文人」『季刊人類学』5-1　3-54頁
巽三郎・中村貞史 1969『鷹島』広川町教育委員会
田中早苗 2005『向出遺跡範囲確認調査報告書』阪南市埋蔵文化財報告36
田中　琢 1978「型式学の問題」『日本考古学を学ぶ（１）』14-26頁　有斐閣
田中良之 1979「中期・阿高式系土器の研究」『古文化談叢』6　5-52頁
田中良之 1980「考察―新延貝塚の所属年代と地域相」『新延貝塚』鞍手町埋蔵文化財調査会
田中良之 1982「磨消縄文土器伝播のプロセス―中九州を中心として―」『森貞次郎博士古稀記念古文化談叢論集　上巻』59-96頁
田中良之 1987「土器からみた文化交流」『文明のクロスロード』24　31-35頁
田中良之・松永幸男 1984「広域土器分布圏の諸相」『古文化談叢』14　81-117頁
田辺哲夫・坂田邦洋 1981『尾田貝塚』広雅堂書店
谷口康浩 1998a「縄文時代集落論の争点」『國學院大學考古学資料館紀要』14　43-88頁
谷口康浩 1998b「環状集落形成論」『古代文化』50-4　1-18頁
谷口康浩 1999「集落・領域研究」『縄文時代』10　38-58頁
谷口康浩 2002「セツルメントの地理的変異―港北・多摩ニュータウン地域における縄文時代集落の対照」『ムラ研究の方法―遺跡・遺物から何を読み取るか』1-24頁　岩田書院
谷口康浩 2004「日本列島初期土器群のキャリブレーション^{14}C年代と土器出土量の年代的推移」『月刊考古学ジャーナル』519　4-10頁
谷口康浩 2010「縄文時代概念の基本問題」『縄文時代の考古学1　縄文文化の輪郭』3-31頁　同成社
谷本鋭次ほか 1970「東庄内Ａ遺跡」『東名阪道路埋蔵文化財調査報告』三重県埋蔵文化財調査報告5
田野町教育委員会 1999『本野遺跡（縄文時代遺物編）』田野町文化財調査報告32
玉田芳英 1989「中津・福田ＫⅡ式土器様式」『縄文土器大観　第4巻　後期　晩期　続縄文』262-265頁　小学館
田村陽一 1990「薮ノ下遺跡」『近畿自動車道（久居～勢和）埋蔵文化財発掘調査報告―第2分冊1―』三重県埋蔵文化財調査報告87-3　47-162頁
垂水市教育委員会 2002『宮ノ前遺跡　重田遺跡』垂水市埋蔵文化財発掘調査報告書6
千葉　豊 1989「縁帯文系土器群の成立と展開―西日本縄文後期前半期の地域相―」『史林』72-6　102-146頁
千葉　豊 1993「京都盆地の縄文時代遺跡」『京都大学構内遺跡調査研究年報1989～1991年度』53-73頁　京都大学埋蔵文化財研究センター
坪井清足 1978「原始日本人の文化と土器」『世界陶磁全集1　日本原始』123-132頁

坪井洋文 1982『稲を選んだ日本人 民俗学的思考の世界』未来社
都出比呂志 1974「古墳出現前夜の集団関係」『考古学研究』20-4　20-47頁
都出比呂志 1979「ムラとムラとの交流」『図説日本文化の歴史1 先史原史』153-192頁
都出比呂志 1983「弥生土器における地域色の性格」『信濃』35-4　41-53頁
勅使河原彰 1989「縄文時代集落をめぐる問題」『歴史評論』466　112-137頁
勅使河原彰 1992「縄文時代の社会構成―八ケ岳西南腿の縄文時代中期遺跡群の分析から―（上・下）」『考古学雑誌』78-1・2　1-44頁・1-27頁
帝塚山考古学研究所 1987『高山寺式土器をめぐって―縄文早期の諸問題』縄文文化研究部会紀要1
寺沢　薫 1980「大和におけるいわゆる第五様式の細別と二、三の問題」『六条山』奈良県文化財調査報告書34
寺沢　薫 1989「様式と編年のあり方」『弥生土器の様式と編年―近畿編Ⅰ』27-37頁
天理大学附属天理参考館分室 1995『奈良県天理市布留週跡三島（里中）地区発掘調査報告書天理教神殿東・西礼拝場地区の発掘調査』考古学調査研究中間報告1
土肥　孝 1982「近畿地方」『縄文土器大成1 早・前期』137-139頁　謙談社
同志社大学考古学研究室編 1990『伊木力遺跡』
徳永貞紹 1994「並木式土器の成立とその前夜」『牟田裕二君追悼論集』13-33頁
戸沢充則 1978「押型文土器群編年研究素描」『中部高地の考古学』65-82頁
戸沢充則 1985「日本考古学における型式学の系譜―「考古学演習」での型式学学習の記録」『論集 日本原史』
戸田哲也 1988「表裏縄文土器についての所感」『埼玉考古』4
戸田哲也 1989「縄文土器の型式学的研究と編年（中編―その2）」『神奈川考古』25　57-79頁
戸田哲也 2006「縄文土器型式の分布圏」『縄紋社会をめぐるシンポジウムⅣ―土器型式をめぐる諸問題　予稿集』縄紋社会研究会・早稲田大学先史考古学研究所
鳥取市教育委員会 1978『桂見遺跡発掘調査報告書』鳥取市文化財報告書Ⅴ
鳥羽嘉彦・小林康男 1985『堂の前・福沢・青木沢』塩尻市教育委員会
友野良一・小池政美 1973『浜弓場遺跡』伊那市教育委員会
鳥居竜蔵 1918『有史以前の日本』
鳥浜貝塚研究グループ 1979『鳥浜貝塚―縄文前期を主とする低湿地遺跡の調査1』福井県教育委員会
鳥浜貝塚研究グループ 1981『鳥浜貝塚1980年度調査概報―縄文前期を主とする低湿地遺跡の調査2』福井県教育委員会

な行

長井数秋ほか 1977『水崎遺跡』波方町教育委員会
中川和哉 2005「案察使遺跡出土の縄文土器に関する科学分析」『京都府埋蔵文化財情報』

97　17-24頁　財団法人京都府埋蔵文化財調査研究センター
中越利夫 1991「帝釈峡遺跡群出土の押型文土器」『縄文時代』2
中越利夫 1993「豊松堂而洞窟遺跡（第14次）の調査」『広島大学文学部帝釈峡遺跡群発掘調査室年報Ⅵ』25-37頁
中越利夫 1995「帝釈弘法滝遺跡（第2～9次）の調査」『広島県文学部帝釈峡遺跡群発掘調査室年報Ⅹ』30-60頁
中越利夫 2001「帝釈峡弘法滝洞窟遺跡（第15次）の調査」『広島大学文学部帝釈峡遺跡群発掘調査室年報ⅩⅤ』27-40頁
中越利夫・大川泰広 2000「帝釈峡弘法滝洞窟遺跡（第13・14次）の調査」『広島大学文学部帝釈峡遺跡群発掘調査室年報Ⅷ』35-52頁
中越利夫・佐々木正浩・内山ひろせ 1998「帝釈峡弘法滝洞窟遺跡（第12次）の調査」『広島大学文学部帝釈峡遺跡群発掘調査室年報ⅩⅢ』35-52頁
中越利夫・槙林啓介・三ツ木貴代志 1996「帝釈峡弘法滝洞窟遺跡（第10次）の調査」『広島大学文学部帝釈峡遺跡群発掘調査室年報ⅩⅠ』21-54頁
中越利夫・槙林啓介・幸泉満夫・三田敦司 1997「帝釈峡弘法滝洞窟遺跡（第11次）の調査」『広島大学文学部帝釈峡遺跡群発掘調査室年報ⅩⅡ』18-73頁
中越利夫・村田亜紀夫 1986「帝釈弘法滝遺跡（第1次）の調査」『広島大学文学部帝釈峡遺跡群発掘調査室年報Ⅸ』15-38頁
長崎市教育委員会 1984『長崎市立深堀小学校校舎増築に伴う埋蔵文化財緊急発掘調査報告書』
長崎元廣 1980「縄文時代集落の系譜と展望」『駿台史学』50　51-95頁
長崎元廣 1988「縄文時代集落論の系譜」『月刊考古学ジャーナル』293　4-10頁
中島　宏 1987「埼玉県の押型文土器」『研究紀要』9　埼玉県立歴史資料館
中島　宏 1990「立野式土器についての一考察」『研究紀要』7　45-66頁　財団法人埼玉県埋蔵文化財調査事業団
中島　宏 1991「細久保遺跡2類a群土器についての覚書」『縄文時代』1　52-74頁
中橋孝博 1989「弥生人　寿命」『弥生文化の研究1　弥生人とその環境』雄山閣
永野康洋・遠部慎・志賀智史 1999「別府市における縄文時代早期の様相—北鉄輪遺跡試掘概要を中心に」『おおいた考古』12　21-52頁
中西靖人 1984「前期弥生ムラの二つのタイプ」『縄文から弥生へ』120-126頁　帝塚山考古学研究所
長野県考古学会縄文時代（早期）部会編 1997『シンポジウム　押型文と沈線文　本編』長野県考古学会縄文時代（早期）部会
長野県埋蔵文化財センター 1994『中央自動車道長野線埋蔵文化財発掘調査報告書13　更埴市内・長野市内その1　鳥林遺跡・小坂西遺跡・鶴萩七尋岩陰遺跡・赤沢城跡・塩崎城見山砦遺跡・地之目遺跡・一丁田遺跡』長野県埋蔵文化財センター発掘調査報告書16

中村貞史 1981「縄文時代の遺跡と遺物」『和歌山の研究 1 地質・考古篇』123-184頁 清文堂出版
中村治兵衛 1948「近畿農村の通婚圏」『農業総合研究』2-2 142-150頁
中村友博 1993「ヨレ遺跡と配石遺跡研究」『ヨレ遺跡・イセ遺跡・筆田遺跡』163-187頁 匹見町教育委員会
中村直子・黒木綾子 1993「鹿児島大学構内遺跡郡元団地 H-11・12区工学部情報工学科建設地発掘調査区出土遺物の紹介」『鹿児島大学埋蔵文化財調査室年報Ⅷ』41-68頁
奈良県立橿原考古学研究所 2000『本郷大田下遺跡』奈良県立橿原考古学研究所調査報告 83
奈良県立橿原考古学研究所 2003『宮の平遺跡Ⅱ』奈良県立橿原考古学研究所調査報告86
西田正規 1980「縄文時代の食料資源と生業活動―鳥浜貝塚の自然遺物を中心として」『季刊人類学』11-3 3-41頁
西田正規 1984「定住革命」『季刊人類学』15-1 3-27頁
西田正規 1985「縄文時代の環境」『岩波講座 日本考古学2 人間と環境』111-165頁
西田正規 1989『縄文の生態史観』UP考古学選書 13 東京大学出版会
仁科 章 1979『破入遺跡』勝山市教育委員会
西本豊弘 1994「縄文時代のテリトリーについて」『動物考古学』2 65-69頁
新田洋・河瀬信幸 1991『一般国道42号松阪・多気バイパス埋蔵文化財発掘調査概報Ⅰ』
丹羽佑一 1993「縄文集落の住居配置はなぜ円いのか」『論苑考古学』145-188頁
寝屋川市史編纂委員会編 1998『寝屋川市史』第1巻
野村宗作・吉朝則富・藤本健三・岩田健 1988『宮ノ下遺跡』国府町教育委員会

は行

長谷川達 1997「京都府北部の縄紋遺跡2」『太邇波考古学論集』15-23頁 両丹考古学研究会
長谷部言人 1920「河内国府時代人骨調査」『京都帝国大学文科大学考古学研究報告第4冊』
幡中光輔 2011「人間活動からみた島根県の縄文時代遺跡と地域社会」『古代文化研究』19 1-49頁 島根県古代文化センター
幡中光輔 2012「鳥取県における縄文時代遺跡と遺跡群分布の一試論」『古代文化研究』20 1-44頁 島根県古代文化センター
馬場保之 1995「立野遺跡出土の立野式土器について」『長野県考古学会誌』77・78 39-43頁
羽生淳子 1989「住居址数からみた遺跡の規模―縄文時代前期諸磯式期の資料を用いて」『考古学の世界』71-92頁
羽生淳子 1990「縄文時代の集落研究と狩猟・採集民研究との接点」『物質文化』53 1-14頁

羽生淳子 1993「集落の大きさと居住形態」『季刊人類学』44　37-41頁
羽生淳子 2000「縄文人の定住度」(上・下)『古代文化』52-2・4　29-37頁・214-225頁
浜田耕作 1918「河内国府石器時代遺跡発掘報告」『京都帝国大学文科大学考古学研究報告　第 2 冊』
浜田耕作 1938「日本の民族・言語・国民性及文化的生活の歴史的発展」『考古学論叢』7-9（浜田耕作 1939『考古学研究』座右宝刊行会　所収）
浜田耕作・辰馬悦蔵 1920「河内国府石器時代遺跡第二回発掘報告」『京都帝国大学文科大学考古学研究報告第 4 冊』
早川　泉 1985『東京都大島町下高洞遺跡』下高洞遺跡調査報告 3
林　茂樹 1984「三つ木遺跡の押型文土器と撚糸文土器」『中部高地の考古学Ⅲ　八幡一郎先生頌寿記念論文集』
原寛・遠部慎・宮田佳樹・村上昇 2010「椛ノ湖遺跡採集土器の炭素14年代測定」『古代文化』62-1　90-98頁　古代学協会
原寛・紅村弘 1974『椛ノ湖遺跡調査報告書』坂下町教育委員会
原田昌幸 1987「土器様式における他様式型式表象の受容と展開―撚糸文土器ナイズされた押型文土器を例に―」『竹箆』2
春成秀爾・小林謙一編 2009『愛媛県上黒岩遺跡の研究』『国立歴史民俗博物館研究報告』154
東大阪市教育委員会 1987『神並遺跡Ⅱ』東大阪市教育委員会・財団法人東大阪市文化財協会
東　和幸 1989「春日式土器の型式組列」『鹿児島考古』23　38-45頁
東　和幸 1990「まとめ」『鞍谷遺跡』枕崎市埋蔵文化財発掘調査報告書 6
東　和幸 1991「鹿児島県における縄文中期の様相」『南九州縄文通信』5　35-46頁
菱刈町教育委員会 1990『野中遺跡 松美堂遺跡』菱刈町埋蔵文化財発掘調査報告書 5
兵庫県教育委員会 1991『本庄町遺跡　郵政省宿舎建替えに伴う埋蔵文化財発掘調査報告書』兵庫県文化財調査報告92
兵庫県教育委員会 1998『佃遺跡　本州四国連絡道路建設に伴う埋蔵文化財調査報告Ⅲ』兵庫県文化財調査報告176
兵庫県教育委員会 2000『外野波豆遺跡・外野柳遺跡発掘調査報告書』兵庫県文化財調査報告201
兵頭　勲 2006「北四国地域における早期土器研究の現状と課題」『第17回中四国縄文研究会　早期研究の現状と課題―前葉を中心に』発表要旨集　1-17頁　中四国縄文研究会
兵頭　勲 2013「土壇原式土器再考―土壇原Ⅱ遺跡第 1 号住居址出土遺物の実態」『研究紀要』18　90-120頁　愛媛県立博物館
平川昭夫・廣瀬高文・前嶋秀張 1986『中尾・イラウネ・野台』長泉町教育委員会
平井　勝 1987「縄文時代」『岡山県の考古学』吉川弘文館

広瀬昭弘・秋山道生・砂田佳弘・山崎和巳 1985「縄文時代集落の研究—野川流域の中期を中心として—」『東京考古』3 13-50頁
富士宮市教育委員会 1983『若宮遺跡』富士宮市文化財調査報告書6
深沢健一・小池政美・辰野偲衛・根津清志・宮沢恒之 1973「細ケ谷B遺跡」『長野県中央道埋蔵文化財包蔵地発掘調査報告謀』昭和47年度・伊那市西春近
福島日出海 1989『嘉穂地区遺跡群Ⅶ アミダ遺跡』嘉穂町文化財調査報告書10
福西貴彦編 2011『第12回関西縄文文化研究会 押型文土器の諸相』第12回研究集会発表要旨集・資料集 関西縄文文化研究会
藤森英二 2012「栃原岩陰遺跡「下部」出土土器のAMS法による放射性炭素年代測定」『佐久考古通信』111 2-6頁 佐久考古学会
平安学園考古クラブ編 1956『石山貝塚』研究報告1 平安学園
堀越正行 1991「縄文中期の貝の花集落」『東邦考古』15 74-78頁
北郷泰道・菅付和樹ほか 1985「平畑遺跡の調査」『宮崎学園都市遺跡発掘調査報告書』98-200頁 宮崎県教育委員会
本田道輝 1997「田中堀遺跡調査の概要」『川辺町郷土誌追録』川辺町

ま行

前川威洋 1972「考察—土器からみた瀬戸内との関係について」『山鹿貝塚』92-101頁 山鹿貝塚調査団
前川威洋 1979「九州後期縄文土器の諸問題」『九州縄文文化の研究』41-107頁
前田豊邦・高松龍暉 1972『別宮家野遺跡発掘調査報告書』関宮町埋蔵文化財調査報告2
前原節子 1985「熊野部遺跡」『兵庫県埋蔵文化財調査年報 昭和57年度』236頁
前山精明 1991「縄文時代の石器」『季刊考古学』35 30-33頁
馬飼野行雄 1989『小松原A遺跡』富士宮市文化財調査報告書12
馬飼野行雄・伊藤昌光 1983『若宮遺跡』富士宮市文化財調査報告書6
間壁忠彦・間壁霞子 1971『里木貝塚』倉敷考古館研究集報7
枕崎市教育委員会 1990『鞍谷遺跡』枕崎市埋蔵文化財発掘調査報告書6
増子康真 1977「岐阜県星の宮遺跡」『東海先史文化の諸段階 資料編1』159-161頁
増子康真 1981「東海地方西部の縄文文化」『東海先史文化の諸段階 本文篇・補足改訂版』42-97頁
増子康真 1988「近畿地方縄文中期後半土器編年の問題点—東海地方西部との対比から—」『求真能道 巽三郎先生古稀記念論集』13-27頁
増田 修 1988「普門寺遺跡の調査と下層及び最下層について」『第2回縄文セミナー 縄文早期の諸問題』群馬県考古学研究所
松阪市教育委員会 1980『射原垣内遺跡発掘調査概報』松阪市発掘調査概報2
松崎寿和編 1976『帝釈峡遺跡群』亜紀書房
松崎寿和・潮見浩・木下志・藤田等・本村豪章 1963「松永市馬取遺跡調査報告」『広島

県文化財調査報告4』
松沢亜生 1957「細久保遺跡の押型文土器」『石器時代』4
松澤 修 1993「粟津遺跡の縄文早期の土器について」『研究紀要』2 55-74頁 三重県埋蔵文化財センター
松田真一 1988「奈良県出土の押型文土器の様相」『橿原考古学研究所論集』8 33-76頁 吉川弘文館
松田真一 1989『大川遺跡』山添村教育委員会
松田真一 1999「列島における縄文土器型式編年研究の成果と展望 近畿地方草創期～前期」『縄文時代』10 184-192頁
松島 透 1957「長野県立野遺跡の捺型文土器」『石器時代』4 12-42頁
松本彦七郎 1919「陸前宮戸島の古人骨発掘につきて」『歴史と地理』3-1 9-14頁
松永幸男 1984「押型文土器にみられる様相の変化について」『古文化談叢』13
松山利夫 1982『木の実』法政大学出版会
馬目順一・吉田生哉 1982『竹之内遺跡』いわき市埋蔵文化財調査報告8
丸山竜平 1984「粟津貝塚湖底遺跡の諸問題」『粟津貝塚湖底遺跡』滋賀県教育委員会
三重県教育委員会 1994『大鼻遺跡』三五県埋蔵文化財センター
水島和宏 1985『三沢西原遺跡』菊川町埋蔵文化財報告書4
水ノ江和同 1990a「西北九州の曽畑式土器」『伊木力遺跡』同志社大学文学部調査報告7 449-471頁
水ノ江和同 1990b「中・南九州の曽畑式土器」『肥後考古』7 27-59頁
水ノ江和同 1998「九州における押型文土器の地域性」『九州の押型文土器―輪孜編』縄文集成シリーズ3 九州縄文研究会
水ノ江和同 2000「福岡県の縄文住居」『九州の縄文住居』3頁 九州縄文研究会
水野 蛍 2011「静岡県富士石遺跡における縄文早期土器のAMS炭素14年代測定」『名古屋大学加速器質量分析計業績報告書』22 88-92頁 名古屋大学
南川雅男 1995「炭素・窒素同位体に基づく古代人の食生活の復元」『新しい研究法は考古学に何をもたらしたか』改訂版 クバプロ
宮坂虎次 1971『棚畑遺跡』茅野市教育委員会
宮崎朝雄 1999「列島における縄文土器型式編年研究の成果と展望 東日本早期前葉」『縄文時代』10 203-215頁
宮崎朝雄・金子直行 1991「撚糸文系土器群と押型文系土器群の関係（素描）」『縄文時代』1 26-51頁
宮崎朝雄・金子直行 1995「回転文様系土器群の研究―表裏縄文系・撚糸文系・室谷上層系・押型文系土器群の関係」『日本考古学』2 1-36頁
宮崎朝雄・鈴木敏昭ほか 1988「縄文草創期、爪形文土器と多縄文土器をめぐる諸問題」『埼玉考古』24 46-114頁
宮崎県教育委員会 1991『天神河内第一遺跡』

宮崎県教育委員会 1992『内野々遺跡』
宮崎県教育委員会 2006『下耳切第3遺跡』
宮沢恒之・根津清志・唐木孝雄・深沢健一・福沢幸一・辰野博衛 1973「百駄刈遺跡」『長野県中央道埋蔵文化財包蔵地調査報告書』昭和47年度・伊那市西春近
宮路淳子 2002「縄文時代の貯蔵穴―社会組織との関わりから」『古代文化』54-3　21-41頁
宮地聡一郎 2004「刻目突帯文土器圏の成立（上）・（下）」『考古学雑誌』88-1・2　1-32頁・130-144頁
宮本一夫 1990「海峡を挟む2つの地域―山東半島と遼東半島、朝鮮半島南部と西北九州、その地域性と伝播問題」『考古学研究』37-2　29-48頁
宮本一夫ほか 1993『江口貝塚1―縄文前中期編―』愛媛大学法文学部考古学研究報告2
宮本常一 1981「常民の生活」『東日本と西日本』日本エディタースクール出版部
三好元樹 2011「静岡県における縄文時代の14C年代の集成と検討」『静岡県埋蔵文化財調査研究所研究紀要』17　15-24頁　静岡県埋蔵文化財調査研究所
向坂鋼二 1958「土器型式の分布圏」『考古学手帖』2
向坂鋼二 1970「原始時代郷土の生活圏」『郷土史研究講座1　郷土史研究と考古学』朝倉書店
武藤康弘 1995「民俗誌からみた縄文時代の竪穴住居」『帝京大学山梨文化財研究所報告』6　267-301頁
守屋豊人 1997「中部地方における押型文土器後半期の様相」『シンポジウム　押型文と沈線文　本編』31-72頁　長野県考古学会縄文時代（早期）部会
守屋豊人 2002「近畿地方押型文土器前半期における横位密接条文の展開と地域差」『桐山和田遺跡』奈良県文化財調査報告91　312-324頁　奈良県立橿原考古学研究所
森岡秀人 1989「業績とその論点」『弥生土器の様式と編年―近畿編Ⅰ』3-26頁
森田尚宏・宅間一之 1983『飼小屋岩陰遺跡』高知県教育委員会
森本六爾・小林行雄 1939『弥生式土器聚成図録　正編』東京考古学会学報1

や行

弥栄久志ほか編 1997『上野原遺跡』鹿児島県立埋蔵文化財センター発掘調査報告書23
安田　滋 2003『熊内遺跡第3次発掘調査報告書』神戸市教育委員会
安田喜憲 1980『環境考古学事始』日本放送出版協会
柳浦俊一ほか 1991『五明田遺跡』頓原町教育委員会
野内秀明ほか 1982『長井町内原遺跡』横須賀市文化財調査報告書9
柳田裕三 2003「通称「イチゴ」という名の押型文土器」『利根川』24・25　274-282頁
柳田国男 1961『海上の道』筑摩書房
家根祥多 1984「縄文土器から弥生土器へ」『縄文から弥生へ』帝塚山考古学研究所
家根祥多 1990「西日本の配石遺構」『シンポジウム縄文時代屋外配石の変遷―地域的特

色とその画期』山梨県考古学協会秋季大会資料集
家根祥多 1997「先史土器にみる日本列島の「東」と「西」」『月刊文化財』409　28-34頁
矢野健一 1984「近畿地方における押型文土器前半期の編年案」『縄文文化研究会広島大会資料』
矢野健一 1988「押型文土器に関する考察」『奈良県天理市布留遺跡縄文時代早期の調査』考古学調査研究報告14　47-54頁　埋蔵文化財天理教調査団
矢野健一 1990「縄文土器」『小路頃オノ木遺跡発掘調査報告書』関宮町埋蔵文化財調査報告書4　6-18頁
矢野健一 1993a「押型文土器の起源と変遷に関する新視点」『三重県埋蔵文化財センター研究紀要』2　83-103頁
矢野健一 1993b「押型文土器の起源と変遷」『考古学雑誌』78-号　1-32頁
矢野健一 1993c「縄文時代中期後葉の瀬戸内地方」『江口貝塚１―縄文前中期編―』愛媛大学法文学部考古学研究報告２　157-176頁
矢野健一 1993d「イセ遺跡」『ヨレ遺跡・イセ遺跡・筆田遺跡』匹見町教育委員会
矢野健一 1994a「縄文後期における土器の器種構成の変化」『江口貝塚Ⅱ―縄文後晩期編』愛媛大学法文学部考古学研究報告３　155-168頁
矢野健一 1994b「北白川Ｃ式併行期の瀬戸内地方の土器」『古代吉備』16　1-15頁
矢野健一 1995「並木式・阿高式編年観変更の意義」『日本考古学協会第61回総会研究発表要旨』34-37頁
矢野健一 1997a「中四国地方における押型文土器後半期の様相」『シンポジウム 押型文と沈線文 本編』167-184頁　長野県考古学会縄文時代（早期）部会
矢野健一 1997b「中国地方における縄文時代草創期の様相」『中・四国の縄文時代草創期の土器と石器組成』第８回中四国縄文研究会発表要旨　44-51頁
矢野健一 1998「南九州縄文早期文化の評価」『南九州縄文通信』12　37-43頁
矢野健一 1999「住居と集落―非環状集落地域」『季刊考古学』69　45-49頁
矢野健一 2000「出土土器に関する考察」『粟津湖底遺跡 自然流路（粟津湖底遺跡Ⅲ）』琵琶湖開発事業関連埋蔵文化財発掘調査報告書 3-2　142-150頁　滋賀県教育委員会・財団法人滋賀県文化財保護協会
矢野健一 2001「西日本の縄文集落」『立命館大学考古学論集』Ⅱ　1-18頁　立命館大学考古学論集刊行会
矢野健一 2002a「中四国地方における縄文時代前期末中期初頭の土器編年」『環瀬戸内海の考古学―平井勝氏追悼論文集』91-110頁
矢野健一 2002b「縄文社会における定住と定着」『第10回京都府埋蔵文化財研究集会発表資料集―住まいと移動の歴史』91-104頁
矢野健一 2003a「北部九州地方における押型文土器出現の時期―広島県帝釈峡弘法滝洞窟出土土器の検討から」『立命館文学』578　126-136頁
矢野健一 2003b「初期の「型式」と「様式」の相違―山内清男の「型式」と小林行雄の

「様式」─」『立命館大学考古学論集』Ⅲ-2　1031-1041頁
矢野健一　2004a「押型文原体の製作技法の一例─「ネガティブな楕円文」の原体製作実験」『考古論集─河瀬正利先生退官記念論文集』117-124頁　河瀬正利先生退官記念事業会
矢野健一　2004b「西日本における縄文時代住居址数の増減」『考古学研究会50周年記念論文集　文化の多様性と比較考古学』159-168頁
矢野健一　2004c「磨石類の数量的検討」『縄文時代の石器─関西の縄文後期・晩期』第6回関西縄文文化研究会発表要旨集・資料集　83-92頁
矢野健一　2005a「九州南部における縄文時代中期前葉の土器編年」『立命館大学考古学論集』4　1-14頁
矢野健一　2005b「土器型式圏の広域化」『西日本縄文文化の特徴』第1回西日本縄文文化研究会資料集　1-8頁
矢野健一　2005c「定住の指標」『関西縄文論集』2　35-44頁　関西縄文文化研究会
矢野健一　2006a「関西地方の後晩期住居」『弥生集落の成立と展開』第55回埋蔵文化財研究集会発表要旨集　275-290頁
矢野健一　2006b「貯蔵量から見た貯蔵穴」『関西縄文人の生業と環境』第7回関西縄文文化研究会発表要旨集　81-82頁
矢野健一　2007「西日本　総論」『季刊考古学』82-84頁
矢野健一　2008a「縄文中期における船元式の九州南部への波及」『吾々の考古学』49-66頁　和田晴吾先生還暦記念論集刊行会
矢野健一　2008b「縄文時代の編年」『縄文時代の考古学2　歴史のものさし』3-22頁　同成社
矢野健一　2008c「押型文系土器　大川式・神宮式土器」『総覧　縄文土器』154-161頁　アム・プロモーション
矢野健一　2008d「押型文系土器　高山寺式・穂谷式土器」『総覧　縄文土器』168-173頁　アム・プロモーション
矢野健一　2008e「押型文手法」『縄文時代の考古学7　土器を読み取る』95-98頁　同成社
矢野健一　2009a「貯蔵穴の貯蔵量からみた集団規模─関西地方での事例研究」『南の縄文・地域文化論考上巻』南九州縄文通信20　37-51頁　南九州縄文研究会
矢野健一　2009b「小規模集落の長期定着性」『関西縄文時代の集落と地域社会』第10回関西縄文文化研究会発表要旨集・資料集　103-111頁
矢野健一　2009c「向出遺跡の空間分析」『今、よみがえる向出遺跡─西日本縄文集落墓地の転換期を考える』向出遺跡評価検討委員会シンポジウム
矢野健一　2010a「縄文文化の東と西」『縄文時代の考古学1　縄文文化の輪郭』154-166頁　同成社
矢野健一　2010b「九州縄文中期土器編年論争の本質」『九州の縄文中期土器を考える』第

20回九州縄文研究会佐賀大会発表要旨・資料集　37-48頁
矢野健一 2010c「向出遺跡の空間分析」『向出遺跡評価検討委員会報告書』阪南市埋蔵文化財報告47　58-73頁
矢野健一 2011a「貯蔵穴と住居域との関係」『季刊考古学』114　58-61頁
矢野健一 2011b「押型文土器編年の現状と課題」『第12回関西縄文文化研究会　押型文土器の諸相』第12回研究集会発表要旨集・資料集　732-737頁　関西縄文文化研究
矢野健一 2012「埋めこまれた「原日本」―繰り返されるミネルヴァ論争―」『考古学研究』58-4　32-43頁
矢野健一 2014「人類はなぜ、いつ定住したか」『考古学研究会60周年記念誌考古学研究60の論点』11-12頁　考古学研究会
矢野健一・関戸一将・松崎健太・柳原麻子 2010「付論　砂粒カウント法による縄文土器分析」『第17回京都府埋蔵文化財研究集会資料集　京都府の縄文時代―遺跡・遺物はなぜ動くのか』221-226頁
矢野　暢 1970「南タイにおける通婚圏の形成」『東南アジア研究』7-4　462-491頁
山崎真治 2007「曽畑式土器の終焉―有明海北岸部の分析事例から見た九州縄文前期末土器群の様相」『古文化談叢』57　1-38頁
山下勝年 1980『先苅貝塚』南知多町教育委員会
山下勝年ほか 1983『林ノ峰貝塚Ⅰ』南知多町文化財調査報告書5
山田　猛 1988「押型文土器の型式学的再検討―三重県下の前半期を中心として」『三重県史研究』4　45-74頁
山田　猛 1993「大鼻式・大川式の再検討」『三重県埋蔵文化財センター研究紀要』2　13-36頁
山田　猛 1998「縄文土器」『鴻ノ木遺跡（下層編）』三重県埋蔵文化財調査報告123-4
山田昌久 1990「「縄紋文化」の構図―東アジア始原文化の動向と"縄紋文化"の位相」『古代文化』42-9・12　13-25頁・32-44頁
山田康弘・河合章行・稲田陽介 2003「山陰地方における縄文時代石器の実相」『中四国地域における縄文時代石器の実相』第14回中四国縄文研究会
山内清男 1930「繊維土器に就て　追加第三」『史前学雑誌』2-3
山内清男 1932・1933「日本遠古の文化（1）～（7）」『ドルメン』1-4～9、2-2（『山内清男・先史考古学論文集・第一冊』所収、1967年）
山内清男 1934「江名子ひじ山の土器について」『飛騨考古学会会報』2-1
山内清男 1935「古式縄紋土器研究の最近の情勢」『ドルメン』4-1　34-44頁
山内清男 1936「日本考古学の秩序」『ミネルヴァ』1-4（『山内清男・先史考古学論文集・第 3 冊』所収、1967年）
山内清男 1937「縄紋土器型式の細別と大別」『先史考古学』1-1（『山内清男・先史考古学論文集・第 1 冊』所収、1967年）
山内清男 1939『日本遠古の文化』（1967年新刷）

山内清男 1939～1941『日本先史土器図譜　第一部』関東地方・Ⅰ～Ⅻ集（『山内清男・先史考古学論文集・第六～十冊』所収、1967年）
山内清男 1964「縄文式文化」『日本の原始美術1　縄文式土器』講談社
山内清男 1966「画竜点晴の弁」『成城新聞』1966年9月24日（『山内清男先史考古学論文集　新第一集』所収、1969年）
山内清男 1969「縄紋草創期の諸問題」『MUSEUM』224　4-22頁
山内清男 1979「序説」『日本先史土器の縄紋』3-10頁
山内清男・佐藤達夫 1962「縄紋土器の古さ」『科学読売』14-12
山本暉久 1987「縄文時代社会と移動―「集団移動」論をめぐる研究の現状とその問題点について」『神奈川考古』23　65-88頁
山本悦世 1992「3章考察2縄文時代の貯蔵穴について」『津島岡大遺跡3―3次調査』岡山大学術内遺跡発掘調査報告5　143-147頁
山元建ほか 2000『向出遺跡』（財）大阪府文化財調査研究センター調査報告書55　財団法人大阪府文化財調査研究センター
山本典幸 1999『縄文時代の地域生活史』國學院大學大学院研究叢書文学研究科1
湯浅利彦 1999「徳島県縄文時代研究の現状と課題」『中・四国縄文時代研究の現状と課題』中四国縄文研究会10周年記念大会資料
横山浩一 1985「3型式論」『岩波講座 日本考古学1 研究の方法』
横山浩一・佐原真 1960『京都大学文学部考古学資料目録 第一部 日本先史時代』

わ行

渡辺仁 1990『縄文式階層化社会』六興出版
渡辺誠 1967「日本石器時代文化研究における"サケ・マス論"の問題点」『古代文化』18-2
渡辺誠 1981「縄文時代におけるブナ帯文化」『地理』26-4　39-46頁
渡辺昌弘 1994「縄文時代後期初頭の集団関係―大阪湾南岸地域の状況―」『弥生文化博物館研究報告』3　15-30頁
綿貫俊一 1999「九州の縄紋時代草創期末から早期の土器編年に関する一考察」『古文化談叢』42　1-36頁
和田秀寿 1988「縄文早期高山寺式土器の成立過程と細分編年」『古代学研究』117　39-52頁
和田好史 1993『中堂遺跡』人吉市教育委員会

〈英文〉

Groot, Gerard J. 1951 "The prehistory of Japan" Columbia University Press

初出一覧

序　章　新稿
第1章　「縄文時代の編年」(『縄文時代の考古学2　歴史のものさし』3～22頁　同成社　2008年) に加筆・補訂
第2章　「初期の「型式」と「様式」の相違―山内清男の「型式」と小林行雄の「様式」―」(『立命館大学考古学論集』Ⅲ-2　1031-1041頁　2003年) に加筆・補訂
第3章　第1節　「押型文系土器　大川式・神宮式土器」(『総覧　縄文土器』154-161頁　アム・プロモーション　2008年) に加筆・補訂
第3章　第2節　「押型文土器の起源と変遷」(『考古学雑誌』78巻4号　1-32頁　1993年) に加筆・補訂
第4章　「押型文手法」(『縄文時代の考古学7　土器を読み取る』95-98頁　同成社　2008年)、「押型文原体の製作技法の一例―「ネガティブな楕円文」の原体製作実験」(『考古論集―河瀬正利先生退官記念論文集』117-124頁　河瀬正利先生退官記念事業会　2004年)、「押型文土器の起源と変遷に関する新視点」(『研究紀要』2　83-103頁　三重県埋蔵文化財センター　1993年) をもとに再構成のうえ、加筆・補訂
第5章　第1節　「北部九州地方における押型文土器出現の時期―広島県帝釈峡弘法滝洞窟出土土器の検討から」(『立命館文学』578　126-136頁　2003年) に加筆・補訂
第5章　第2節　「押型文系土器　高山寺式・穂谷式土器」(『総覧　縄文土器』168～173頁　アム・プロモーション　2008年) に加筆・補訂
第6章　第1節　「九州南部における縄文時代中期前葉の土器編年」(『立命館大学考古学論集』4　1-14頁　2005年) に加筆・補訂
第6章　第2節　「縄文中期における船元式の九州南部への波及」(『吾々の考古学』49-66頁　和田晴吾先生還暦記念論集刊行会　2008年) に加筆・補訂
第7章　「押型文土器遺跡数の変化」(『東海地方における縄文時代早期前葉の諸問題：発表要旨集・研究論文集』第10回東海縄文研究会　73-86頁　2014年) に加筆・補訂
第8章　第1節　「北白川C式併行期の瀬戸内地方の土器」(『古代吉備』第16集　1-15頁　1994年) に加筆・補訂
第8章　第2節　「縄文後期における土器の器種構成の変化」(『江口貝塚Ⅱ―縄文後晩期編』愛媛大学法文学部考古学研究報告第3冊　155-168頁　1994年) に加筆・補訂

第9章　第1節　「土器型式圏の広域化」（『西日本縄文文化の特徴』第1回西日本縄文文化研究会資料集　1-8頁　2005年）に加筆・補訂

第9章　第2節　「九州縄文中期土器編年論争の本質」（『九州の縄文中期土器を考える』第20回九州縄文研究会佐賀大会発表要旨・資料集　37-48頁　2010年）に加筆・補訂

第10章　第1節　「縄文文化の東と西」（『縄文時代の考古学1　縄文文化の輪郭』154-166頁　同成社　2010年）に加筆・補訂

第10章　第2節　「埋め込まれた「原日本」―繰り返されるミネルヴァ論争―」（『考古学研究』58-4　32-43頁　2012年）に加筆・補訂

第11章　第1節　「縄文社会における定住と定着」（『第10回京都府埋蔵文化財研究染会発表資料集―住まいと移動の歴史』91-104頁　2002年）に加筆・補訂

第11章　第2節　「定住の指標」（『関西縄文論集』2　35-44頁　関西縄文文化研究会　2005年）に加筆・補訂

第12章　「西日本の縄文集落」（『立命館大学考古学論集』II　1-18頁　立命館大学考古学論集刊行会　2001年）に加筆・補訂

第13章　「西日本における縄文時代住居址数の増減」（『考古学研究会50周年記念論文集　文化の多様性と比較考古学』159-168頁　2004年）に加筆・補訂

第14章　第1節　「貯蔵穴の貯蔵量からみた集団規模―関西地方での事例研究」（『南の縄文・地域文化論考上巻』南九州縄文通信 No.20　37-51頁　南九州縄文研究会　2009年）、「貯蔵穴と住居域との関係」（『季刊考古学』114　58-61頁　2011年）をもとに再構成のうえ、加筆・補訂

第14章　第2節　「西日本　総論」（『季刊考古学』82-84頁　2007年）、「向出遺跡の空間分析」（『向出遺跡評価検討委員会報告書』阪南市埋蔵文化財報告47　58-73頁　2010年）をもとに再構成のうえ、加筆・補訂

終　章　「小規模集落の長期定着性」（『関西縄文時代の集落と地域社会』第10回関西縄文文化研究会発表要旨集・資料集　103-111頁　関西縄文文化研究会2009年）に加筆・補訂

後　　記

　本書は、2013年に京都大学に提出した博士論文に第6章を加えたうえで、加筆修正を加えたものである。博士論文は、過去30年間にわたって公表してきた論考からテーマに沿うものを選んで体系的に編集し、各論考の整合性を保つように細部を修正したうえで、全体を4部にまとめて、各部、各章の冒頭に各章の意義や各章間の関係を明示したものである。本書の研究の大枠は、約30年前におぼろげながら構想していたものであるため、約30年前の論文も組み込んだ。以後の成果を取り入れて変更すべき点については、今後、論考を発表して、自説を修正、補強していきたい。

　博士論文から基本的な考え方は変えていないが、審査委員の先生方からご指摘、ご批判いただいたことのいくつかに関しては、本書のなかで修正を加えている。審査していただいた泉拓良先生、上原真人先生、吉井秀夫氏に感謝申し上げます。

　博士論文の制作と本書の編集に際して、松崎健太氏、柳原麻子氏、髙橋悠氏、鈴木大輔氏に文献リストや図の編集を手伝っていただいた。感謝申し上げます。

　学生時代にご指導いただいたり議論をかわした高松龍暉先生、神村透先生、岡本東三先生、小野山節先生、山中一郎先生、大塚達朗氏、小杉康氏、松永幸男氏、竹広文明氏、家根祥多氏、網谷克彦氏、栄一郎氏、玉田芳英氏、宮本一夫氏、千葉豊氏、西脇対名夫氏、冨井眞氏、大石崇史氏、イギリス留学時にご指導いただいたリリアナ・ヤニック氏、サイモン・ケイナー氏、関西縄文文化研究会設立以来、共同研究を続けてきた大野薫氏、田村陽一氏、深井明比古氏、大下明氏、中村健二氏、および様々な研究活動を通じてお世話になった多くの方々に感謝申し上げます。

最後に、本書の出版に際して直接お世話になった同成社の佐藤涼子社長と編集担当の工藤龍平氏に感謝申し上げます。
　なお、本書は立命館大学文学部人文学会の出版助成費を受けたことを明記し、感謝申し上げます。

　2016年3月

矢野　健一

土器編年にみる西日本の縄文社会

■著者略歴■

矢野　健一（やの　けんいち）

1959年　山口県に生まれる
1984年　京都大学文学部卒業
1993年　京都大学大学院文学研究科博士後期課程研究指導認定退学
2013年　博士（文学　京都大学）
現　在　立命館大学文学部教授

〔主要著書・論文〕
「日本列島に展開した縄文文化と文化領域―その課題」（『津軽海峡圏の縄文文化』雄山閣、2015年）、『週刊朝日百科　新発見！日本の歴史 50 弥生』（編著、朝日新聞出版、2014年）、「近畿」（『講座日本の考古学 3　縄文時代（上）』青木書店、2013年）、「考古学から戦争の起源をさぐる」（『平和学を学ぶ人のために』世界思想社、2009年）、「井向1号銅鐸の保存処理とこれに伴う調査」（『辰馬考古資料館研究紀要』5、2003年）

2016年5月29日発行

著　者　矢　野　健　一
発行者　山　脇　洋　亮
印　刷　藤原印刷㈱
製　本　協栄製本㈱

発行所　東京都千代田区飯田橋 4-4-8
　　　　（〒 102-0072）東京中央ビル　　㈱同成社
　　　　TEL　03-3239-1467　振替　00140-0-20618

©Yano Kenichi 2016. Printed in Japan
ISBN978-4-88621-724-0 C3021